Wie Worte auf beschlagenen Scheiben

Jennifer Ebbinghaus · Marie Döling

JENNIFER EBBINGHAUS

WIE *Worte* AUF BESCHLAGENEN *Scheiben*

MARIE DÖLING

Impressum

1. Auflage
© Mai 2024, Jennifer Ebbinghaus und Marie Döling
(Write in Pieces, Friedrich-Ebert-Str. 55, 14548 Schwielowsee)
ISBN: 978-3-98942-447-0

Lektorat: Anna Konelli · www.annakonelli.de
Coverdesign: Sarah Scheumer · www.sarahscheumer.de
Korrektorat/Buchsatz: Write in Pieces · www.writeinpieces.com
Illustration Innenklappen: Rainbowart Panda
Druck: Booksfactory · PRINT GROUP Sp. z.o.o. · 71-004 Szczecin, Polen

Bestellung und Vertrieb: Nova MD GmbH, Vachendorf

Für Anna.
Und für Lesley & Eric.

Weil wir *eda* sind.

Playlist

Adama – Weimar
Adama – Lose Myself
Adama – Hometown

He Is We – Fall
Silverstein – Misery
Tessa Olsen – Cloudy
Ashes Remain – Right Here
Alesso, Liam Payne – Midnight
ong House, Kyndal Inskeep – Honest
Now Ex – Sad Kids In America (Acoustic)
Vida Noa – Karma
Jonathan Henrich – There's You
Tessa Olsen – Should've Said No
Mackenzy Mackay – The One That You Call
Said The Sky, William Black – On My Own
Olive James – Head Above Water
He Is We – His Name
Benne – Nicht wie du

Als du von Sehnsucht sprachst,
schwieg ich,
nur der Regen um uns schrie.
Vielleicht weil er weiß, wie weh es tut,
wenn man die Sonne nicht findet.
Vielleicht aber auch,
weil Regen es einfach so tut.

Prolog

Sekunden vergingen, in denen meine Gedanken über mich hin-
wegrauschten. Minuten, in denen sie mich wie die Wellen eines
Meeres in sich ertränken wollten. Stunden, die sich wie Tage anfühl-
ten; wie unser Ende.

Und das war es.

Seitdem sitze ich hier, starre auf die Buchstaben vor mir, die kein
Abschied sind; kein Anfang. Vielmehr irgendwas dazwischen, für
das ich keinen Namen habe – und keinen finden will.

»Genug geweint«, flüstere ich in meine Tränen, als würde auch
nur eine auf mich hören. Als würde auch nur eine nicht um uns
trauern; um dich, Aaron. Und um all das, was wir sein wollten.

Kein Wort ist mehr übrig, für kein anderes mehr Platz. Die, die
ich hatte, habe ich auf Papier geschrieben. Doch was sonst reicht;
was an den anderen Tagen genug war, ist es nun nicht. Vielleicht
nehme ich deswegen mein Smartphone zur Hand, tippe die Worte
vor einen grauen Hintergrund, Schreibmaschinenstil. Setze ein
gezeichnetes Ginkgoblatt darunter und einen Namen, der nicht
mein echter ist, sich aber gerade danach anfühlt.

Schmerz ist nicht nur real, wenn man ihn teilt; er wird auch nicht
weniger. Aber man gibt ihm eine Stimme, sucht vielleicht sogar nach
einer weiteren Bedeutung – nach einem anderen Gefühl.

Genau das tue ich, als ich auf *veröffentlichen* klicke. Als mein
Gedicht das Papier verlässt, mein Zimmer, Weimar. Als es sich auf

den Weg macht, bedeutsam zu sein.

Vielleicht zu bedeutsam.

Kapitel 1

An manchen Tagen scheint der Wind noch verlorener zu sein, als ich es bin. Es sind jene, an denen ich mir vorstelle, Liebe wäre ein Blatt Papier, auf das ich Worte schreibe. Dann hätte ich so viele Möglichkeiten, sie ihm zu geben. Doch letztlich falte ich ein Papierflugzeug daraus – und sehe dabei zu, wie es stürzt.

Genau das denke ich, als ich aus dem Fenster des Erdgeschossbüros meiner Agentin blicke und einen Jungen dabei beobachte, wie er herumwirbelnden Blättern ausweicht. Mal weht der Wind stärker, mal schwächer. Was dem etwa Siebenjährigen Freude bereitet, ist für mich etwas, das mich an das letzte Jahr erinnert. An stürmische Augen und stürmischere Worte. Und an Schmerz.

»Wichtig ist, dass die Beitragsfrequenz eine gewisse Kontinuität aufweist, damit uns die Algorithmen positiv gesinnt sind.« Kaikos Worte flattern an mir vorbei wie das Laub an dem Jungen. Alles, was mit Social Media zu tun hat, überlasse ich sowieso lieber ihr. »Außerdem sollten wir darüber nachdenken, wie wir die Instagram-Story besser nutzen können. Es ist kein Geheimnis, dass wir hier mehr Reichweite generieren können, als aktuell der Fall ist.«

»Dafür solltest du mehr tun, als zu schreiben, Ella. Deine Follower wollen dich sehen; ihren Schmerz mit dir teilen. Du bist für sie die Frau, die einer toxischen Beziehung entkommen ist und dadurch nicht nur frei, sondern erfolgreich wurde.«

Bei dem Wort *toxisch* zucke ich zusammen und drehe meinen

Kopf zu meiner Agentin Hanka Bromberg, die ihre eigene Literaturagentur *LitA Bromberg* vor zehn Jahren gegründet hat. Sie steht hinter Kaikos Stuhl und starrt mich nach dieser wertenden Aussage über deren Schulter hinweg an. Manchmal bin ich mir nicht sicher, was sich in ihren grünen Augen verbirgt; ob ihr bewusst ist, dass sie Dinge in den Raum stellt, von denen sie keine Ahnung hat – vor allem Aaron und mich betreffend. Dass Lesende durch ihre Eigenwahrnehmung gewisse Dinge in meine Texte interpretieren, kann ich hinnehmen, aber als Leaderin meines Teams sollte gerade sie Bezeichnungen wie diese nicht inflationär gebrauchen.

Weil ich meine Erinnerungen, oder vielmehr unsere, an dieser Stelle aber sicher nicht thematisieren möchte, widerspreche ich nicht. Eine Eigenschaft, die ich mir in den letzten Monaten antrainiert habe; seit ich regelmäßig auf diesem Stuhl sitze, der zu bequem für das alles ist.

»Ich mag es nicht, in eine Kamera zu sprechen.« Mich kostet es schon Überwindung, täglich irgendwelche Boomerangs oder musikhinterlegte Bilder hochzuladen. Alles, was nichts mit Texten für meinen Feed zu tun hat, bedeutet Stress für mich. Vor allem Livelesungen, die ich zukünftig wohl auch auf Tiktok abhalten werde, sobald Kaiko mir dort ein weiteres Profil eingerichtet hat.

»Einhundertvierundfünfzigtausend.« Hanka betont jede Silbe so intensiv, es würde mich nicht wundern, wenn sie sich die Zahl auf ihren Körper tätowieren ließe.

»Ich weiß, wie viele Follower ich habe.«

»Aber du weißt nicht, was du tun musst, damit sie bleiben«, mischt Kaiko sich ein und streicht sich ihre dunklen, naturgewellten Haare hinter das Ohr. Das tut sie immer, wenn sie sich überlegen fühlt.

»Gedichte schreiben.«

»Nicht ganz.« Meine Social Media Assistentin schmunzelt, als würde ich die Welt nicht verstehen.

Eigentlich mag ich die winzige Mittdreißigerin, aber gerade möchte ich ihr am liebsten mein Glas Wasser ins Gesicht schütten.

»Was du begreifen musst, ist Folgendes: Die Welt ist kurzlebig – vor allem online. Jeden Tag sprießen neue Accounts aus dem Boden, jede Sekunde postet irgendjemand ein Gedicht. Die Bookstagram-Community ist groß, das weißt du selbst am besten, und Booktok sogar noch größer. Also musst du über die Poesie hinaus einen Unterhaltungswert bieten. Sonst wird der nächste Award, den du bekommst, nicht der für die beste Newcomerin, sondern der für ein One-Hit-Wonder.«

Dass ich weder das eine noch das andere sein will, sage ich nicht, doch ich hoffe, sie lesen es in meinem Ausdruck.

Lyrik ist, was mir etwas bedeutet – und nur das. Als mein Gedicht viral ging, wusste ich nicht einmal, dass es überhaupt eine entsprechende Community auf Instagram gibt. Meinen Schmerz teilen, das wollte ich. Mutig sein. Frei. Leicht. Aber ganz sicher nicht innerhalb von vier Monaten 154.000 Follower schwerer sein.

»Gerade jetzt, wo ein Buchvertrag in greifbare Nähe rückt, darfst du dich nicht auf deinem Erfolg ausruhen, Ella.« Hanka, die sich bei diesen Worten wieder auf den Stuhl neben Kaiko setzt, fasst über den Tisch hinweg nach meiner Hand. Etwas, das ich als übergriffig empfinde, ihr aber auch die letzten sechshundert Male nicht mitgeteilt habe. »Als dein Team wollen wir das Beste für dich. Ich sorge dafür, das Optimale aus dem Vertrag mit *eda* herauszuholen, und Kaiko kümmert sich um deine Onlinepräsenz.« Selbst ihre netten Worte können den Befehlston nicht mildern, der ihre schmalen Lippen verlässt.

Mein Blick gleitet wieder aus dem Fenster, doch der Junge ist weg und die Blätter schwirren allein über den Bürgersteig. Etwas, das ich wiedererkenne.

Um vor dem Gefühl in mir zu flüchten, sehe ich zurück zu den beiden Frauen vor mir. »Was genau schlagt ihr also vor?«

Sie sehen sich an, als hätten sie gewonnen – und ich weiß, dass sie das haben.

Eineinhalb Stunden später trete ich auf die Straße, doch Zeit, stehen zu bleiben und durchzuatmen, nehme ich mir nicht. Viel zu groß ist der Drang, endlich von hier wegzukommen. Noch mehr Statistiken, Reichweiteauswertungen und Ratschläge für meinen Content ertrage ich nicht. Ehrlicherweise ertrage ich nicht einmal mehr irgendeine Unterhaltung – zumindest nicht mit Menschen, die mich Dinge fragen, um mir im Nebensatz die Antwort in den Mund zu legen.

Gott, ich bin müde. Jeder Tag erschöpft mich, das ist die verdammte Wahrheit. Tröstlich ist allein die Vorstellung, dass mich diese Müdigkeit meist kaum mehr als das empfinden lässt. Vielleicht ist das der Grund, weshalb ich meine Passivität derart hinnehme. Dass wir das nächste Meeting erst nächste Woche Dienstag haben, erleichtert mich ungemein. Vor allem, weil es dann nur um den Verlagsvertrag gehen wird, den wir – wenn alles gut läuft – in derselben Woche unterzeichnen.

Der Februarwind zerrt an meinen Haaren, weshalb ich sie mit der Spange, die ich an der Gürtelschlaufe meiner dunklen Jeans trage, achtlos nach hinten stecke. Die vorderen Strähnen meines Longbobs, die mir als Curtain Bangs ins Gesicht fallen, klemme ich hinter meine Ohren. Zumindest versuche ich es. Immer wieder fallen ein paar zurück in mein Gesicht. Und das liegt nicht am Wind, der von hinten drückt, sondern schlicht an der Kürze der Haare. Erneut ärgere ich mich, weshalb ich Kaikos Vorschlag gefolgt bin und meine Frisur letzte Woche wiederholt auf diese Weise habe schneiden lassen.

Nicht nur dein Charakter, sondern auch dein optisches Auftreten muss Wiedererkennungswert haben.

Ich schüttle ihre Stimme von mir und denke nicht an das Blond, das mir eigentlich zu hell ist, und diesen elendigen Pony mitten in meinem Gesicht.

Die Rathausuhr schlägt gerade vier, als ich über den Marktplatz in Richtung Schillerstraße gehe, der Einkaufsmeile Weimars. Links neben mir bauen die regionalen Obst- und Gemüsehändler gerade ihre Stände vom Wochenmarkt ab. Lediglich der Grill an der vorderen Ecke, an dem es traditionelle Thüringer Rostbratwürste gibt, qualmt noch. Kein Wunder, denn selbst im Februar sind einige Touristen unterwegs.

Als Literaturstadt – vor allem als die Stadt Goethes und Schillers – lockt Weimar jedes Jahr knapp drei Millionen Besucher an. Und ich verstehe es. Würde ich nicht schon mein ganzes Leben hier wohnen, wäre ich spätestens nach dem ersten Besuch hergezogen. Manchmal frage ich mich, was zuerst da war: meine Liebe zu dieser Stadt oder die zu Goethe. Vielleicht bedingt sich auch beides.

Bevor ich den Zugang zur Fußgängerzone erreiche, schaue ich rechts von mir in das Schaufenster des Ginkgo-Ladens. Wie viele Tees, Stifte und Gewürze ich hier schon gekauft habe, kann ich nicht zählen. Erst recht nicht während meiner kurzen Anstellungszeit – dieser Job war definitiv ein Minusgeschäft. Aber als Wahrzeichen der Stadt ist mir die Pflanze in all den Jahren ans Herz gewachsen. Mehr als das: Sie begleitet mich, wann immer ich die Straßen Weimars entlanglaufe. Jedes Mal, wenn ich ein gefallenes Blatt unter einem der Bäume entdecke, hebe ich es auf und trockne es in meinem Notizbuch zwischen hunderten Gedichten. Als wäre jedes einzelne in der Lage, den Schmerz aus ihnen zu saugen. Oder aus mir.

Zu meinem Erstaunen ist die Einkaufsstraße relativ leer. Die sieben Grad Außentemperatur lässt wohl zumindest die Weimarer selbst zu Hause bleiben. Statt die Chance zu nutzen, in den leeren Geschäften rechts die Straße runter ein wenig zu bummeln oder einen der beiden Buchläden gegenüber von Schillers einstigem Wohnhaus zu besuchen, führt mich mein Weg geradeaus. Nur knapp 300 Meter weiter, an Restaurants zu meiner linken und einer künstlich angelegten Grünfläche rechts von mir vorbei, erhebt sich die Fassade von Goethes Wohnhaus.

Ich kann kaum sagen, wie oft ich es bereits besichtigt habe. Dass meine Wohnung in der Straße dahinter mit Blick auf den dortigen Garten und einstigen Schaffensplatz liegt, verrät wohl so einiges über mich – und zwar unter anderem, dass ich das Glück hatte, dass meiner Tante das Mietshaus gehört.

Heute ist mein Ziel jedoch das kleine Geschäft schräg gegenüber: Goethes Schokolädchen. Im Gegensatz zu all den anderen Cafés dieser Stadt besitzt dieses nur einen einzigen Tisch mit zwei Stühlen auf dem Gehweg. Mir ist natürlich bewusst, dass es im Inneren eher ein schokoladiger Souvenirshop als ein echtes Café ist, doch immerhin gibt es hier den besten heißen Kakao Thüringens.

Die Klingel heißt mich ebenso willkommen wie der süße Duft und die bunten Pralinenschachteln, die sich in den Regalen stapeln.

»Fast hätte ich gedacht, du kommst nicht mehr.« Marianne, die Inhaberin, taucht durch den Vorhang auf, der hinter der Theke einen separaten Mitarbeiterbereich abschirmt.

»An einem Donnerstag? Niemals. Donnerstage sind für heiße Schokolade gemacht.«

»Das sagst du an allen Wochentagen.« Ihr Lächeln ist ansteckend.

»Für irgendwen muss der Tisch dort draußen ja auch gut sein.« Es ist der erste Augenblick des Tages, an dem mein Schmunzeln echt ist. »Hast du etwas Neues für mich?«

»Schau mal vorne links in den Körbchen, die im Regal stehen. In der Lieferung heute lagen gefüllte Nougatkugeln. Wühl dich durch, ich bin sicher, es ist etwas dabei.«

Während sie den Kakao zubereitet, entscheide ich mich für eine Süßigkeit mit Haselnuss- und eine mit Milchcremefüllung, ehe ich wieder zum Tresen zurückkehre.

»Bitte sehr, eine heiße Schoki ohne Sahne.«

Bei ihrer Verniedlichung grinse ich. »Tausend Dank.«

»Für meine Lieblingskundin tue ich alles.«

Ich lege einen Fünfer in das Schälchen vor mir, bevor ich meinen Becher sowie die Pralinen schnappe und mich trotz des Wetters nach draußen setze.

Der Wind zieht erbarmungslos durch die Fußgängerzone und sofort hängen mir wieder meine Haare im Gesicht, weshalb ich die Spange nochmals neu ausrichte, um in Ruhe das Heißgetränk zu genießen. Doch daran ist nicht zu denken, noch während ich den Becher zu meinen Lippen führe und die Süße auf meiner Zunge schmecke, sehe ich die Straße hinab – und erkenne ihn.

Aaron.

Wo der Wind eben wehte, stürmt er nun.

Wo die Kälte mich hat erschaudern lassen, brennt sie sich nun in mich.

Mit 65.000 Einwohnern ist Weimar nicht riesig. Die Wahrscheinlichkeit, ihm in der Innenstadt über den Weg zu laufen, nicht gering. Und dennoch hält die Überraschung kurz mein Herz an; raubt mir die Luft.

Fee, seine beste Freundin – und einst auch meine –, geht neben ihm und lacht über etwas, das er gesagt hat. Und obwohl er mit einstimmt, sehe ich auch aus dreißig Metern Entfernung die Traurigkeit in seinen Zügen.

Der Teil in mir, der vor wenigen Monaten noch aufgesprungen wäre, um im selben Schmerz zu zergehen, zuckt und zerrt regelrecht an mir. Doch der andere, größere und vor allem gebrochene Teil schweigt. Stattdessen taste ich nach meinem Handy und öffne die Notiz-App, um die aufkommenden Worte niederzuschreiben.

Ich dachte immer,
dass ich mich verlieren muss,
um in den Abgrund zu fallen.
Doch du hast gereicht.

17

Poesiemomente – so bezeichne ich die Sekunden, in denen mich urplötzlich etwas überkommt, das sich nicht nur richtig, sondern natürlich anfühlt. Die meisten meiner Texte entstehen in diesen Augenblicken, und die meisten dieser Augenblicke durch Schmerz.

Als ich wieder aufsehe, erwarte ich, dass er mich ansieht; dass unsere Blicke sich ineinander verhaken, doch er wendet sich von seiner Begleitung ab und folgt der Straße weiter hinauf, ohne mich auch nur eine Sekunde lang zu beachten. Lediglich seine zusammengekniffene Miene verrät, dass er mich überhaupt gesehen hat. Und Fee, die auf mich zukommt, trägt einen entschuldigenden Ausdruck im Gesicht.

»Ella, hi.« Sie bleibt vor mir stehen, ringt offenbar mit sich, ob sie mich umarmen soll – und tut es nicht. »Es ist eine Weile her.«

»Das ist es.« Wenn es das Lächeln, zu dem ich mich bemühe, auf meine Lippen geschafft hat, ist es vermutlich das unechteste seit Langem. »Wie geht es dir?«

»Nun, bei der Arbeit ist ziemlich viel los. Ruth ist in Rente gegangen und seit A-« Sie unterbricht sich, obwohl ich zu gern gewusst hätte, was mit Aaron los ist, der als Erzieher im selben Kindergarten arbeitet wie Felicitas. »Und bei dir? Was macht die Karriere?«

Etwas liegt in ihrer Frage, das ich nicht greifen kann, doch es trifft mich, weil es mir das Gefühl gibt, sie verurteilt das, was ich tue.

»Auch sehr stressig.« Stress ist nicht, was mich an meiner momentanen Situation stört, dennoch rollt die Antwort ungewollt über meine Lippen.

»Wir sollten uns mal wieder treffen. Auf ein Stück Kuchen oder so.«

Ich bin mir sicher, dass sie meine Überraschung nicht übersehen kann. »Du möchtest, dass wir uns sehen?«

»Ella, ich ...« Sie sucht nach Worten. »Es tut mir leid, dass ich mich so lange nicht gemeldet habe, aber das bedeutet nicht, dass du mir egal bist oder wir uns nicht treffen können.«

Dass es Letzteres seit Oktober vergangenen Jahres offensichtlich bedeutet hat, verkneife ich mir.

»Bitte«, setzt sie hinterher.

»Okay, natürlich. Sagen wir Sonntag, vierzehn Uhr?« Wieso ich darauf eingehe, weiß ich nicht. Vermutlich, weil ich merke, wie sehr sie mir gefehlt hat.

»Klingt perfekt. Ich komme dann zu dir.« Das Heben ihrer Mundwinkel sieht befangen aus, und im nächsten Moment dreht sie ihren Kopf und sieht sich um. Sie sucht nach ihm, doch Aaron ist nicht mehr auszumachen. Vermutlich wartet er an der Ampel die Straße rauf auf sie. »Ich werd dann mal.«

»In Ordnung.«

»War schön, dich zu sehen, Ella.«

»Dich auch, Felicitas.«

Dieses Mal möchte sie mich umarmen, ich sehe den Entschluss in ihren dunklen Augen, doch ich hebe lediglich meine Hand, als würde ich ihr winken, und sie versteht es.

Während ich ihrem wippenden Lockenkopf nachsehe, geschehen viele Dinge in mir. Mein Puls, der bis eben wohl einen Marathon gelaufen ist, wird ruhiger und meine Hände weniger schwitzig. Gleichzeitig ruft mein Verstand mir zu, dass ich die Hoffnung, die gerade dabei ist, es sich in mir gemütlich zu machen, direkt wieder einstampfen sollte. Und mein Herz, nun, das versucht noch immer, Aaron am Ende der Straße zu entdecken. Doch es ist nicht das erste Mal, dass es lernt, dass man um Ecken nicht sehen kann. Und manchmal nicht einmal auf geraden Wegen.

Der violette Sand klebte hartnäckig auf seiner Haut, obwohl der Schweiß ihn längst hätte fortspülen müssen, so stetig lief er ihm aus den Poren. Doch hier, mitten in der Xaloph Wüste, lebte die einzige Person, die ihm helfen konnte, von Kotatien zu verschwinden – und den verloren geglaubten achten Planeten des vierten Mondsystems zu finden.
(...)

Kapitel 2

Die Nase tief in eines der frisch auf meinem Schreibtisch gelande-
ten Manuskripte gesteckt, hätte ich das vorsichtige Klopfen an der
offenstehenden Bürotür beinah überhört. Ohne meine Augen von
dem Londoner Setting der Dystopie abzuwenden, hebe ich die linke
Hand und richte den Zeigefinger in die Höhe. Der vermeintliche
Showdown zwischen den Makellosen und Ausgestoßenen, den die
mir unbekannte Autorin skizziert, ist es definitiv wert, meinen
Besuch einen Augenblick warten zu lassen.

Ein freundliches und trotzdem deutliches Räuspern, das mir vertraut ist, ertönt. Ohne jeden Zweifel ist es Regina, die Geschäfts-
führerin des Verlages, die im Türrahmen meines Büros darauf
wartet, dass ich sie hereinbitte. Trotzdem schenke ich den Zeilen vor
mir die Aufmerksamkeit, die sie verdienen, und beende den Absatz
mit noch immer erhobenem Zeigefinger.

»Wow, so gut, dass du sogar deine Vorgesetzte warten lässt?«,
lacht sie und kommt auf mich zu. Die Holzdielen knarren unter
ihren Schritten.

Sobald sie sich auf der gegenüberliegenden Seite des Schreibtisches in den Sessel fallen lässt, tauche ich aus dem Sog des Manuskripts auf.

Benommen lege ich die Blätter vor mir ab und blicke der neugierig dreinblickenden Verlagsleitung entgegen. Wie jedes Mal,
wenn ich mich mit Gewalt aus einer Geschichte löse, fühlt es sich an,

als würde ich aus einer Trance erwachen.

»Und? Bekommt der *eda*Verlag ein neues Buchbaby?«, fragt sie und lehnt sich ein Stück vor, um einen Blick auf den Titel des Manuskriptes zu erhaschen. »Du hast die Leseprobe ausgedruckt, das bedeutet, sie hat dein Interesse geweckt«, stellt Regina fest.

Noch immer etwas durcheinander lasse ich mich gegen die Lehne sinken, fahre mir durch die Haare und setze meine Brille auf, die auf meinem Schreibtisch liegt. »Die Idee passt auf jeden Fall zum Geist der Zeit«, setze ich an.

Regina legt den Kopf schräg, sodass eine ihrer braunen Locken über ihre Schulter fällt. »Wie steht es um die Figuren, haben sie Tiefe?«

»Sowohl die Protagonisten als auch die Nebencharaktere sind vielschichtig. Ich habe schon jetzt eine potentielle Lieblingsfigur, sie könnte provozieren, aber das muss nichts Schlechtes sein – und der Schreibstil hat etwas Besonderes«, erkläre ich, packe die losen Blätter zurück in die Mappe des Exposés und lege sie auf den Stapel der Projekte, die nach der ersten Prüfung interessant für den Verlag wirken. »Ich werde es mir definitiv genauer anschauen und im nächsten Programm Meeting vorstellen.«

Erst jetzt bemerke ich, dass auch meine Chefin eine Mappe mit beiden Händen umklammert.

»Was hast du mir mitgebracht?«, frage ich und beuge mich etwas vor.

Ein Grund, warum ich mich vor vier Jahren dazu entschieden habe, die Angebote der anderen Verlage auszuschlagen und nach Weimar zu kommen, um die Lektorenstelle bei *eda* anzunehmen: Regina Jørgensens Talent dafür, Rohdiamanten zu entdecken, bevor es alle anderen tun. Sie hat ein besonderes Gespür für den Markt und schafft es, die Buchprojekte auf dem schmalen Grat zwischen Mainstream und Subkultur zu balancieren. Jedes Buch, das der Verlag unter ihrer Leitung herausgebracht hat, beinhaltet einen besonderen Genre-Mix oder einen Ansatz, der frischen Wind in die Reihen der Buchläden bringt. Meistens gehen wir mit unseren Projekten ein nicht unwesentliches Risiko ein, die Zielgruppe zu überraschen. Doch bisher gab uns das Feedback der Leser recht, weshalb Regina sich weiterhin weit aus dem Fenster lehnt, wenn sie nach neuen Geschichten Ausschau hält. Umso gespannter bin ich, was sie dieses Mal entdeckt hat.

»Sieh dir das an«, sagt sie und reicht mir ein loses Blatt aus der Mappe, »und sag mir, was du denkst.«

Ich greife danach und lasse meinen Blick über die wenigen Zeilen schweifen.

Habe jetzt verstanden,
dass unsre Stille es war,
die uns zu schweigen gelehrt hat.

Sachte lasse ich die Worte auf mich wirken und lese sie erneut. Schon nach wenigen Sekunden breitet sich ein unverkennbares Gefühl in mir aus. Nur eine mir bekannte Poetin schafft es, mit solcher Leichtigkeit eine derartige Schwere in meiner Brust auszulösen, aber ... würde sie wirklich von ihrer Onlinevermarktung abweichen, um bei einem Kleinverlag wie dem unsrigen zu unterzeichnen?

»Lalott?«, stelle ich fest und hebe eine Augenbraue.

Breit grinsend nickt Regina mir zu. »Exakt.«

»Sag mir nicht, du hast einen Deal mit ihr an der Angel?«

Ich hätte nicht gedacht, dass das Lächeln meiner Vorgesetzten noch breiter werden könnte. »Ihre Agentin hat mir das hier geschickt«, erwidert sie und drückt mir das vollständige Exposé in die Hand.

Ungläubig klappe ich die Mappe auf und staune, weil dort tatsächlich in klaren Schreibmaschinen-Lettern der Künstlername Lalott steht.

»Heilige Scheiße«, fluche ich und sehe zurück zu meiner Chefin, deren Blick mich verdächtig an den eines Spürhundes erinnert, der ganz genau weiß, dass er soeben die Entdeckung seines Lebens gemacht hat. »Das wäre –«

»Der Türöffner für alle Lyrik-Projekte im *eda*Verlag«, platzt es aus Regina heraus, als könnte sie die Worte nicht mehr zurückhalten. »Alle Manuskripte, die wir seit Monaten zurückhalten, weil uns das Zugpferd für das Genre fehlt, könnten veröffentlicht werden. Noch diesen Sommer wäre es möglich, mit der neuen Sparte an den Markt zu gehen!«

Pure Aufregung strahlt mir entgegen, während ich noch immer ungläubig das Exposé in meinen Händen halte. Sollten wir Lalott für uns gewinnen, ist es nur der Unabhängigkeit des Verlags zu verdanken, dass wir einen sofortigen Effekt damit erzielen könnten. Seit Oktober vergangenen Jahres ist die Lyrikerin in aller Munde und nun haben wir die Chance, ihr Debüt herauszubringen. Dass Regina es schaffen würde, sechs Jahre nach Gründung eine derartige Möglichkeit für das Team aufzutun, war bisher sowohl für die Konkurrenz als auch für mich undenkbar. Mit achtunddreißig Jahren hat sie es bereits weit gebracht und mischt das Feld der Buchwelt ordentlich auf. Dieser Vertrag aber würde ein für alle Mal bedeuten, dass die Konkurrenz sich eingestehen muss, dass der *eda*Verlag kein kleiner Fisch in einem viel zu großen Teich ist.

»Was müssen wir tun, damit wir das Buch bekommen?«, frage ich und blättere durch die Seiten. In meiner Vorstellung stelle ich mich bereits darauf ein, dass wir – sollte Lalott tatsächlich unterschreiben – unser Marketingbudget von vier- bis fünfstellig auf sechsstellig hochschrauben müssten, mehr als in den vergangenen sechs Jahren insgesamt.

Regina richtet sich auf und streicht das beige Jackett über ihrer weißen Bluse glatt. »Das besprechen wir um sechzehn Uhr im großen Konferenzraum«, weist sie mich an und wirft mir einen verheißungsvollen Blick zu, als hätte sie schon lange darauf gewartet, das Team für ein solches Projekt zusammenzutrommeln. »Lass bitte alles stehen und liegen und schau dir Lalotts Exposé an.« Sie lehnt sich mit beiden Händen auf meinen Schreibtisch. »Wenn wir das hier richtig angehen, Jonah, müssen wir uns nie wieder Gedanken machen, ob wir im Druck die große Auflage riskieren können.«

Von ihrer Energie angesteckt kann ich nicht verhindern, dass sich meine Mundwinkel nach oben bewegen. »Wir sehen uns um vier.«

Entschlossenen Schrittes, begleitet durch das Knarren der Dielen, verlässt meine Chefin das Büro. Ich weiß genau, dass sie es sich nicht nehmen lassen wird, jeden Einzelnen aus dem Team persönlich zum Meeting einzuladen. Sicherlich werden in drei Stunden alle mit schwitzigen Händen und einem Kribbeln in den Fingerspitzen am Konferenztisch sitzen und für dieses Projekt brennen.

Jetzt hoffe ich nur noch, dass die Buchidee selbst vielversprechend ist.

* * *

Wilde Bleistiftlinien, Schlagwörter und diverse Kreise zieren das Exposé, nachdem ich es zum vierten Mal gelesen habe. Und eines ist sicher: Bis auf die Gedichte ist nicht ein Wort auf diesem Papier der Feder von Lalott entsprungen. Der Inhalt und die Thematik des vorgestellten Buches sind derart emotionslos und flach verfasst, dass die Texte nicht von einer Lyrikerin stammen können. Was in mir die Frage nach dem Warum aufwirft. Bei derart tiefer Melancholie ist es leider keine Seltenheit, dass die Finsternis ihrer Texte die Künstlerin verschluckt und die Agentur vielleicht mehr mitmischt als gewöhnlich.

Von Neugier angetrieben ziehe ich die oberste Schublade meines Schreibtisches auf und greife nach meinem Handy. Ich öffne Instagram, ignoriere den neusten Post meines Kumpels Till, der auf einer

Games-Convention posiert, und gebe *Lalott* in das Suchfeld ein.

Eines muss man ihr lassen: Ihr Feed strahlt derartige Perfektion aus, dass es nicht so scheint, als könnten die tieftraurigen Texte Wurzeln in das Gemüt der Autorin geschlagen haben. Auf jedem Bild von ihr sitzt ein sicheres Lächeln. Ab und zu zeigt sie ihren leicht verträumten Blick oder ein verschmitztes Funkeln in ihren Augen. 154.236 Follower. 193 Beiträge. Durchschnittlich 2500 Likes und 60 Kommentare.

Alles scheint strukturiert, aber gefühlvoll. Nein, die Ausführung des Konzeptes kann unmöglich von Lalott selbst stammen. Bei einer unbekannten Künstlerin wäre ein solch widersprüchliches Exposé vermutlich auf dem Absagen-Stapel gelandet, doch sie kann sich einen solchen Grundsatzfehler leisten – und das weiß offensichtlich auch ihr Management. Die Agentur *LitA Bromberg*, bei der Lalott unter Vertrag ist, ist in der Branche bekannt – oder wohl eher gefürchtet – für ihre eiskalten Verhandlungstechniken. Wenn man den Gerüchten trauen kann, bringt niemand lukrativere Verträge für ihre Autoren zustande. Ich bin gespannt, wie Regina mit ihnen umgehen wird.

Mein Finger scrollt durch Lalotts Profil und bleibt an einem ihrer bekannteren Zitate hängen. Ich tippe darauf und schaue mir die Zahlen darunter an. Das Bild hat unglaubliche 32.817 Likes, darunter 309 Kommentare.

Neugierig tippe ich auf die Sprechblase und lese die Rückmeldungen ihrer Follower. Viele von ihnen bedanken sich für ihre Zeilen; berichten davon, wie sehr sie ihnen helfen, sich in ihrer Situation nicht allein zu fühlen. Einige offenbaren sogar ihre privaten Geschichten, bitten um Rat und tauschen sich mit anderen Profilbesuchern aus. Alle scheinen sie eines gemeinsam zu haben: ein gebrochenes Herz wegen eines Menschen, der ihnen alles andere als gutgetan hat.

Als ich mir zum wiederholten Male eines der Gedichte durchlese, höre ich meinen Namen. »Jonah?«

Überrascht blicke ich auf und zucke beinahe zusammen, weil Maarten, der Marketingleiter, direkt vor meinem Schreibtisch steht. Ich habe überhaupt nicht bemerkt, dass er in mein Büro gekommen ist. Prüfend beuge ich mich ein Stück zur Seite und betrachte sein Schuhwerk. Normalerweise ist es unmöglich, sich lautlos über den Boden des Altbaus zu bewegen.

»Alles okay bei dir?«, fragt er belustigt, fährt sich durch das dichte rote Haar und fängt meinen Blick auf.

»Ich hab nur gecheckt, ob du neuerdings über den Boden schwebst. Seit wann schleichst du dich so an?«

»So weit ist es noch nicht«, lacht er. »Du warst ganz schön versunken. Neue Freundin?«, fragt er, zieht eine Augenbraue nach oben und weist auf das Handy in meiner Hand.

»Nope«, winke ich ab und lege mein Smartphone auf den Tisch. »Was das Thema betrifft, herrscht Ebbe.«

»Was ist mit der Urbanistik-Studentin aus dem *C.Keller*?«, erkundigt sich mein Kollege, der gleichzeitig auch Reginas jüngerer Bruder ist. »Hattet ihr nicht ein paar Dates?«

Seufzend streiche ich über die Armlehnen meines Schreibtischstuhls. »Wir haben uns gut verstanden, aber sie ist vor drei Wochen nach München gezogen. Der Studienplatz in Erfurt war nur eine temporäre Lösung«, antworte ich und kann meine Enttäuschung nur schwer verbergen.

Nicht dass ich mich nach vier Verabredungen unsterblich in Lea verliebt hätte, doch mit fünfundzwanzig blicke ich auf zwei Beziehungen zurück, von denen keine länger als ein Jahr gehalten hat. Laut meiner Freunde nichts, worüber ich mir Gedanken machen sollte. Beide Trennungen sind ohne Dramen oder übermäßigen Tränenfluss vonstattengegangen, was vermutlich ein Zeichen dafür ist, warum sie ihr Ende gefunden haben. Die Zeit war schön, doch uns fehlten sowohl die Höhen als auch die Tiefen. Wer steht schon auf Geschichten ohne Spannungsbogen ...

Während Maarten nickt, wenige Schritte an der Tischkante entlanggeht, ächzen die Dielen nun plötzlich doch unter seinen Füßen, als würden sie mich verspotten.

»Ich hab nur recherchiert«, behaupte ich, strecke mich und tue so, als hätte der rasche Blick auf die Uhr mir nicht verraten, dass ich mich eine geschlagene Stunde in Social Media Postings einer einzigen Person verloren habe.

»Über Lalott«, stellt mein Kollege fest, als er einen Blick auf ihr Instagram-Profil erhascht, bevor der Bildschirm schwarz wird. »Wenn ich die Kampagne für ihr Buch auf die Beine stellen darf, gebe ich einen aus.«

»Oder zwei«, ergänze ich und wir beide lachen. Die Stimmung im Kollegium des *eda*Verlags ist ausgelassen, die meisten von uns schwimmen nicht nur auf der geschäftlichen Ebene auf einer Welle. Auch ich gehe gern mit den Jungs aus dem Marketing auf einen Absacker nach Feierabend in die Bar.

»Wie siehts aus, holen wir uns noch einen Tee, bevor es losgeht?«, fragt mein Kollege und zeigt mit dem Daumen über seine Schulter.

»Auf jeden Fall!« Ich lege die Unterlagen des Projektes zurück in die Mappe. Dann stecke ich meine Brille in die Brusttasche meines Hemdes und einen meiner Bleistifte hinters Ohr, ehe ich Maarten in die Küche folge.

Sowohl im Flur vor dem Konferenzraum als auch vor den diversen Wasserkochern und der Teemaschine herrscht aufgeregtes Treiben. Seitdem Maarten die dänische Studie über den Schaden, den Kaffee in unserem Körper anrichtet, gelesen hat, ersetzen diese unsere einst heißgeliebte Kaffeemaschine. Auf seinen Entschluss hin folgten umso hitzigere Diskussionen. Ich könnte immer noch schwören, Haro – unser Social Media Manager und zweite Hälfte des Marketingteams – vergoss eine bittere Träne, nachdem Maarten die treue Maschine wie einen ungebetenen Gast aus dem Gebäude entfernt hatte.

Noch bevor ich mich darüber aufregen kann, dass der Honig leer ist – das Einzige, das den schwarzen Tee erträglich macht –, ruft unsere Verlagsleitung zum Beginn des Meetings auf. Mit schwungvollen Schritten kommt Regina den Gang entlang und marschiert in den Konferenzraum.

Während wir ihr folgen, ist die Spannung an den zittrigen Fingern aller Mitarbeitenden abzulesen, die ihre Laptops umklammern und sie anschließend auf der weißen Tischplatte abstellen. Ich hingegen greife nach einem der Blöcke in der Mitte.

Das Gesicht von Elfie, unserer Expertin für Zahlen, verrät, dass wir heute jeden Cent mobilisieren werden. Auf ihrer Stirn zeigt sich die angestrengte Falte, die ansonsten für ihre zwei Kinder und deren frühpubertäre Probleme reserviert ist.

Da sich unsere Controllerin auf den Platz mir gegenüber niederlässt, wundert es mich nicht, dass Haro sich eilig an Maarten vorbeidrängt und beinahe seinen Tee verschüttet, um sich neben mich zu setzen. Von dort aus fällt es ihm nicht nur leichter, Elfies Aufmerksamkeit auf sich zu lenken, sondern auch, Blickkontakt zu halten. Seine Faszination für die elf Jahre ältere Frau ist amüsant und besorgniserregend zugleich.

Kopfschüttelnd schließt Maarten die Tür hinter sich und vervollständigt die Meetingrunde am Tisch, an dessen Kopf seine Schwester und Verlagsleiterin sitzt. Durch das abstrakte Bild eines dänischen Künstlers in meinem Rücken und die senfgelben Sitzkissen im Kontrast zu den grauen Wänden wirkt das Ambiente wohnlich für einen Besprechungsraum. Vermutlich ist es deshalb nicht selten, dass wir bis nach 19 Uhr hier sitzen und sich die Pizzaschachteln in der Küche stapeln. An besonders intensiven Tagen kramt Regina irgendwann den nordischen Kräuterschnaps ihres Vaters heraus. Mit ihr oder ihrem jüngeren Bruder mitzuhalten, würde ich allerdings niemandem empfehlen.

»Ich spare mir die große Ansprache«, eröffnet Regina das Meeting und legt ihre Unterarme mit gefalteten Händen auf den Tisch. »Denn die habt ihr bereits alle persönlich von mir erhalten.«

Bei dem Gedanken daran, dass sie ganz genau weiß, wie sie jeden Einzelnen von uns am besten motivieren kann, schmunzle ich. Ihr ist bewusst, dass es sich gerade zu Beginn eines Projektes lohnt, sich für jedes Teammitglied Zeit zu nehmen, sodass von Anfang an alle mit der gleichen Intensität die Herausforderung annehmen.

»Wie ihr wisst, haben wir seit heute das Exposé von Lalott vorliegen und die einmalige Chance, dieses Projekt zu *eda* zu holen. Ich würde daher gerne gemeinsam mit euch besprechen, wie das Vertragsangebot aussehen kann, welches wir ihrer Agentin vorlegen. Ich weiß, der Ruf von *LitA Bromberg* eilt ihnen voraus. Allerdings ist das absolut kein Grund für Panik oder unüberlegte Handlungen, wenn überhaupt dann für Obacht. Ihr leistet alle einen wunderbaren Job, auch der *eda*Verlag hat seinen Wert und vor allem ein Herz. Also lasst uns herausfinden, wie wir aus dem Konzept des Buches das Maximum herausholen, sowohl für die Autorin als auch für die Lesenden, und natürlich für den Verlag.« Eine bedeutungsschwere Pause später wendet sie sich an Haro zu meiner Rechten. »Lasst uns dort anfangen, wo auch für Lalott alles begonnen hat. Haro, was haben deine Recherchen im Social Media Bereich ergeben?«

Flink huschen die Finger meines Kollegen über die in Regenbogenfarben getauchten Tasten seines Macbooks, das heute in einem orangenem Case steckt. Er hat es passend zu seiner Mütze ausgewählt, die, wie mir der Blick unter den Tisch bestätigt, wie immer zu seinen Socken passt. Ich kenne wirklich keinen Menschen auf diesem Planeten, dessen Besitztümer derart aufeinander abgestimmt sind.

»Lalott ist eines der Social Media Wunder des letzten Jahres. Seit dem ersten Gedicht, das viral ging, generiert sie eine sehr konstante Reichweite sowie Follower, die nicht nur aktiv, sondern vor allem emotional involviert sind. Die Kommentare sind zu circa 60% persönlich behaftet.«

»Persönlich behaftet?«, fragt Elfie und entlockt Haro damit ein schiefes Grinsen.

»Sie sharen unter ihren Postings ihre eigenen Erfahrungen und feiern sie als Own Voice Vorreiterin«, erklärt er. »Den Hashtags nach zu urteilen, geht es auf ihrem Profil vor allem darum, die Folgen einer gescheiterten, beinahe vergifteten Beziehung zu verarbeiten – beziehungsweise ihr zu entkommen. Lalott hat mit der Thematik, die genau den Nerv der Zeit trifft, eine Community auf ihrem Kanal aufgebaut, die von ihren Gedichten abhängig zu sein scheint. Sobald sie etwas postet, werden die Beiträge oder Reels hundertfach geteilt und kommentiert. Selbst für ihre Größe ist dieses Engagement überdurchschnittlich. Es ist, als würde ihre Community nach ihrer Aufmerksamkeit lechzen. Zwar entstehen auch zwischen den Kommentierenden Dialoge, aber viele sprechen Lalott direkt an, und obwohl sie so gut wie nie zu antworten scheint, ist die Accountbindung stark. Der Aufbau des Profils und die Regelmäßigkeit, in der sie ihre Story bespielt, erwecken den Eindruck, sie sei greifbar.«

»Was meinst du mit *es erweckt den Eindruck?*«, frage ich verdutzt und als Haro zu mir sieht, erkenne ich den Schalk in seinen Augen.

»Ich weiß, wie man etwas aussehen lässt, als käme es von Herzen, obwohl es das ganz und gar nicht tut. Ich bin mir ziemlich sicher, Lalott selbst setzt nicht öfter als zwei bis drei mal im Monat einen realen Post mit eigener Caption auf ihrem Profil ab. Es sind kleinste Nuancen, aber sie unterscheiden sich werblich extrem vom Rest. Sie mag die Schriftstellerin der Gedichte sein, aber sicherlich nicht die Person, die ihren Account steuert.«

»Ist das gut oder schlecht?«, fragt Regina wachsam und tippt eifrig auf die Tasten ihres Laptops.

»Das kommt auf das Social Media Team an. Auf der einen Seite bedeutet es, wir können uns mit ihrem Team absprechen und eine gemeinsame Kampagne ausarbeiten. Wir hätten weder Abweichungen noch Versäumnisse zu erwarten und es könnte für uns enormes Wachstum bedeuten, wenn wir ihre Leser auf unseren Kanal bringen.«

»Und auf der anderen Seite?«

»Es ist nicht gänzlich authentisch. Eigentlich geht es strikt gegen die Prinzipien, für die *eda* steht. Es kann schwierig werden, ihre inszenierte Welt mit unserer möglichst realistischen zu vereinbaren. Der entscheidende Faktor wird die Autorin sein. Zumal die Idee von Maarten und mir darin besteht, die digitale Fannähe in die Realität zu holen. Ziel ist es, die Bindung der Lesenden zu stärken, sowohl im Bezug auf Lalott als auch auf *eda*.«

Aufmerksam huscht ein Blick nach dem anderen zu unserer Verlagsleiterin, die sich über die volle Unterlippe streicht.

»Hat sie schon einmal jemand von euch live erlebt?«, frage ich vorsichtig, greife aus einem Automatismus heraus nach dem Bleistift hinter meinem Ohr und setze ihn auf das Blatt Papier.

»Du warst doch bei den SMAs im letzten Jahr, oder?«, fragt Haro an Regina gerichtet.

»Bei den was?«, wundere ich mich.

»Den Social Media Awards«, erklärt mein Freund und Kollege ein wenig genervt, sodass ich mir sicher bin, dass das ein Detail gewesen wäre, das ich mir hätte merken müssen. »Lalott hat im Dezember den Newcomer Award der SMAs erhalten. Dieses Jahr ist sie in der Kategorie IC nominiert.«

Hilfesuchend sehe ich zu Elfie, die in den letzten Minuten verräterisch still gewesen ist und sich tiefer hinter ihren Bildschirm hat sinken lassen. Sie hat ebenfalls keine Ahnung, wofür IC stehen soll.

Haro seufzt. »*Independent Content*«, erklärt er, als hätte er die Fragezeichen über meinem Kopf sehen können, und betont dabei jede Silbe.

Elfie und ich räuspern uns und ich verstecke mein Lachen hinter der geballten Faust.

Auch Regina kann ein Schmunzeln nicht unterdrücken, bevor sie auf Haros ursprüngliche Frage eingeht. »Ich habe sie nur aus der Ferne gesehen. Seichtes Lächeln, exakt gelegte Haare und ein schlichtes Outfit. Was du sagst, Haro, ergibt Sinn. Ihre Erscheinung wirkt professionell, aber ihre Texte –«

Haro hebt abwehrend die Hand. »Bei ihren Texten rollen sich mir die Fußnägel hoch, ich würde diese junge Frau am liebsten in den Arm nehmen«, erklärt er.

Ich glaube, im Augenwinkel zu sehen, wie Elfies dunkler Lockenkopf wieder ein Stück hinter ihrem Bildschirm auftaucht.

»Ich bin dafür, die Chancen und Risiken im Social Media Bereich aufzuzeigen, und unterm Strich muss ich sagen, dass die Chancen für den Verlag es wahrscheinlich wert sind. Wir sollten in diesem Fall das Risiko eingehen, dass uns das auf die Füße fällt.«

»Mutig«, stellt Regina fest. Fragt dann abschließend: »Wie hoch schätzt du das Potenzial ein?«

»Unsere Reichweite könnte sich im Handumdrehen verdoppeln, durch einen Shitstorm oder Erfolg, beides ist möglich. Wenn sie untergeht, tun wir es auch.«

»Ähnlich sieht es mit den Plätzen im Buchhandel aus«, springt Maarten ein, der sich die gesamte Zeit über zurückgelehnt und der Analyse von Haro gelauscht hat. Ebenso wie seine Schwester gibt er jedem im Team den notwendigen Raum, sich zu entfalten, und schreitet nur ein, wenn er glaubt, dass jemand Unterstützung benötigt. »Ein Buch von Lalott wäre der Türöffner für andere Werke. Erfahrungsgemäß ist der Buchhandel dem generellen Verlagsprogramm sehr viel offener gegenüber, wenn eine berühmte Schriftstellerin darunter ist. Wir würden in einigen Filialen vermutlich sogar Poesie-Tische bekommen. Dazu kommen Lesungen und Messetermine, bei denen wir unsere unbekannteren Poesietreibenden als Support mitlaufen lassen würden. Talkrunden, Pressetermine und

Merchandise, bis unser Lager platzt«, spitzt er seine Ausführungen zu und hält die offene Hand in die Runde. »Wenn ihr Wünsche habt, nur her damit, von Tassen über Jutebeutel, Kalender, bedruckte Stifte, T-Shirts ...« Er hält inne und zeigt auf seinen Kollegen Haro. »Wie sieht es aus, brauchst du vielleicht eine dreiundvierzigste Hülle für dein Macbook?«

»Nein, danke«, antwortet dieser und rutscht auf seinem Stuhl hin und her, weil Elfie über den Witz lacht.

»Kleiner Scherz. Sorry, Haro«, entschuldigt sich Maarten und wendet sich seiner Schwester zu. »Im Ernst, dieses Marketingkonzept könnte das größte in unserer Verlagsgeschichte werden. Es kommt ganz auf die finanziellen Mittel an und dass wir es exakt auf Lalott einstellen. Wenn wir den Nerv der Fans treffen, ist das eine sichere Bank.«

Und damit spielt Maarten galant den Ball zu unserer Finanzexpertin, die augenblicklich die Schultern strafft, als hätte sie nur auf ihren Einsatz gewartet. »Gemessen an den potentiellen Verkaufszahlen durch die Bekannt- und Beliebtheit der Autorin und einer wahrscheinlich hohen Nachfrage nach einer Lesereise, könnte deine *Good Case Campagne* abgesichert sein, Maarten«, erklärt Elfie und signalisiert, dass das Budget des konservativen Marketingplans, den er – so wie ich ihn kenne – Elfie bereits deutlich vor dem Meeting zugespielt hat, finanzierbar wäre.

»Brich mir nicht das Herz«, sagt Maarten, legt eine Hand auf seine Brust und wirft Elfie einen theaterreifen Hundeblick zu. »Was ist mit dem *Best Case Plan?*«

Bevor die Controllerin zu einer Antwort ansetzen kann, bin ich mir sicher, ein Geräusch von meiner Rechten zu vernehmen, das beinahe wie ein Knurren klingt. Ich sehe zu Haro rüber, der seinen Abteilungsleiter mit finsterer Miene dabei beobachtet, wie er mit unserer Kollegin scherzt. Sein Verhalten wird zunehmend irrational, wenn es um Elfie geht.

»Wenn wir die gewünschte Marge von Lalott richtig einschätzen und die Merchandiseverkäufe konservativ berechnen; davon ausgehen, dass wir den Löwenanteil davon behalten dürfen, wenn wir uns um Herstellung und Vertrieb komplett autark kümmern, könnte es klappen.«

Mit einem Glitzern in den Augen lehnt sich Maarten über den Tisch und linst zu seiner Schwester, als wäre er deutlich jünger als zweiunddreißig.

Die prüfenden Blicke der Jørgensens treffen aufeinander und obwohl keine Diskussion zu hören ist, bin ich mir sicher, dass in ihren Köpfen die Argumente nur so sprudeln. Regina mag zwar das letzte Wort haben, doch sie würde nie eine Entscheidung treffen, die das Team nicht tragen würde.

»Jonah?«, fragt sie schließlich, sieht mich jedoch nicht an. »Was sagt dein Bauchgefühl?«

Jedes Mal fühle ich mich in diesen Meetings ein wenig schlecht, wenn ich mir ansehe, mit wie vielen Konzepten, konkreten Ideen und Listen meine Kollegen hier aufschlagen. Doch meine Arbeit lässt sich schwer kategorisieren, prognostizieren oder einordnen. Gerade Lyrikprojekte sind eine einzige Wundertüte. Sicherlich kann man sich ein Bild des Talentes machen, doch letzten Endes ist dies nie ein Garant dafür, welche Qualität das Manuskript aufweist, das auf meinem Tisch landet. Ein Exposé kann unfassbar vielversprechend, jedoch auch trist und nichtssagend sein. Ob die Wörter, die zu Papier gebracht werden, es schaffen, die Lesenden zu erreichen, entscheidet allein der Text selbst – und alle Zeilen, die ich bisher von Lalott gelesen habe, haben mich nicht nur erreicht, sondern nicht mehr losgelassen.

»Ich habe wirklich keine Ahnung, wie die Zusammenarbeit mit der Autorin laufen wird. Das Exposé ist ohne jede Frage nicht von ihr verfasst worden. Das passt zu Haros Vermutungen, dass sie womöglich auch ihren Social Media Account nicht gänzlich in ihren

Händen hält«, erkläre ich. »Aber wenn am Ende auch nur ein paar ihrer neuen Texte das auslösen, was die bisherigen geschafft haben, sollten wir alles dafür tun, dieses Projekt in den Verlag zu holen. Ihr Stil bewegt Herzen, das ist nicht von der Hand zu weisen.«

Als ich einen Blick auf den Block vor mir werfe, stehen dort direkt unter den mir bekannten Zeilen von Lalott, die ich irgendwann während unseres Meetings darauf gekritzelt haben muss, in zarten Bleistiftlinien die Worte: *Nichts hallt so laut in mir wie deine Stille.*

Kapitel 3

Wieder und wieder frage ich mich, was ich mir dabei gedacht habe. Und dass sich diese Frage auf mehrere Aspekte meines Lebens bezieht, drückt meine Schultern ein weiteres Stück nach unten – als hätten sie überhaupt noch Platz, tiefer zu sinken.

Zum sechsten Mal in den vergangenen vier Minuten schaue ich auf die Uhr, während ich mir einzureden versuche, dass sie mich nicht versetzt. Dass sie vielleicht lediglich ihren Bus verpasst oder zu spät von zu Hause losgegangen ist. Doch als ich auch sechzehn Minuten später keine Nachricht von ihr erhalten habe und mit hämmerndem Herzen auf meiner Bettkante sitze, gebe ich die Hoffnung auf.

Nachdem Aaron und ich letztes Jahr entschieden haben, getrennte Wege zu gehen, zerbrach nicht nur mein Herz, sondern auch die Freundschaft zu Fee. Zwar kannten wir drei uns bereits seit Schulzeiten, doch als seine Kollegin, die zwangsläufig jeden Tag mit ihm zu tun hat, habe ich damals natürlich verstanden, dass sie viel für ihn dagewesen ist. Dass sie dadurch mit der Zeit aufhörte, für *mich* da zu sein, war schwer. Und genau jetzt merke ich, dass nichts von diesem Gefühl verschwunden ist.

Meine Gedanken schweifen zu dem Jungen mit den grauen Augen, dem ich nach allem, was uns geschehen ist, vor wenigen Tagen nicht mal einen Blick wert war. Sie schweifen zu der Zerrissenheit, die mich seitdem nicht mehr loslässt. Zu den Worten, die ich in den Tagen danach geschrieben, aber anschließend nicht gelesen habe. Meine Furcht, sie könnten mich erneut in einen Abgrund stürzen, in den ich bereits seit Monaten falle, ist zu groß, um mich dem zu stellen. Und die Hoffnung, dass mir Felicitas ein wenig dieser Last nehmen könnte, hat sich nun ebenfalls dem freien Fall hingegeben.

»Fuck«, flüstere ich, obwohl zu fluchen nicht meine Art ist. »FUCK«, rufe ich lauter und werfe die schmale Vase mit dem getrockneten Ginkgoast, die auf meinem Nachtschrank steht, gegen die Wand mir gegenüber.

Es ist nicht die erste, die dort landet, aber ich wünsche so sehr, dass es die letzte ist. Denn so bin ich nicht, das möchte ich nicht sein, aber plötzlich ist da dieser Strudel in mir, der mich in Erinnerungen reißt, die ich längst hatte vergessen wollen. Und je mehr ich mich wehre, je mehr ich gegen ihn kämpfe, umso erbarmungsloser stürzt er sich auf mich.

»Hör auf«, presse ich hervor. »Hör verdammt noch mal auf, Ella.« Und während sich die Worte einen Weg über meine Lippen bahnen, höre ich in ihnen längst vergessene Momente.

»Tu das nicht«, flehe ich, während er meine Sachen aus seinem Schrank reißt und auf das Bett wirft, neben dem ich stehe. Er ist so in Rage, so trunken vor Tränen, dass er mich weder hört noch sieht. »Aaron, ich bitte dich, lass uns darüber sprechen.«

»Jetzt willst du reden?« Als er sich plötzlich umdreht, entdecke ich etwas in seinen Augen, das vorher nicht dagewesen ist. Eine Entscheidung, die den Boden unter mir in Flammen steckt. »Hör auf«, presst er hervor. »Hör verdammt noch mal auf, Ella.«

Ich hasse, wie die Worte in dem Zimmer hallen. Wie der Klang seiner Stimme die Zeit zerschlägt und Sekunden zu Minuten werden lässt.

»W-was meinst du damit?«

Mit einem Schluchzen bricht er zusammen, sackt nach unten und verharrt an Ort und Stelle mit meinen Kleidern in seinen Armen. »Wir können das nicht mehr tun«, wispert er und es fällt mir schwer, ihn zu verstehen, weil mir so viel Schmerz entgegenschreit.

Wie ich es schaffe, die Distanz zwischen uns zu überwinden, weiß ich nicht, doch auf einmal knie ich vor ihm, fasse nach seinen Händen, die er mir sofort wieder entzieht.

»Stopp.« Seine Worte sind leise, doch nicht leise genug, dass ich sie ignorieren kann.

»Wieso?« Eine Frage, die ich mir selbst auf hundert verschiedene Arten beantworten könnte, doch es ist wichtig, es von ihm zu hören.

»Baby«, flüstert er. »Das hier«, er deutet von mir zu ihm, »tut uns nicht gut.«

Ob mein Weinen laut oder leise ist, weiß ich nicht, doch mir läuft die Nase und ihn sehe ich nur verschwommen. Mein Brustkorb bewegt sich, als würde er mit jedem Atemzug mehr zittern. »Bitte, b-bitte nicht.« Ich senke meinen Blick, doch seine Hände, die meine Wangen umfangen, lassen mich ihn ansehen.

»Alles wird gut, Ella. Ich verspreche es dir, hörst du? Das hier ist nicht das Ende der Welt.«

»Warum fühlt es sich dann so an?«

Seine Stirn trifft meine und ich wünschte, ich könnte seinen Geruch einatmen, doch ich rieche nichts; schmecke nichts, atme kaum. Fühle zu viel, um zu begreifen.

»Sieh uns an, Baby. Hier ist so viel, das nicht hierhergehört. Zu viel Zerstörung zwischen Dingen, die zu wehtun, um sich weiter dafür aufzuopfern. Da ist nichts als Verlust, den ich schmecke, wenn wir uns küssen. Viel zu viel Verlust.«

Ich lege meine Hände auf seine, die noch immer mein Gesicht halten. »Aber i-ich liebe dich.«

»Fuck, Ella«, wispert er und ich höre, dass er weint. »Ich liebe dich auch, so verflucht doll. Aber es ist keine gute Art von Liebe, sie lässt *uns keinen Raum mehr und verzeiht nicht. Sie hat zu viel genommen; gefordert, wo sie geben sollte. Sie lässt uns, verdammt noch mal, nicht atmen. Und ich ersticke an ihr, verstehst du? Ich ersticke und sehe dabei zu, wie du es auch tust.«*

Mittlerweile bin ich mir sicher, dass meine Schluchzer so laut sind, als würde ich schreien. Denn das möchte ich, ich möchte so viel aus mir herausbrüllen, um es loszuwerden. Aber vielleicht würde ich diesen Sturm, diesen allerletzten, dann nicht überstehen.

»Lieber ersticke ich, als ohne sie zu sein.«

»Nein, sag das nicht. Du, Ella Bergmann, hast so viel mehr verdient als das. Und ich möchte dir und mir die Chance geben, dieses Mehr zu finden.«

Ich weiß, dass er recht hat. Alles in mir sehnt sich genau danach: der Freiheit, ich selbst zu sein. Mich selbst wiederzufinden nach dem, was wir geben mussten. Und ein Teil von mir, einer, der mich in all der Kälte nicht erfrieren lässt, ist dankbar für den Mut, den Aaron mir entgegenbringt. Für die Schuld, die er auf sich nimmt.

Wie lange wir auf dem Boden sitzen, uns Tränen und Schmerz und dem Ende hingeben, weiß ich nicht. Als ich aufstehe, mit Aaron meine Tasche packe und seine Wohnung verlasse, ist es bereits dunkel. Die Narben aber, die so deutlich in dem letzten Blick stehen, den wir tauschen, leuchten heller als es Monde oder Sterne jemals könnten. Und ich hoffe, sie hören eines Tages damit auf.

Dass ich nicht weine, liegt daran, dass ich es mir selten erlaube. Es zu unterdrücken, habe ich konditioniert. Es hilft, mich nach den Scherben zu bücken und sie auf einen Haufen zu legen, ehe ich in die Küche gehe und das Kehrblech mitsamt des Handfegers unter der Spüle hervorhole.

Das mattweiße Porzellan, das in Stücken auf dem blauen Plastik liegt, in den Müll zu werfen, tut fast genauso weh wie die Erinnerung. Vielleicht, weil es mir vor Augen führt, dass gewisse Dinge dazu bestimmt sind, im Laufe der Zeit zu zerbrechen. Aaron und ich waren eines davon.

Das Geräusch der Klingel, das plötzlich durch meine Wohnung vibriert, erschreckt mich so sehr, dass ich meinen Finger in der Schranktür klemme, hinter der ich das Kehrblech nun wieder deponiere. Sofort schnellt mein Puls in die Höhe und mein Blick gleitet zur Uhr an der Mikrowelle. Sechsunddreißig Minuten zu spät, doch wenn Fee tatsächlich vor meiner Tür steht, würde ich kein Wort darüber verlieren.

Unsicherheit schießt durch meine Adern, aber ich unterdrücke sie so gut es geht, als ich auf den Entrieglungsknopf drücke und das Surren der Haustür bis in den dritten Stock höre, die im nächsten Moment aufgestoßen wird.

Stufe für Stufe lausche ich ihren Schritten, winde mich innerlich. Wovor ich solche Angst habe, weiß ich nicht einmal. Vielleicht vor dem Urteil, das sie über mich gefällt haben könnte. Vielleicht auch davor, dass sie über das letzte Jahr sprechen möchte. Über jenen Teil, den ich an den meisten Tagen konsequent aus meinen Gedanken streiche.

»Hey«, begrüßt Fee mich mit einem angedeuteten Lächeln, sobald sie mich im Türrahmen stehen sieht. Die letzten Stufen nimmt sie nur unwesentlich langsamer, aber mir fällt es auf.

»Hey«, erwidere ich und trete einen Schritt zurück. »Komm rein. Du kennst dich ja aus.«

Fee nickt und schlüpft aus ihren Schuhen, ehe sie hinter mir in den schlauchförmigen Flur tritt und ihre gelbe Jacke, die so unheimlich fröhlich aussieht, an den Garderobenständer neben dem großen Spiegel hängt. Ihre roten Strähnen hat sie zu Locken gedreht, die durch den Wind allerdings recht mitgenommen wirken. Es ändert nichts daran, dass sie eine der schönsten Personen ist, die ich kenne. Ihre geröteten Wangen und die vollen Lippen haben beinahe dieselbe Farbe, während die wie gezeichneten Sommersprossen ihr einen gewissen Wiedererkennungswert verleihen. Dazu, natürlich, blaue Augen. Neben ihr wirke ich wie eine blasse Version, selbst mit gefärbten Haaren und dem Make-up, das Kaiko so an mir liebt.

»Entschuldige die Verspätung«, sagt sie, und ich brauche einen Moment, ehe ich ein »Kein Problem« murmle, denn die erwartete Begründung bleibt aus.

»Möchtest du einen Tee?«

»Kaffee, wenn du hast.« Sie reibt sich über die Oberarme, um die Restkälte loszuwerden, die noch von draußen an ihr haftet. Vielleicht auch, um die unangenehme Atmosphäre von sich zu reiben, die auch ich wahrnehme.

Obwohl ich selbst nur selten Kaffee trinke, habe ich immer einen kleinen Vorrat für Gäste da. Was eigenartig ist, da ich seit Ewigkeiten keinen Besuch mehr bekommen habe.

Statt mir hinterherzugehen, als ich die Küche betrete, huscht Fee in mein winziges Wohnzimmer. Laut Grundriss wäre dieser Raum eigentlich das Schlafzimmer gewesen, doch weil ich einen großen Arbeitsplatz wollte, habe ich beides getauscht. Nun steht neben der grauen IKEA-Couch nur ein spärlich bewachsener Benjamini, davor ein Couchtisch und ein Sideboard dem gegenüber, auf dem ein Fernseher sein Dasein fristet. Die lindgrünen Vorhänge haben dieselbe Farbe wie der Teppich, der auf dem hellen Laminat liegt. Leider habe ich die Sofakissen einen Hauch zu dunkel bestellt, sodass sie nicht ideal dazu passen, aber zumindest harmonieren.

Ich schaue Felicitas einen Moment lang nach, wende mich dann aber ab, um unsere Getränke zuzubereiten. Da das Wohnzimmer genau gegenüber der Küche liegt, werfe ich immer wieder einen Blick über den Flur dorthin, doch Fee muss sich bereits hingesetzt haben, denn ich erkenne lediglich ihre Füße, die sie etwas von sich streckt.

»Es ist nur Fee«, flüstere ich mir zu und versuche, die Dringlichkeit darin zu verinnerlichen. »Einfach nur Fee.«

Dass gerade das mein Problem ist, wird mir bewusst, als ich mit den Tassen zu ihr gehe und mein Herz so wild schlägt, dass ich kaum glauben kann, dass sie es *nicht* hört. Für mich wirkt es, als würde sogar sein Echo in diesem Raum nachklingen.

Felicitas nimmt mir eine Tasse ab und wartet, bis ich mich auf die Ottomane setze, ehe sie einen Schluck nimmt. Es ist mir schleierhaft, wieso sie sich nicht ihre Zunge verbrennt. Ich muss meine Heißgetränke mindestens zehn Minuten stehen lassen, ehe ich auch nur darüber nachdenken kann, sie in die Nähe meiner Lippen kommen zu lassen.

»Was ist mit Prometheus passiert?«, fragt sie und sieht zu dem Regalbrett über dem Fernseher, auf dem die Yuccapalme vor sich hin stirbt. Meine Tante hat sie mir zum Einzug geschenkt und mir geraten, ihr einen Namen zu geben. Durch diese persönliche Bindung sollte es mir leichter fallen, an das Gießen zu denken.

»Es ist wohl gut, dass ich keine Gärtnerin geworden bin.«

Fee lacht auf, was auch mir ein Schmunzeln entlockt. »Nun, vielleicht würde er wieder ins Leben zurückkehren wollen, wenn du ihm ein paar deiner Gedichte vorliest.«

Etwas in ihren Worten lässt mich unsicher werden. »Wenn du denkst, sie würden Gemüter erhellen, hast du wohl nicht viele von ihnen gelesen.«

Es ist kein Vorwurf, aber vermutlich klingt es wie einer.

»Tatsächlich kenne ich jedes einzelne, El.« Ihr Blick ist nun ernst. »Und ich weiß, was sie bei deinen Fans bewirken.«

Ich will es nicht, aber ihre Worte lassen Bitterkeit in mir aufsteigen. »Dann weißt du, wie ich mich das vergangene Jahr gefühlt habe?«

Nun ist sie es, die ihren Kopf senkt. Etwas, das untypisch für sie ist. »Ella, ich –«

»Schon okay«, wanke ich zurück. »Ich hab es nicht so gemeint. Es ist nur … Du hast mir gefehlt.«

Ihre Züge werden weich, die Augen glasig. »Ich habe dich auch vermisst. Aber ich … Aaron hat mich gebraucht, mehr denn je. Und du warst du … Du hast so stark gewirkt, dass ich es mir leicht gemacht habe, nicht nachzubohren. Was einfach war, denn wann immer ich das Thema angesprochen habe, hast du abgeblockt.«

»Dass ich nicht darüber sprechen wollte, bedeutete nicht, dass ich überhaupt nicht sprechen wollte. Ich habe dich gebraucht, aber diese … Sache musste ich allein verarbeiten.«

»Das verstehe ich jetzt«, entgegnet sie. »Nur verstehe ich nicht, weshalb du der Welt weismachen musst, dass Aaron ein schlechter Mensch ist.«

Da ist er. Der Moment, vor dem ich Angst hatte. Das Urteil, das sie fällt, ohne es hinterfragt zu haben.

»Ich …« Mir fehlen im ersten Moment die Worte, während ich mir einige der Kommentare unter meinen Postings ins Gedächtnis rufe.

"

Es tut mir so leid, dass du derart verletzt wurdest.

"

Wie sehr kann einem jemand das Herz brechen?

Kenne dieses Gefühl zu gut, bin aber noch nicht stark genug, meiner Beziehung zu entkommen. "

Ich weiß, dass viel darüber spekuliert wird, weshalb meine Gedichte derart tragisch sind; dass das lyrische Subjekt immer wieder ein potenzielles Du anspricht in all dem Leid. Aber was die Lesenden letztlich in das Geschriebene hineininterpretieren, ist nicht meine Aufgabe, ihnen vorzugeben. Wenn die Texte jemandem helfen, sich einer ungesunden Beziehung bewusst zu werden – egal ob mir dabei unterstellt wird, selbst in einer gesteckt zu haben –, dann ist das nichts, für das ich mich schuldig fühlen sollte, oder?

»Es war niemals meine Absicht, Aaron schlecht oder falsch darzustellen – nicht eine Sekunde lang. Ich habe lediglich ein Ventil gesucht, meine Erinnerungen zu verarbeiten, und das tue ich immer noch. Was andere in den daraus entstehenden Worten lesen, kann ich nicht beeinflussen.«

»Machst du es dir durch diese Aussage nicht ein wenig zu einfach, Ella? Denn ich denke, gerade wenn man mit Worten Derartiges auslösen kann, trägt man immer auch eine Verantwortung.«

In mir pocht die Gewissheit, dass sie nicht ganz unrecht hat, doch ich bin zu fragil, um diese zuzulassen. Nach all dem, was gewesen ist, wünsche ich mir von Fee, was Fremde mir zugestehen: die Anerkennung, kaputt zu sein; gebrochen. Das Verständnis, dass es weder die Zeit noch soziale Beziehungen sind, die mich heilen, sondern einzig und allein Gedichte. Kritik an ihnen, so wahr sie vielleicht ist, fühlt sich im Moment unerträglich an.

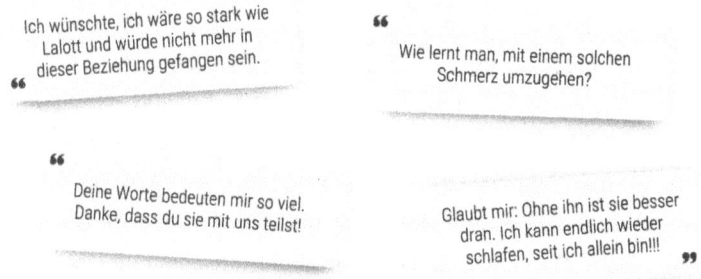

66 Ich wünschte, ich wäre so stark wie Lalott und würde nicht mehr in dieser Beziehung gefangen sein.

66 Wie lernt man, mit einem solchen Schmerz umzugehen?

66 Deine Worte bedeuten mir so viel. Danke, dass du sie mit uns teilst!

Glaubt mir: Ohne ihn ist sie besser dran. Ich kann endlich wieder schlafen, seit ich allein bin!!! 99

»Weißt du, dass er Drohungen bekommt?«, reißt Fee mich aus meinen Gedanken. »Von wildfremden Menschen, die ihn auf Social Media suchen, weil irgendein Mistkerl aus der Schule ihn unter einem deiner Gedichte getaggt hat? Weißt du, dass sein Job auf dem Spiel steht, weil ihm jemand vor dem Kindergarten aufgelauert und vor den Kids beschimpft hat?«

Ich bin mir sicher, dass mein Herz mit jedem ihrer Worte lauter schlägt; dass es in Tränen ausbricht und sie mir abnimmt, damit ich sie nicht weinen muss.

»Nein, ich –«

»Ella, du musst doch gesehen haben, was in manchen Kommentaren für eine Hetzjagd veranstaltet wird.« Frustration klingt aus ihrer Stimme, die ich ihr nicht verübeln kann. Denn ja, es gab und gibt ab und zu kritische Kommentare, sehr private Nachfragen – aber nicht nur Aaron gegenüber, sondern auch mir. Das ist, was Social Media mit sich bringt: Hetze. Zumindest von Zeit zu Zeit. Kaiko filtert mittlerweile vieles, bevor es mich erreicht. Aber es gibt so viel mehr Positives, dass es ebenfalls auslöst – und ich hänge daran, weil es alles ist, was geblieben ist.

»Ich … Alles, was ich möchte, ist, Gedichte zu schreiben.« *Zu heilen*, ergänze ich in Gedanken.

»Dann machst du es dir zu einfach.«

Tiefer hätte sie mir nicht ins Herzen stechen können.

»Nichts seit letztem Jahr ist einfach. Nicht das Geringste!« Dass ich in die Position, in der ich mich befinde, reingeschlittert bin, scheint sie nicht zu verstehen. Dass ich es nie *geplant* habe.

Zum ersten Mal, seit sie hier ist, sehe ich Felicitas wirklich an; erkenne Enttäuschung in ihren Zügen und auch Wut. Begreife, dass sich all das gegen mich richtet, und dass sie sich für diesen Gedanken schuldig fühlt. Ihr Blick und die Art, wie sie mit ihrer linken Hand ihre rechte festhält, um nicht mitfühlend nach mir zu greifen, offenbart, dass noch immer die Fee in ihr steckt, mit der ich meine Kindheit verbracht habe.

Sie, Aaron und ich sind seit der Grundschule beste Freunde gewesen. Wir sind zusammen aufgewachsen, haben miteinander unsere Teenagerzeiten bestritten, das erste Bier im Stadtpark getrunken, unseren Abschluss gemacht. Und auch als Aaron und ich herausgefunden haben, dass mehr zwischen uns ist, war Fee an unserer Seite. Dass sich all das in so kurzer Zeit ändern würde, hätte ich niemals geglaubt.

»Nur bist du nicht die Einzige, die leidet. Aber du scheinst einzig und allein *dich* zu sehen und alles andere auszublenden. Als wäre dir egal, was um dich herum passiert, solange dein Account größer und deine Haare blonder werden.«

Ich muss mich zusammenreißen, damit sie das Zittern nicht bemerkt, das meine Hände vibrieren lässt. Stattdessen lache ich auf. »Hast du mich gefragt, was mir wichtig ist, bevor du deine Thesen aufgestellt und sie zur einzig logischen Konsequenz auserkoren hast? Glaubst du nicht, dass eine geringe Chance besteht, dass ich noch immer der Mensch von damals bin, obwohl ich tue, was ich tue?«

Die Kraft, mich zu erklären, fehlt mir; ihr zu sagen, dass ich nach Verständnis suche, Tag und Nacht. Dass schön auszusehen irgendwie Teil meines Jobs geworden ist, selbst wenn ich diesen Part nicht ausstehen kann.

Vermutlich ist das der Grund, weshalb sie das Messer nicht nur tiefer in meine Brust treibt, sondern es dort auch dreht. »Ehrlicherweise glaube ich das nicht. Denn die Freundin, die ich kannte, hätte nicht dabei zugesehen, wie ein Leben zerstört wird. Mehr noch: Sie hätte es gar nicht erst initiiert.«

Fee schließt im selben Moment den Mund, in dem ich zurückweiche. Ich sehe das Bedauern in ihren Zügen; die Reue, ihre Worte derart gewählt zu haben.

»Fuck, das … Ich hätte nicht –«

»Schon gut«, würge ich sie ab. »Du hast gesagt, was du denkst.«

»Nein, ich –«

»Wieso bist du hier, Felicitas? Um mir diese Dinge an den Kopf zu werfen? Weil du glaubst, dass ich verdiene, was das mit mir macht?«

Sie sieht beschämt aus, sogar ehrlich schuldig. Aber es ist nicht die Art von Schuld, die einen nach einer Lüge überkommt, sondern jene, die einen erfüllt, wenn die Wahrheit dem Gegenüber die Seele zerreißt.

»Du bist zu spät«, ergänze ich. »Hier ist kaum noch etwas, das zerbrechen kann. Du blickst Scherben ins Gesicht.«

Meine Gedanken schweifen zu der Vase, die in Einzelteilen in dem Mülleimer unter der Spüle liegt. Und in diesem Moment glaube ich, dass ich mich auch dann nicht an ihnen schneiden würde, wenn ich mich mitten in sie legte. Zerbrochenes erkennt einander – und auch wenn es nicht gemeinsam heilen kann, verletzt es sich zumindest nicht. Vielleicht kann Fee deshalb nicht sehen, dass ich gegen die Wände meines Lebens geworfen wurde; dass ich in Splittern am Boden liege.

Aber festzustellen, dass die Porzellanscherben verständnisvoller sind als sie, tut etwas mit mir. Es lässt mich sie bitten, zu gehen. Es lässt mich keine einzige Träne vergießen; mich die Tür hinter ihr schließen. Lässt mir fünf Minuten. Fünf Minuten, um sicherzugehen, allein zu sein.

Erst dann falle ich. Jedes Stück von mir. Denn wenn man sich selbst durch hundert teilen kann, kann man auch hundert Mal fallen.

»Noch so ein Moment«,
flüstert sie
und dreht die Zeit zurück.
V e r g e b l i c h.
In allem dieses Lächeln, das
so vergänglich ist.
Vielleicht sollte die Welt sich
endlich daran schneiden.

Unter den Blicken der Zyklop-Wachposten, die den Zugang zum Auge der Xaloph Wüste bewachten, zog Nohja die löchrige Kapuze tiefer in sein Gesicht. Ein jämmerlicher Versuch, die Frage nach seiner Abstammung zu vermeiden – eine Frage, auf die er bis heute keine Antwort wusste. Doch seine in zwei Farben geteilte Haut verriet jedem Lebewesen in dieser verdammten Galaxie, dass er nicht mehr als ein heimatloser Indifinit war

(...)

Noch während ich im hellhörigen Treppenhaus bin, kann ich die Stimme meines besten Freundes hören, der seine Tochter zum wiederholten Mal ermahnt, ihre Schuhe anzubehalten.

»Sam, bitte lass die Schnürsenkel in Ruhe! Onkel Jonah wird gleich da sein. Du willst doch nicht, dass er zu spät zur Arbeit kommt, oder?«

»Aber Jonah bindet sie mir anders«, protestiert mein Patenkind, sodass ich lachend den Kopf schüttle, als ich Till hinter der Tür fluchen höre. »Er singt dabei«, erklärt sie vollkommen selbstverständlich.

Morgens ist gegen die Vierjährige jede Diskussion verloren, ihr Dickkopf schlägt das Zeitmanagement ihres alleinerziehenden Vaters um Längen.

»Einen Euro in die Fluchkasse!«, höre ich Samantha sagen, bevor ich den Gong der Klingel betätige und sie aufgeregt zur Haustür hüpft. Jeder ihrer Schritte dröhnt auf dem für Weimar typischen Altbauparkett.

Die Tür öffnet sich und einen Wimpernschlag darauf umschlingen Sams winzige Arme meine Kniekehlen.

»Hey Wirbelwind«, begrüße ich sie. »Oder sollte ich Meister Yoda sagen?«, albere ich herum, sobald ich die Kapuze ihres Pullovers mit grünen Ohren an den Seiten entdecke.

»Grogu«, korrigiert sie mich empört und blickt grimmig unter der Kapuze zu mir auf, denkt allerdings nicht daran, den Griff um meine Beine zu lockern.

»Weißt du, als dieses Kostüm genäht wurde, wusste noch niemand etwas von einem Grogu«, setze ich zu einer Diskussion an, von der ich ganz genau weiß, dass ich sie verlieren werde, sollte Sam zu einer Erwiderung ansetzen.

Im Hintergrund höre ich Till, der noch immer hektisch durch die Wohnung pflügt. »Hi Jonah«, ruft er und hastet durch den Flur von einem Zimmer ins andere. »Danke, dass du so kurzfristig kommen konntest. Ich konnte keinen von den anderen erreichen.« Normalerweise unterstützen sich die Eltern aus dem Kindergarten, wenn etwas dazwischen kommt.

»Kein Problem!«, antworte ich und bugsiere meine Füße samt dranhängendem Patenkind in die Wohnung. Da ich weiß, wie es ist, wenn ein Elternteil von seinen Pflichten nichts wissen will, nehme ich meine als Patenonkel sehr ernst.

»Vielleicht habe ich es auch einfach zu spät versucht«, setzt Till nach. »Was übrigens deine Schuld ist, ich habe bis spät abends auf *Wrify* gelesen.«

Ich übergehe seine Anschuldigung und richte meine Aufmerksamkeit auf den kleinen Klotz an meinem Bein. »Hat Grogu denn genügend Proviant für sein heutiges Abenteuer?«, frage ich Sam.

»Ich will Pop Tarts!«, lässt sie hüpfend verlauten, gibt meine Beine frei und stürzt in die Küche.

Ich könnte meine Mutter bis heute dafür verteufeln, dass sie diese mit Zucker verzierte Pappe in ihr Care Paket aus den USA gepackt hat. Sam war nicht mehr zu bremsen, nachdem sie die bunte Verpackung in ihre kleinen Finger bekommen hat. Von all den Reisen meiner Ma war das Paket aus den Staaten mit Abstand das ungesundeste.

»Süßigkeiten sind keine Mahlzeit!«, ruft Till aus dem Badezimmer und klingt, als würde er sich mit irgendetwas strangulieren.

»Keine Sorge, ich kümmere mich darum«, versuche ich, ihn zu beruhigen, und folge meinem Patenkind in die Küche. Dort angekommen stelle ich fest, dass Sam durch ihre verzweifelte Suche nach dem Gebäck bereits die Hälfte des Vorratsschranks ausgeräumt hat. Wie Till es schafft, den Haushalt alleine zusammenzuhalten, ist mir ein Rätsel. In meiner Wohnung braucht Sam lediglich eine Stunde, um jeden Raum in ein Schlachtfeld zu verwandeln, dessen Beseitigung doppelt so viel Zeit in Anspruch nimmt. Aber vielleicht ist auch das eine Fähigkeit, die man erst mit über dreißig erlangt. Immerhin ist mir Till fünf Jahre voraus.

»Ich bin dann –«, setzt mein Kumpel an, sobald er um die Ecke biegt, bricht jedoch mitten im Satz ab, als er das Chaos entdeckt, das seine Tochter soeben angerichtet hat. »O Samantha …«

Beschwichtigend hebe ich meine Hände und gehe auf Till zu, der an dem unordentlichen Krawattenknoten herumzerrt. »Sieh zu, dass du loskommst. Schließlich wollen wir in spätestens einem Jahr dieses Spiel spielen, wovon du schon seit Monaten erzählst«, sage ich und richte das Desaster um seinen Hemdkragen. »Sam wird pünktlich um neun im Kindergarten sein und du beim Game Pitch, wenn du jetzt gehst«, betone ich eindringlich.

Angespannt fasst Till seine Haare zusammen, um sie im Nacken zu einem lockeren Zopf zu binden. Die blonde Mähne reicht ihm bis über die Schulterblätter. Manchmal wundert es mich, dass er noch nicht von der Straße weg für Shampoowerbung gecastet wurde.

»Alles klar«, antwortet er, atmet schwer aus und greift nach dem blauen Jackett, das an der Tür zum Flur auf einem Bügel hängt.

Im Gehen dreht er sich noch einmal um, doch bevor er sich erneut bedanken kann, sage ich: »Ich habe alles im Griff, Till. Also geh jetzt!«

Irgendetwas Unverständliches brummend gehorcht er, geht auf die Haustür zu und ruft ein letztes Mal: »Ich hole dich heute Nachmittag ab, Sam! Hab dich lieb!«

»Ich dich auch, Papa!«, antwortet das zerstörerische Monster hinter mir. Ihre Stimme klingt verräterisch gedämpft. Als ich mich umdrehe, bestätigte sie ihre eigene Theorie von vergangener Woche: Es passen zwei Pop-Tarts gleichzeitig in ihren kleinen Mund.

* * *

Einen Wutanfall und zwei Schuldscheine in Form von Pop-Tarts später, bin ich schon jetzt fünf Minuten zu spät zum großen Meeting mit Lalott. Die Umhängetasche mit einer Hand festgekrallt sprinte ich durch den Weimarhallenpark und hechte die Stufen zum Kongresszentrum hinauf. Zu meinem Glück ist der Park und eine Querstraße alles, was zwischen meiner Wohnung und dem Gebäude des *eda*Verlages liegt. Trotzdem bin ich vollkommen außer Atem, als ich endlich am Ziel ankomme. Ich entschuldige mich bei Tim, der heute am Empfang sitzt, für meine Eile und erklimme die Stufen in den zweiten Stock.

Kurz vor der Tür des Konferenzraumes halte ich inne und hole dreimal tief Luft, bevor ich die Klinke nach unten drücke und so leise wie möglich in den Raum schlüpfe. Selbstverständlich entgeht mein Zuspätkommen niemandem in der Runde.

»Tut mir leid, ich musste Sam in den Kindergarten bringen«, erkläre ich unter geweiteten Augen meiner Kollegen und den zwei Fremden, die ich auf die Schnelle als Lalott und ihre streng dreinblickende Agentin identifiziere. Ich gehe auf den leeren Platz am Ende des Tisches zu und lasse mich darauf nieder. »Lasst euch von mir nicht stören«, ergänze ich. »Fahrt bitte fort«. Noch immer schnaufend lege ich meine beschlagene Brille ab, ziehe Block und Bleistift aus meiner Tasche und klemme mir Zweiteres hinter das Ohr.

Nach einem knappen Nicken von meiner Verlagsleiterin, die meinen Auftritt nicht weiter kommentiert, sondern galant überspielt, fährt diese mit dem Meeting fort. Ihren Worten nach zu urteilen, haben sie vor wenigen Minuten erst begonnen.

Gott sei Dank gelingt es Regina sogar, die herablassende Musterung der Agentin von Lalott von mir zu lösen. Ihr einnehmendes Auftreten ermöglicht es mir, die Schriftstellerin, die mir direkt gegenübersitzt, unbemerkt zu mustern.

Matt ist das erste Wort, das mir in den Sinn kommt. Sie wirkt erschreckend matt – entgegen dem schillernden Bild, das die Öffentlichkeit von Lalott zeichnet. Als hätte das Leben einen dieser Social Media Filter über sie gelegt, der jegliche Farbe und das Strahlen ihrer Augen verschluckt. Selbst die Sommersprossen auf ihren Wangen sind blass; beinahe so hell wie das Blond ihrer schulterlangen Haare.

Unwillkürlich erwische ich mich dabei, mich zu fragen, welche Farbe sich unter der Blondierung verbirgt. In meiner Vorstellung würden kupferbraune Strähnen ihre Augen deutlicher zur Geltung bringen als das Platinblond. Und obwohl der Umgang mit Worten zu meinen Stärken zählt, gelingt es mir nicht, die Nuancen ihrer Iriden zu erfassen. Winterlich grün? Azurblaue Akzente? Nein, all das wird ihnen nicht gerecht. Es vereint sich ein Kontrast darin, der mich stark an den Unterschied zwischen ihrem Auftreten und ihrer Lyrik erinnert. Der Drang danach, zu dem Bleistift hinter meinem Ohr zu greifen, kribbelt bis in meine Fingerspitzen. Zu gern würde ich Schlagworte notieren, die mir bei ihrem Anblick in den Sinn kommen. Stattdessen zwinge ich mich dazu, den Blick abzuwenden.

Bereits nach wenigen Minuten im selben Raum mit Lalott, oder Ella Bergmann, wie ich gestern Abend im Exposé gelesen habe, kann ich die Watte, die sie zu umgeben scheint, beinah unter meinen Fingern spüren. Obwohl sie ab und zu nickt und ihren Blick zwischen unserer Verlagsleitung und ihrer Agentin schweifen lässt, scheint sie meilenweit entfernt zu sein, indes der vermutlich wichtigste Verlagsvertrag ihrer Karriere abgewickelt wird. Dabei ist dieser Tag etwas, das den künstlerischen Höhepunkt ihrer Karriere einleitet, das muss auch ihr bewusst sein.

Doch statt an den finalen Abstimmungen teilzuhaben, überlässt sie die Gesprächsführung ausschließlich ihrer PR-Agentin Hanka Bromberg, die Maarten soeben ihre Forderungen als seine eigenen Marketingideen verkauft. Zu meiner Überraschung scheint er es noch nicht einmal zu bemerken. Zugegeben, die PR-Expertin mit dem strengen Haarschnitt und scheinbar immer lächelnden Augen agiert äußerst raffiniert. Wenn ich meinem heutigen Eindruck Glauben schenken darf, ist dieses Meeting keinerlei Herausforderung für sie. Maarten könnte sich für unsere Abteilung in jedem Fall eine große Portion Courage von ihr abschneiden. Ich bin mir sicher, sie hat genügend für uns alle zusammen.

Allein ihr Versuch, der Autorin eine Hand auf den Arm zu legen, wirkt zu bemüht, als dass ich der Agentin abkaufe, dass das Verhältnis zwischen den beiden derart eng sei. Sobald die Finger von Hanka die Armbeuge der Autorin streifen, spannt sich diese sichtlich an. Ich kann nicht einmal bis drei zählen, ehe sich die Künstlerin aus der Berührung windet. Voller Unbehagen zupft sie an dem Ärmel ihres Pullovers.

Ich bin mir nicht sicher, ob es ihre eigene Dunkelheit ist, wegen der sie so teilnahmslos und unsicher wirkt, oder ob es an ihrem Team liegt.

»Jonah Reed wird das Lektorat übernehmen«, lenkt Regina meine Aufmerksamkeit zurück auf sich und weist mit einem charmanten Lächeln auf den Lippen in meine Richtung. »Lassen Sie sich von seinem jungen Aussehen nicht täuschen. Er ist aus unserem fünfköpfigen Team einer der talentiertesten Lektoren im *eda*Verlag.«

Der akkurat geschnittene schwarze Bob der Agentin gerät kurz aus der Form, als sie mir ruckartig den Kopf zuwendet. Der Blick, mit dem sie mich bedenkt, ist nicht weniger scharf.

»Normalerweise habe ich keine Favoriten«, gesteht meine Vorgesetzte. »Aber bei Jonah wäre jede andere Behauptung eine Lüge, das weiß das Team. Deshalb nimmt es mir keiner übel«, flüstert sie und zwinkert mir zu.

Regina ist wirklich eine Meisterin darin, einer Situation die Anspannung zu entziehen.

Dem Beispiel meiner Chefin folgend schenke ich der kritisch dreinblickenden Gründerin von *LitA Bromberg* ein Lächeln. Allerdings ist meins aufgesetzt. So sehr ich mich auch über das stetige Lob freue, ist es mir genauso unangenehm, wenn sie es vor Kunden ausspricht. Die herausragenden Buchprojekte außergewöhnlicher Schriftstellerinnen und Schriftstellern und das Privileg, mir die Manuskripte, an denen ich mitwirken möchte, aussuchen zu dürfen, ist Belohnung genug. Für mich gab es nie etwas Größeres. Ich habe mir nie gewünscht, im Rampenlicht zu stehen.

Mit Worten Welten zu formen, die die Lesenden nie wieder loslassen, ist etwas Besonderes. Sie verleihen einem die Macht, einen Ort mitzugestalten, an den sie flüchten können, wenn unsere Welt zu eng wird. Diese Rückzugsorte vor allen anderen zu entdecken und ihnen ihren gebührenden Feinschliff zu verleihen, ist eine Aufgabe, der ich niemals müde werde. Dessen bin ich mir sicher. Und wenn ich dafür ein paar eifrigen Agenten ein falsches Lächeln schenken muss, ist das ein vergleichsweise kleiner Preis. Immerhin arbeite ich nicht mit ihnen, sondern mit ihren Klienten.

»So?«, fragt Hanka mit hochgezogener Augenbraue.

»Nicht jedes Schmuckstück glänzt von außen«, scherze ich und glaube, für den Bruchteil einer Sekunde eine Regung in Lalotts Gesicht wahrzunehmen. Der Mundwinkel der Autorin zuckt zaghaft, ehe mir erneut die professionelle Miene ihrer Agentin begegnet. Und als ich von ihr zurück zu Ella Bergmann sehe, blickt sie mir mit einer Ausdruckslosigkeit entgegen, bei der ich mich frage, ob sie tatsächlich die Schöpferin der Gedichte ist, die ich nicht mehr vergessen kann. Ihre gesamte Mimik strahlt so viel Leere aus, dass es mir die Brust zusammenzieht.

»Wir stellen genug Ressourcen im Verlag zur Verfügung, um das

Projekt kurzfristig voranzubringen«, höre ich Regina sagen. »Jonah steht ab sofort für die Arbeit am Manuskript bereit.«

Wie auf Kommando ziehe ich eine meiner selten benutzten Visitenkarten zwischen den Seiten meines noch immer vollkommen leeren Notizblocks hervor und strecke sie zielstrebig der Autorin entgegen. »Wir können loslegen, sobald du soweit bist«, sage ich betont freundlich und warte darauf, dass sie danach greift.

Ihre großen Augen sind auf das Stück Papier gerichtet und würde sie nicht blinzeln, würde ich behaupten, sie wäre in einem Tagtraum gefangen. Bevor sie sich zu einer Bewegung durchringen kann, langen die Finger ihrer Agentin nach der Karte, als würde eine Schlange nach ihrer Beute schnappen.

Mein Blick ist noch immer auf meine leeren Finger gerichtet, die auf halber Strecke zwischen mir und der Autorin ruhen, als Hanka antwortet: »Dann geht es nun nur noch um die Feinheiten des Vertrags.«

Und obwohl mein Verstand sagt, dass es absurd wäre, frage ich mich, ob ich das Lektorat mit Lalott oder ihrer Agentin durchführen werde.

Der Rest des Meetings zieht an mir vorbei, während ich mich immer wieder dabei erwische, wie ich Ella ungeniert anstarre. Ihre Anwesenheit weckt eine merkwürdige Faszination in mir. Kaum ein Ton hat ihre Lippen verlassen, seitdem ich den Raum betreten habe. Trotzdem hallen ihre geschriebenen Worte unüberhörbar laut in meinem Kopf; werfen eine Frage in mir auf: *Was ist es, das dich zu Schweigen gelehrt hat?*

Kapitel 5

»Ella«?

Ich hätte seine Stimme fast nicht gehört, weil es hinter meiner Stirn so stark pocht, dass ich glaube, ein Clown würde darin sitzen und kontinuierlich zwei Becken gegeneinander schlagen. Am Tischende sprechen die Verlagschefin, ein im Vergleich zu ihr kleiner Mann mit orangener Mütze und gleichfarbigen Socken sowie meine Agentin miteinander. Der Rest des Teams hat sich vor dem Stehtisch, der auf der anderen Seite des Zimmers thront, versammelt und befüllt Sekt- und Saftgläser. Nur mein zukünftiger Lektor ist mir gegenüber sitzen geblieben. Bereits vor der Konferenz hatte ich Kopfschmerzen, doch mit jedem Wort, das in den letzten dreiundachtzig Minuten gesagt wurde, verschlimmerten sie sich. Wenn ich ehrlich bin, hat *gestern* sie verschlimmert. Fees Worte, die diese überwältigende Taubheit in mir hinterlassen haben.

Weil sich mein Gegenüber räuspert, bemerke ich, dass ich ihm nicht geantwortet habe, obwohl ich ihn ansehe; es zumindest so scheinen muss, als würde ich das tun. Denn obwohl meine Augen auf ihn gerichtet sind, habe ich nichts von ihm registriert. Nun aber fällt mir seine glatte Haut über dem Dreitagebart auf, die schwere Brille mit dem dunklen Rahmen, die er wieder aufgesetzt hat, und die grauen Iriden dahinter. Oder sind sie blau? Ich kann es über den Tisch hinweg nicht richtig erkennen, doch die Intensität, die in ihnen liegt, löst das erste Mal an diesem Tag etwas aus, vor dem ich nicht davonlaufen will.

»Ich hoffe, es ist okay, wenn wir uns duzen. Wie du sicherlich bemerkt hast, tun wir das hier alle. Aber da wir beide wohl am meisten miteinander zu tun haben, liegt es mir am Herzen, mich nochmals persönlich vorzustellen: Jonah Reed – der Lektor, der dich bei diesem Projekt begleiten darf. Ich freue mich sehr auf die Zusammenarbeit!«

»Ella«, antworte ich automatisch, als hätte er mich eben nicht mit meinem Namen angesprochen.

Sein Schmunzeln verdeutlicht mir, dass ihm das nicht entgangen ist. »Ich weiß.«

Weil er nichts weiter sagt und ich mich dieser unangenehmen Situation nicht länger aussetzen möchte, schiebe ich den Stuhl zurück und nicke ihm noch einmal zu, ehe ich mich umdrehe und unauffällig hinter Hankas Rücken in den Flur schlüpfe.

Vermutlich sollte ich mich zu den anderen stellen. Zu meiner Agentin oder den Verlagsleuten, mit denen ich in den nächsten Monaten zusammenarbeiten werde. Wenigstens Worte des Abschieds in ihre Richtung murmeln. Aber alles in mir schreit danach, so schnell wie möglich aus diesem Zimmer zu verschwinden. Ich höre noch, dass Jonah etwas zu mir sagt, doch bin bereits zu nah an der Tür, um mich noch einmal umzudrehen.

Sobald sie ins Schloss fällt und die Stimmen dahinter wegsperrt, werde ich ruhiger. Selbst das Pochen hinter meinen Schläfen verlangsamt sich, weshalb ich nicht einmal durchatme, ehe ich meinen Weg Richtung Treppenhaus antrete. Ich bin so auf die dumpfen Geräusche meiner Schritte konzentriert, die sie auf dem beigen Läufer hinterlassen, dass ich die sich erneut öffnende Tür kaum mitbekomme.

»Die Notausgänge befinden sich in der anderen Richtung«, lässt mich eine Stimme hinter mir innehalten. »Es sei denn, du willst dich verstecken, dann findest du da hinten sowohl den Kopierraum als auch Maartens Büro. Letzteres ist allerdings so minimalistisch eingerichtet, dass die Versteckmöglichkeiten begrenzt sind. Es gäbe allerdings einen gelben Lesesessel, der eine großzügige Rückenlehne besitzt.«

Ich schließe die Augen, was er nicht sehen kann, da ich noch immer mit dem Rücken zu ihm stehe; in den Flur gerichtet, der offenbar in einer Sackgasse mündet. Wenn ich gedacht habe, die letzten eineinhalb Stunden zu überstehen wäre schwer gewesen, kostet mich die steife Drehung meines Körpers im nächsten Augenblick doppelt so viel Anstrengung.

Jonah Reed begegnet mir mit einem Lächeln, das ich in einem anderen Leben erwidert hätte, nun aber kaum ertragen kann. Dann nickt er in die andere Richtung und geht voraus.

Weil mir nichts anderes übrig bleibt, folge ich ihm. Froh darüber, dass er nicht auf der Situation herumreitet.

»Danke«, murmle ich, sobald wir tatsächlich das Treppenhaus betreten, bin mir zugleich aber sicher, dass er es nicht gehört haben kann. Seit wann klingt meine Stimme so verdammt leise?

»Schon okay«, erwidert er zu meiner Überraschung, dreht sich aber nicht um, weshalb ich lediglich seinen Rücken anstarre. »Also, wie schnell sehen wir uns wieder?«

Von seiner Frage aus dem Konzept gerissen, verpasse ich den Absatz der nächsten Stufe und rutsche so ungünstig von ihr, dass ich nach vorn kippe und mich instinktiv an seiner linken Schulter festhalte, was ihn wiederum zum Stolpern bringt. Zu seinem Glück – oder unserem – befindet er sich nur zwei Stufen vom Zwischengeschoss entfernt, sodass er uns abfängt und wir beide darauf zum Stehen kommen.

»Alles okay?«, erkundigt er sich und klingt dabei ehrlich besorgt. »Diese Altbaustufen sind der in Holz geschnitzte Teufel. Ich möchte nicht wissen, wie viele Knöchel diese Treppen auf dem Gewissen haben.«

Meine rechte Hand klammert sich noch immer an seine Schulter, während sich die Finger meiner anderen in seinen Arm graben. Ich bin ihm so nah, dass ich das Waschmittel riechen kann, das er benutzt. Es duftet frisch und mild. Irgendwie ... echt und nach Lavendel. Der Gedanke verwirrt mich und lässt mich noch einen Moment in dieser Position verharren, ehe ich mich so schnell von ihm löse, als hätte er Feuer gefangen.

»Entschuldige.« Es klingt nicht besonders überzeugend, aber sein zuckender Mundwinkel verrät, dass er es mir nicht übel nimmt. »Treppen waren noch nie meine Stärke.«

Ich möchte mir gern mit der flachen Hand vor die Stirn schlagen, wenn es die Situation nicht noch schlimmer machen würde. Das hier ist eines der unangenehmsten Kennenlernen, die ich durchlebt habe. Wenn ich mir vorstelle, dass unsere nächsten Treffen ebenso ablaufen, möchte ich den Vordruck des Verlagsvertrags in meiner Umhängetasche unverzüglich zerreißen.

Aus seinem erhobenen Mundwinkel wird ein breites Grinsen. »Wow, das war soeben der erste vollständige Satz, den du an mich gerichtet hast. Es besteht also Hoffnung.«

»Entschuldige«, wiederhole ich – und bemerke diese Tatsache zu spät. Bevor ich deshalb im Erdboden versinken kann, lacht Jonah so laut und herzlich, dass ich nicht anders kann, als erneut festzustellen, wie echt alles an ihm wirkt.

Die Grübchen, die sich auf seinen Wangen bilden, sind nicht sehr tief, aber deutlich erkennbar. Ebenso die Fältchen an seinen Augen, die beweisen, dass seine Erheiterung nicht aufgesetzt ist. Er hat schon vorher freundlich gewirkt, doch nun habe ich das Gefühl, dass er regelrecht offenherzig ist. Auf eine Art, die eindringlich ist, mich zu meiner Verwunderung aber nicht unter Druck setzt.

»Wie gut, dass von dir wenige Worte eine große Wirkung haben.«

Das Kompliment, das in seinem Scherz steckt, erreicht mich mit einer Wucht, die mich nach dem Streit mit Felicitas beinahe straucheln lässt. Wo ihr Urteil mich hat fallen lassen, fangen seine unbewussten Worte mich zwar nicht auf, aber sie reichen mir die Hand. Es ist so viel mehr als das, mit dem ich gerechnet habe.

Mir ist bewusst, dass ich auf Instagram täglich hunderte Komplimente bekomme, oder vielmehr meine Gedichte, doch obwohl mir jedes positive Feedback die Welt bedeutet, kann ich es nie vollkommen annehmen. In manchen Momenten habe ich einfach das Gefühl, sie richten sich an jemanden, der ich nicht bin.

Was Jonah in einem schlichten Satz verpackt hat, geht mir nah, sodass ich schlucken muss und meinen Kopf nach unten richte, ehe ich den Weg die Stufen hinab fortsetze.

Am Fuße der Treppe begrüßt uns der bescheidene, aber durch Farbakzente an den Wänden einladende Eingangsbereich, in dessen Mitte ich stehen bleibe und mich zu meinem Lektor umdrehe, der etwas aus seiner Hosentasche zieht.

»Die war eigentlich für dich gedacht«, sagt er und reicht mir eine weitere Version der schlichten Visitenkarte, die er mir im Meeting bereits zugeschoben hat.

Dass er mich dort direkt angesprochen hat, hat mich so überrascht, dass ich nicht einmal darauf reagiert habe. Wie viele Gelegenheiten, für mich einzustehen, habe ich auch diese schlichte Geste an mir vorbeiziehen und es jemand anderen für mich regeln lassen.

Als würde Jonah sichergehen wollen, dass ich die jetzige nicht verpasse, greift er zaghaft nach meiner Hand und legt mit der anderen die Karte hinein. »Unter der Nummer erreichst du mich jederzeit, falls du Fragen hast, Unterstützung benötigst oder den Ausgang nicht findest«, scherzt er.

Und entgegen allem, was seit Monaten typisch für mich ist, lache ich auf.

Er sieht so überrascht aus, dass das Schmunzeln auf meinem Gesicht bleibt, als ich mich erneut bei ihm bedanke. Dieses Mal deutlich lauter als vorhin, was er mit einem Nicken zur Kenntnis nimmt.

»Jonah?«, ertönt plötzlich die Stimme von Regina, der Verlagsleiterin, die auf ihren hohen Schuhen erstaunlich elegant die letzten Stufen des Treppenhauses hinabsteigt.

Erst jetzt, da Jonah meine Hand loslässt, merke ich, dass er sie die ganze Zeit über gehalten hat. Und diese Erkenntnis löst zwei Dinge aus: Ich stelle fest, dass es mir nichts ausgemacht hat – und mein Gesicht wird unangenehm warm deswegen.

»Ella«, setzt die Verlagsleiterin hinzu, die mich offenbar erst jetzt entdeckt. »Du bist noch hier, das ist schön. Ich dachte schon, ich hätte verpasst, dich zu verabschieden.« Sie schließt zu uns auf. »Darf ich Jonah kurz entführen?«, fragt sie und ich wundere mich über die vorsichtige Bitte, immerhin ist sie seine Vorgesetzte. Dennoch bejahe ich und trete einen Schritt zur Seite.

»Wartest du einen Moment?«, will Jonah von mir wissen und schenkt mir einen hoffnungsvollen Blick, sodass mein Kopf gar nicht anders kann, als zu nicken.

Schon wieder verwehre ich ihm einen vollständigen Satz, doch ihm scheint die schlichte Geste Antwort genug zu sein. Seine Mundwinkel heben sich und Regina setzt ein knappes »Es dauert nicht lang!« hinzu, bevor die beiden sich gut drei Meter entfernen.

»Entschuldige, dass ich euch unterbreche. Wenn ich gewusst hätte, dass du ein erstes Gespräch mit ihr führst, hätte ich warten können. Aber ich wollte wissen, ob alles okay ist bei dir? Zu spät zu einem Meeting zu erscheinen, ist gar nicht deine Art«, höre ich Regina sagen, die nicht unbedingt leise spricht, wenn man bedenkt, wie winzig das Foyer ist. Ich kann jedes Wort verstehen, selbst wenn ich mich bemühen würde, nicht zu lauschen.

Um zumindest so zu tun, als würde ich es nicht tun, hole ich mein Handy aus meiner Tasche und öffne Instagram. Wahllos scrolle ich durch die neuesten Beiträge.

Jonah ist sein schlechtes Gewissen deutlich anzuhören. »Ich weiß, tut mir wirklich leid. Es wird nicht wieder vorkommen.«

»Aber es ist alles okay, ja?«, vergewissert sich seine Vorgesetzte und beinahe stoße ich ein ungläubiges Lachen aus.

Ihr Mitarbeiter verspätet sich zu einem wichtigen Meeting und ihre einzige Befürchtung besteht darin, dass sein Verhalten einen persönlichen Grund haben könnte? Ich kann mich nicht erinnern, wann Hanka oder Kaiko sich das letzte Mal ehrlich nach meinem Befinden erkundigt haben. Wenn es ums Geschäft geht, nehmen sie mir alles aus der Hand, geben mir Raum für meine Kunst. Doch wie es mir wirklich geht, interessiert sie nicht – nicht, solange ich Gedichte liefere.

Von einem Bein auf das andere tretend, drehe mich ein Stück und spähe zu den beiden hinüber. Nichts an Reginas Körpersprache vermittelt den Eindruck, sie sei wütend. Ihre Hände hat sie locker ineinander gelegt und einer ihrer Füße, der in beigen Pumps steckt, zeigt in meine Richtung.

»Ja, mach dir keine Sorgen«, versucht Jonah, sie zu beruhigen, und schiebt seine Brille ein Stück nach oben.

Während des Meetings hatte er sie abgelegt, nur um einen Bleistift hinter sein Ohr zu stecken. Soweit ich erkennen konnte, war das Ende abgekaut, was mich auf charmante Weise an das Bild eines Schuljungen erinnerte. Wobei Jonah nicht im Geringsten wie einer aussieht – was nicht nur an seinem Bartwuchs liegt. Zwar ist er nicht der muskulöseste Mensch der Welt und sein Kreuz nicht so breit wie ein Schrank, aber er wirkt dennoch definiert und strahlt dabei eine Reife aus, die es mir schwer macht, sein Alter zu schätzen. Zwischen Anfang 20 und Mitte 30 wäre alles möglich. Selbst das Brillengestell, das recht hart wirkt, fügt sich perfekt in sein schmales Gesicht. Es harmoniert besonders mit den Konturen seines Kiefers, während das wuschelige Haar ihn nicht nur weich, sondern auch verstreut wirken lässt.

»Kinder stellen den Tag ganz schön auf den Kopf, ich hätte mehr Zeit einplanen sollen«, schiebt er hinterher und ich horche auf.

Jonah Reed ist also Vater. Eine Rolle, die ich ihm nicht angesehen habe, ihm allerdings, obwohl ich ihn erst seit ein paar Minuten kenne, gut steht.

Im Treppenhaus ertönen Stimmen, die auch Regina und meinen Lektor in Richtung der Lärmquelle blicken lassen, wo noch niemand zu sehen ist.

»Okay«, stößt die Verlagsleiterin seufzend aus. »Dann sprechen wir später. Aber falls doch –«, setzt sie an.

»Wirst du es als Erste erfahren«, beendet Jonah vertrauensvoll, bevor er sich wieder auf mich zubewegt, während Regina Hanka abfängt, die gerade am oberen Treppenabsatz auftaucht.

Ich sinke etwas in mich zusammen, als ich sie ausmache, weil ich dachte, ihr für heute entkommen zu sein. Sicherlich wird sie mich gleich daran erinnern, dass diese Woche besonders viel Promo auf dem Plan steht. Offenbar hält meine Pechsträhne an.

Jonah sieht zu den beiden Frauen hinüber, als würde er sichergehen wollen, dass wir nicht erneut unterbrochen werden, ehe er vor mir zum Stehen kommt. »Sorry, dass du warten musstest.«

Sein Lächeln verrutscht etwas, als er seine Aufmerksamkeit vollends auf mich richtet. Mit leicht gerunzelter Stirn sieht er für eine Sekunde von mir zurück zu meiner Agentin. Und als würde er spüren, dass ich von hier fortwill, wartet er nicht auf eine Reaktion von mir, sondern kommt direkt zum Punkt.

»Wenn dein Terminplan es zulässt, würde ich mich gerne kurzfristig mit dir zusammensetzen. Bei einem Lyrikband macht es Sinn, möglichst früh in den Prozess involviert zu sein, denn das Schwierige ist bei dir sicher nicht die Überarbeitung der Gedichte, sondern das Gesamtkonzept, ihre Reihenfolge und die Geschichte, die du mit ihnen erzählen willst.«

»Aber all das steht doch im Exposé.«

Sein Lachen ist zum ersten Mal ungläubig. »Hast du es denn *gelesen?* Denn geschrieben hast du es auf jeden Fall nicht.«

Dass sich die Hölle nicht unter mir auftut, ist ein Wunder, denn ich bete dafür.

»Zu unser aller Glück ist nicht das Exposé der Grund, warum ich dieses Projekt begleiten möchte«, erklärt er und macht eine Pause, in der er sich ein Stück zu mir beugt. Dadurch fällt mir auf, dass er gut einen Kopf größer ist als ich. »Du hast eine Begabung, Ella, von der ich gern wüsste, wie weit sie reicht. Und vollkommen egal, was in diesem Exposé steht, ist es mein Job, das Beste aus deinem Buch und dir herauszuholen. Vorausgesetzt, du lässt es zu.«

Bei jedem Schritt, den Nohja auf den Rücken des Echsenmenschen zutrat, schwoll der Kloß in seinem Hals an. Seitdem sich vor zwanzig Jahren die Schleuse der Rettungskapsel geöffnet hatte, mit der er zum ersten Mal auf Enters Schrottplatz gestrandet war, waren sie beste Freunde. Heute jedoch würde sich herausstellen, wie stark ihre Verbindung war. Stark genug, dass er ihn auf die waghalsigste Mission begleitete, der sie sich je stellen würden? Die Suche nach dem achten Planeten der Dunkelgalaxie.

(...)

Kapitel 6

»Wie viel Pech kann man haben?«, seufzt Haro, als er schlurfenden Schrittes mit dem Tablet unter dem Arm mein Büro betritt. Missmutig lässt er sich in den Sessel auf der anderen Seite meines Schreibtisches fallen. »Es ist unerträglich.«

Skeptisch betrachte ich meinen Kumpel, der sich mit der flachen Hand die Augen zuhält. Trotz der grasgrünen Farbakzente wirkt seine Erscheinung heute trostlos.

»Elfie?«, tippe ich auf die seit der letzten Weihnachtsfeier todsichere Quelle seiner Verzweiflung.

Erschrocken reißt er sich die Finger vom Gesicht. »Was ist mit ihr?«

»Sag du es mir«, antworte ich lachend und ernte einen verwirrten Blick. »Es geht also nicht um unsere Controllerin«, stelle ich fest und richte mich ein Stück auf. »Oder darum, dass in einer Woche Valentinstag ist?«

Haro winkt ab. »Nein, die Amazon-Recherche zu Sperlingen war erfolgreich.«

Ich ziehe die Brauen nach oben, doch bevor ich fragen kann, was zum Henker er damit meint, spricht Haro weiter.

»Es geht um das Lalott-Projekt.«

Ich runzle die Stirn.

»Erinnerst du dich daran, dass ich vor einem Jahr bei diesem Analytics Workshop in Berlin gewesen bin?«

»Der mit der Teilnehmerin, die für deine besten Flüche verantwortlich ist?« Sie mag ihn während der Workshops zur Weißglut getrieben haben, doch ich bin ihr dankbar für die Inspiration, die er daraus gezogen hat. Keiner bringt mich derart zum *Lachweinen* wie Haro und seine unsäglichen Wutausbrüche. Allein bei dem Gedanken daran muss ich grinsen, während mein Kollege tiefer im Sessel versinkt.

»Ich glaub, ich werd welk«, seufzt er und ich kann ein Grunzen nicht unterdrücken.

»Das ist einer davon«, gebe ich zu und versuche angestrengt, meine Mundwinkel unten zu halten.

Entkräftet stützt er die Ellbogen auf die Oberschenkel und umfasst mit beiden Händen seinen Kopf. »Rate, wer die Social Media Beauftragte von Lalott ist«, fordert er mich auf und ich kann mich kaum davon abhalten, lauthals loszuprusten.

Für uns bedeutet diese Erkenntnis jede Menge Unterhaltung, für Haro jedoch wird es die Hölle auf Erden, denn die beiden sind sich in allen Punkten im Workshop nur in einer Sache einig gewesen: dass sie sich nicht einig sind.

»Tut mir leid, Mann«, presse ich hinter vorgehaltener Faust hervor und ernte ein: »Du kannst mich mal«, bevor sich Haro erhebt und Anstalten macht, zu gehen.

Ich stehe auf und bin in zwei Schritten bei ihm. »Okay, sorry, ich reiße mich zusammen«, verspreche ich, lege meinem Freund eine Hand auf die Schulter, die heute von einem *Bird Shirt* bedeckt ist, und bedeute ihm, sich wieder zu setzen. »Das ist Scheiße, keine Frage, aber ich bin mir sicher, dass du als Profi einen Weg findest, mit ihr zu arbeiten.«

»Natürlich werde ich das!«, flucht er. »Aber ich kann jetzt schon spüren, wie sie mich in den Wahnsinn treibt. Auf der Leipziger Buchmesse muss ich sie ein ganzes verdammtes Wochenende ertragen. Maarten hat bereits festgelegt, dass Lalott unser großer

Aufmacher auf der LBM sein wird – und wer wird ihr nicht von der Seite weichen?« Er macht eine dramatische Pause »Diese Frau wird mein Ende sein ...«

»Du übertreibst, Haro.«

Die Augen meines Freundes werden weit. »Ich wünschte, ich würde übertreiben! Glaub mir, Kaiko Anela geht über Leichen für Likes.«

»Glaubst du wirklich, das ist als Social Media Beauftragte für Lalott notwendig?«

Ich wappne mich bereits für das nächste Gegenargument, ernte jedoch lediglich einen schmalen Blick, als würde Haro etwas durch den Kopf gehen. Dann zückt er das Tablet, das bis gerade unter seinem Arm klemmte, richtet sich vom Sessel auf und tippt wild darauf herum.

»Werd ich herausfinden«, höre ich ihn noch nuscheln, als er aus meinem Büro verschwindet. Aus seinen auf dem Boden schleifenden Füßen von eben ist ein energischer, gar entschlossener Marsch geworden.

* * *

Der verräterische Geruch von geschmolzenem Käse und Knoblauch steigt mir in die Nase, als ich die Tür zu meiner Altbauwohnung aufschließe. Ein Indiz dafür, dass meine beste Freundin Giulietta, die wir alle nur C3PO nennen, mal wieder unangekündigt meine Couch in Anspruch nehmen wird.

»Du kommst gerade richtig!«, schallt ihre Stimme durch den Flur. »Die Pizza ist noch warm!«

Ich streife mir die Sneaker ab und lasse meine Umhängetasche fallen, bevor ich der Duftspur bis in meine kleine Küche folge.

»Hey«, begrüße ich die zierliche Gestalt in blauer Trainingsjacke, unter der ein karierter Rock hervorblitzt.

C3PO lehnt an der Arbeitsplatte und hat ihre gewellten braunen Haare zu einem wilden Knoten zusammengebunden. Mit beiden Händen versucht sie, die Extraportion Käse daran zu hindern, von dem übergroßen Pizzastück zu rutschen.

Ich könnte schwören, dass diese Frau die einzige Person auf diesem Planeten ist, die eine Pizza prinzipiell in nur vier Stücke schneidet. Egal, wie groß sie ist. Alles andere ist ihrer Meinung nach Zeitverschwendung – Regel Nummer eins. Ebenso wie der Transport der Pizza an einen Esstisch – Regel Nummer zwei.

Pizza muss also umgehend und ohne Wenn und Aber direkt in der Küche verschlungen werden. Eine von vielen leicht absurden Angewohnheiten, die ihrem unsteten Alltag den Anschein von Struktur geben. Obwohl Giulia schon immer eine passionierte Listenschreiberin und der organisatorische Knotenpunkt unseres Freundeskreises gewesen ist, kann man ihr Leben wohl nur als eines bezeichnen: vogelfrei.

Mit vollem Mund bringt sie ein »Sorry« heraus, kaut, schluckt und fügt dann hinzu: »Ich wollte anrufen, aber dann hatte ich solchen Hunger, dass ich anstatt deiner Nummer direkt die vom Milanos gewählt habe. Ist es okay, wenn ich heute hierbleibe?«, fragt sie und beißt erneut in die Peperonipizza.

»Natürlich«, antworte ich und greife mir selbst eines der Viertel.

So läuft es, seitdem C3PO vor gut einem Jahr ihre winzige Mietwohnung wegen Eigenbedarfs gekündigt wurde. Dass sie keine neue gefunden hat, liegt jedoch nicht an dem Wohnungsmarkt in Weimar. Zwei Monate hat sie damit verbummelt, sich von ihrer heißgeliebten Wohnung zu verabschieden und danach entschieden, dass keine andere ihr je das Wasser reichen könnte. So wurde aus einer Übergangslösung ein prall gefüllter Kellerraum bei Till. Ihr täglicher Bedarf beim Couchsurfing begleitet sie in einem bunten Seesack.

»Ist irgendwas mit Mats?«, frage ich, denn soweit ich weiß, wollte Giulietta die nächsten zwei Wochen auf seiner Couch verbringen.

Seine Wohnung ist deutlich näher an ihrem aktuellen Aushilfsjob bei der *Erste Hilfe Kurs GmbH.*

Anstatt mir zu antworten, kaut C3PO betont langsam auf ihrer Pizza herum. Geduldig tue ich es ihr gleich und musterte sie. Schon seit ein paar Wochen fällt mir immer wieder auf, dass sie etwas zu bedrücken scheint. Vielleicht ist es doch langsam an der Zeit, dass sie ihre Wohnsituation überdenkt.

»Ich weiß, ich wiederhole mich, aber dir ist klar, dass ich noch ein Zimmer frei habe. Falls du dir doch wieder etwas Festes suchen wi-«

»Du meinst Sams Zimmer«, fällt sie mir ins Wort.

Ich schüttle den Kopf. »Es ist nicht ihr Zimmer, sondern ein Gästezimmer und hin und wieder nimmt es auch Sam in Beschlag.« Dass der Raum mittlerweile aussieht wie das Winterwunderland – Sams liebste Jahreszeit – lasse ich unter den nicht vorhandenen Tisch zwischen uns fallen.

C3PO zieht an einem Käsefaden und wickelt ihn sich um den Finger. »An der Wand ist ein riesiges Gemälde von Olaf dem Schneemann.«

»Du könntest ein Poster darüber hängen«, werfe ich ein. »Außerdem ist Mats der Künstler«, setze ich hinzu. Da sie sonst alles liebt, was er zeichnet, wundert es mich, dass sie sich nun versteift.

»Ich dürfte es nicht überstreichen, oder?«, fragt sie und ich verziehe das Gesicht. C3PO weiß ganz genau, dass ich das meinem Patenkind niemals antun würde.

»Sorry.«

Sie winkt ab. »Danke für das Angebot, aber es liegt nicht an Olaf. Es würde sich nicht ... richtig anfühlen.«

Die Stirn gerunzelt werfe ich ein: »Aber ich dachte, du fühlst dich hier wohl.«

»Tue ich auch, aber es fühlt sich nicht nach *mir* an, verstehst du? Kein Ort hat sich seit meiner alten Wohnung nach mir angefühlt«, sagt sie und schluckt.

Die Eröffnung einer endlosen Diskussion darüber, dass ihre Rast-losigkeit mehr mit ihr selbst als ihrer alten Wohnung zu tun hat, liegt mir auf der Zunge. Doch ich schlucke es runter. »Und was ist mit Mats?«, frage ich erneut. Mir ist nicht entgangen, dass sie meiner Frage ausgewichen ist.

Allein die Erwähnung seines Namens scheint etwas in ihr auszu-lösen. Ich bin mir nur nicht sicher, was es ist.

»Mit Matthias ist alles klar«, behauptet sie, hält jedoch inne.

Insgeheim habe ich mich schon oft gefragt, warum die beiden sich seit ihrer Kindheit gegenseitig nur beim vollen Namen nennen, es bei den beiden jedoch nie thematisiert.

»Die letzten beiden Tage war er nur so … verkrampft. Dadurch hatte ich das Gefühl, ich sollte ihm einen Tag Freiraum gönnen.«

Nicht sicher, wie ich die Stimmung zwischen den beiden deuten soll, lege ich die angebissene Pizza in den Karton und steuere den Kühlschrank an. »Bier oder Fassbrause?«, frage ich, den Blick auf den sehr überschaubaren Inhalt gerichtet.

»Bier«, seufzt sie und ich hoffe, dass meine beste Freundin bald damit rausrücken wird, was tatsächlich zwischen ihr und Mats vor-gefallen ist.

Nachdem wir die Pizza vertilgt und ein paar Käsereste von der Arbeitsplatte gewischt haben, brüte ich an meinem Schreibtisch über den Texten von Lalott, die mir Regina nach dem Meeting in mein Fach gelegt hat. C3PO hat es sich mit Kopfhörern und meinem Laptop auf dem Sofa gemütlich gemacht und schaut zum hun-dertsten Mal *Star Wars Episode I: Die dunkle Bedrohung*. Als absolu-ter Star Wars Nerd ist sie besessen von diesem Teil. Jedoch nicht, weil sie ihn liebt, sondern weil sie es genießt, all seine Fehler genauestens zu sezieren.

Zum wiederholten Male höre ich sie abfällig schnauben und sehe im Augenwinkel, wie sie entschuldigend die Hand in meine

Richtung hebt.

Tut mir leid, formt sie lautlos mit ihren Lippen.

Lachend schüttle ich den Kopf, schiebe den Bleistift hinter meinem Ohr zurecht und beuge mich wieder über die Texte vor mir. Kurze Schriftstücke, die allesamt nicht einmal den Bruchteil einer Buchseite einnehmen und doch so gewaltig sind, dass mich immer mehr das Gefühl beschleicht, der Raum in meiner Brust sei zu eng für diese Art, zu fühlen. Ich tauche tief in die Zeilen von Lalott ein; lasse zu, dass mir die Worte und das, was sie in mir auslösen, unter die Haut kriechen und sich ausbreiten. Dass sie jede Faser meines Körpers einnehmen.

Beinahe glaube ich, keine Luft mehr zu bekommen. Der Schmerz scheint mit jedem Vers ein imaginäres Band um meine Brust zu wickeln. Enger und enger. Ein Kloß bildet sich in meinem Hals, und als ich angestrengt versuche, ihn herunterzuschlucken, spüre ich plötzlich eine Hand auf meiner Schulter.

Ich schrecke zusammen und bekomme gerade noch mit, wie C3PO ihre Hand zurückzieht. Seufzend atme ich auf, habe das Gefühl, durch eine Oberfläche aufzutauchen und endlich wieder atmen zu können.

»Tut mir leid, ich wollte dich nicht erschrecken, aber du …« Sie mustert mich mit gerunzelter Stirn und sieht dabei so viel älter aus als 26. Weiser. »Ist alles okay? Du wirktest, als würdest du einen Abschiedsbrief oder sowas lesen.«

Den Blick auf das Gedicht vor mir gerichtet fahre ich mir durch die Haare und nehme einen weiteren tiefen Atemzug. »Keine Sorge, es ist nichts in der Art«, lache ich ungläubig und frage mich, was diese Autorin und ihre Lyrik mit mir anstellen. »Eigentlich ist es nur Arbeit. Das neueste Buchprojekt, an dem wir dran sind. Noch topsecret, sozusagen, und … Na ja, die Autorin ist … Ihre Texte sind …«

Die Augen meiner besten Freundin werden abwartend.

»Sie gehen tief und können dir, wenn du es zulässt, so wie ich es gerade ungewollt getan habe, einen Ort in dir zeigen, an dem es sehr dunkel ist.«

»Wow«, haucht sie und linst auf das Blatt Papier direkt vor mir. Ich reiche es ihr und sehe dabei zu, wie ihr Blick über die Zeilen huscht. Erst schnell, dann noch einmal langsamer. Als würde sie jedes Wort in sich aufnehmen. Nach einigen Augenblicken entlässt sie pfeifend die Luft aus ihren Lungen, die sie offenbar angehalten hat. »Das ist deeper Scheiß, Jonah.«

Ich nicke und lasse die Arme links und rechts von mir baumeln. Ein Gedicht nach dem anderen zu lesen, hat mich beinahe so viel physische Anstrengung gekostet wie der Sprint zum Verlag heute Morgen.

»Von wem stammt das?«, fragt C3PO und wirkt dabei ernsthaft interessiert. Soweit ich weiß, gehört sie sonst nicht zu den Menschen, die außerhalb ihrer Schulbildung je ein Gedicht gelesen haben.

Ich ziehe die winzige Schublade meines Schreibtisches auf und nehme mein Smartphone heraus, das dort zwischen den Bleistiftstummeln auf mich gewartet hat. Mit einem Wisch über das Display entsperre ich es und rufe die Instagram App auf. Bereits das dritte Bild in meinem Feed ist ein Beitrag von Lalott. Mit einem *Tap* öffnet sich das Profil der aufstrebenden Lyrikerin und ich reiche meiner besten Freundin das Handy.

Augenblicklich durchforstet sie das Profil, öffnet ein paar Beiträge, liest die Captions. »Ein paar ihrer Follower sind aber krass drauf.«

»Was meinst du?«

»Unter einem Post hat ein Typ ganz schön sein Fett wegbekommen.« C3PO tippt auf den Bildschirm und landet schließlich in der Story der Autorin. »Sie ist hübsch«, kommentiert sie. »Zahnpastalächeln!« Mit einem süffisanten Grinsen dreht sie das Handy, sodass ich gerade noch sehen kann, wie die Story zur nächsten springt.

Ein bewegtes Bild von Lalott, die mit ihrem Kaffeebecher der Kamera zuprostet, verkündet im Text darunter, dass sie auf dem Weg zu einem wichtigen Meeting sei und ihre Follower darum bittet, ihr die Daumen zu drücken.

»Moment mal«, sage ich und greife nach dem Handy. Die Story springt eine Sequenz weiter – zu dem Zeitpunkt kurz nach unserem Meeting bei *eda*. Ella spricht in die Kamera.

Was mich stutzen lässt, ist sowohl das freundliche Lächeln als auch die gestylten Haare und das farbenfrohe Outfit, das sie in dem Video trägt. Nichts davon hat Ella Bergmann heute getragen, als ich in ihre matten Augen geblickt habe.

»Was ist?«

Ich erhöhe die Lautstärke. Ella schwärmt in ihrer Story überschwänglich davon, dass sie soeben von einem Meeting mit ihrem Herzensverlag kommt, während sie auf einer Bank sitzt. Sie habe sich so sehr über die netten Gespräche mit ihrem zukünftigen Team gefreut und auf alles, was kommen mag, angestoßen.

»Sie lügt«, platzt es aus mir heraus und Giulia runzelt die Stirn. »Also nein, ich meine … Ja, Ella ist heute bei uns gewesen, aber sie hat weder so ausgesehen noch hat sie sich mit dem Team unterhalten, geschweige denn mit ihnen angestoßen! Sie war ja kaum anwesend!« Ich bin vollkommen von den Socken.

»Okaaay.« C3PO zieht das Wort skeptisch in die Länge. »Aber es war schon Lalott, die bei euch gewesen ist?«

»Ja, zu 100 Prozent. Aber die Lalott, die ich kennenlernen durfte, hat ausgesehen wie eine leblose Version von dieser«, sage ich und lege das Handy auf den Schreibtisch. Vielleicht hat Haro bezüglich des Social Media Teams echt nicht übertrieben.

Anstatt ebenso schockiert zu sein wie ich, schnaubt C3PO. »Leblos«, brummt sie abfällig. »Wieso denkt ihr Männer immer, dass wir Frauen zu jeder Tageszeit perfekt aussehen müssen? Habt ihr nach einer langen Nacht schon einmal in den Spiegel geschaut? Auch ihr könnt beschissen aussehen, glaub es mir!«

Mir ist, als hätte ich in ein Wespennest gestochen, ohne überhaupt zu bemerken, dass ich mich in der Nähe von einem befinde. Die Hände abwehrend vor die Brust gehoben, sage ich: »So war das wirklich nicht gemeint. Ich finde Natürlichkeit wunderschön, das weißt du.«

»Ja. Ja, *du!*«, sagt sie, stößt sich von der Schreibtischkante ab und streift ziellos durch das Wohnzimmer.

Ich werde das Gefühl nicht los, dass ich etwas verpasst habe.

»Wirklich, C3PO, die Lalott, die heute vor mir saß, wirkte …« Ich brauche einen Augenblick, um das richtige Wort zu finden, mit dem ich eine mir bis heute fremde Person beteiln kann, ohne zu weit zu gehen. »Gebrochen«, beende ich schließlich. »Ich kenne sie nicht, aber das gesamte Meeting über ist ihre Agentin ihr über den Mund gefahren, sie hat kaum ein Wort gesprochen. Auf mich wirkte sie schwach und zerbrechlich, und ihre Texte … Du hast selbst gesehen, was sie in mir ausgelöst haben.«

C3PO hält mitten im Raum inne. Sie dreht sich zu mir um und bedenkt mich mit einem ernsten Blick. »Weißt du, was ironisch ist? Gebrochene Menschen sind selten schwach oder zerbrechlich, sondern müde.«

Kapitel 7

Die ausgebreiteten Notizbücher vor mir wirken fade. Der Laptop ruht wartend auf meinen Knien und der Lüfter pustet zu warme Luft auf meine Schenkel, weil mein übergroßes »Ach du meine Goethe!«-Shirt durch den Schneidersitz hochgerutscht ist. Neben mir brennen zwei Kerzen auf dem Nachttisch, mit denen ich am liebsten vierzig Prozent der Gedichte vor mir verbrennen würde – die digitalen Versionen gleich mit.

Um genau 14:43 Uhr habe ich die Wohnungstür hinter mir zugezogen; noch mit Jacke und Schuhen bekleidet das Exposé in meinen Mails gesucht, gefunden – und zu meinem Leidwesen gelesen. Jetzt verstehe ich, was Jonah mit seinen Worten vorhin angedeutet hat. Seitdem versuche ich, ihm eine erste Auswahl an Texten sowie Ideen zu schicken, um meine Glaubwürdigkeit irgendwie wiederherzustellen. Denn obwohl ich das Konzept des Buches mit meiner Agentin zuvor besprochen habe, wirkt es durch ihre Formulierungen auf dem Papier schlichtweg lasch. Zwischenzeitlich habe ich mich sogar gefragt, ob sie jemals ein Gedicht von mir gelesen hat.

Trotzdem muss ich zugeben, dass im Exposé immerhin ein Leitfaden erkennbar ist. Wenn ich hingegen auf das leere Dokument vor mir starre, dann ist da nichts. Nichts, mit dem man auch nur annähernd arbeiten kann. Und obwohl mich seit Fees Besuch so viel Unsicherheit bezüglich meines Werdegangs begleitet, ist dieses Buch etwas, das endlich funktionieren könnte. Es ist mir wichtig, weil es mir wieder eine Richtung gibt. Vielleicht sogar einen Traum.

Doch selbst wenn mir eines der Gedichte vor mir zusagt, passt es nicht zu den anderen, die ich bisher rausgesucht habe. Da ist kein Konzept in meinem Kopf, kein Leitfaden, an dem ich mich entlanghangeln kann. Nur ich, die zwischen tausend Worten sitzt, und tausend Worte, die mich anschweigen.

Zum vierten Mal in den letzten zehn Minuten greife ich zu der Visitenkarte, tippe Jonahs Nummer in mein Handy, nur um dann mit einem Blick auf die Uhr festzustellen, dass es viel zu spät ist, um ihn anzurufen. Zumal mich Letzteres sowieso riesige Überwindung kostet, denn ich bin kein Telefoniermensch – selbst mit meiner Mutter tue ich das ungern. Mit Fremden jedoch gleicht es einer Mutprobe.

»Du stellst dich an wie der erste Mensch«, weise ich mich zurecht, speichere die Nummer dieses Mal immerhin in den Kontakten, öffne dann aber die Instagram-App und suche nach dem *eda*Verlag, den ich sofort finde.

Offensichtlich hat sich Kaiko darum gekümmert, dass ich dem Profil bereits folge. Der Feed ist einheitlich, aber bunt genug, damit er individuell wirkt. Auf jedem dritten Bild sind Mitarbeitende im Büro zu sehen oder Schreibende mit ihren Werken. Auf den anderen dazwischen stehen Zitate, Buchausschnitte, Aktionen und anderweitige Werbung, deren Gestaltung eine angenehme Geradlinigkeit aufweist. Minimalistisch, klar, ein wenig cozy und höchst professionell. Wer auch immer sich dort um den Social Media Auftritt kümmert, kann definitiv mit Kaiko konkurrieren.

Ich scrolle nach unten und überfliege die Fotos, bis ich irgendwann fündig werde.

Jonahs Blick ist auf einen Stapel Papier gerichtet, regelrecht darin vertieft. Es sieht aus, als hätte er gar nicht mitbekommen, dass er in diesem Moment durch eine Kamera beobachtet und geknipst wurde.

Seine Brille liegt neben ihm, der Bleistift steckt hinter seinem Ohr – und genau wie vorhin komme ich nicht umhin, dieses Detail charmant zu finden.

Mit meinem Daumen tippe ich auf die Caption.

Unser Lektor der ersten Stunde – kaum ein Exposé geht nicht durch seine Hände. Stellt euch also gut mit ihm, wenn ihr ihm auf der Straße begegnet. Es könnte jedoch sein, dass er in einer fernen Welt feststeckt.

Der zwinkernde Smiley dahinter starrt mich an; ruft mir regelrecht zu, auf die Verlinkung seines Profils zu klicken. Und ich tue es.

Die wenigen Bilder, die @whataboutjo_nah gepostet hat, ergeben kaum ein Raster. Nicht, weil ich etwas an ihnen auszusetzen hätte, sondern weil es nur acht an der Zahl sind und Kaiko mir beigebracht hat, dass wenigstens zwölf Posts im Feed sein müssen, damit der erste Eindruck optisch auch tatsächlich Eindruck schafft.

Auf dem ersten sitzt er in einem senfgelben Sessel am Ende eines Korridors, der mich verdächtig an den Verlagsflur erinnert. Er hält ein Buch in den Händen, dessen Titel ich nicht lesen kann, weil das Foto aus ein paar Metern Entfernung aufgenommen wurde. Es folgt ein Bild in einem Anzug, vielleicht auf einer Hochzeit? Und eines von einer wirklich großen Pizza. Als ich die Ananas auf ihr sehe, zuckt mein Mundwinkel nach oben. Zum Glück sind wir uns in dieser Hinsicht einig.

Neben einem Bild von mehreren Bücherstapeln sehe ich auch ein Urlaubsfoto mit einem Kostüm. Zumindest macht es den Anschein, denn der knallgelbe Hut auf Jonahs Kopf und das rote kurzärmelige Hemd wollen so gar nicht zu dem ersten Eindruck passen, den ich von ihm habe. Auch Bilder mit und von seinen Freunden füllen das spärliche Profil. Eines von einem Mann mit langen blonden Haaren in einem Wald trägt den Hashtag *#legolas.*

Auf dem aktuellsten Beitrag lächelt Jonah mit einem Mädchen in die Kamera, deren Gesicht mit einem breit lachenden Emoji verdeckt ist. Es ist das einzige mit einer Bildunterschrift: mein Ufer.

Ob ihm seine Tochter ähnlich sieht, kann ich nicht sagen. Nicht einmal, wie alt sie ist, obwohl sie vermutlich nicht älter als sechs sein wird. Sie hat blonde Haare, die ihr bis über die Schultern reichen und von zwei glitzernden Spangen aus dem Gesicht gehalten werden.

Einem Impuls folgend klicke ich auf die Kommentarspalte und beginne, zu tippen, ehe ich es mir anders überlegen kann:

> In diesem Ozean ertrink ich nicht.
> Nein, ich schwimme. Und du bist
> **66** das Ufer.

In dem Moment, in dem mir bewusst wird, dass ich den Kommentar tatsächlich gepostet habe, schließe ich die App und werfe mein Handy vor mir auf die Notizbücher, sodass es über einige Seiten rutscht und außerhalb meiner direkten Reichweite liegen bleibt.

»Na wunderbar«, murmle ich. Kann man sich noch eigenartiger aufführen? Nach unserem Gespräch heute muss Jonah bereits denken, dass ich eine wirklich verschrobene Künstlerin bin. Und dieser Kommentar ... Gott, das könnte man glatt als unangemessen auslegen. In jedem Fall ist es höchst merkwürdig.

Getrieben von meiner Scham lehne ich mich nach vorn und angle mir das Smartphone, schmeiße dabei beinahe meinen Laptop vom Bett, ehe ich die App öffne und erneut Jonahs Profil suche. Weil ich ihm eben nicht gefolgt bin und mir seinen Namen nicht gemerkt habe, muss ich wieder über die Verlagsseite gehen, was mich ungemein Zeit kostet. Ich bete, dass er es noch nicht gesehen hat, doch was auch immer für ein überirdisches Wesen mich von dort oben beobachtet, es hasst mich. Ganz offensichtlich.

Am rechten oberen Bildrand ploppt plötzlich nicht nur ein Herzchen auf, sondern auch eine Sprechblase. Zeichen dafür, dass jemand etwas geliked und kommentiert hat. Und die Hoffnung, dass es jemand Fremdes wegen eines anderen Postings gewesen sein könnte, zerschlägt sich, als ich mir die neuesten Benachrichtigungen anzeigen lasse.

@whataboutjo_nah gefällt dein Kommentar.

@whataboutjo_nah hat auf deinen Kommentar geantwortet.

Meine Augen schließend atme ich ein, ehe ich auf Letzteres tippe und sofort zu dem Beitrag weitergeleitet werde. Und zu seiner Antwort auf meine Zeilen.

> **"**
> Danke für diese schönen Zeilen.
> Nun warte ich ungeduldig auf
> Me(e/h)r.

Mit einem überraschten Laut entlasse ich den angehaltenen Atem aus meiner Lunge und lese das Wortspiel erneut, das er mir hinterlassen hat. Und obwohl mich Jonah heute bereits von seiner Freundlichkeit überzeugt hat, zieht sich mein Mundwinkel unbewusst nach oben. Und weil ich die Wasser-Symbolik so liebe, wage ich einen neuen Versuch. Einen, der dennoch meine innere Unruhe spiegelt.

> **"**
> Heute fühlt sich die Ilm nicht nach
> Atlantik an, sondern nach Pfützen.

Ich hoffe, dass er meine Unsicherheit und die Zweifel aus diesen Worten herausliest, und wie ich ihn einschätze, wird er es.

Es vergehen ein paar Augenblicke, in denen ich nur auf mein Handy starre und den Beitrag wieder und wieder neu lade. Beinahe glaube ich schon, ihm durch mein wirres Geschwafel und die Metapher bezüglich des hiesigen Flusses, der Ilm, auf die Nerven gegangen zu sein – immerhin hat er Feierabend –, aber dann erscheint seine Antwort wie von Geisterhand.

Um es mit halbwegs poetischen
Worten zu sagen: Aus der
Perspektive einer Ameise gleicht
66 selbst eine Pfütze dem Meer.

»Um es mit halbwegs poetischen Worten zu sagen: Aus der Perspektive einer Ameise ist selbst die kleinste Pfütze ein Ozean.«

Dieses Mal lächle ich nicht darüber. Dieses Mal hebt sich nicht mein Mundwinkel, sondern jedes einzelne Härchen auf meinen Armen. Und etwas in mir, das lange bitterkalt gewesen ist, trifft auf eine Wärme, die Verständnis mit sich bringt. Wenn ich es nicht besser wüsste, würde ich sagen, mein Herz beschlägt bei seinen Worten.

Ich hänge noch immer diesem Satz nach, als ein weiterer Kommentar erscheint.

Wer bist du, Lalott?
Die Pfütze oder die Ameise?
66

Der Stich, der mich durchfährt, verhindert, eine Antwort auf seine Frage zu finden – und finden zu wollen. Dass er mich mit meinem Künstlernamen anspricht, löst ein Gefühl der Beklemmung in mir aus. Vielleicht, weil mir Jonah heute das Gefühl gegeben hat, nicht mit Lalott zu sprechen, sondern mit Ella. Nur, dass es scheinbar nicht so war.

Ich mache die App zu und lege mein Handy zur Seite, raufe die Zettel vor mir zusammen und schiebe den Laptop ein Stück weg, um mich auf den Rücken zu legen; an die Decke zu starren. Wieder einmal stelle ich fest, wie sehr ich die weiße Fläche dort oben hasse. Wie sehr ich genug davon habe, mein Spiegelbild in ihr zu sehen.

Leere. Schlichtheit. Einsamkeit.

Dinge, die dieser helle Putz und ich gemeinsam haben. Dinge, die einmal anders gewesen sind.

Weil ich es nicht ertragen kann, lege ich mir den Arm über die Augen, doch auch das schafft keine Linderung. Es schafft nicht einmal Ruhe, weil bereits zu viel Stille in mir herrscht.

Bei diesem Gedanken richte ich mich auf, meine Beine heben sich wie von selbst über die Bettkante und tragen mich ins Badezimmer. Wenn mich die Dunkelheit nicht ablenkt, tut es vielleicht das Wasser.

Eine halbe Stunde später setze ich mich im Bademantel und mit einer Portion Ofenpommes wieder auf mein Bett und blättere abermals durch meine Bücher. Gedicht um Gedicht schweigt mich an. Nur wenige geben leise Töne von sich, doch noch immer passt nichts zueinander und in meinem Kopf ist zu wenig und zu viel von allem, als dass er Klarheit schaffen könnte.

Mehr aus einem Reflex heraus greife ich nach meinem Handy – und erstarre, als ich einen verpassten Anruf und eine Nachricht sehe.

Dass sie von Jonah sind, verrät mir der Name, der auf dem Display prangt und mich beinahe bereuen lässt, seine Nummer gespeichert zu haben. Mein Puls rast und außer ihm ist Neugier das einzige Gefühl in mir, das ich greifen kann. Aus diesem Grund gebe ich ihr nach und öffne WhatsApp.

Verzeih den verzweifelten Anruf. Bisher wusste ich nicht, dass man auch in trockenen Ozeanen ertrinken kann, aber der Tropfen Poesie von dir hat definitiv nicht gereicht.

Weshalb ich trotz der noch immer in mir klingenden Enttäuschung lächle, kann ich nicht sicher sagen. Doch es könnte an der Ehrlichkeit liegen, die ich aus seinen Zeilen lese. Und an dem Hauch Verwundbarkeit darin.

So oder so hasse ich dieses Gefühl.

Ella ist *alles.*

Sie ist

Sturm und

Drang,

Und beides

wütet in mir.

Noch während ich auf die Buchstaben starre, erreicht mich eine zweite Nachricht.

Ich hoffe, es ist in Ordnung, die Kommunikationsplattform zu wechseln. Instagram ist einfach nicht mein Element.

Der Rettungsring-Emoji, den er anfügt, ist, was das Lachen tatsächlich über meine Lippen brechen lässt, wenn auch schwach. Meine Finger fliegen über die Displaytastatur.

Da das Exposé recht durchwachsen ist, wie du weißt, versuche ich noch immer, den roten Faden zu finden.

Etwas in mir hofft, dass der Anker-Emoji, den ich raussuche, weil es keinen mit einem Rettungsseil gibt, ihm ebenfalls ein Schmunzeln entlockt.

Eines, das ich mir gerade vorstelle.

Was hältst du von einem Deal: Ich lasse mich von dir aus diesem Ozean ziehen, wenn du dir von mir helfen lässt.

Kannst du das denn?

Meine Rippen machen Bekanntschaft mit meinem Herzen, weil es aufgrund dieser simplen Frage viel zu schnell schlägt. Einer Frage, die mehr impliziert, als sie sollte.

Es kann nicht schaden, es zu probieren.

Mir brennen Worte auf den Fingern, doch ich lasse die Aussage so stehen, weil die App mir anzeigt, dass Jonah tippt. Noch nie hat sich Warten so lange angefühlt.

Vergiss die Gedichte für einen Moment und sieh nur das Buch.
Sieh das, was du damit sagen möchtest. Du! Kein für dich
verfasstes Exposé.

> *Leider bin ich mir nicht sicher, ob ich viel zu sagen habe.*

Wie wahr diese Aussage ist, wird mir erst jetzt bewusst, da ich sie ausschreibe. Und dass mir dieser Gedanke schon eine ganze Weile Angst macht.

Die Worte, die ich bisher von dir lesen durfte,
sagen mehr als mein gesamtes Bücherregal.

Und das ist größer als meine Wohnung erlaubt.

Die drei Bücherstapel-Emojis, die er hinter seine zweite Nachricht setzt, erhellen mich trotz der Taubheit in mir.

Etwas Schweres leicht sein zu lassen, das ist, was Jonah tut.

Und vielleicht, denke ich in diesem Moment, ist es etwas, das er mir beibringen kann.

> *Dann tut mir dein Bücherregal sehr leid.*

Nichts gegen mein Bücherregal.

Der erhobene Zeigefinger dahinter entschärft seine Aussage, obwohl ich denke, dass ich tatsächlich in Schwierigkeiten geraten könnte, wenn ich seiner Buchsammlung Schlechtes unterstelle. Etwas, mich wünschen lässt, sein Regal einmal zu betrachten.

Ich meine es ernst. Nur weil du noch nicht weißt, wohin
du möchtest, bedeutet das nicht, dass du auf der Stelle stehst.

Dass es sich jedoch genau danach anfühlt, verrate ich ihm nicht. Ich gebe es kaum mir selbst gegenüber zu.

Da ist diese Welt um mich herum, die sich dreht. Zeit, die verstreicht. Dinge, die geschehen. Und es kommt mir vor, als müsste ich von all dem mitgerissen werden, doch ich rühre mich nicht. Also sehe ich zu. Betrachte die Veränderung um mich herum, die *mich* nicht erreicht. Die ich mir vielleicht sogar selbst verwehre, zu erreichen.

Die Texte werden dir sagen, wohin der Weg führt.
Es ist nicht schlimm, wenn du das an diesem Punkt
noch nicht weißt. Wir finden es heraus, versprochen.

Diesem Versprechen schickt er ein weiteres Emoji hinterher: einen Kompass. Nur er verhindert, mich in Tränen ausbrechen zu lassen. Und die Dankbarkeit lässt etwas in mir klingen. Etwas, das irgendwie Jonah erschaffen hat – zumindest dieser Augenblick mit ihm.

Wie ich es immer mache, öffne ich meine Notizen-App auf dem Handy, schreibe die Rohform des Gedichtes auf, um dann hier und da ein Wort auszutauschen oder es an eine andere Stelle zu setzen.

Ich brauche drei Momente.

Einer, um die Verse aufzuschreiben. Ein weiterer, um es auf Fehler zu prüfen, ehe ich es speichere. Und ein letzter, den ich benötige, um den Mut zu finden, es Jonah zu schicken. Meinen Teil unseres Deals zu halten, seinen trockenen Ozean zu füllen.

Betrachte Sehnsucht
aus einer Richtung,
ohne Süd noch Nord zu kennen.
Doch selbst Ameisen
finden ohne Kompass
das Meer.

Nohja traute seinen Augen kaum, als sich die junge Kriegerprinzessin Gavina Avolan von Galátea – die behauptete, ihr Königreich verloren zu haben – die Kapuze vom Haupt zog. Doch das vertraute Feuersteinrot, das ihre Haut zierte, und die schwarzen Konturen, die ihrem Gemüt in nichts nachstanden, fühlten sich an, als würde er sich selbst entgegenblicken – oder wenigstens einer Hälfte davon.

(...)

Kapitel 8

»Das Übliche?«, fragt mich der Barista hinter der Theke des Cafés *Kunstpause*, sobald ich in meiner verspäteten Mittagspause durch die gläserne Tür ins Innere trete.

»Hallo! Ja, danke, sehr gern«, erwidere ich und hebe grüßend die Hand. Neben der Tatsache, dass mein Kumpel Mats seine Zeit zwischen den Vorlesungen hier totschlägt, ist das aufmerksame Personal ein triftiger Grund, warum ich gerne herkomme. Es gelingt ihnen, die Weimarer zwischen den Touristen wiederzuerkennen.

Schnell entdecke ich meinen Kumpel, der seine Unterlagen auf dem Tisch in der hintersten Ecke ausgebreitet hat. Durch den minimalistisch offenen Bau, den Mats als angehender Mann vom Fach schätzt, keine wirkliche Herausforderung. Er hat eine Schwäche für clevere Konstruktionen.

Ich räuspere mich. »Sollen wir noch einen Tisch dazustellen oder kannst du ein paar Zentimeter entbehren?«

Überrascht blickt Mats von den Architekturplänen auf, auf denen er mit dem Oberkörper fast zu liegen scheint.

Sobald er mich erblickt, formt sich sein geöffneter Mund zu einem Lächeln. »Jonah! Ich wusste nicht, dass du heute vorbeikommst.« Er richtet sich auf und klopft mir über den viel zu kleinen Tisch hinweg mit der Hand auf die Schulter.

»Da ich mal wieder eine temporäre Mitbewohnerin habe, bin ich quasi auf der Flucht«, antworte ich mit einem Augenzwinkern und betrachte die Regung in dem Gesicht meines Freundes genau. Denn aus einem Tag Abstand werden, laut der Nachricht von C3PO von heute Morgen, wohl mindestens zwei.

Wie aufs Stichwort wendet er seinen Blick ab und wuschelt sich durch das etwas zu lange, braune Haar. Ich lasse mich auf dem Stuhl gegenüber der Sitznische fallen, in der Mats Platz genommen hat, und ziehe meine Mappe aus der Tasche. Trotz gesenktem Kopf ist meinem Freund die Anspannung anzusehen. Zwischen ihm und unserer Freundin herrscht also tatsächlich dicke Luft.

Gerade als ich fragen will, was los ist, bringt der Barista meine übliche Bestellung.

»Einen Latte Macchiato mit einem extra Schuss Karamellsirup, dazu eine Apfelschnecke«, präsentiert er und drapiert das Geschirr auf der äußersten Kante des kleinen Tisches, bemüht, die Baupläne von Mats unberührt zu lassen. »Darf ich sonst noch etwas bringen?«

Nachdem ich meinem Freund einen prüfenden Blick zugeworfen habe, der noch immer so tut, als sei er mit seinen Unterlagen beschäftigt, schüttle ich den Kopf. »Danke, Fio, wir sind versorgt.«

Mit einem Nicken verschwindet der Kellner.

Nach einem großen Schluck von meinem Heißgetränk widme ich mich wieder meinem Gegenüber, der aus unerfindlichen Gründen meinen Blick meidet.

»Mats?«, eröffne ich das Gespräch und warte ab, bis er mit einem »Mh?« aufsieht. »Willst du mir sofort sagen, was passiert ist, oder soll ich warten, bis es aus C3PO herausplatzt? Ich bin mir zu 99 Prozent sicher, dass ich zwei bis drei Pizzen mit extra Käse von der Antwort entfernt bin.«

Die Schultern meines Kumpels sacken nach unten, als hätte er seit Wochen etwas damit hochhalten müssen. Seinen Kopf vielleicht … Ein tiefes Seufzen verlässt seinen Mund und dann: »So genau weiß ich es auch nicht, Mann. Vermutlich habe ich irgendetwas vollkommen Falsches gesagt oder getan oder auch nur gedacht!

Offensichtlich ist es nicht erlaubt, Giulietta am Morgen zu sagen, ihre Haare sähen *wuschelig* aus. Dabei finde ich das eigentlich süß. Ich wollte doch nicht –«

Aufgebracht schmeißt er die Hände in die Luft und lässt sie auf den Tisch fallen, sodass ich instinktiv nach meinem Glas greife, um es festzuhalten.

Resigniert lässt er sich in das schwarze Leder sinken, reibt sich über das Gesicht. »Wann ist das nur alles so kompliziert geworden?«

»Seit wann stört es C3PO, was du zu ihren Haaren sagst? Und was genau meinst du mit *alles*?« Ich reiße ein Stück von der Apfelschnecke ab und schiebe es mir in den Mund.

Der Geschmack von Zimt und warmem Obst breitet sich auf meiner Zunge aus. Es ist der Himmel auf Erden. Wenn mein Patenkind wüsste, dass meine Zuckersucht ausgeprägter ist als ihre, würde ich von nun an alle Debatten gegen Pop Tarts verlieren.

Mats seufzt, hält mit den Fingern über seinen Augen inne, sodass er mich nicht ansehen muss, als er sagt: »Das mit mir und Giulietta.«

Ich stocke; höre auf, zu kauen, und als ich den Versuch wage, das Gebäck in meinem Mund hinunterzukriegen, verschlucke ich mich. Hustend klopfe ich mir mit der Faust auf die Brust.

»Augenblick«, bringe ich keuchend hervor, hebe einen Finger und nehme einen Schluck von meinem Getränk. »Du und Giulia, soll das bedeuten …«

Mats nimmt nun die zweite Hand dazu und vergräbt verzweifelt sein Gesicht. Als er sie endlich sinken lässt, ist seine Haut feuerrot angelaufen.

Ich fasse es nicht.

»Läuft da etwa was zwischen euch?«, frage ich und kann kaum glauben, dass ich es ausspreche. Meine beste Freundin und mein bester Freund, die sich schon länger kennen als ich die beiden zusammen. Wie konnte ich das übersehen?

Bevor mein Gehirn dieses Szenario weiterspinnen kann, schüttelt

Mats den Kopf. »Nein, Mann, so ist das nicht. Also noch nicht …
Nein! Ich meine … Da ist nichts«, ruft er frustriert aus und sackt
zugleich wieder in sich zusammen. »Glaube ich.«

»Glaubst du?« Ich beuge mich ein Stück vor, betrachte ihn
genauer.

Selbst bei der aussichtslosesten Partie *Human Punishment* hat er
nicht so verzweifelt ausgesehen. Ein Schatten hat sich unter seine
Augen gelegt und seine Haare wirken noch zerzauster, als sie es
sonst tun. Wenn ich mich nicht irre, ist sogar das T-Shirt, das unter
seinem Pulloverkragen hervorblitzt, auf links gedreht.

»Vor zwei Wochen gab es … diesen Moment«, setzt er an und hält
inne, als würde er sich an den Augenblick zurückerinnern. »Wir
waren bei dir, haben bis in die Nacht gezockt und als wir dann gegen
eins durch den Park nach Hause gelaufen sind, war diese vollkommen absurde Ausstellung in der *Galerie Eigenheim*. Du hast
sicherlich den fahrradfahrenden Teddy nicht vergessen.«

Bei der Erinnerung an das Video, das C3PO in derselben Nacht
noch in die Gruppe gestellt hat, muss ich in der Tat grinsen.

»Die Galerie war noch geöffnet«, fährt Mats fort. »Und als die
Künstler gesehen haben, dass Giulietta ein paar Fotos durch die
Fenster gemacht hat, baten sie uns auf einen Drink rein.«

Ich runzle die Stirn, denn diesen Teil hat C3PO bei ihrer Erzäh-
lung ausgelassen. Bis jetzt habe ich angenommen, die beiden wären
lediglich an der Galerie *vorbeigelaufen*.

»Du kennst sie, natürlich hat sie nicht abgelehnt, sondern … Sie
hat …«

Geduldig betrachte ich die Hände meines Freundes, die sich vor
seinem Oberkörper wie in Zeitlupe aufeinander zubewegen. Seine
Augen weiten sich, als könnte er selbst nicht begreifen, was er da tut.
Und als sie endlich aufeinandertreffen, haucht er: »Sie hat *meine
Hand genommen.*«

Gedankenverloren betrachten wir für einige Augenblicke seine ineinander verschränkten Finger.

»Erst war ich zu perplex, um zu reagieren, aber dann ...« Er hält inne. Schluckt. Und spricht dann so leise weiter, dass ich es durch das Murmeln der Gespräche im Café kaum verstehe. »Es hat mir *gefallen.*«

Für einen scheinbar endlosen Moment sind wir unfähig, uns zu bewegen.

»Verflucht, wir sind durch diese absurde Galerie geschlendert wie ein verdammtes Paar.«

Heilige Scheiße, geht es mir durch den Kopf.

»Was, zur Hölle, hat das zu bedeuten, hm? Was, Jonah?« Die Sorgenfalten schreiben Verzweiflung auf seine Stirn. »Was?«

Irgendwann scheint sich mein Mund geöffnet zu haben. Ich blinzle, schließe ihn, lehne mich zurück und nehme einen großzügigen Schluck meines süßen Getränks.

Möge der Zucker mir beistehen.

»Was ist danach passiert?«, frage ich möglichst sachlich, sobald ich das Glas wieder abgestellt habe.

Mats, der noch immer seine Hände umklammert, starrt darauf, als wäre eine davon C3POs. »Sobald wir die Galerie verlassen haben, hat sie mich losgelassen. Einfach so. Wir sind nach Hause und alles war wie immer«, erklärt er, zuckt mit den Schultern. Doch als er seine Finger voneinander löst, setzt er hinzu: »Oder eben auch nicht.«

Ich puste angestrengt die Luft aus. »Ich nehme an, ihr beide habt nicht darüber geredet?«

»Wo denkst du hin? Was hätte ich denn sagen sollen? *Liebe beste Freundin, wieso nimmst du meine Hand und wieso möchte ich, dass du es wieder tust?*« Er nickt, als würde ich irgendeine Miene verziehen – was ich nicht tue. Ich bin viel zu perplex. »Genau, klingt scheiße, was?«

Ich verschränke die Arme vor der Brust und neige den Kopf. »Na ja, du hättest sie fragen können, ob zwischen euch alles cool ist. Wenn man so lange miteinander befreundet ist wie ihr, sollte man meinen, dass man über diese Dinge reden kann.«

Mats schüttelt vehement den Kopf. »Im Gegenteil. Seitdem scheint jedes Wort, das aus meinem Mund kommt, einen Waldbrand zu entfachen. Ich werde schön die Klappe halten.«

In meinem Kopf macht es beinahe hörbar Klick.

»Da hast du es doch!«, rufe ich aus, aber Mats starrt mich verständnislos an. »Sie wartet darauf, dass *du* es ansprichst. Wenn alles, was du sagst, falsch ist, hast du das einzig Richtige, was du sagen könntest, noch nicht ausgesprochen.«

Kraftlos fallen die Hände meines besten Freundes wie Fallobst auf seinen Schoß. »Ich fasse nicht, dass das passiert«, seufzt er und ich kann nicht anders, als ihm zuzustimmen.

Ein Summen ertönt aus meiner Manteltasche und kurz darauf vibriert auch das Handy von Mats, das zwischen seiner Zettelwirtschaft nicht zu sehen, aber zu hören ist. Mein Kumpel scheint dennoch genau zu wissen, wo er danach kramen muss, denn er findet es zielsicher und entsperrt das Display. Auch ich fische mein Smartphone aus der Tasche.

»Wie viele von diesen Bildern hat Till eigentlich machen lassen?«, fragt Mats.

Ich tippe auf die Benachrichtigung, dass der Vater meines Patenkindes ein neues Foto auf Instagram gepostet hat. Eine weitere Pose mit Pfeil und Bogen über seiner Schulter und glänzend blondem Haar, aus dem spitze Ohren ragen, ploppt auf meinem Handy auf.

»Seinen Fans scheint es zu gefallen«, gluckse ich und gebe jedem schmachtenden Kommentar darunter, der sich so einen Legolas für zu Hause wünscht, einen Like.

»Wo wir gerade dabei sind. Wie kommt es, dass eine Influencerin ein Gedicht unter dein Foto mit Sam schreibt?« Mats verschwörerisch klingende Frage lässt mich fast das Glas umstoßen, nach dem ich gerade greife.

Ich umfasse das lauwarme Getränk, richte den Löffel auf dem Unterteller. Er gibt klirrende Laute von sich, als würde er verraten wollen, welches Gefühl sich in mir ausgebreitet hat, nachdem ich das Gedicht von Ella entdeckt habe. Die Neugier, die sie in mir weckt, lässt sich nur schwer im Zaum halten. Mein überstürzter Versuch, sie so spät am Abend anzurufen, zeugt davon, wie schwer es mir auf einmal fällt, berufliche Grenzen zu wahren. Ich habe keine Ahnung, was in mich gefahren ist.

»Kann es sein, dass ich nicht der einzige Depp mit einer undefinierbaren Frauengeschichte bin?«, mutmaßt mein bester Freund und lehnt sich ein Stück nach vorn.

Ich hingegen bemühe mich, Abstand zwischen mich und alles zu bringen, was ich umstoßen könnte. Der Kragen meines Pullovers kommt mir plötzlich viel zu eng vor. »Ich bin ihr Lektor, Mats, und werde ihr Buch betreuen. Da gibt es keine *Frauengeschichte*.«

Mats hebt die Brauen, was mich frustriert stöhnen lässt.

»Ich kenne sie erst seit gestern«, füge ich deshalb hinzu. »Selbst wenn wir nicht zusammenarbeiten würden, wäre eine Definition in diesem Stadium viel zu früh.«

Ungläubig prustet Mats los. »Du brauchst *einen* Tag, bis eine Frau dir ein Gedicht schreibt?«

»Sie ist Lyrikerin, und zwar eine unfassbar gute«, halte ich dagegen, doch ich kann nicht verhindern, dass meine Wangen heiß werden. Dieses Gedicht hat mir wortwörtlich die Schuhe ausgezogen. Bei der Erinnerung daran werden meine Hände ganz schwitzig … Wie oft hat sich das Display meines Handys verdunkelt, bis ich in der Lage gewesen bin, eine Antwort zu tippen?

Unendliche Male.

Nichts, was ich hätte schreiben können, wäre der Tiefe gerecht geworden, die sie geschaffen hat.

Mit einer prüfenden Genauigkeit, die nur ein langjähriger Freund aufbringen kann, seziert Mats meine Mimik, und schlagartig tut es mir leid, ihn zu Beginn unseres Gesprächs vermutlich ebenso gescannt zu haben. Die Sache mit C3PO scheint ihm ähnlich nahezugehen. Noch näher wahrscheinlich. Ich fühle mich auf eine seltsame Art und Weise bei etwas ertappt, dem ich mir gar nicht bewusst gewesen bin. Oder nicht sein wollte.

»Gab es denn eine Fortsetzung der Unterhaltung?«, will Mats wissen.

Einer Gewohnheit folgend, nehme ich die Brille von meiner Nase und stecke mir meinen Bleistift hinter das Ohr. »Ja, die gab es.« Obwohl ich mit den Schultern zucke, wirkt die Geste vermutlich alles andere als beiläufig.

»Und?«

»Hast du mir zugehört, als ich dir erklärte, dass ich mit ihr arbeite?«, frage ich und hoffe, Mats damit zum Schweigen zu bringen. »Ihr Buch ist enorm wichtig für den Verlag. Da ist kein Platz für … was auch immer.«

Die Wahrheit ist: Ich weiß selbst noch nicht, was es mit Ella Bergmann auf sich hat. Und vermutlich ist das genau richtig so. Die Chance für den *eda*Verlag ist zu groß, als dass ich sie durch verwirrte Gefühle nach vierundzwanzig Stunden kaputtmache.

Trotzdem entsperre ich, ohne mich daran hindern zu können, den Bildschirm meines Handys und öffne den Chat mit ihr; überfliege die letzten Zeilen von gestern Abend. Und ihr Gedicht. Immer wieder ihr Gedicht.

Breit grinsend lehnt sich mein bester Freund zurück. »Nicht nur eines, sondern zwei Gedichte. Du bist sowas von am Arsch.«

Kapitel 9

»Sie dürfen Ihre Taschen gerne in die Schließfächer im Raum rechts nebenan legen. Die Toiletten finden Sie links vom Haupteingang, falls Sie sie vor der Führung noch einmal aufsuchen möchten. Ansonsten startet der Rundgang in zehn Minuten im Foyer.«

Die schwarzhaarigen Damen, die ich für Schwestern halte und auf Mitte vierzig schätze, lächeln mich an, ehe sie den Infoflyer entgegennehmen, den ich auf den Tresen zwischen uns gelegt habe, und sich dann abwenden, um ihre Taschen und Jacken wegzubringen. Ich halte mein eigenes Lächeln so lange, bis sie mir den Rücken zugedreht haben, und selbst dann verliere ich es nicht vollkommen. Zu wichtig ist mir, die Besucher der Herzogin-Anna-Amalia-Bibliothek warmherzig zu empfangen.

Im Gegensatz zu den letzten Monaten, in denen ich hier ausgeholfen habe, fällt mein Strahlen heute sogar ehrlich aus. Zumindest muss ich es mir nicht gänzlich aufzwingen, denn das Gespräch mit Jonah gestern Abend hat wahre Wunder bewirkt. Nachdem ich ihm das von unserem Austausch inspirierte Gedicht gesendet habe, schrieb ich die halbe Nacht und musste mich regelrecht zwingen, irgendwann meine Notizen und das Handy wegzulegen. Wann ich das letzte Mal des Schreibens Willen getextet habe, könnte ich nicht mal sagen, wenn ich wollte. Doch gestern stand plötzlich nicht mein Schmerz im Vordergrund, nicht meine Einsamkeit und auch nicht Aaron oder das haarsträubende Treffen mit Fee. Stattdessen flogen mir die Worte einfach zu – ich hätte mich nicht einmal gegen sie wehren können.

Unter dem Block, den ich vor mir liegen habe, ziehe ich das gelbe Reclamheft hervor, dessen Ecken bereits Rundungen gleichen. Es ist wortwörtlich ausgelesen, die Titelseite im Inneren fehlt seit einer Weile, die meisten Zeilen sind farbig markiert und wo sie noch nicht zu locker sind, kleben bunte Post-its mit allerlei Notizen. Kein Buch habe ich öfter gelesen als *Die Leiden des jungen Werther* – und keines möchte ich öfter lesen. Zumal mir heute Morgen ein paar Zeilen in den Sinn gekommen sind, die ich kurzerhand auf den Einband geschrieben habe und nun erneut lese, um herauszufinden, was ihnen fehlt.

> Vielleicht war da tatsächlich
> kein Tag in diesem Leben,
> der nicht in Gedicht
> verliebt gewesen ist.
> Und keine Nacht, nicht eine
> e i n z g e,
> die in Stunden der Sehnsucht,
> Gedichte für den Tag
> geschrieben hat.

Mein Gefühl sagt mir, dass es noch nicht perfekt ist; dass da noch ein, zwei Worte sind, die nicht ganz sagen, was ich ausdrücken möchte. Doch anders als gestern ist dieser Gedanke überraschend in Ordnung für mich.

Nur weil du noch nicht weißt, wohin du möchtest, bedeutet das nicht, dass du auf der Stelle stehst.

Jonahs Worte haben etwas in mir ausgelöst. Einen Prozess in

Gang gesetzt, in dem es furchtbar okay ist, mit den Worten zu experimentieren. Mit dem, was sie sagen könnten. Letzte Nacht ist mir klar geworden, dass ich nicht ausschließlich von Schmerz schreiben will; dass da noch etwas anderes in mir ist, dem ich bisher kaum Beachtung geschenkt habe. Und etwas in mir drängt nun darauf, diesem Gefühl nachzugehen.

»Wirst du dieses Buches nicht irgendwann müde, Ella-Kind?«

Die Stimme meiner Tante lässt mich aufsehen und huldigend erwidern: »*Und der Autor ist mir der liebste, in dem ich meine Welt wiederfinde.*«

»Ich sehe schon. Der Tag wird vermutlich auf denselben fallen, an dem du nicht plötzlich Goethe zitierst.«

Nun lache ich. »Und von wem, denkst du, habe ich diese Ader, Amalie?«

Sie grummelt in sich rein, doch die Fältchen um ihre Augen sprechen von Stolz. »Ist die Gruppe vollzählig?«, fragt sie nun und tritt hinter mich, um auf dem Bildschirm des Rechners die Personenanzahl einzusehen.

»Alle achtzehn Voranmeldungen sind erschienen. Außerdem habe ich drei Zusatztickets rausgegeben, weil die Familie verpasst hat, sich anzumelden, morgen allerdings wieder abreist.«

»Lass das nicht Berti hören. Du weißt, dass er auf die Vorausbuchungen besteht.«

Ein Seufzen entweicht mir, weil ich diese Einstellung für übertrieben halte. Natürlich ist mir bewusst, dass nur eine begrenzte Anzahl Personen zeitgleich in den dreietagigen Rokokko-Saal gehen darf, um sowohl den Gästen eine angenehme Besichtigung zu ermöglichen als auch den Raum an sich zu schützen. Dennoch denke ich, dass man niemandem ein solches kulturelles Erbe unzugänglich machen sollte, nur weil keine Reservierung vorgenommen worden ist. Sofern das Kartenkontingent also noch nicht ausgeschöpft ist, werde ich weiterhin Tickets verkaufen.

»Hach«, stöhnt meine Tante, während sie nach der Ringmappe mit den Bildern greift, auf die sie bei der 45-minütigen Führung Bezug nimmt. »Möchtest du heute nicht übernehmen?«

»Du bist die Reinkarnation der Herzogin, Amalie, und das nicht nur wegen deines Namens. Erinner dich daran, wie sehr du all das hier liebst, danach machen wir zusammen Feierabend.«

Erneut murmelt sie etwas, das verdächtig nach »Wir hätten dieses Kind besser erziehen müssen« klingt, und ich grinse.

Doch ich meine, was ich sage: Meine Tante geht in diesem Job auf – und weil die Bibliothek ihr Reich ist, ist es auch irgendwie zu meinem geworden. Die Atmosphäre in diesem mit Stuck und Ornamenten verzierten Raum, diese besondere Helligkeit darin, überwältigt mich jedes Mal, wenn ich den Saal betrete. Die Büsten Weimars großer Literaten, Musiker und Lehrmeister, die royale Aura, die all das umgibt … Es fühlt sich an, wie in eine andere Welt zu schlüpfen. Eine, in die ich vielleicht besser gepasst hätte.

Amalie zwinkert mir noch einmal zu, ehe sie zu den Wartenden in den Eingangsbereich geht, die bereits vor der breiten Treppe stehen, die nach oben führt. Und sobald sie dort ankommt, sich auf den ersten Stufenabsatz stellt, legt sich ihr Schalter um.

Manchmal habe ich das Gefühl, die Bibliothek ist ihr Werther. So oft, wie ich die Geschichte dieses jungen Mannes lesen kann, erzählt sie die Historie dieses Gebäudes, ohne die Freude und Liebe daran zu verlieren. Es ist erstaunlich – und ihr dabei zuzusehen etwas, das mich auch in trüben Zeiten erhellt.

Während meine Tante die letzte Gruppe für heute durch das obere Stockwerk und somit in den Rokokosaal führt, räume ich meinen Arbeitsplatz auf und schließe alle Fenster, damit wir danach pünktlich Feierabend machen können. Dann widme ich mich wieder dem Buch vor mir, schlage eine beliebige Seite auf: einfach, um zu sehen, welches Zitat mir ins Auge springt.

Ich war, fuhr sie fort, eine der Furchtsamsten, und indem ich mich herzhaft stellte, um den anderen Mut zu geben, bin ich mutig geworden.

Wie sehr ich die Stelle liebe, in der Werther und Lotte am Fenster stehen, während es gewittert. Während die Tanzenden im Saal nichts von der Traurigkeit sehen, die in ihrem Gesicht steht. Nur er erblickt sie – und er entdeckt eine Schönheit darin, die nur ein Liebender entdecken kann.

Mir wird bewusst, dass ich es vergessen habe. Seit Aaron fort ist, halte ich Liebe für etwas, das schmerzt. Ich habe mich dem Verlust und der Zerrissenheit ebenso hingegeben wie Werther. Dabei ist das, was ich empfinde, vielleicht nicht die ganze Wahrheit. Nicht das ganze Spektrum des Fühlens ...

Schmerz ist lauter, als zu träumen. Zumindest der Schmerz, der sich in mir verankert hat. Darum fällt es mir vielleicht so leicht, mich ihm bedingungslos auszuliefern. Ich tue es, seit Aaron und mir etwas genommen wurde – weil es leichter ist, zu fühlen, statt mich der Erinnerung an sich zu stellen. Zum ersten Mal bin ich mir nicht sicher, ob mich meine Gedichte wirklich heilen können – oder ob sie vielmehr eine Flucht sind.

Die Vibration meines Handys lässt mich zusammenzucken, ehe ich es aus meiner Hosentasche ziehe.

Du hast dich seit eurem Treffen nicht mehr gemeldet.
Geht es dir gut?

Ravi, der seit meinem Agenturvertrag und der Social Media Betreuung als Fotograf an meiner Seite steht, ist vielleicht das Beste, was mir in all der Zeit passiert ist. Nicht, weil er mir auf eine pathetische Weise das Leben gerettet hätte, sondern weil er mir seitdem regelmäßig zeigt, dass ich tatsächlich noch lebendig *bin*.

Bei all der Finsternis, in der ich manchmal zu versinken drohe, hat er die Angewohnheit, so hell in meine Richtung zu leuchten,

dass er mich blendet.
Auf die beste Weise!

Die Stimmung war mehr als angespannt,
aber Fee war ... in Ordnung.

Wieso glaube ich dir das nicht?

Der Sticker mit dem Hund, der ein Trinkpäckchen mit der Aufschrift *Saft der Skepsis* schlürft, den er hinterherschickt, lässt mich auflachen.

Wie gern würde ein Teil von mir sich alles von der Seele reden, aber ich habe selbst noch nicht eingeordnet, was Fees Worte für mich bedeuten. Ihre Vorwürfe. Die Schuld.

Lass uns die Tage telefonieren, dann erkläre ich dir alles,
versprochen. Helfe gerade in der Bibliothek aus.

Ich bestehe auf dieses Versprechen! Grüß bitte
meine Lieblingstante von mir!

Dank seiner Worte bleibt das Lächeln auf meinen Lippen. Seit ich ihm Amalie vorgestellt habe und sie ihm eine außerbetriebliche Führung durch die Bibliothek gegeben hat, während der er wahrlich einzigartige Fotos schießen konnte, vergöttert er diese Frau, als würde sie zu seiner Familie gehören. Und das ist mehr als okay. Gerade ich weiß, was Familie einem bedeuten kann, vor allem, wenn sie wie bei Ravi nicht permanent vor Ort ist. Zwar wohnen meine Eltern im Gegensatz zu seinen nicht hunderte Kilometer weit weg, sondern nur eine knappe Dreiviertelstunde, aber manchmal glaube ich, dass jeder Zentimeter mehr, ebenso wie jede Sekunde, eine Kerbe zwischen uns treibt.

Gott, ich weiß, dass sie mich lieben – und mich mehr als nur wenig unterstützen. Dennoch verstehen sie nicht, was ich aktuell tue. Sie erkennen nicht, wohin all das führen soll und weshalb ich, wenn ich schreiben will, derart viel Präsenz auf Social Media zeige. Ehrlicherweise kann ich diese Gedanken sogar nachvollziehen, denn ich habe sie selbst von Zeit zu Zeit. Es scheint manchmal so, als würde mir bei all dem, was ich tue, der Antrieb fehlen. Als würde ich mir Träume von jemandem diktieren lassen.

Als ich sie noch selbst bestimmte – den Antrieb, die Träume –, hat das Leben sie mir genommen.

Ich schüttle die Erinnerung an diesen Tag ab; vertreibe die Gedanken daran gänzlich. Stattdessen greife ich erneut nach dem Reclamheft. Wenn mich etwas stets aus dieser Spirale rettet, dann Werthers Worte. Oder Ravis, als er mir in einer neuen Nachricht mitteilt:

Denk nicht, du kommst drumherum, dass wir zeitgleich auf
den Verlagsvertrag anstoßen. Ich bin unheimlich stolz auf dich!

* * *

»Dein schönes Gesicht schafft viel, aber nicht, alles hinter sich zu verstecken.« Amalie schließt die Tür der Bibliothek hinter uns ab, ehe sie den Schlüssel in ihre Tasche gleiten lässt und sich zu mir dreht. »Selbst aus dem Augenwinkel erkenne ich, dass dich etwas beschäftigt. Ist es der Verlagsvertrag? Zweifelst du, ob es richtig war, ihn zu unterzeichnen?«

»Ich hege keine Zweifel, nein, aber es ist zumindest eine Herausforderung, von der ich dachte, sie fiele mir leichter«, erwidere ich mit einem verzweifelten Lächeln, das ich nicht lange aufrechterhalten kann.

»Dann ist es nicht das, was dich gerade beschäftigt.«

Ich druckse etwas herum, während wir uns Richtung Innenstadt bewegen, um uns auf den Heimweg zu machen. Erst nach einigen Metern schaffe ich es, auf die Aussage meiner Tante zu reagieren. »Fee war vor ein paar Tagen bei mir.«

Überrascht dreht sich Amalie zu mir um. »Und es lief nicht gut?«

Ich stoße etwas Luft aus. »Zunächst machte es den Anschein, als würde es das, obwohl wir beide wohl etwas steif wirkten. Allerdings hat sie Dinge über Aaron gesagt, die mich seitdem ... nicht loslassen.«

Statt nachzufragen, wartet meine Tante, während wir den Marktplatz passieren und die Schillerstraße ansteuern. Heute ist die Innenstadt gut besucht, obwohl in einer Stunde die Geschäfte schließen. Einige Menschen eilen durch die Einkaufsgasse, andere flanieren eher und spähen in jedes Schaufenster.

»Sie sagte, er würde wegen meiner Gedichte Drohungen erhalten. Dass meine Fans ihn verbal angreifen würden. Kannst du dir das tatsächlich vorstellen?«

Amalie greift nach meinem Arm und hindert mich daran, weiterzugehen. »Er wird *bedroht*?« Sie wirkt ebenso bestürzt wie ich nach Fees Offenbarung.

»Offenbar schon.« Ich schlucke. »Und Fee gibt mir die Schuld daran, weil ich ...« Die Gedanken abschüttelnd sehe ich nach unten, bevor ich den Blick meiner Tante erneut suche. »Du weißt, dass ich ihm niemals etwas Schlechtes wünschen würde, oder? Ich möchte doch nur ... Diese Gedichte sind wichtig für mich und daher weiß ich nicht, wie ich aufhören soll, sie zu schreiben. Zumal mittlerweile so viel mehr an ihnen hängt. Niemals hatte ich das Gefühl, sie würden Aaron in etwas *hineinziehen*.«

Sie legt den Kopf leicht schräg, das Gesicht erfüllt von Verständnis. »Dieses Gefühl hatte ich auch nie, Liebes, aber ich kenne auch die ganze Wahrheit eurer Geschichte. Zumal Worte immer einen Interpretationsspielraum hinterlassen, gerade metaphorische.«

Ich weiß, dass sie recht hat, und wünschte, diese Tatsache würde mich nicht mit einer Schuld aufladen, die ich nie wieder würde ablegen können. »Was soll ich tun, Amalie?« Auf der Suche nach Halt lege ich meine Hand auf ihre. »Meine Geschichte öffentlich machen? Keine Gedichte mehr posten? Meinen Verlagsvertrag aufgeben? Jedes meiner Worte erklären? Es würde den Menschen den Zugang zur Lyrik nehmen; ihnen ihre eigene Interpretation rauben. Auch wenn Fee das nicht sieht, helfe ich mit meinen Gedichten nicht nur mir, sondern auch Menschen dort draußen. Ich halte sie an, sich mit sich selbst auseinanderzusetzen – ist das etwa falsch?«

»Daran ist nichts falsch. Doch wenn es eine Möglichkeit gibt, Aaron irgendwie aus der Schussbahn zu bringen, dann solltest du sie ausloten. Denn mit diesem Gefühl zu leben, wird dich erneut zurückwerfen, Ella. Und du bist zu weit gekommen, um dir mit dieser Bürde einen weiteren Teil von dir selbst zu nehmen.«

Aus irgendeinem Grund kann ich ihre Berührung nicht länger ertragen – sie macht all meine Gedanken und Ängste zu real –, weshalb ich mich von ihr löse und langsam weitergehe. Meine Tante folgt mir.

»Ich weiß einfach nicht, wie all das funktionieren soll. Ich habe das Verhalten dieser Leute doch nicht im Griff!«

»Nun«, beginnt sie, während wir Schillers Wohnhaus passieren und der leichten Biegung der Straße folgen. »Im Leben geht es nicht immer darum, zu *wissen*. Manchmal bleibt uns nichts, als abzuwägen und Dinge auszuprobieren. Fehler zu machen, ist okay. Sie nicht einmal zu riskieren, wird euch beiden jedoch auf jedwede Weise wehtun. Und wenn ich eines weiß, Ella, dann, dass du und Aaron genug Schmerz erlitten habt.«

Vier Last Escapes und drei doppelte False Mothers
in der dunkelsten Nische des Bastards Welcome
brauchte es, bis der mondgeborene Navigator Lord
Thaelos endlich bereit war, sie anzuhören. Nohja
wusste nicht, ob der Schutzbefohlene Kotations
der Kriegerprinzessin wirklich helfen wollte, der
Mann betrunken war – wie der Rest in diesem
Laden – oder ihm schlicht Gavinas Gesellschaft
behagte. Dem totverheißenden Gesichtsausdruck
Nohjas besten Freundes Enter nach zu urteilen,
betete dieser still zum Orakel, dass Ersteres zutraf.
(...)

Kapitel 10

Die Treppe zu meiner Hochparterrewohnung protestiert mit einem Quietschen unter meinen Schuhen. Der Anblick der letzten beiden Stufen, deren Oberfläche schief in die jeweils entgegengesetzte Himmelsrichtung abfällt, führt dazu, dass mir der Moment mit Ella im Treppenhaus des *eda*Verlags in den Sinn kommt. Wie sich ihre Augen das erste Mal, seitdem ich sie gesehen habe, mit Leben füllten. Wenn auch vor Schreck. Wie seltsam sich ihre Hand in meiner angefühlt hat, als ich ihr im Foyer meine Visitenkarte gereicht habe. Vertraut und besser, als sie es sollte. In der ersten Sekunde wirkte sie ehrlich überrascht. Dann sah ich den Sturm, der in ihr wütete; den Zwiespalt, der ihre Augen –

Abrupt halte ich in der Bewegung inne.

Wieso will es mir nicht gelingen, die richtigen Worte zu finden? Selbst in meinen Gedanken bin ich unfähig, zu formulieren, was ich in ihnen gesehen habe. Etwas, das mir noch nie zuvor passiert ist. Worte geben mir Sicherheit, schaffen Orte, an die ich flüchten kann, wie unbekannte Galaxien und Planeten mit violetten Wüsten. Sie helfen mir dabei, Erlebnisse zu verarbeiten, mich zu ordnen. Aber Ella bringt sie durcheinander, wirbelt Buchstaben derart auf, dass ich sie nicht greifen kann.

Einem Impuls folgend hebe ich die Hände. In der rechten liegt mein Schlüssel mit der verblichenen Miniaturausgabe von R2D2, die mir meine Giulia vor drei Jahren als Wichtelgeschenk überreicht hat.

Es ist dieselbe Hand, die ich Ella gereicht habe, und noch immer fühle ich ihre scheue Berührung darauf. Ihr Echo kribbelt bis in meine Fingerspitzen, wie jedes Mal, wenn ich ihre Texte lese. Sie sind wie Antwort und Frage. Düster, aber erhellend zugleich.

»Jonah?«, höre ich plötzlich die Stimme meiner Nachbarin. »Bist du das, Herzchen?«, ruft sie und erklimmt die Stufen.

»Frau Lehnert!«, rufe ich den Treppenabsatz hinunter. »Warten Sie, ich komme zu Ihnen!«

Die alten Knochen jedoch sind nicht mehr zu stoppen. Schritt um Schritt kämpft sich meine 88-jährige Nachbarin mit der Unerschrockenheit einer Gipfelstürmerin voran. »Dieser junge Mann, der sich Postbote schimpft, ist eine Zumutung«, beschwert sie sich keuchend und wedelt mit den Briefen, sobald ich sie erblicke. »Die Einsendungen des gesamten Hauses hat er in meinen Briefkasten gestopft. Er glaubt wohl, ich sei eine Brieftaube!«

Tatsächlich erinnert die sich überschlagende Stimme von Frau Lehnert durchaus an das Gurren einer Taube, weshalb ich ein Lachen unterdrücke und geduldig darauf warte, dass sie ihr Etappenziel erreicht. Sie ist eine stolze Frau.

»Ich kann meine Post auch bei Ihnen abholen, Frau Lehnert. Meine Telefonnummer habe ich Ihnen in das Kontaktbuch auf ihrem Sekretär geschrieben. Es ist der leuchtend gelbe Zettel«, versuche ich, zu erklären, und betone jedes Wort überdeutlich. Wohlwissend, dass Sie die Post der Nachbarn gerne als Ausrede dafür nutzt, um ihre Wohnung zu verlassen. In meiner Vorstellung macht Frau Lehnert den armen Briefträger schon vom Fenster aus so nervös, dass ihm nichts anderes übrigbleibt, als sämtliche Sendungen in irgendeinen Schlitz zu stecken, um sich möglichst schnell aus dem Staub zu machen.

Für die letzten beiden Stufen ihres Halbmarathons lässt sie ausnahmsweise zu, dass ich sie stütze.

»Vielen Dank, Jonah«, sagt sie schwer atmend und sucht aus dem

Stapel zwei Briefe sowie eine Karte mit meinem Namen heraus. »Es ist wieder eine Postkarte deiner Mutter dabei. Ich wollte sie ja nicht lesen, aber ich musste herausfinden, an wen sie gerichtet ist«, behauptet sie unschuldig, als würde sie mich nicht jedes Mal danach fragen, in welchem Land sich meine Mutter aktuell herumtreibt.

Ihre Generation bringt nicht viel Verständnis für Menschen auf, die ihre Erfüllung in der Entdeckung der Welt gefunden haben. Sie sollten an der Seite ihrer Kinder verweilen, um ihnen die Hand zu halten, bis die Zeit das Blatt wendet und fortan die Eltern die stützende Hand ihrer Kinder benötigen. Kaum auszumalen, was Frau Lehnert meinem Erzeuger, der nie Interesse an mir gezeigt hat, an den Kopf werfen würde.

Ich greife nach meiner Post. »Danke für Ihre Mühe. Wenn ich den Briefträger irgendwann zu Gesicht bekomme, sage ich ihm, dass er noch was von Ihnen lernen kann.«

Mit einem selbstzufriedenen Lächeln dreht sie sich um. »Machen Sie das.«

Nachdem Frau Lehnert sicher in ihrer Wohnung angelangt ist, ich meine eigene aufgeschlossen und festgestellt habe, dass meine temporäre Mitbewohnerin noch unterwegs zu sein scheint, werfe ich einen flüchtigen Blick auf die Karte meiner Mutter. Das Motiv zeigt die Gesteinslandschaft des *Machu Picchu,* die hier und da von satten Grünstreifen durchzogen ist.

Ich drehe die Karte herum.

Lieber Jonah, Peru ist atemberaubend!

Gletscherlagunen am Morgen und heiße Quellen am Abend.
Ich glaube, das Land sticht sogar Schweden aus.
Sende dir liebste Grüße!

Deine Mama!

Mit einem Lächeln öffne ich die oberste Schublade in der Küche, greife den Tesafilm und trenne einen Streifen ab. Wenige Sekunden später klebt die Grußkarte zwischen all den anderen, die die gesamte Rückwand meiner Küche pflastern. Eine Landkarte der unstillbaren Reiselust meiner Mutter, die es schon in ihren Zwanzigern nicht lange auf einem Fleck ausgehalten hat.

Ihrer Impulsivität verdanken wir unseren Nachnamen, der aus einer überstürzten Kurzzeitehe mit einem einundzwanzigjährigen Engländer entstanden ist. Da ihr *Reed* besser gefiel als *Merten*, behielt sie den Namen auch nach der Scheidung. Ihre Rastlosigkeit ist außerdem der Ursprung meiner dunklen Haare und der Tatsache, dass ich recht schnell einen braunen Teint bekomme. Meinen Erzeuger lernte sie bei ihrem ersten Neuseelandbesuch kennen, schenkte ihm ihr Herz ebenso schnell, wie er ihr seines wieder nahm, und kehrte vor meiner Geburt nach Deutschland zurück.

Mein Blick fällt auf ihre Postkarte aus Auckland, die nicht unweit der heutigen auf dem Fliesenspiegel klebt. Es ist gut ein Jahr her, dass ich sie von meiner Mutter erhalten habe. Einen Monat zuvor hatten wir uns in Reefton zur Beerdigung meines Großvaters Kurtis getroffen. Im Gegensatz zu meinem Erzeuger hatte dieser zu Lebzeiten sehr wohl Interesse an mir. Er kontaktierte meine Mutter wenige Tage, nachdem er von meiner Existenz erfuhr, und hatte nur eine Bitte: seinen Enkel kennenzulernen. Damals war ich zehn.

Der endgültige Bruch mit seinem Sohn hatte dazu geführt, dass meine Großeltern im Streitgespräch von mir erfuhren, woraufhin sie nicht lange zögerten und uns nach Neuseeland einluden. Manchmal fühlt es sich absurd an, einen Teil meiner Familie auf der anderen Seite der Welt zu wissen. Doch bei jedem der seltenen Besuche hat mich das Gefühl, willkommen zu sein, nicht mehr losgelassen.

Lediglich vier Mal in meinem Leben habe ich meinen neuseeländischen Großvater Kurtis treffen dürfen und doch habe ich so viel von ihm gelernt wie von keinem anderen Menschen zuvor. Die Liebe zu Büchern entdeckte ich zwar selbst, doch die Liebe zu Worten, das Verständnis ihrer Kraft, lernte ich von ihm.

Wie jedes Mal, wenn ich eine Postkarte von meiner Mutter aus dem Briefkasten oder Frau Lehnerts Händen fische, schieße ich ein Foto der Collage in meiner Küche und sende es an meine Mutter. Auf diese Weise halten wir Kontakt. Sie bereist fremde Länder und sobald ich ihre Karten gelesen habe, schreibe ich ihr und sende ein Foto davon. Wenn es die Zeitverschiebung erlaubt, ruft sie mich sogar an. Es ist immer nur eine Frage der Zeit, bis ich den neuesten Abenteuern meiner Mutter am Telefon lauschen kann.

Ich gehe zurück in die Chatübersicht und sofort sticht mir Ellas Name ins Auge. Am liebsten würde ich sie fragen, ob es mittlerweile klappt, Zugang zu ihrem ersten Buch zu finden, doch ich zögere. Es ist vermutlich nicht die beste Idee, ihr schon wieder zu schreiben.

Bevor ich es mir anders überlegen kann, schließe ich das Chatfenster – und öffne stattdessen die Instagram App.

Der Anblick des ersten Posts, der mir angezeigt wird, lässt mein Herz schneller schlagen. Es ist das Gedicht, das mir Ella gestern Abend geschickt hat. Zumindest fast.

Bei genauerer Betrachtung wird mir klar, dass es sich um eine überarbeitete Version handelt. Eine Version, in der das lyrische Ich jemanden anspricht. Der Post trägt den Zeitstempel von dieser Nacht. Sie muss es kurz nach unserem Chat gepostet haben. Mir wird warm bei diesem Gedanken.

Betrachtest meine Sehnsucht
aus deiner Richtung,
ohne den Norden zu kennen.
Doch selbst Ameisen
finden ohne Kompass
das Meer.

Wieder und wieder scanne ich jede Zeile, jedes Wort. Der Gedanke, dass sie dieses Gedicht an *mich* gerichtet haben könnte, löst eine solche Beklemmung in meinem Hals aus – ich kann den Kloß nicht herunterschlucken. Dabei weiß ich als Lektor sehr gut, dass die geschriebene Stimme selten die eigene ist. Natürlich sickert mit jedem Satz ein Stück von uns selbst auf die Seiten, aber weder eine Figur noch das lyrische Subjekt ist der Schreibende selbst.

Warum also brennt sich die Hoffnung durch meine Vernunft, dass es dieses Mal anders sein könnte?

Bevor ich mich davon abhalten kann, habe ich unseren Chat geöffnet, starre mit klopfendem Herzen auf die Buchstaben der Tastatur und weiß doch nicht, was ich schreiben soll. Wie kann ich zum Ausdruck bringen, was ihr Gedicht mit mir anstellt? Und *sollte* ich das überhaupt tun? Nie habe ich es für unangebracht gehalten, den Autorinnen und Autoren mitzuteilen, welchen Effekt ihre Werke auf mich haben. Mir fällt es nicht schwer, sachliche Worte zu finden oder konstruktive Kritik zu geben, doch bei Ella … Bei ihr versagt selbst meine innere Stimme.

Resigniert sinke ich gegen die kühle Wand in der Küche und lasse meine Umhängetasche achtlos zu Boden gleiten. Einer meiner Bleistifte fällt heraus und hinterlässt einen bleiernen Strich auf den beigen Fliesen. Ich starre ihn an wie einen Verbündeten nach einer gemeinsamen Niederlage. Wo er sonst hilfreich und unentbehrlich ist, wirkt er plötzlich vollkommen nutzlos. Ich könnte ihn aufheben, in die Hand nehmen, seine Mine spitzen, doch es würde keinen Unterschied machen. Er vermag mir nicht zu sagen, wie ich das, was in mir vorgeht, in Worte fasse.

Plötzlich kommt mir ein Gedanke.

Mein Blick schweift zu den Postkarten, bleibt an dem Gruß aus Neuseeland und den Erinnerungen an meinen Großvater hängen.

Worte sind eigen, manchmal sogar schüchtern. Nicht immer nehmen sie den direkten Weg, pflegte Kurtis zu sagen.

Ich erinnere mich daran, wie er sich zum Fenster drehte, seinen warmen Atem dagegen hauchte und mit den Fingern ein Wort in die feinen Tropfen schrieb. Nach wenigen Sekunden war es verschwunden, doch wenn er das Spiel wiederholte oder sich die Temperaturen änderten, kamen sie immer wieder zum Vorschein.

Gib ihnen Zeit, riet er mir, ersetzte einige von ihnen, indem er sie fortwischte und etwas Neues darüberschrieb. *Du wirst spüren, wenn sie dir aus der Seele sprechen.*

Fasziniert beobachtete ich ihn damals dabei, wie er von Zeit zu Zeit in sein blaues Notizbuch schrieb; mit Bedacht und Sorgfalt Buchstaben zeichnete, als wären sie von unvorstellbarem Wert – und als gehörten sie nur ihm. Nur, dass sie nun auch mir gehören.

Ich stoße mich von der Wand, durchquere in wenigen Schritten meinen Flur und bleibe vor dem chaotischen Bücherregal im Wohnzimmer stehen, das die gesamte rechte Wand einnimmt. Mit dem Zeigefinger fahre ich über die Buchrücken, bis ich das zerschlissene Büchlein meines Großvaters entdecke – das Einzige, worum ich meinen Erzeuger jemals gebeten habe. Andächtig streiche ich darüber.

Jedes Mal bin ich überrascht, wie dünn und einfach es aussieht. Vermutlich würde niemand erwarten, welch kostbare Erinnerungen sich zwischen den Seiten verstecken. Nicht immer wird das Cover eines Buches dem Inhalt gerecht.

Ich ziehe es heraus und schlage es willkürlich auf. Der vertraute Geruch des blumig duftenden *Oolong Tees*, den Kurtis jeden Tag getrunken hat, steigt mir in die Nase. Nur wenige einzelne Worte in schräg liegender, unleserlicher Schrift blicken mir entgegen, und doch erzählt jede Seite, jeder Buchstabe von einer Geschichte, die nur er erzählen konnte. Ebenso, wie nur ich in der Lage bin, *meine* Gefühle zu Papier zu bringen.

Mit einem dumpfen Laut klappe ich das Buch zu, lege es auf die Bücherreihe und stapfe mit entschlossenen Schritten ins Badezimmer. Ich verriegle die Tür und entledige mich meiner Kleidung samt Brille. Das Wasser unter der Dusche drehe ich so heiß, dass die aufsteigenden Dampfwolken den kleinen Raum innerhalb weniger Minuten in Beschlag nehmen. Ich strecke den Kopf unter den Wasserstrahl, genieße die Hitze, die mir eine Gänsehaut verschafft, und atme tief durch. Dann trete ich einen Schritt nach vorn, wende mich dem milchigen Glas zu, das die Dusche vom Rest des Badezimmers trennt, und schreibe mit meinem Finger das erste Wort auf die beschlagene Scheibe, das mir in den Sinn kommt.

Stürmisch.

* * *

»Warten Sie«, rufe ich dem gelb gekleideten Paketboten zu, der mir am nächsten Morgen vor dem Verlag über den Weg stolpert.

Auf seinem Arm schwankt der schiefste Paketturm, den ich jemals gesehen habe, und droht, zu kippen. Ich mache einen Satz, fange die obersten Schachteln ab, bevor sie zu Boden fallen.

»Hab sie!«, rufe ich und halte sie triumphierend in die Höhe.

»Super, Jungchen, und ich nen Herzinfarkt!«, schimpft der Bote. »Ich brauche dafür noch ne Unterschrift, also gib mal lieber wieder her.«

Ich werfe einen Blick auf das Etikett.

»Kein Problem, die können sie von mir haben. Der Empfänger ist der *eda*Verlag.«

Prüfend blickt er über seine Brillengläser zu mir auf. »Und sie sind der Herr Eda?«

»Ehm, nein«, antworte ich – bemüht, ein Lachen zu unterdrücken. »Jonah Reed, ich arbeite im *eda*Verlag«, setze ich hinzu und weise mit dem Kopf auf das Gebäude, vor dem wir stehen.

»Na gut«, lenkt er ein und packt drei weitere Pakete auf meine beiden, um das Quittiergerät aus seiner Halterung zu lösen. »Dann bräuchte ich hier eine Unterschrift, Herr Reed«, sagt er und streckt mir das Gerät entgegen. Wenigstens glaube ich das, denn ich kann kaum an dem Turm auf meinem Arm vorbei schauen. Eine Hand unter die Kartons gestützt taste ich mit der anderen nach dem Stift und kritzele orientierungslos auf das Display.

Der Paketbote kommentiert es mit einem Schnauben und wendet sich ab.

»Ihnen auch noch einen schönen Tag!«, rufe ich betont freundlich, bevor ich mich mit dem Rücken gegen die Eingangstür stemme, um sie zu öffnen.

»Moin Jonah«, begrüßt mich Tim vom Empfang aus. »Brauchst du Hilfe?«

Immerhin eine freundliche Seele am Morgen, denke ich und stabilisiere den Stapel mit der einen Hand von unten und der anderen von oben.

»Danke, geht schon, ist nicht schwer«, bedanke ich mich, steige die Stufen hinauf und steuere Haros Büro an. Der flüchtige Blick auf die Etiketten hat mir verraten, dass auch von dieser Lieferung mindestens zwei an unseren Social Media Experten adressiert sind. Überhaupt gehen so gut wie sechzig Prozent aller Pakete, die zum Verlag geliefert werden, an ihn, da er auch seine privaten Bestellungen an diese Adresse liefern lässt. So vermeidet er, sie bei Paketstationen oder den Nachbarn abholen zu müssen. Vielleicht sollte ich auch darüber nachdenken ...

»Haro?«, rufe ich aus dem Flur und nur wenige Sekunden später lugt sein mit einer knallgelben Mütze bedeckter Kopf um die Ecke. »Pooohoost!«, ziehe ich das Wort in die Länge.

»Shht.« Er hält den Zeigefinger vor seinen Mund und winkt mich eilig zu sich. Aufmerksam sieht er sich um, als würde er prüfen, ob uns jemand beobachtet.

»Ist alles –« *Okay,* will ich fragen, doch Haro fällt mir ins Wort.

»Schrei nicht so und komm endlich rein«, flüstert er energisch, zieht mich in sein Büro und schließt die Tür hinter mir.

»Was ist denn mit dir los?«, frage ich leise und stelle die Pakete auf dem weißen Hochglanzschreibtisch ab. Ganz im Gegenteil zu seiner bunten Erscheinung herrscht in Haros Büro triste Leere. Er nennt das clean und aufgeräumt, ich nenne es klinisch.

Aufgeregt umkreist er den Paketturm, hebt eins nach dem anderen an und scheint schließlich das zu finden, nach dem er gesucht hat. Er erinnert mich an mein Patenkind Sam, die an Weihnachten so lange Geschenke sortiert, bis sie eines mit ihrem Namen findet.

»Es ist doch nicht heruntergefallen, oder?«, fragt er, hebt das Objekt seiner Begierde an, wiegt es vorsichtig hin und her.

Den Vorfall mit dem Paketboten vor der Tür behalte ich lieber für mich.

Stattdessen sehe ich Haro verwundert an. »Was ist in dem Paket?«

»Nichts, mit dem du rechnest.« Zielstrebig zieht er die einzige Schublade seines Schreibtischs auf und nimmt ein Cuttermesser heraus. Mit geradezu chirurgischer Genauigkeit durchtrennt er dann die Klebestreifen, legt das Messer zurück an seinen Platz und schließt die Schublade wieder.

Ich kann nur mit dem Kopf schütteln, bin kurz davor, zu gehen, denn vermutlich ist mein halber Arbeitstag rum, bis Haro es geschafft hat, den Inhalt zu enthüllen. Doch dann – endlich – öffnet er die Klappen. Er greift in das weiße Verpackungsmaterial, zieht vorsichtig etwas heraus.

Gespannt beuge ich mich vor und sobald Haro seine Handfläche öffnet, erkenne ich …

»Ein Vogel?« Verdutzt sehe ich meinen Kollegen an. »Aus Glas?«, setze ich hinterher und weiß nicht, was mich mehr verwirrt. Dass Haro kitschige Staubfänger bestellt oder seine Augen bei dem Anblick der glatt geschliffenen Oberfläche strahlen.

»Ein *Sperling*«, korrigiert er mich. »Aus Kristall.«

Ich verschlucke mich beinahe an meiner eigenen Spucke. »Ein

Sperling wie ... *Elfie Sperling?* Unsere Controllerin?«

Haro ignoriert meine Verwunderung und tätschelt lieber das aus Glas geformte Abbild des Nachnamens unserer Kollegin. Diese Frau hat es ihm echt angetan und ich weiß nicht so recht, ob das gut enden kann.

»Meinst du, das ist eine gute Idee?«, möchte ich daher vorsichtig wissen. Denn auch wenn die beiden auf der Weihnachtsfeier geflirtet haben, ist nie etwas zwischen ihnen passiert.

»Na ja, bald ist Valentinstag ...«, erklärt er und streicht dem Vogel mit einem Finger über den gläsernen Kopf.

»Das könnte nach hinten losgehen«, warne ich ihn.

In meinen Augen ist das sicher lieb gemeinte Geschenk irgendwo zwischen witzig und kitschig einzuordnen, aber ich bin mir nicht sicher, wie Eflie das sieht. Wenn ich kann, würde ich gerne vermeiden, dass mein Kumpel eine Grenze überschreitet, die die Arbeitsbeziehung zwischen den beiden in eine Richtung lenkt, aus der er sich nicht leichtfertig herausmanövrieren kann. Doch er scheint an seinem Plan festzuhalten.

»Alles kann, nichts muss. Außerdem hat sie am Wochenende Geburtstag«, argumentiert er weiter und setzt das Vögelchen zurück in sein sicheres Nest aus Papierschnipseln.

So wie der Paketbote mich vorhin gemustert hat, sehe ich nun Haro über den Rahmen meine Brillengläser hinweg an. Er weicht mir offensichtlich aus, bringt stattdessen das Geschenk in Sicherheit und verstaut es hinter der Schiebetür des schlichten Sideboards unter dem Fenster.

»Frag mich nicht, woher ich das weiß«, murmelt er indes. »Ich bin nicht stolz drauf.«

Nachdenklich reibe ich mir über das Kinn, stelle fest, dass eine Rasur längst überfällig ist. »Sag nur nicht, ich hätte dich nicht gewarnt.«

Die übrig gebliebenen Pakete, die nicht an Haro adressiert sind, nehme ich wieder auf meine Arme. Das oberste ist für Regina, der ich sowieso noch meinen geänderten Lektoratsplan vorbeibringen wollte. Durch das Projekt von Lalott werde ich andere Manuskripte an meine Kolleginnen und Kollegen abgeben müssen. Normalerweise fällt es mir schwer, mich von Projekten zu lösen, doch die Aussicht darauf, mit Ella zusammenzuarbeiten, dämpft den Trennungsschmerz.

»Du hattest übrigens recht, was den Social Media Kanal von Lalott betrifft«, gebe ich Haro gegenüber zu, weil meine Gedanken mich unweigerlich zu Ella tragen. Zu dem schüchternen Lächeln in der Lobby, das im Gegensatz zu dem breiten Zahnpastalächeln auf ihrem Instagramprofil, zwar blass, aber trotzdem so viel echter gewirkt hat. »Die Bilder in ihrer Agenda, die angeblich Einblick in ihren Alltag gewähren ...«

»Ihre Story«, korrigiert mich Haro.

»Meine ich doch«, bügle ich ihn ab.

Er kräuselt genervt die Lippen.

»Wie auch immer. Am Dienstag befanden sich Bilder und Videos in ihrer *Story*«, betone ich die korrekte Bezeichnung, was meinen Gegenüber sichtbar zufrieden stimmt, »die eindeutig nicht an diesem Tag aufgenommen wurden. Ihre Kleidung, ihre Frisur, sogar ihr Ausdruck hatten nichts mit der Frau zu tun, die dort zu sehen war. Und dann hat sie noch davon geschwärmt, wie nett sie sich mit dem Verlagsteam unterhalten hat, dabei hat sie mit niemandem gesprochen.« *Außer mir,* setze ich in Gedanken hinterher.

»Lass mich raten: Kaffeebecher in der rechten, irgendwas scheinbar Sinnvolles und Schniekes in der linken Hand.«

Ich runzle die Stirn. »Ein Notizbuch von Paperblanks«, antworte ich und erinnere mich an goldene Ornamente auf dem Cover.

Haros Mundwinkel zucken. »Eine Kooperation«, stellt er fest. »Stand irgendwo bezahlte Werbung?«

Ich überlege einen Moment. »Ich war so irritiert, eine vollkommen andere Version von ihr zu sehen, dass ich nicht darauf geachtet habe«, gebe ich zu.

»Vermutlich war es so klein, dass es kaum jemand gesehen hat. Ein klassischer Kaiko-Anela-Move. Verkaufe bedeutende Ereignisse an den Höchstbietenden«, erklärt er und geht auf die Bürotür zu, um sie mir zu öffnen. »Die würde selbst Ultraschallbilder von Lalotts Baby an einen TikToker an der Straßenecke verhökern«, setzt er hinzu, woraufhin ich beinahe mit Anlauf gegen den Türrahmen gelaufen wäre.

»Wie bitte?«, frage ich und bleibe erneut stehen.

Mit großen Augen mustert mich Haro. »Das war metaphorisch gemeint.«

Ich räuspere mich und während ich den Paketturm auf meinem Arm richte, entfährt mir ein übertrieben lautes Lachen.

Keine Ahnung, warum ich das tue. Auch Haro scheint meine Reaktion merkwürdig zu finden, denn er starrt mich noch immer an. Unbeholfen klingt mein Lachen aus, trotzdem klingelt es noch immer in meinen Ohren. Weshalb mich die Tatsache, dass Ella schwanger sein könnte, derart aus der Ruhe bringt, möchte ich schlichtweg nicht wissen.

»Also dann«, sage ich und trete durch die Tür, die mein Freund mir noch immer aufhält.

»Ich bin wohl nicht der Einzige, um den man sich Sorgen machen muss ...«, murmelt er, allerdings mehr zu sich selbst.

Kapitel 11

Schmerz fühl sich *anders an, wenn man nicht mehr weint, wie Ebbe in den Sternen. Beinahe so, als würde man sein inneres Ventil auf Akzeptanz stellen. Nichts hilft, weil stiller Schmerz nicht vergehen wird. Nicht ein bisschen davon, auch nicht kurz. Er ist da, und wenn ich es vergessen sollte, reicht ein Blick in die Nacht, die zu traurig ist für das Schimmern auf ihrem Kleid. Doch gerade traurig genug für mich ...*

Als ich die Worte betrachte, die ich im November des letzten Jahres geschrieben habe, ist es, als würde ich in die dunkelste Nacht von allen sehen. In wenigen Sekunden katapultiert mich jeder Buchstabe tiefer in die Schlingen der Finsternis, aus denen ich hoffte, mich bereits gewunden zu haben. Aber hier stehe ich, vor den offenen Schubkästen meines Schreibtisches – zitternde Finger halten das schlichte Notizheft – und stelle fest, dass ich nie aufgehört habe, zu fallen. Und dass der Gedanke daran, keinen Grund unter mir zu sehen, mir den Hals zuschnürt.

Es ist nicht so, als wäre es mir in meinem Leben vor Aaron noch nie schlecht gegangen; als hätte ich noch nie etwas verloren. Der Unterschied ist, dass ich mit ihm auch ein essenzielles Stück von mir selbst zurückgelassen habe. Eines, das ich ebenso geliebt habe wie ihn. Doch mit Aarons Worten – mit dem, was wir verloren haben –, verblühten nicht nur die Blumen um mich, sondern auch die Träume *in* mir. Und über alles, was mich an dieses Gefühl erinnert, liegt seitdem ein Schleier.

Manchmal, glaube ich, fühle ich zu viel. In diesen Momenten besteht meine Haut aus Schwämmen, die alle Blicke, jede Berührung und den winzigsten Hauch von Gefühl in sich aufsaugen. Ich bin mir fast sicher, dass mein Körper kein Ende kennt. Widerstandslos überfährt er die Stopp- und Warnschilder, nur um immer mehr und immer tiefer zu spüren, was andere von sich schütteln. Und statt es rauszulassen, bleibt es; macht mich schwerer. Wird zu genau dem Gefühl, das mich Gedichte schreiben lässt. Und so sehr ich mir wünschte, ich würde leichter werden, lacht die Angst in meinem Hinterkopf. Jene, die fürchtet, dass mit der Schwere auch die Poesie verschwindet.

Genau so, wie Aaron verschwunden ist. Wie ich mich selbst habe verschwinden lassen.

Nicht zum ersten Mal frage ich mich, ob ich mein Leben lang bereit sein werde, diesen Preis zu zahlen. Oder ob der Punkt kommen wird, an dem ich die Worte ziehen lasse. Wann ich bereit bin, nach mir zu suchen – und ob ich mich je wiederfinde.

Ich habe so viel, und die Empfindung an ihr verschlingt alles. Ich habe so viel, und ohne sie wird mir alles zu nichts.

Werthers Worte kommen mir in den Sinn, tanzen über meine Haut. Und in all der Behutsamkeit, mit der sie mich umarmen, erinnern sie mich auch an den Tag, an dem *wir* uns verloren haben. An dem Aaron und ich einander sahen. So klar, so deutlich, so verdammt scharf, dass wir den Anfang vom Ende, der in unseren Iriden stand, nicht leugnen konnten.

Fünf Monate zuvor

»Schon gut, Baby«, wispert er, und obwohl seine Stimme nicht bricht, weiß ich, dass seine Seele längst in Stücken liegt. »Komm her. Komm her zu mir, El.«

»I-ich kann … Ich kann nicht.« So wenig fühle ich, doch ich bin mir sicher, statt Tränen würde Glut über meine Wange laufen; diesen Moment auf ewig in mich brennen.

Aaron macht keinen halben Schritt auf mich zu, da weiche ich bereits drei zurück. Die Gewissheit, dass seine Berührung all das real machen wird, zerreißt mich, noch ehe es Wirklichkeit wird.

»Ella.« Ein Name, der nicht mehr nach meinem klingt; der es vielleicht nie wieder tun wird.

»Aaron.« Ich bin mir sicher, dass auch in seinem ein anderer Rhythmus schwingt. Die Millimeter zwischen den Buchstaben zumindest lassen Verlust zu einem Tinnitus werden.

»Du musst … Komm bitte zu mir, ich …«

Brauche dich, beende ich seinen Satz. Doch ich kann nicht. Allein seinen Atem auf meiner Haut zu spüren, würde mich alles kosten, was von mir übrig ist.

Ich weiß, dass du mich brauchst, Aaron. Nur ich … Ich brauche das Gefühl der Leere. Nicht nur in mir, auch um mich herum. Ich habe keine Kraft, zu fühlen.

Ihm das zu sagen, würde es leichter machen, aber Leichtigkeit ist mein Feind geworden. Elf Wochen wog ich mich in ihr, in diesem Taumel aus Zukunft und Träumen. In dem, was die Philosophen gemeinhin als Glückseligkeit bezeichnen. Nun hasse ich es; möchte nie mehr dorthin zurück. Kann es vielleicht gar nicht, weil da zu viel ist, von dem ich fürchte, es erneut zu verlieren.

Noch bevor er auf die Knie sinkt, weiß ich, dass etwas in ihm unwiderruflich zerspringt. Vielleicht seine Hoffnungen, vielleicht der Glaube an uns, vielleicht auch einfach nur sein Herz. Ich sehe es und bewege mich keinen Zentimeter.

Sein Schreien dringt bis in mein Mark, sein Wimmern noch tiefer, sein Weinen aber dränge ich aus meinem Bewusstsein. Ich muss es tun, um stehen zu können.

»Bitte. B-bitte, Ella.« Zeit, die stillsteht. »Ich kann das nicht allein.« Zeit, die rast.

Wie gerne würde ich noch mehr Abstand zwischen uns bringen; zwischen Aaron und mich. Zwischen seine Gefühle, die ich nicht auch noch tragen kann. Ich kann nicht. Und ich möchte es schreien, laut und eine Ewigkeit lang, ich möchte brüllen, bis er es versteht. Bis ich mir verzeihe, dass es in Ordnung ist, so zu empfinden.

»Aaron.« Ein Versuch, doch noch immer schmecke ich Schmerz; noch immer salzige Bitterkeit.

Seine Fäuste treffen den Boden. Erst eine, dann alle beide, dann jede erneut. Und in mir ist nichts als Kälte; nichts als das Bedürfnis, ihn hier allein zu lassen.

»Wieso tust du mir das an?« Kein Wispern ist je lauter gewesen, keine Frage hat tiefer geschnitten. Und obwohl ich weiß, dass er die Luft zwischen uns meint, die ich schaffe, schlägt die Frage Löcher in meinen Bauch. Genau dorthin, wo bis vor wenigen Stunden noch eine Zukunft gewachsen ist. Nun hallt sie dort, und ich glaube, ihr Echo ist eines, das nie vergehen wird.

Sein Schreien wird flehender, die Tränen trostloser. Er wirkt so allein, so furchtbar allein, dass ich mich schäme, ihm dabei zuzusehen. Ich tue es dennoch; beobachte, wie er zerfällt. Wie Aarons Splitter sich überall hineinbohren, nur nicht in mich. Ich lasse es nicht zu.

»Ella …«

Nein, Aaron. Ich muss gehen. Und das tue ich.

Mit der letzten Kraft, die ich aufbringen kann, stoße ich mich von der Wand ab; gehe auf ihn zu, nur um letztlich an ihm vorbei und zur Tür zu gehen. Nicht einmal der Blick, den er mir dabei zuwirft; die Hoffnung, die ich sterben sehe, lässt mich innehalten.

Mein letzter Gedanke, bevor ich das Familienzimmer der Notaufnahme verlasse, gilt dem, was ich in den letzten Stunden verloren habe: unseren gemeinsamen Herzschlag, der zu kurz auf dieser Welt existierte und doch die größten Wellen in mir geschlagen hat.

Er gilt Aaron, den ich zurücklasse.

Und Ella. Ella, die nicht mehr da ist.

Zurück bleibt alles. Doch mein Alles ist jetzt ein Nichts.

Dass ich den Stift in die Hand nehme, geschieht instinktiv, doch dass ich die Worte in meinem Kopf nicht sofort fangen kann – zu viele von ihnen wollen gehört werden – ist etwas, das sich unnatürlich anfühlt. Da sind Versfetzen, Neologismen, Metaphern, simple Buchstaben. Und im Gegensatz zu mir weinen sie, ich bin mir sicher. Aber sie atmen auch; sie schöpfen Kraft aus sich selbst. Und als ich endlich das Schwarz zu Sätzen auf weißem Untergrund werden lasse, tue auch ich es wieder.

Ich atme.

> Manchmal stelle ich mir vor,
> dass du ein Mädchen bist.
> Und dass ich dir öfter hätte sagen sollen,
> wie schön die Welt ist,
> damit du sie sehen wolltest.
> Doch nun antworten nur die Wolken,
> singen davon, wie
> wundervoll der Himmel ist.
> Und dass es dir dort
> gut geht.

»Pass auf dich auf«, flüstere ich – und erschrecke, weil es tatsächlich über meine Lippen geschlüpft ist. Zum ersten Mal seit dem Tag im Krankenhaus habe ich mit dem für mich hellsten Stern gesprochen. Statt vor ihm zu fliehen, sehe ich ihn, obwohl über mir nur graue Winde wehen.

Vielleicht, denke ich, *war kein Wind jemals schöner.*

Erneut sehe ich auf meine Zeilen, lese sie still, flüstere sie, spreche sie einfach aus.

Nein, das ist bei Weitem nicht das schönste Gedicht, das ich je geschrieben habe. Aber es ist echter als der Rest. Und diese Echtheit, der Riss in meinem Spiegelbild, ist, was mich lächeln lässt. Ohne Tränen auf meinen Wangen, mit Schmerz in meinem Herz. Aber das ist okay. Dieser Schmerz verdient es, gefühlt zu werden.

In diesem Sturm aus Dankbarkeit, Sehnsucht und Vermissen habe ich wieder das Gefühl, dass mein Schreiben etwas in mir bewirkt. Dass es mich von etwas befreit, das an mir haftet wie meine Haut. Es erinnert mich daran, weshalb ich damals dieses Gedicht mit einer Welt geteilt habe, die die Wahrheit dahinter nie verstanden hat. Aber das musste sie auch nicht. Die Lesenden, die die Verse tausendfach geteilt, geliked und gespeichert haben, haben ihre eigene Wahrheit darin gefunden – ihre eigene Heilung. Und genau das ist, was ihnen eine weitere Bedeutungsebene geschenkt hat. Eine, für die ich unendlich dankbar bin, denn sie eröffnete mir eine Welt, meine Gefühle auszudrücken, ohne die Wahrheit jemals auszusprechen: Ich habe ein Kind verloren. Und mit ihm tausend Träume; tausend Tränen. Und Aaron, ihn habe ich auch verloren.

Und diese Erkenntnis ist, was mich zum Schreibtisch gehen, den Laptop anmachen und das noch halb leere Exposé öffnen lässt. Denn wenn mir die Erinnerung eines gezeigt hat, dann, dass ich möchte, dass Worte Bedeutung haben – dass Menschen sich damit identifizieren können, selbst wenn meine eigene Bedeutsamkeit eine andere ist.

Ich hasse, dass ein paar meiner Gedichte Aaron scheinbar in ein schlechtes Licht rücken. Das war und ist nichts, was ich jemals wollte. Den Mut und die Stärke stattdessen, die die Lesenden erkennen; die Reflexion ihrer eigenen Situation und der Gefühle, *das ist,* was ich auslösen möchte. Und was das Buch, das ich mithilfe von *eda* veröffentliche, bewirken soll. Selbst wenn es noch kein gänzlich roter Faden ist, tut es so gut, ein Ziel zu formulieren. Denn es schenkt mir ebenfalls eines – und das ist vielleicht die schönste Form, sich an mein Licht dort oben zu erinnern.

Hätte er gewusst, in welcher vom Orakel verlassenen Hölle er sich wiederfinden würde, wenn er den dünnhäutigen Agamen und die scharfzüngige Prinzessin in sein Schiff, die Starburst II, lassen würde, hätte er sie auf dem letzten Asteroiden ausgesetzt. Nohja war sicher, dass ihn der Navigator zu seiner Rechten, in dessen Ohr er einen goldgegerbten Stofffetzen entdeckte, nicht aufgehalten hätte. So konnte er nur hoffen, dass der dritte Antrieb, den er betätigte, die beiden wenigstens für ein paar Minuten zum Schweigen bringen würde.

(...)

Jonah

Kapitel 12

»Wo ist das kleine Monster?«, frage ich. Statt meines Patenkindes, das die Treppe meistens schneller erklommen hat, als ihr Vater »Vorsicht!« rufen kann, entdecke ich C3PO. Sie steigt breit grinsend und dicht gefolgt von Till die Stufen hinauf.

»Meine Mutter hat sich erbarmt«, sagt Till triumphierend und reckt mir eine Flasche mit gefährlich aussehender brauner Flüssigkeit entgegen. »Ich habe bis morgen Abend kinderfrei«, lässt er verlauten, drückt mir die Spirituose in die Hand und schiebt sich an mir vorbei.

Meine beste Freundin trägt das Spiel des Abends unter ihrem Arm, sieht mich an, als würde sie auf etwas warten. Dabei fallen mir ihre glänzenden Haare auf, deren Mahagonibraun sich in ungewohnt ordentlichen Wellen über ihre Schultern ergießt.

Merkwürdig, denke ich und sehe sie fragend an. Sonst hat sie keinerlei Scheu, ihren Ersatzschlüssel zu benutzen und ohne Vorwarnung meine Wohnung zu betreten. Eine Angewohnheit, der ich mindestens zwei unangenehme Gespräche mit ehemals potenziellen Partnerinnen zu verdanken hatte.

Während wir uns mit einer Mischung aus Skepsis und Erwartung anstarren, trete ich zur Seite und zeige ihr überflüssigerweise den Weg nach drinnen.

Unschlüssig tritt sie von einem Bein aufs andere, linst an mir vorbei und scheint zu lauschen.

»Alles okay bei dir?«

»Ist Matthias schon da?«, flüstert sie und beugt sich ein Stück vor.

Unfähig, ein Lachen zu unterdrücken, schüttle ich den Kopf. »Ihr beide seid wirklich unverbesserlich«.

»Halt die Klappe«, flucht C3PO und prescht an mir vorbei. Mit Schwung prallt die Verpackung von *Human Punishment* gegen meinen Brustkorb.

Keuchend fange ich es auf und eine ungewohnte Duftwolke von Jasmin, die meine beste Freundin hinter sich herzieht, steigt mir in die Nase; bringt mich erneut zum Lachen. Sie zieht wirklich alle Register.

Als eine halbe Stunde später zuerst mein Handy und kurz darauf auch Tills und C3POs Telefone pingen, bin ich mir sicher, dass Mats tatsächlich gekniffen hat.

»Ernsthaft?«, ertönt die entrüstete Stimme meiner besten Freundin aus dem Wohnzimmer, während ich in der Küche sorgsam eine Auswahl unterschiedlicher Chips in die einzige Salatschüssel schütte, die das Repertoire meines Haushaltes hergibt.

»Ich fasse es nicht«, regt sich C3PO lauthals auf. »Wir haben diesen Spieleabend vor Wochen geplant und *plötzlich*«, sie betont das Wort derart albern, dass ich mir sicher bin, sie gestikuliert übertriebene Anführungszeichen, »kommt etwas *dazwischen?* Mehr sind wir ihm nicht wert?« Mit energischen und für die Nachbarin unüberhörbaren Schritten kommt sie in die Küche, reißt einen der oberen Schränke auf und greift sich ein paar Gläser.

»Mats kommt nicht, was?«, frage ich und ernte einen so düsteren Blick, dass ich befürchte, sie würde ihren Frust postwendend an mir auslassen. Wenn ihr Verhalten nicht eine Bestätigung dafür wäre, dass da mehr als Freundschaft zwischen den beiden ist, würde ich mir ernsthaft Sorgen machen.

Sobald C3PO mit drei viel zu großen Gläsern für das gefährliche

Gesöff aus Tills Getränkesammlung verschwindet, ziehe ich mein Handy aus der Gesäßtasche. Dann wähle ich Mats Nummer und verschwinde ins Badezimmer. Ich komme mir unsagbar bescheuert dabei vor, mich in meiner eigenen Wohnung zum Telefonieren im Bad zu verschanzen, aber für meine selbsternannte Familie nehme ich das in Kauf.

Nach dem vierten Klingeln nimmt er ab. »Jonah?«

»Was ist los?«, flüstere ich, schirme meine Worte zusätzlich mit vorgehaltener Hand ab, als C3POs Frustration erneut durch den Flur hallt. »Wo steckst du?«

Ein erschöpftes Seufzen ertönt am Ende der anderen Leitung. »Auf dem Nachhauseweg«, gibt Mats zu.

»Von wo?«, wispere ich.

»Was?«

Wie bitte, korrigiere ich innerlich und wiederhole etwas lauter: »Von wo?«

»Warum flüsterst du?«, möchte er daraufhin wissen, als wäre *ich* derjenige, der sich albern verhält.

»Weil ich mich in meinem eigenen Badezimmer eingeschlossen habe, um heimlich meinen Kumpel hinterherzutelefonieren, der zu feige ist, sich einer Freundin zu stellen, die mehr als das für ihn ist.«

Erneut ein Seufzen.

»Also, wo bist du?«

»Im Park.«

»In dem Park unmittelbar vor meiner Haustür? Du bist schon *hier* gewesen?« Ich muss aufpassen, dass meine Stimme vor Unglauben nicht lauter wird.

Das Schweigen am anderen Ende ist mir Bestätigung genug.

»Mats, was kann denn bitte schiefgehen?«

»Einfach alles«, beharrt er. Im Hintergrund sind seine regelmäßigen Schritte zu hören, die über den feinen Kies schlurfen.

»Jonah, wo hast du Streichhölzer?«, ertönt Tills Ruf aus dem

Wohnzimmer.

Die Hand über den unteren Teil meines Smartphones gehalten lasse ich ihn wissen, dass ich gleich bei ihnen bin. Dann wende ich mich wieder an meinen verunsicherten Freund.

»Ich muss zu den anderen. Gib dir beim nächsten Mal bitte einen Ruck und stell dich der Sache. Diese … Situation zwischen euch wird sich nicht einfach in Luft auflösen.«

»Aber wenn ich ein wenig Zeit verstreichen lasse, dann –«

»Scheiße, Mats, C3PO hat sich ihre Haare gemacht und trägt Parfüm.« Die stetigen Schritte verstummen plötzlich. »Die Signale sind da. Du kannst sie ignorieren oder ihre Botschaft erwidern. Du weißt selbst: Ohne Kommunikation gewinnt man keine Schlacht!«, werfe ich ihm entgegen und beende das Gespräch.

Ich fahre mir durch die Haare, schiebe das Smartphone in die Gesäßtasche meiner Jeans, verlasse das Bad und bekomme gerade noch mit, wie die anderen anstoßen. C3PO nimmt einen großen Schluck. In Tills Miene spiegelt sich wahrscheinlich meine Furcht, denn ihre Augen … sie brennen. Vermutlich schlimmer als der Alkohol in ihrer Kehle.

* * *

Der Rum aus Tills Barschrank setzt nicht nur meine Kehle in Brand. Mit jedem weiteren Glas feuer er C3POs Wut auf unseren gemeinsamen Kumpel weiter an. Seitdem der Boden der Flasche nur noch hauchdünn mit Flüssigkeit bedeckt ist, habe ich es aufgegeben, zu zählen, wie viele Runden von *So wie Mats Couch* wir schon gespielt haben.

Normalerweise handelt es sich dabei um einen scherzhaften Vergleich, den wir immer mal wieder einwerfen, wenn es sich ergibt. »Mein Rücken ist so durchgelegen wie Mats Couch!« oder »Dieser Stuhl ist so unbequem wie Mats Couch!«

C3PO scheint sich heute Abend jedoch in dem unliebsamen Möbelstück von Mats derart festgebissen zu haben, dass ich mir sicher bin, sie nachher auf meine *tragen* zu müssen.

»Lalotts Texte sind so deep wie Mats Couch«, amüsiert sie sich und prostet Till zu, der so betrunken ist, dass er über jeden ihrer Sätze lacht – vollkommen egal, ob es Sinn ergibt.

Vor ungefähr einer halben Stunde hat er ihr erlaubt, seine langen blonden Haare zu zwei Zöpfen zu flechten, die ihm nun über die Schultern fallen. Der Anblick würde seiner Tochter gefallen, weshalb ich nach meinem Handy greife und heimlich ein Foto von ihm schieße.

»Wer ist Lalott?«, fragt Till, ein Hicksen unterdrückend, und wirft sich einen der Zöpfe über die Schulter.

»Jo-onaahs neuesches Projekt«, lallt meine beste Freundin und wackelt verschwörerisch mit den Brauen. »Schau mal«, sagt sie, schnappt sich mein Smartphone vom Tisch und tippt darauf herum. Ich nehme an, sie will Till ihr Instagramprofil zeigen. Kurz darauf erklingt ein »Huch!«

»Was ist?«, frage ich, doch da streckt mir C3PO mein Handy bereits wieder entgegen.

Auf dem Display leuchtet Ellas Name und ein irritiertes »Hallo?« schallt aus dem Mikrofon.

»Du hast sie angerufen?«, flüstere ich energisch und fahre mir mit beiden Händen durch die Haare.

Meine beste Freundin formt lediglich ein scheinbar unschuldiges *Sorry* mit ihren Lippen, bevor sie sich kichernd eine Hand auf den Mund presst.

»Jonah?«, klingt Ellas Stimme erneut durch das Smartphone, und auch wenn ich es in meinem Zustand vermutlich nicht sollte, kann ich nicht anders, als danach zu greifen; das Handy und Ella zu mir zu ziehen.

»Ella?«, frage ich überflüssigerweise, erhebe mich und ziehe mich in den Flur zurück, während Till und C3PO ihre Gesichter in die Kissen meiner Couch drücken, um ihr Gelächter zu dämpfen – was nur mäßig gelingt.

»Sorry für den späten Anruf«, ich werfe einen Blick auf die leuchtenden Ziffern der Anzeige meines Backofens, die ich vom Flur aus sehen kann. Es ist fast Mitternacht. Fantastisch. »Hast du schon geschlafen?«, frage ich und könnte mich im selben Augenblick ohrfeigen. Fragen zu ihren Schlafgewohnheiten zu stellen, überschreitet erhebliche Grenzen! Ebenso wie dieser Anruf.

»Nein«, antwortet sie, wirkt auf mich alles andere als schläfrig, eher hellwach und überrascht. Auf eine positive Art? »Du hast mich nicht geweckt.«

»Gut«, stelle ich fest. Etwas irritiert darüber, dass sie keinerlei Anstalten macht, mich zu fragen, was zur Hölle so wichtig sein kann, dass ich sie um diese Uhrzeit kontaktiere, wiederhole ich: »Das ist gut.« Ich krame in meinem Kopf nach einem Vorwand, doch durch den Nebel des Alkohols scheint bis auf eine Frage alles verschwommen: »Wann sehen wir uns?«

Stille.

»Wegen des Lektorats?«, fragt sie und ich kann das »*Oder aus einem anderen Grund?*« hören, obwohl sie es nicht ausspricht.

Ich schlucke.

»Ja. Genau, das Lektorat.« Meine Stimme klingt rau, doch ich schiebe es auf die Drinks. Eilig greife ich nach meiner Tasche, die wie immer auf meinen Schuhen im Flur liegt, und ziehe meinen Kalender heraus. »Lass mich eben ... Warte kurz«, sage ich, klemme mir das Handy zwischen Kopf und Schulter, blättere überfordert in dem schwarzen Buch herum.

Am anderen Ende der Leitung ist ein unterdrücktes Lachen zu hören und meine Wangen werden heiß. Sie wird mir niemals glauben, dass dieser Anruf geplant war.

»So, sorry«, entschuldige ich mich, als ich endlich die nächste

Woche gefunden habe. »Wie wäre es mit Mittwoch?«, schlage ich vor, dann fällt mein Blick auf das kleine, aber unübersehbare Wörtchen *Valentinstag*. »Oh, also zumindest, falls du noch keine privaten Pläne hast.«

Kaum ausgesprochen beiße ich mir auf die Zunge.

Großartig, nach einem angetrunkenen Telefonat zu einer eindeutig unprofessionellen Uhrzeit kann ich nun auch noch unpassend private Fragen auf meiner Liste abhaken.

»Wo und wann?«, fragt Ella schlicht und nicht ansatzweise so aufgeregt wie ich.

Es scheint mir, als hätten wir seit unserer Begegnung im Verlag die Rollen getauscht, nur dass mir meine nicht gefällt.

Den Blick auf den halbleeren Kalendertag gerichtet erwidere ich: »Ich wäre ab dreizehn Uhr frei. Kennst du das *Café Wünsch Dir Was?*«, schlage ich vor.

Wenn man über Bücher spricht, kann es nie schaden, ein großes, mit Literatur gefülltes Regal im Rücken zu haben. Die vielen Klassiker, die hölzernen Tische und antiken Stühle bieten die perfekte Umgebung, um kreativ zu sein. Mein Gefühl hat mir nach dem ersten Mal, als ich mich in ihren Texten verloren habe, gesagt, dass Ellas Bücher genau dort hingehören.

»Ja, das passt. Dann sehen wir uns Mittwoch.«

In meiner Brust flattert es verräterisch, doch ich schiebe es auf den Adrenalinschub.

»Wunderbar!«, sage ich etwas zu laut und erneut ist ein unterdrücktes Kichern aus dem Wohnzimmer zu hören.

Ein Seufzen kommt mir über die Lippen und ich könnte schwören, auch am anderen Ende der Leitung ein verhaltenes Glucksen zu vernehmen.

»Ich wünsche dir noch einen schönen Restabend und eine gute Nacht«, gebe ich mich geschlagen. Jegliche Professionalität aufrechtzuerhalten, wäre sinnlos. »Sorry noch mal für die späte Störung.«

»Schon vergessen«, sagt sie, doch bevor sie auflegen kann, fällt mir noch etwas ein.

»Ach, Ella?«

»Ja?«, ertönt es etwas heiser.

»Bring dein Lieblingsbuch mit.«

Der Laserstrahl des verärgerten und bis an die Zähne bewaffneten Agamen verfehlte Nohjas Kopf nur knapp. Hätte sein bester Freund Enter ihn nicht mit seinem geschuppten Schwanz die Beine weggezogen, wäre er nicht nur farblich, sondern wortwörtlich in zwei Hälften geteilt gewesen. Während Prinzessin Gavina an der Seite des Mondgeborenen Lords die nachrückenden Echsenmenschen in Schach hielt, hievte sich Nohja zurück auf die Beine, drückte den Reboot-Button seines Sensors und hoffte, dass die letzte verbliebene Karte der vereinigten Planetennationen diesen Kampf tatsächlich wert war.

(...)

WRIFY

Kapitel 13

Bei jedem Ersttermin eines neuen Projektes tauche ich zu früh
auf, um mich auf das Gespräch vorzubereiten und die Kunstschaf-
fenden zu empfangen. Deshalb stehe ich auch heute schon um halb
eins vor den Säulen des Cafés, dessen taubengraue Fassade die Worte
Café Wünsch Dir Was in großen, braunen Lettern ziert. Eine kleine
Tafel, die an einer Seite der Flügeltür lehnt und tapfer gegen das
wechselhafte Februarwetter durchhält, verrät, dass heute zweierlei
Suppen und Spinatlasagne auf der Tageskarte stehen.

Ich drücke die Messingklinke runter und betrete das Lokal. Zwei
Tische des gemischten Mobiliars sind besetzt, doch auf der Platte
meines liebsten und kleinsten Tisches von allen, direkt neben der
mit Regalen gesäumten Wand, steht eine Schiefertafel mit der Aufschrift: Reserviert. Zielsicher steuere ich darauf zu, streife mir den
Mantel von den Schultern und wickle den selbstgestrickten Schal ab,
den C3PO mir zu Weihnachten geschenkt hat. Er ist alles andere als
perfekt und hat hier und da Fehler im Strickmuster – Zeugen ihrer
Ungeduld. Doch da sie Mats' Behauptung, sie sei zu rastlos, um
etwas Handgefertigtes zu Ende zu bringen, nicht auf sich sitzen
lassen konnte, hat sie sich bis zur letzten Masche durchgequält. Die
Miene meines besten Freundes, als sie ihn mir überreichte, ist
unbezahlbar gewesen. Ich frage mich, wie mir die Entwicklung zwischen den beiden derart entgehen konnte. Die kurze Zündschnur
von C3PO, wenn es um Mats geht … Er *ist* quasi ihr direkter

Zünder. Ich muss den Kopf in den Wolken gehabt haben.

Sobald ich mich auf den mit dem Rücken zur Fensterfront stehenden Stuhl setze, taucht auch schon die Bedienung auf. Ich bestelle eine Apfelsaftschorle und einen Cappuccino mit zwei Zuckerstücken, krame die Mappe mit dem Höllen-Exposé aus meiner Tasche, lege meine Brille ab und klemme mir routiniert einen Bleistift hinter das Ohr. Akribisch gehe ich meine Notizen noch einmal durch, stimme mich auf die junge Autorin und ihr lyrisches Ich ein und falle bereits nach wenigen Momenten in den bodenlosen Abgrund ihrer Worte.

»Hi.«

Mit Mühe reiße ich mich aus der Tiefe und bemerke, dass ihre Schöpferin mir plötzlich gegenübersteht. Mein Verstand realisiert nachträglich, wie ermattet ihre Stimme klingt.

»Hi«, hauche ich überrascht, sehe ihr dabei zu, wie sie sich die Stöpsel ihrer Kopfhörer aus den Ohren zieht und in den Taschen des karierten Mantels verschwinden lässt. Alles an ihr wirkt müde, als hätte die Schwere ihrer Texte sich unwiderruflich über sie gelegt. Keine Anzeichen, dass mein nächtlicher Anruf auch nur einen Funken Nervosität in ihr hinterlassen haben könnte. Der kurze Moment, in dem ich sie während unseres Telefonats zum Lachen gebracht habe, scheint vergessen. Ebenso wie das Gedicht unter dem Bild mit Sam. Nur habe *ich* es keineswegs vergessen, weder den Klang ihrer gelösten Stimme noch die Zeilen, die sie mir geschenkt hat.

»Schön, dass du da bist«, setze ich hinterher und deute überflüssigerweise auf den Stuhl mir gegenüber. Ich kann die Aufregung, die meine Brust erhitzt, zwar ignorieren, allerdings nicht von der Hand weisen. Wieso nur fühle ich mich derart aufgeladen?

Nachdem sie sich die Jacke abgestreift hat, lässt Ella sich nieder. Unter dem Mantel trägt sie eine weiße Bluse. Ihr Kleidungsstil ist schlicht und klassisch, passt zu Weimar, als wäre sie die Stadt selbst.

So, wie Ella sich umsieht, wirkt es nicht, als wäre sie schon einmal in diesem Café gewesen. Während ich einen großen Schluck meiner Schorle nehme, scannt die Lyrikerin verwundert das Ambiente. Ich vermag nicht zu sagen, ob ihr gefällt, was sie sieht.

»Ist das hier sowas wie dein zweites Büro oder –«

»Nein, ich bin ehrlich gesagt erst zwei- oder dreimal hier gewesen«, gebe ich zu. »Der Ort für die Lektoratsbesprechungen richtet sich nach den Schreibenden. Ich versuche in der Regel, etwas herauszusuchen, das zu ihnen passt«, antworte ich und nicke der Bedienung freundlich zu, als sie hinter der Theke über ihre Schulter schaut und mit den Lippen lautlos ein »Bin gleich bei Ihnen!« formt.

Ella hebt die Brauen. Die erste sichtbare Regung in ihrem Gesicht. »Das hier bin also ich?«, fragt sie, lässt die Umgebung auf sich wirken und ich werde noch ein wenig nervöser.

Habe ich sie mit meiner Auswahl beleidigt?

»Nicht direkt«, wende ich ein. »Ich war auf der Suche nach einem Lokal, in dem es nicht zu überfüllt ist. Lyrik ist sensibel und fordert in den meisten Fällen eher die Gesellschaft eines warmen Getränks statt eines frisch gezapften Bieres«, scherze ich, doch Ellas große Augen sind wachsam auf mich gerichtet.

In meinem Bauch bildet sich ein Knoten. Bisher habe ich bei der Lokalwahl selten danebengelegen, doch wenn ich es tat, dann so richtig.

In der Versuchung, das ungute Gefühl abzuschütteln, rede ich einfach weiter. »Meiner Erfahrung nach ist es besser, sich auf neutralem Boden kennenzulernen. Außerdem dürfte sich deine Schreibkunst neben klassischer Literatur,« setze ich an und weise auf die teils verschlissenen Buchrücken im Regal neben uns, »ziemlich wohlfühlen.« Ich frage mich, ob ich das Thema mit meiner detaillierten Ausführung überstrapaziere. Mein einziger Wunsch ist, dass Ella sich in unserer Zusammenarbeit öffnet.

Zugegeben: Nichts an den örtlichen Umständen des heutigen

Treffens ist zufällig. Ich habe ihr den Stuhl, der den Blick aus dem Fenster bietet, überlassen, um ihr die Möglichkeit zu geben, dem meinen auszuweichen. Das Café ist klein und dennoch gut besucht, sodass es eine intime, aber gleichzeitig gemütliche Atmosphäre birgt. Zudem ist der nicht zu große Tisch zwischen uns keine Barriere, sondern vielmehr eine Einladung, sich in der Mitte zu treffen, um gemeinsame Pläne zu schmieden – und ich hoffe, dass Ella sich darauf einlässt.

Ihr Blick schweift über die Bücher, verengt sich ein wenig, als würde sie etwas suchen. Gerade als ich sie danach fragen will, erscheint die Bedienung. Bemüht, mich nicht allzu sehr über die heiße Schokolade zu wundern, die Ella bestellt und die so gar nicht zu ihrem Gemüt passen möchte, betrachte ich den schlichten Jutebeutel, der an ihrer Stuhllehne hängt. Er ist mit einem Print aus geschwungenen Buchstaben verziert: *Wo Gefühle sind, da ist auch Poesie.*

Interessant.

»Dem Verlag ist es also gleich, wie hoch die Spesenabrechnung ausfällt?«, fragt sie im beiläufigen Ton, doch ich ahne, dass sie versucht, herauszufinden, bei welcher Art von Verlag sie untergekommen ist.

»In meiner Anfangszeit hat meine Chefin die unterschiedlichen Quittungen aufmerksam beäugt, wenn ich sie eingereicht habe. Dass sie mich erst nach zwei Monaten gefragt hat, nach welchem Kriterium ich den Ort der Meetings auswähle, rechne ich ihr hoch an«, lache ich und auch Ellas Mundwinkel zuckt, wenn auch nur für einen winzigen Augenblick. »Ich versuche, eine Atmosphäre zu schaffen, in der sich die Kreativität entfalten kann. Manchmal spielt die Umgebung dabei eine Rolle, manchmal nicht.«

Ella betrachtet mich, nickt jedoch, was ich als Zustimmung interpretiere.

»Falls es dir hier nicht gefallen sollte, probieren wir das nächste

Mal etwas anderes«, schlage ich vor.

Bevor Ella antworten kann, erscheint auch schon die Bedienung mit ihrem Getränk. Sie stellt die heiße Schokolade mit Sahnehaube vor ihr ab und ich werfe einen letzten Blick auf meine Notizen, bevor ich die Mappe demonstrativ zuschlage und zwischen uns auf den Tisch lege. Eine persönliche Basis erbaut man nicht auf einem vorbereiteten Fragenkatalog.

»Also, was bedeutet das Schreiben für dich?«, frage ich geradeheraus.

»Ehm«, krächzt sie etwas überrumpelt, doch ich lasse ihr Zeit. Bin erst irritiert, als sie auch nach weiteren zehn Sekunden unsicher auf ihre Unterlippe beißt, ihre Finger ineinander verwebt und darauf starrt. Dabei bin ich sicherlich nicht der Erste, der ihr diese Frage stellt. Auf der Liste der Interviewfragen gehört sie vermutlich zu den top drei.

Nicht besonders einfallsreich, um unser Gespräch ins Rollen zu bringen, doch ihre Antwort interessiert mich wirklich. Die Neugier brennt mir dermaßen unter den Nägeln, dass ich nach meinem Glas greife, nur um meine Finger davon abzuhalten, auf der Tischplatte zu trommeln.

Ella neigt den Kopf, als würde sie noch immer abwägen, welche Antwort sie mir geben möchte.

Ich setze die Schorle ab. »Das mag abgedroschen klingen, aber zu wissen, welchen Stellenwert das Schreiben für dich hat, würde mir dabei helfen, Schreibblockaden oder Zweifel anzugehen«, erkläre ich und hoffe, sie damit etwas aus der Reserve zu locken.

Mehr als ein scheues Nicken erhalte ich jedoch nicht.

Also gut, denke ich mir und gebe mir einen Ruck. »Für *mich* ist das Schreiben ein Ventil.«

Meine eiserne Regel, Privatleben und Beruf voneinander zu trennen, werfe ich damit endgültig über Bord. Normalerweise spreche ich mit meinen Autorinnen und Autoren nicht darüber, was mir das

Schreiben bedeutet. Selbst das Kollegium im Verlag weiß nicht, dass meine Liebe zum Wort über die Tätigkeit des Lektorats hinausgeht. Doch irgendetwas bringt mich dazu, mich mit Ella darüber austauschen zu wollen.

»Worte sind Werkzeuge, die mir dabei helfen, zu greifen, was ich fühle«, erkläre ich und füge ein leises »Normalerweise ...« hinzu. Dann rücke ich den Bleistift, der hinter meinem Ohr klemmt, zurecht. Denn Ella und ihre Gedichte verwandeln die sonst griffigen Hilfsmittel in glitschige kleine Biester, die sich weigern, mir und meinem Stift zu gehorchen.

Frustrierend und gleichermaßen faszinierend.

»Zu verschriftlichen, was in mir vorgeht, erlaubt mir, meine Umwelt und mich selbst zu reflektieren und Erlebtes zu verarbeiten.« Während ich ihr einen Einblick in meine Beziehung zum Schreiben gewähre, setzt Ella die Ellbogen auf der Tischplatte auf und bettet das Kinn auf ihre ineinander verschränkten Hände.

Sie kommt mir körperlich entgegen, beugt sich etwas über den Tisch und ich wünsche mir, sie würde es auch menschlich tun. »Schreibst du epische oder lyrische Texte?«, fragt sie und betrachtet mich mit ihren plötzlich munteren Augen, deren Nuance mir auf so vielen Ebenen den Verstand raubt.

»Oh, Lyrik aus meiner Feder wäre sicherlich einzigartig«, lache ich und stelle mir vor, wie das lyrische Subjekt – Lord Nohja – über das Leben als Halbling auf dem Planeten Kotatien sinniert. »Ich stürze mich lieber in fremde Welten. Je abstrakter das Setting, umso leichter fällt es mir, Persönliches einfließen zu lassen. In einer fiktiven Welt ergibt alles Sinn, nichts ist zufällig«, gebe ich zu.

So viel habe ich in einer Lektoratssession noch nie über mich preisgegeben.

»Wie ist das bei dir?«, frage ich; versuche, den unbeschwerten Ton, der es sich in mir gemütlich gemacht hat, auf sie überspringen zu lassen. Mir ist wichtig, dass sie sich wohlfühlt. Mit mir.

Mit uns, flüstert eine Stimme in meinem Kopf, die ich verdränge, weil sie mich überfordert.

»Weißt du, ich ...«, beginnt sie, bricht jedoch ab, als müsste sie sich sammeln, um nach den richtigen Worten zu suchen.

Fasziniert beobachte ich, wie sich die Haut über ihrer Nase kräuselt; kann mir kaum vorstellen, dass sie jemals falsche Worte wählt.

»Ich glaube, es hat mich gerettet.« Ihr Murmeln klingt selbst in diesem mittlerweile gut besuchten Café wie ein Ruf. »Wann ich begonnen habe, zu schreiben, kann ich dir nicht sagen. Aber ich kann mich an den Moment erinnern, in dem Worte mehr Sauerstoff als alles andere wurden. Und das sind sie seitdem geblieben. Sie sind Luft in meinen Lungen, sie halten mich über Wasser, obwohl ich ab und zu das Gefühl habe, in ihnen zu ertrinken.«

Ein paar Sekunden ist es ruhig. Sekunden, in denen ich meine Augen nicht von ihr nehmen kann, während sie irgendetwas auf dem Tisch fixiert; mir Zeit gibt, ihr Bild in mich aufzunehmen. Das einer talentierten Frau, die in ihrer Stille unglaublich laut ist – in *mir.* Zumindest so lange, bis sie unser Schweigen bricht.

»Ich glaube, ich möchte, dass meine Gedichte auch andere zum Atmen bringen.«

Kapitel 14

Meine Worte müssen ihn getroffen haben, denn Jonah antwortet mir nicht; betrachtet stattdessen einen unbestimmten Punkt hinter mir. Ich weiß, dass ich dort nichts sehen würde, wenn ich mich jetzt umdrehe, daher lasse ich es; lasse meinen Blick einfach über den jungen Mann vor mir schweifen.

Nachdem ich ihn letzte Nacht nach seinem unverhofften Anruf gegoogelt habe, weiß ich, dass er mit seinen fünfundzwanzig Jahren zwei Jahre jünger ist als ich. Aber dieses Gefühl, einer Seele gegenüber zu sitzen, die auch dreihundert hätte sein können, begleitet mich in jeder Sekunde, die ich mit ihm verbringe.

»Ich bin selten sprachlos, aber du ...« Er hält inne, umfasst das Gestell seiner Brille auf dem Tisch, ehe er resigniert auflacht und sein Atem geräuschvoll über seine Lippen dringt. »Mit dir wird selten zur Regel.«

»Scheint, als könnte das eine Regel sein, die ich mag.« Es ist das erste Mal, dass ich ihn bewusst anlächle, und ich halte es nur kurz, aber das Blitzen in seinen Augen verrät mir, dass es ausreicht, um mich nahbarer zu machen. Doch plötzlich ändert sich sein Ausdruck, er rutscht auf seinem Stuhl vor, wirkt seltsam hektisch. Als würde er nach einem Gedanken greifen.

»Das könnte es sein, Ella«, murmelt er, während er aus seinem Rucksack einen Block kramt und den Bleistift hinter seinem Ohr hervorzieht. Dann kratzt die Mine über das Papier. Jonah schreibt etwas auf, das nicht mehr als ein Satz sein kann, so kurz ist es. Er trennt das Blatt heraus und schiebt mir den Zettel über den Tisch zu.

»Wenn Worte klingen, atme ich«, lese ich laut und runzle die Stirn.

»Es könnte der Titel deines Gedichtbandes sein. Oder zumindest der, mit dem wir vorerst arbeiten. Was meinst du?«

Auch wenn ich seine Begeisterung spüren kann, weiß ich, dass er keinesfalls enttäuscht wäre, wenn ich mich gegen diese Idee aussprechen würde. Aber die Buchstaben dringen so federleicht in mich ein, dass sich aus ihnen ein Bild ergibt.

»Wenn Worte klingen, atme ich«, wiederhole ich, dieses Mal flüsternd, ehe ich wieder zu ihm aufsehe.

Über den kleinen Tisch gebeugt streicht er sich mit dem Ende seines Bleistifts nachdenklich über seine Unterlippe. »Wir könnten das Buch in Abschnitte gliedern. Darauf ausgerichtet, dass das lyrische Subjekt von Kapitel zu Kapitel freier und leichter wird – aufatmet.«

»Als würde es sich selbst finden?«, frage ich. »Ich bin mir nicht sicher, ob ich Gedichte habe, auf die das zutrifft.«

Das Stiftende hält in seiner streichenden Bewegung inne.

»Was ist mit dem Gedicht über Ameisen, das du mir geschickt hast?«

Wärme steigt mir in die Wangen, weil ich diesen Text auf gewisse Weise für ihn geschrieben habe – und weil ihm vermutlich nicht entgangen ist, wohin meine verräterischen Augen starren. »Mit *einem* Gedicht füllt man kein Kapitel.«

»Nein, das füllt man mit Talent. Und wenn ich mich hier so umsehe«, – er schaut theatralisch nach links und rechts, ehe sein Blick mich gefangen nimmt –, »sitzt eines direkt vor mir.«

Wie jedes Mal, wenn er mir ein Kompliment macht, durchfährt es mich wie ein Stromschlag. Doch dieses Mal ist es kein angenehmes Gefühl, das sich breitmacht. Dieses Mal macht es mir Angst; scheint die Zweifel in mir zu elektrisieren. »Jonah, ich …«

Ich wünschte, er würde meinen Satz beenden, doch er wartet geduldig darauf, dass ich die Worte selbst wähle.

»So schön ich diese Idee finde, glaube ich nicht, dass ich das schaffe.«

Kaum merklich sinken seine Schultern ein Stück nach unten, doch entgegen meiner Erwartung weicht er nicht zurück. »Schaffst *du* es nicht … oder Lalott?«

Seine Frage und der wissende Blick, mit dem er mich bedenkt, erwischen mich kalt. »Das eine entspricht dem anderen«, erwidere ich daher schlicht.

»Nun …« Er zögert, indem er den Kopf zweifelnd schief legt. »Das denke ich nicht unbedingt.«

Zu meiner Überraschung lässt seine These Bitterkeit in mir aufkommen. Aber auch Unglaube und etwas wie Zorn. »Lalott ist, was die Menschen lieben und lesen möchten. Vor allem aber ist sie, wen *ich* erschaffen habe. Sie ist, weshalb ich *hier* bin.« Die Worte sind raus, bevor ich sie aufhalten kann, und lassen ihn deutlich spüren, was ich von seiner Aussage halte.

»Tut mir leid, ich wollte nicht –«

»Nein, wolltest du nicht, ich weiß. Aber es ist wichtig für mich, dass du verstehst, was sie bedeutet.«

Er sieht so aus, als würde er seine nächsten Worte abwägen. »Das Pseudonym hat eine Bedeutung für dich, das verstehe ich. Doch als Kunstfigur darf sie auch eine für mich als Lesenden haben. Eine, die vielleicht von deiner Intention abweicht. Und was ich in ihr sehe, Ella, ist nur ein kleines Stück von dir. Ein Ventil, das du nutzt. Aber du bist nicht nur sie.«

Dass er falsch liegt, kann er nicht wissen. Dass wir beide im letzten Jahr ein und dieselbe Person gewesen sind, auch nicht. Aber ich werde es ihm nicht sagen, denn es würde bedeuten, mich ihm gegenüber zu öffnen, mehr als ich es gerade tun möchte. Vielleicht versteht er es mit der Zeit …

»Wer oder was ich bin, sein möchte oder werden soll, verfehlt gerade das Thema.«

Jonah lehnt sich zurück, betrachtet mich aufmerksam. »Oh, ich glaube sogar, dass es die Basis dieses Buches ist. Und dass wir nur so das Ziel deines Werkes formulieren können.«

»Und ich glaube, dass ich besser beurteilen kann, was eine Rolle für dieses Buch spielt und was nicht.« Ich verschränke die Arme vor der Brust und hasse mich im selben Moment für die Schutzhaltung, doch ich kann nicht aus meiner Haut. »Vor allem, weil ich … Es gibt ein Ziel, das ich verfolge. Wie eben bereits erwähnt, sollen die Menschen atmen; sie sollen sich selbst verstehen lernen, wenn sie die Gedichte lesen.«

»Dann möchten wir beide dasselbe. Denn genau diese Reflexion setzt voraus, dass sich das lyrische Subjekt auf eine Reise der Veränderung begibt«, erwidert er, doch ich zucke lediglich überfordert mit den Schultern. Den Abstand, den er soeben zwischen uns gebracht hat, überbrückt er, indem er sich noch weiter über den Tisch beugt als zuvor. »Anstatt die Lesenden in die Dunkelheit zu schicken und sie dort zurückzulassen, könntest du sie hinausführen und ihnen zeigen, dass etwas dahinter lauert, das nicht nur wunderschön, sondern auch *gut* ist.«

Seine Worte treffen mich unvorbereitet, weil sie sich viel zu nah und tief anfühlen. »Nicht jeder hat das Glück, wieder in die Helligkeit zu finden. Manchmal bleibt es dunkel – und Lalott drückt genau das aus. Die Lesenden erwarten das von ihr.« Auch wenn Jonah jeden Zentimeter meines Antlitzes mustert, wird er den Funken Hoffnung, nach dem er sucht, im Moment nicht finden.

»Also sagst du, dass man Erwartungen immer entsprechen muss? Sind es nicht gerade diese, die der Kunst das Gefühl nehmen?«

Entrüstet löse ich meine Arme und stütze sie auf das Holz vor mir; lehne mich ihm entgegen, lehne mich *gegen* ihn auf. Etwas, das ich schon lange nicht mehr getan habe, niemandem gegenüber.

»Jetzt sind meine Texte plötzlich nicht mehr kunstvoll genug?«

Wenn es eine Sache gibt, die mir Halt gibt, dann ist es das Schreiben. Ich lasse nicht zu, dass jemand an diesem Pfeiler sägt – Felicitas hat es bereits versucht und Erfolg damit gehabt. Doch genau dadurch habe ich verstanden, dass er der Letzte ist, der übrig geblieben ist. Mein Leben wankt ohnehin genug auf ihm. Ein falscher Schritt – eine winzige Bewegung – und es würde gänzlich auseinanderfallen.

»Zu verstehen, was man verstehen will, ist auch eine Art von Kunst.«

Die Luft zwischen uns ist dünn und dick zugleich; heiß und eisig. Sie beschlägt beinahe die Scheibe hinter ihm.

Wie wir an diesen Punkt geraten sind, verstehe ich kaum, aber die Verwundbarkeit hat mich fest im Griff. Denn Jonahs eigentliche Idee ist genau das, was mir etwas bedeutet – zuzulassen, wie nahe mir all das geht; wie weit ich mich für diesen Schritt öffnen müsste, scheint jedoch unmöglich. Vor allem, wenn er mir Dinge unterstellt, von denen er nicht den Hauch einer Ahnung hat.

»Wie auch immer«, stoße ich viel zu verbissen aus. »Da du mich kaum kennst, solltest du mir glauben, wenn ich dir sage, wozu ich in der Lage bin und wozu nicht.«

»Und wozu bist du in der Lage, Ella?«

Ich komme nicht umhin, zu bewundern, wie ruhig er bleibt. Zwar bilde ich mir ein, seinen Mundwinkel zucken zu sehen, doch in seinen Augen steht Ernsthaftigkeit. In den kommenden Sekunden duelliert sich unser Schweigen, doch meins ist offenbar penetranter, denn irgendwann stößt er den angehaltenen Atem aus und reibt sich über sein Gesicht.

»Ich werde dir nichts vorschreiben oder in den Mund legen. Im Gegensatz zu deinem Team möchte ich *wirklich* verstehen, was du möchtest. Denn nur so wird sich dieses Buch anfühlen wie jedes deiner Gedichte«, fügt er hinzu, doch ehe ich auf seinen schwelenden Vorwurf reagieren kann, fährt er fort. »Wenn du nicht in diese Richtung gehen willst, ist das vollkommen okay. Trotzdem sollten wir genau diese Diskussionen führen, damit du dir absolut sicher bist, wohin die Reise geht. Die Erwartungen sind zweifellos hoch und deine Followerschaft groß, aber am Ende entscheidest nur du über das Buch, nicht die Lesenden und auch nicht deine Agentin. Es ist deins, Ella.« Jonah sieht mir in die Augen, während seine Worte immer tiefer sickern. »So wie ich das sehe, bist du eine ungeheuer talentierte Schriftstellerin. Dieses Buch wird sich demnach so oder so wie geschnitten Brot verkaufen.«

»Warum spielt es dann eine Rolle, was ich will?«, möchte ich wissen, schließe mit einer allumfassenden Geste die Diskussion der vergangenen Minuten ein.

Es tut unheimlich weh, diese Frage zu stellen, weil ich hoffe, dass er mir mit seiner Antwort die Furcht nimmt, für mich selbst einzustehen. Seitdem ich mir eingestanden habe, dass mir dieses Buch wirklich etwas bedeutet, weil ich Menschen damit nicht nur berühren, sondern *bewegen* kann, sitzt mir eine Angst im Nacken, die ich auf diese Art noch nicht gespürt habe.

Wie viel von mir muss ich geben, um genau das zu erreichen?

Seine Lippen öffnen sich, bevor er hörbar Luft ein- und Worte ausatmet. »Weil man Bücher nicht ausschließlich für andere schreibt. Egal ob Lyrik, Drama oder Epos, jeder Text trägt ein Stück des Schöpfenden in sich – und ich finde, dass allein deshalb jedes Manuskript mit gebührendem Respekt und Liebe behandelt werden sollte.«

Ich lasse seine Worte einen Moment wirken; mich von der Richtigkeit in ihnen zur Ruhe bringen. »Glaub nicht, dass ich dieses Buch nicht respektiere. Denn es ist das Einzige, von dem ich unbedingt will, dass es funktioniert.«

»Dann solltest du diese Chance nicht verstreichen lassen.«

Mein Auflachen ist kurz. »Ich bin hier, oder nicht? Ich schreibe, ordne, plane, denke und beginne wieder von vorn.«

»Neben all diesen Dingen, Ella, *fühlst* du da auch? Oder ist es nur Lalott, die das tut? Aus einer Erwartung heraus, die dir vielleicht nicht mehr entspricht.«

Viel fehlt nicht, um aufzustehen und nicht nur dieses Café, sondern auch Jonah hinter mir zu lassen. Um es nicht zu tun, nehme ich einen Schluck Wasser und umgreife das Glas so fest, dass ich es in meinen Gedanken genauso brechen sehe wie die Vase an meiner Schlafzimmerwand.

»Im Augenblick, Jonah«, – es ist das erste Mal, dass ich seinen Namen so bewusst ausspreche –, »fühle ich eine ganze Menge.«

Ein, zwei Momente verstreichen, dann lockert er seine Schultern, wodurch mir auffällt, wie angespannt er während der letzten Minuten gewesen sein muss.

»Lyrik«, stößt er schließlich zusammenhanglos aus, woraufhin ich ihn fragend anblicke. »Ich sage ein Wort und du erwiderst das erste, das dir in den Sinn kommt.«

Ich habe noch immer nicht ganz verstanden, reagiere aber instinktiv, als erneut »Lyrik« über seine Lippen kommt.

»Verantwortung.« Noch ehe ich über meine Antwort nachdenken kann, folgt ein weiteres Wort.

»Schreiben.«

Diesmal repliziere ich schneller. »Poesie.«

»Lalott.«

»Überleben.«

Er sieht mich einen Moment an; liest die Überraschung über meine spontane Offenheit vielleicht sogar aus meiner Mimik. Und dann … Dann sieht er ehrlich dankbar aus. Und auch ich bin es, denn diese Übung hat mich unbewusst die Kontrolle über meine Gefühle zurückgewinnen lassen.

»Tust du dir selbst einen Gefallen?«, möchte Jonah dann wissen.

»Denk über die eben genannte Möglichkeit nach, denn offensichtlich trifft sie einen Nerv in dir. Und wo Gefühle sind, da ist auch Poesie.«

Ich bin überrascht, dass er den Spruch auf meinem Beutel zitiert – und mich auf diese Weise vollkommen sprachlos macht. Doch da er sich mit Worten auskennt, weiß ich auch, dass er genau das in mir bewirken wollte.

Wesentlich ruhiger als zuvor stelle ich das Glas wieder ab, öffne und schließe ein paar Mal die Hand, die es umklammert hielt, um das leichte Zittern in den Griff zu kriegen.

»Erzählst du mir, wie du auf deinen Künstlernamen gekommen bist?«

»Viele Schriftstellende haben ein Pseudonym. Es ist nichts Besonderes.«

Seine Braue zuckt nach oben. »Das glaube ich dir nicht.«

Ich stoße etwas Luft aus, sodass der Unglaube, der meine folgende Frage begleitet, auch daraus klingt. »Kennst du mich schon so gut, dass du mich durchschauen kannst?«

»Nun …« Jonah legt seine Unterarme auf dem Tisch ab und lehnt sich näher zu mir, als würde er mir etwas anvertrauen wollen. »Durchschauen würde ich es definitiv nicht nennen.« Er lacht auf, als hätte er einen Witz gemacht, den nur er versteht. »Aber nichts von dem, was ich von dir gelesen habe, wirkt zufällig – geschweige denn belanglos. Ich bin mir sicher, dass mehr dahintersteckt.« Sein Blick ist intensiv. »Verrätst du es mir?«, raunt er und mir läuft ein Schauder über den Rücken.

Erstaunlich, wie unsere Unterhaltung von einer Richtung in eine andere schnellt. Noch erstaunlicher, dass es mir nichts ausmacht; in mir sogar den Wunsch auslöst, mich ebendieser Gelassenheit hinzugeben.

»Charlotte Buff war die Frau hinter der weiblichen Hauptfigur in Goethes *Die Leiden des jungen Werther*. Ich bin mir sicher, dass ich nicht schreiben würde, wenn ich es nie gelesen hätte. Sowohl die Geschichte von Goethe und Charlotte als auch die seiner Figuren Werther und Lotte sind unheimlich tragische, weshalb ich sie unbedingt in mein Pseudonym einbauen wollte. Da Goethe zudem Italien mehr als alles geliebt hat, lag Lalott durch den weiblichen Artikel *la* irgendwie nahe.«

»Die Faszination für diesen Mann hat dich also dazu inspiriert?«

»Nicht die für Goethe, sondern vielmehr die für sein Talent der Tragik. Vor allem in diesem ersten Werk. Mit Lalott wollte ich jedoch nicht die männliche Sicht der Tragödie darstellen, sondern meine eigene weibliche. Ich möchte jungen Frauen, die das Gefühl haben, sich in dieser Welt zu verlieren, egal auf welche Weise, eine Stimme geben. Ihnen zeigen, dass es okay ist, Schmerz zu empfinden, ohne dafür beurteilt zu werden.«

»Nur dass du dich durch die Öffentlichkeit, in die du dich dadurch begeben hast, in eine Position gerückt hast, über die vermutlich jeden Tag geurteilt wird.«

Ich atme belustigt aus, doch er hat recht. Er hat so verdammt recht, dass es mich mehr als frustriert. Lalott sollte nie benutzt; nie in eine Schublade gesteckt; nie verurteilt werden. Und vor allem wollte sie niemals selbst jemand sein, der anderen etwas aufbürdet.

Meine Gedanken schweifen zu Aaron und mein Mund wird trocken, weshalb ich einen flüchtigen Blick auf meine Uhr werfe, was Jonah nicht entgeht, denn auch er schiebt den Ärmel seines karierten Hemdes ein Stück nach oben.

Seine Augenbrauen heben sich, sobald er auf das Zifferblatt sieht. »O Mann, wir sollten endlich mit der Textarbeit beginnen.«

Und das taten wir. Mehr als drei Stunden am Stück, in denen ich ihm Gedichte gezeigt und mir Notizen für neue gemacht habe. Wegen einigen Ideen waren wir das ein oder andere Mal anderer Meinung, aber am Ende saßen wir zumindest mit einem Plan da, mit dem wir beide nicht nur leben konnten, sondern den wir auch liebten. Und ja, Jonah behielt recht: Das lyrische Subjekt *muss* sich bewegen, um anderen Bewegung zu ermöglichen. Denn die Reflexion der eigenen Situation ist das eine, die aktive Handlung im Anschluss jedoch ein neues Kapitel, das ich selbst erst kennenlernen und verstehen muss.

»So, ich denke, das sollte für heute genügen. Du hast sicher noch anderes vor«, sagt er irgendwann, um das Ende unserer Besprechung einzuleiten.

Obwohl mich die Intensität unseres Gesprächs ausgelaugt hat; ich von all den Empfindungen erschöpft sein sollte, durchfährt mich ein Strom aus Energie, der mir fremd ist. Es ist Monate her, seitdem ich mich das letzte Mal so … lebendig gefühlt habe. Und aus irgendeinem Grund möchte ich dieses Gefühl noch nicht gehen lassen.

»Nein, schon gut, du hast mich nicht aufgehalten«, winke ich ab.

Bedauern steigt in mir auf, als Jonah seine Notizen in die Ledertasche steckt und der Bedienung bedeutet, die Rechnung zu bringen. Für drei Sekunden trifft mich sein Blick und ich meine, eine Frage auf seinen Lippen zu erkennen. Doch er hält sich davon ab, sie zu stellen.

»Ich bezweifle, dass Goethe und Schiller es mir übelnehmen, wenn ich zu spät komme«, scherze ich, um den Moment der Anspannung zu lösen.

»Zu spät komme?«, hakt er nach.

»Ich besuche auf dem Nachhauseweg ihre Statue.«

Sein Mundwinkel zuckt. »Gleich zwei der größten Schriftsteller an der Angel. Das ist Konkurrenz, die einschüchtert.«

Konkurrenz?

Ich beobachte ihn dabei, wie er der Dame für ihren Service dankt, die Rechnung bezahlt und ihr großzügiges Trinkgeld zusteckt, obwohl wir ihre Dienste kaum in Anspruch genommen haben.

»Brauchst du keinen Bewirtungsbeleg?«, frage ich, nachdem er ihn dankend abgelehnt und die Kellnerin sich von uns verabschiedet hat. »Für den Verlag«, füge ich überflüssigerweise hinzu.

Kaum merklich schüttelt er den Kopf und lässt sein Portemonnaie mit einem verlegenen Lächeln in seinem Mantel verschwinden.

Es ist eigenartig. Alles, was Jonah tut – jede Regung, jeder Ausdruck, jedes Wort – löst etwas in mir aus. Und damit meine ich nicht zwangsläufig die flatternde Aufregung, sondern jedes beliebige Gefühl, das mit seiner Präsenz Hand in Hand geht. Offenbar schafft er es, all die Emotionen, die ich in mir vergraben habe, an die Oberfläche zu holen. Allein mit der Art, wie er schmunzelt. Wenn er es tut, fühlt sich sogar Wut nach etwas an, das ich gern fühle.

Froh darüber, aus meinen Gedanken flüchten zu können, stecke auch ich meine Notizbücher wieder in den Stoffbeutel und hänge ihn mir über, sobald ich in den Mantel geschlüpft bin, um Jonah nach draußen zu folgen. Eine kalte Böe wirbelt meine Haare auf und ich ziehe den für diese Jahreszeit etwas zu dünnen Stoff enger um mich und hole meine hellblaue Mütze aus der Tasche, während ich etwas unbeholfen vor meinem Lektor stehen bleibe.

»Nun, Frau und Kind warten bestimmt schon auf dich«, behaupte ich, um die eine Frage in mir zu stillen, die seit unserem ersten Treffen in mir keimt. Dem Gespräch im *eda*Verlag zu urteilen, scheint er mindestens eine Tochter zu haben.

Jonah neigt den Kopf. »Meine temporäre Mitbewohnerin ist zwar eine Frau und steht meiner Patentochter mit ihrem Dickkopf in nichts nach, aber ich bin mir ziemlich sicher, dass sie heute einem verrückten Plan hinterherjagt, um unseren Kumpel Mats aus der Reserve zu locken«, lacht er. »Auf mich wartet niemand.«

Die Hände in seinen Manteltaschen vergrabend bedenkt er mich erneut mit diesem Blick, hinter dem ganz deutlich eine Frage steht. Dieses Mal jedoch ist er mutig genug, sie zu stellen.

»Darf ich dich ein Stück begleiten?« Sein Räuspern verrät, dass es ihn Überwindung gekostet hat.

»Liegt das Denkmal denn auf deinem Weg?«
Er schmunzelt. »Nein.«

Vor Kälte bibbernd beneidete Nohja seinen ältesten Freund Enter um seine dicke Agamenhaut. Bereits seit vier Tagen stapften sie ohne jede Spur auf Leben über die gefrorene Oberfläche des vergessenen Meeres – auf der Suche nach einer Pilotin, die die dunkle Jahreszeit auf Kotation angeblich zwischen den zu Eis erstarrten Wellen verbrachte. Obwohl Nohja nicht mehr daran glaubte, die Frau, die den verschollenen Planeten bereist hatte, zu finden, hatten die kalten Nächte ein Geheimnis gelüftet, nach dem er nicht gesucht hatte. Denn Gavina wählte jede Nacht den Schlafplatz an der schuppigen Schulter des Agamen.

(...)

Kapitel 15

»Da wären wir«, sage ich, blicke hinauf zu dem mindestens drei Meter großen Goethe, der Schiller eine Hand auf die Schulter legt. Mit der anderen reicht er ihm einen Lorbeerkranz. Ein Bild zweier der bedeutendsten Schriftsteller der deutschen Dicht- und Dramenkunst für die Ewigkeit in Bronze gegossen.

Außer uns macht niemand Anstalten, innezuhalten. Das triste Wetter und der sich langsam, aber stetig verdunkelnde Himmel locken heute nicht einmal Touristen zu dem Denkmal. Es wird nicht mehr lange dauern, bis die Straßenlaternen anspringen.

Ich sehe zu Ella, die ebenfalls den Bronzeguss betrachtet. Mit Ehrfurcht und etwas anderem, das ich nicht deuten kann – einer Art inneren Ruhe. In ihrer Hand hält sie noch immer den leeren Kakaobecher.

Das Strahlen in ihren Augen, als ich auf dem Weg die Frage, ob ich auch ein Getränk-To-Go möchte, mit einem viel zu lauten »Klar gern!« beantwortet habe, werde ich so schnell nicht vergessen. Den Hang zu viel zu süßen Getränken haben wir offenbar gemein und es ist beinahe lächerlich, wie sehr mir das gefällt.

Den Weg hierher haben wir mit einfachen Fragen verbracht und festgestellt, dass wir beide Weimar als unser Zuhause bezeichnen. Doch während mich das Jobangebot eines Verlags als jungen Erwachsenen herlockte, verliebte Ella sich schon in ihrer Kindheit in das *klassische Weimar*. Die ersten Jahre ist sie in dem in der Nähe gelegenen Schönfeld aufgewachsen, wo ihre Eltern heute wieder leben. Ganz anders als ich, der überall dort zu Hause war, wo das rastlose Herz meiner Mutter uns hinführte.

Gespannt mustere ich Ellas Profil und frage mich, ob sie diesen Ort vielleicht mit jemand Besonderem verbindet. Weshalb besucht sie ihn sonst als Weimarerin am Valentinstag? Doch bisher scheint niemand auf sie zu warten. Und sowieso ... Sie hätte mich wohl kaum mitgenommen, wenn sie ein Date hätte.

Meine Brust zieht sich bei dem Gedanken zusammen, doch ich spüle das Gefühl mit dem letzten Schluck meines Caramel Macchiatos mit extra Sirup hinunter.

»Magst du mir den geben?« Ich strecke die Hand nach Ellas Becher aus.

Ihr Kopf schnellt herum, als müsste sie sich von dem Anblick der Statue losreißen, und sieht mich mit großen Augen an.

»Der ist doch leer, oder?«, frage ich grinsend, bevor sie ihn mir zögerlich reicht und ich ihn in meinen stecke. »Ich bring die schnell weg«, erkläre ich, gehe zum nächsten Mülleimer und als ich zurückkehre, sehen wir einander etwas unbeholfen an.

Ich bin noch lange nicht bereit, mich von Ella zu verabschieden, bin viel zu fasziniert von ihr und will unbedingt mehr über sie erfahren.

»Überschreite ich schon wieder eine Grenze, wenn ich dich frage, was du jetzt vorhast?«

»Schon wieder?«, fragt sie, schiebt die Hände in die Manteltaschen und legt den Kopf leicht schräg.

Ich presse die Lippen zusammen. »Lektoratstermine vereinbare ich normalerweise nicht mitten in der Nacht«, gestehe ich. »Sorry noch mal für den späten Anruf.«

Zu meinem Glück lacht Ella. Dann greift sie nach dem Jutebeutel über ihrer Schulter, zieht ein gelbes Reclamheft heraus, dessen zerschlissene Seiten von zahlreichen Lesestunden erzählen. Doch anstatt es mir zu zeigen, verbirgt sie das Cover vor mir.

»Da du mich gebeten hast, mein Lieblingsbuch mitzubringen, dachte ich, lese ich noch etwas.«

»O Mist.« Peinlich berührt kratze ich mich an der Stirn, rücke meine Brille zurecht. »Stimmt, tut mir leid, das habe ich während unseres Termins offenbar verdrängt. Normalerweise bin ich nicht so gedankenlos.« Der heutige Tag ist definitiv mit zu vielen Zugeständnissen gespickt. Was ist nur los mit mir?

Ihr Mundwinkel zuckt. »Schon gut, ich trage es sowieso immer bei mir«, sagt sie und hält das zerschlissene Buch in ihren Händen.

»Du wolltest also hier lesen? Mit den beiden Herren im Rücken?« Ich nicke in die Richtung der zwei.

Ella zuckt mit den Schultern. »Kitschig, ich weiß.«

»Nein, überhaupt nicht«, widerspreche ich. »Manche lesen einfach überall, ob in der Bahn oder in der Schlange an der Supermarktkasse. Andere suchen zu jedem Buch einen Ort mit passender Stimmung. Ich finde Lesegewohnheiten faszinierend, sie verraten viel über uns.« Zaghaft strecke ich ihr eine Hand entgegen, die Innenfläche nach oben gerichtet. »Darf ich?«

Nach einem kurzen Zögern reicht Ella mir *Die Leiden des jungen Werther* von Johann Wolfgang von Goethe, dessen Statue sich zu meiner Linken in Richtung des wolkenverhangenen Himmels erstreckt.

»Es ist wirklich dein Lieblingsbuch«, stelle ich schmunzelnd fest.

Ich weiß nicht warum, aber mit dem Briefroman, der von einer der tragischsten Liebesgeschichten der Welt erzählt, habe ich bereits bei ihrer Erläuterung zu ihrem Pseudonym nicht gerechnet. Was mir, als ich es aufklappe und die vielen Markierungen am Text und Notizen am Rand entdecke, vollkommen absurd vorkommt. Das Buch ist ein Klassiker aus der Sturm und Drang Epoche, die so sehr zu Ella passt wie die bunte Kleidung zu meinem Kollegen Haro. Ellas Gedichte brechen die Norm, lassen tief in die Abgründe düsterer

Gefühle blicken, sie reißen die Leser mit sich, sind dramatisch und wühlen ihr Innerstes – mein Innerstes – auf wie ein Sturm.

Auf Seite zehn leuchten mir gelb markierte Zeilen entgegen: »*Die meisten verarbeiten den größten Teil der Zeit, um zu leben, und das bisschen, das ihnen von Freiheit übrig bleibt, ängstigt sie so, dass sie alle Mittel aufsuchen, um es loszuwerden.*«

Mein Mund wird trocken. *Leben* und *Freiheit* sind eingekreist, das Wort *Liebe* an den Rand gekritzelt.

Ich hebe den Blick, sehe in das unbändige Graublau von Ellas Iriden, das mir den Verstand raubt. Und in diesem Moment wird mir eines bewusst: Ella ist alles. Sie ist Sturm und Drang. Und beides wütet in mir.

»So schlimm, ja?«, fragt sie und runzelt belustigt die Stirn.

Mein Mund öffnet sich, doch es will nichts herauskommen. Daher schüttle ich den Kopf, räuspere mich, schlucke, befeuchte meine Lippen. »Nein, ganz im Gegenteil. Ich … Ich habe einfach nicht damit gerechnet. Um ehrlich zu sein, weiß ich gar nicht, *womit* ich gerechnet habe. Aber da ich es jetzt sehe, könnte ich mir nichts Passenderes vorstellen.« Wieder gebe ich mehr Preis als geplant.

Es ist absurd, Ella reißt jegliche Dämme in mir mit einem einzigen Wimpernschlag ein. Sie muss nicht mehr tun als mich anzuschauen und ich will ihr einfach alles sagen – alles anvertrauen. Offensichtlich habe ich die professionelle Grenze zwischen Autorin und Lektor schon vor Stunden hinter uns gelassen. Nun pfeift mein aufgeregtes Herz spürbar auf meinen Verhaltenskodex.

Ich blättere erneut um, entdecke ein getrocknetes Blatt in hellem Grün zwischen den Seiten, fixiere es mit meiner Hand, bevor der Wind es davontragen kann. »Das ist ein Ginkgoblatt, oder?«

»Ja, ich habe eine Schwäche für diese Bäume. Jedes Mal, wenn ich an einem vorbeilaufe und eines am Boden entdecke, nehme ich es mit und presse es in dem Buch, das ich dabei habe.« Sie schiebt sich eine widerspenstige Strähne hinters Ohr, die der Wind sofort wieder löst. »Eine kindliche Angewohnheit.«

»Das finde ich ganz und gar nicht«, wende ich ein. »Würdest du mir eine deiner liebsten Stellen zeigen?«

Ein vollwertiges Lächeln ergreift von Ellas Lippen Besitz. Sie nickt und antwortet: »Gern.«

Also reiche ich ihr das Buch und begleite sie zu den Treppen unter den beiden Dichtern, vor denen sie Platz nimmt, als wäre dies ihr Stammplatz.

Ich setze mich links neben sie, bemühe mich, einen Abstand einzuhalten, der irgendwo zwischen flüchtiger Bekanntschaft und dem hilflosen Drang liegt, ihr nah zu sein. Doch dann beginnt sie, vorzulesen, und mein Herz bleibt stehen.

»*Und so taumle ich beängstigt. Himmel und Erde und ihre webenden Kräfte um mich her: Ich sehe nichts als ein ewig verschlingendes, ewig wiederkäuendes Ungeheuer.*«

Die Augen konzentriert auf die Zeilen gerichtet, wünschte ich nur für einen Moment, das sehen zu können, was Ella sieht. Sie liest nicht nur, sie taucht in das Buch ein, wirkt von der einen auf die andere Sekunde unendlich weit weg. Gleichzeitig gehen mir die gelesenen Worte so nah, dass ich das Gefühl habe, als strichen sie mir über die Haut.

Ich schließe die Augen, lasse mich von ihrer sanften Stimme und dem Rhythmus des Textes in die Sehnsucht Goethes fallen.

»*Ein Strom von Tränen bricht aus meinem gepressten Herzen, und ich weine trostlos einer finstren Zukunft entgegen.*«

Ein Seufzen erklingt und ich begreife erst, als ich den Hall in meiner Brust spüre, dass es von mir stammt. Aus irgendeinem Grund habe ich die Augen geschlossen, mein ganzes Sein auf Ellas sanfte Vorlesestimme gerichtet und die Welt ausgesperrt.

»Bist du weggenickt?«, fragt sie und ich kann den Schalk in ihrer Stimme hören.

Ich öffne die Lider, sehe zu Ella, die mich mit einem breiten

Grinsen mustert, als hätte sie mich erwischt. Tief in mir hat sich, trotz des kühlen Windes, ein warmes Gefühl ausgebreitet.

»Wohl eher in eine andere Zeit gereist«, scherze ich. »Du könntest das ganze Buch vorlesen, während der Himmel Hagel und Blitze schickt, und ich würde hier sitzen und dir zuhören.«

Unsere Blicke verhaken sich, die Umgebung verschwimmt und ich sehe nur noch sie – Ella. Ich streife den Stoff ihres Mantels und erst da bemerke ich, dass sich meine Hand, die zwischen uns liegt, auf sie zubewegt hat.

Plötzlich zuckt Ella zusammen. Ein Regentropfen hat sie auf der Stirn getroffen, rinnt an ihrer Schläfe entlang, als sie erschrocken die Augen zusammenkneift. Einem Reflex folgend hebe ich die Hand, würde ihr das Rinnsal am liebsten von der Wange streichen, doch ich halte mich davon ab, schiebe meine Finger stattdessen in die Manteltaschen. Sicher vor jeglicher Übersprunghandlung.

Ella blickt gen Himmel. »Dir ist klar, dass du gerade den Regen provoziert hast?«

Ich lache, neige geschlagen den Kopf und sehe wehmütig dabei zu, wie Ella ihr Buch zurück in den Beutel steckt. Sie richtet sich auf, steigt die zwei Stufen hinab. Es ist eindeutig, dass ich mich ebenfalls erheben sollte, doch meine Glieder sind so schwer, als wären auch sie aus Bronze gegossen. Sie wollen sich nicht eingestehen, dass der Moment vorbei ist; dass das zunehmende *Plopp, Plopp, Plopp* auf den Steinplatten verrät, dass aus den Tropfen jeden Augenblick ein Schauer werden könnte.

»Wenn du deiner Behauptung Nachdruck verleihen willst, keine Sorge, das hast du bereits geschafft«, sagt Ella und streckt mir ihre Hand entgegen. »Darf man dem Zeitreisenden aufhelfen?«

Ohne zu zögern, nehme ich die Einladung an und befreie meine Hände aus der sicheren Zone. Verdammt soll ich sein. Sobald meine Finger ihre umfassen, leuchtet einige Kilometer entfernt ein Blitz auf. Es fühlt sich an, als würde er durch mich hindurchfahren, ebenso wie der Donner, der kurz darauf ertönt und mit ihrer Berührung wie ein Echo bis in meine Brust grollt. Bedeutend. Bedrohlich.

Ella zieht mich auf die Beine und als ich vor ihr stehe, lassen wir für schier endlose Sekunden nicht los. Erst der zunehmende Regen, der zwischen unsere Hände rinnt, lässt uns den Kontakt brechen.

»Wann –« Ich stoppe mich selbst, bevor ich etwas Unüberlegtes sagen kann. Stattdessen setze ich erneut an: »Wann hast du Zeit für eine zweite Session?«

Ella wirft einen Blick auf ihr Handy, tippt darauf herum. Ich nehme an, sie öffnet ihren Kalender. »Ich bin morgen um halb drei bei euch im Verlag, um mit Regina organisatorische Fragen wegen der Leipziger Buchmesse zu klären, danach hätte ich Zeit.«

»Das passt, du findest mich in meinem Büro«, erwidere ich. »In welche Richtung musst du?«

Ella zeigt zur Straße hinter mir, zieht den Kragen ihres Mantels höher, um den Regen auszusperren. »Und du?«

Ich zeige in die genau entgegengesetzte Richtung; wünschte, meine Antwort würde anders ausfallen. »Zum Weimarhallenpark, Döllstädtstraße.«

»Dann bis morgen?«, fragt sie, während wir uns beide in Bewegung setzen. Im Kreis einander zugewandt tauschen wir die Plätze, als würde Ella sich ebenso wenig abwenden wollen.

Der Wunsch, dass ich mich nicht irre, klingt in jedem Tropfen, der den Boden zu unseren Füßen trifft.

»Ich freue mich drauf«, antwortet mein verräterisches Herz und bevor ich mich noch tiefer hineinreiten kann, trete ich den Rückzug an, hebe die Hand zum Abschied und winke wie ein kleiner Junge.

* * *

Irgendetwas schreit, quietscht, fiept oder was auch immer das für ein fürchterliches Geräusch ist. Es passt nicht zu der Szene, die sich vor mir abspielt, übertönt unsere Schritte im violetten Kies Kotatiens und das wunderschöne Lachen von Lalott. Mit wallenden Röcken die blasse Hand auf die blaue Haut meines Unterarms gelegt, schreitet sie zu meiner Linken.

»Alter, Jonah! Bist du taub!«, flucht jemand und plötzlich ist das Geräusch verschwunden – ebenso wie die Poetin an der Seite von Lord Nohja. »Jonah! Steh auf!«

Als ich mich wundere, was Ella in einem Kleid in der Xaloph Wüste zu suchen hat, trifft mich etwas im Gesicht.

Ich öffne die Lider und ziehe gerade noch rechtzeitig die Hände über meinen Kopf, bevor mich meine beste Freundin erneut mit meiner nächtlichen Lektüre, mit der ich eingeschlafen sein muss, attackiert. »Schon gut, ich bin ja wach! Ich bin wach!«

»Dein Glück, als Nächstes hätte ich einen Eimer Wasser geholt«, droht C3PO und pfeffert *Die Leiden des jungen Werther* auf mein Bett, bevor sie auf Italienisch fluchend – es klingt nicht jugendfrei – in die Küche stapft.

Gähnend reibe ich mir über die Augen. Ich habe nach dem gestrigen Abend nicht widerstehen können, die Nase in Ellas Lieblingsbuch zu stecken. Bis in die frühen Morgenstunden hat mich meine Neugier wachgehalten und über die Hälfte der frisch angebrochenen Packung Post-its tauchen den Buchschnitt der Ausgabe nun in einen Regenbogen. Ich hatte nicht mehr in Erinnerung, wie viele wunderschöne Stellen dieses Werk bereithält, und sicher nicht erwartet, dass ich Ella zwischen all diesen Zeilen wiederfinde. Nicht einmal im Schlaf hat sie mich losgelassen.

Nach diesen paar Tagen hat sie sich so tief in mein Unterbewusstsein gegraben, dass ich sie in meinen Träumen sogar in meine Science-Fiction Serie eingebaut habe. Was meine Leserschaft auf *Wrify* wohl sagen würde, wenn in der nächsten Episode eine Prinzessin aus einer fremden Dimension auftaucht? Durch das geschlossene Pseudonym habe ich mich bisher sehr sicher mit Experimenten an der

Storyline gefühlt. Persönlich formulierte Kritik und irrationaler Unmut der Leserschaft prallt an Rea D. Kurtis wie an einem Schutzschild ab. Bis auf meine engsten Freunde weiß niemand, dass vieles aus meiner Geschichte durch mein eigenes Leben inspiriert wurde.

Was spricht also dagegen, der Frau, die mir unter die Haut geht, auch in Kotatien Raum zu geben?

In Gedanken noch immer bei der Möglichkeit, Ella eine Rolle in der Xaloph-Wüste zu erschaffen, schlüpfe ich in die Jeans von gestern, streife mir ein Shirt und ein Hemd über und verschwinde im Bad. Keine Ahnung, wie oft mein Wecker versucht hat, mich aus dem Tiefschlaf zu zerren. Den finsteren Blicken von C3PO nach zu urteilen, sowie der Tatsache, dass ich schon wieder spät dran bin, mindestens vier Mal. Ella hat wirklich einen Nerv in mir getroffen. Allein bei dem Gedanken daran, dass ich sie heute wiedersehen werde, kribbelt es bis in meine Zehenspitzen.

Vielleicht binde ich auch deshalb übereilt meine Schuhe, stopfe meine Sachen fürs Büro unsortiert in meine Tasche und rausche aus der Tür, bevor Giulia die Gelegenheit bekommt, einen weiteren Kommentar fallen zu lassen.

Ich habe gerade einmal den halben Park durchquert, als der O-Ton »*Du meine Güte*« in der Stimme des originalen C3PO erklingt – der individuelle Benachrichtigunsgton meiner besten Freundin. Ich ziehe mein Smartphone aus der Jackentasche.

Sollte ich ab sofort lieber klingeln, bevor ich deine Bude betrete?

Mit gerunzelter Stirn betrachte ich das Detektiv-Emoji.

Und sollte ich wissen, was du mir damit sagen willst?

Na ja, entweder hast du deine Dusche ELLA getauft oder du bist verknallt.

Unmittelbar vor der Treppe, die zur Weimarhalle hinauf führt, bleibe ich wie eingefroren stehen. Scheiße, C3PO muss das Wortspiel auf meiner Duschwand entdeckt haben. Die Schlussfolgerung meiner besten Freundin, deren Gehirn ebenso wie ihr Mundwerk zu schnell für diese Welt arbeitet, lässt nicht lange auf sich warten.

Ich wette, es ist Letzteres. Mein Einsatz:
zwei Pizzenmit extra Käserand.

Immer noch starre ich den Chat an. Wärme und Kälte jagen im Wechsel über meine Haut.

Und ich habe gewonnen.

Ihr zufriedenes Grinsen kann ich selbst in den geschriebenen Worten sehen.

Resigniert schalte ich mein Handy und somit die Kommentare meiner besten Freundin auf lautlos und setze meinen Weg zum Verlag fort. Doch egal, wie gerne ich die Anspielungen draußen lassen würde, folgt mir die Hitze in den Wangen und das Kribbeln, das sich in meinem Magen ausbreitet, bis in mein Büro.

Den Vormittag verbringe ich damit, die Projekte, die ich vor dem Buch von Lalott begonnen habe, abzuschließen – oder gerade erst Begonnene an meine Kolleginnen und Kollegen weiterzuleiten. Es ist nicht immer leicht, sich von Geschichten zu lösen, gerade die Dystopie, die von einer Welt der Makellosen erzählt, hat mich sehr gereizt. Doch Reginas Anweisungen waren klar und jedes Projekt sollte die Aufmerksamkeit bekommen, die es verdient, weshalb ich es an meine Kollegin Marie weitergegeben habe. Bei ihr ist es in guten Händen.

»Hey.«

Ellas Stimme reißt mich aus den letzten Zeilen einer Mail. Doch sobald ich den Blick von meinem Bildschirm hebe, erblicke ich statt der seelentiefen Augen der Lyrikerin, in denen ich ertrinken will, ein scharf konturiertes Gesicht. Es ist nicht Ella, die in meiner Tür steht, sondern Lalott.

Ihr blondes Haar, durch einen Seitenscheitel geteilt, kringelt sich in perfekt gelegten Wellen um ihr Gesicht. Es verschleiert eines ihrer Augen, als sie den Kopf neigt. Die Aufmachung will nicht zu der Person passen, mit der ich den gestrigen Tag – Valentinstag – verbracht habe. Es wirkt wie ein Kostüm. Neben den dichten Wimpern, bei denen ich mich augenblicklich frage, ob es ihre eigenen sind, und den pflaumenfarbenen Lippen verblasst der unergründliche Ton ihrer Iriden. Was unglaublich schade ist. Obwohl sie so viel Farbe trägt, das taubenblaue Kleid im Kontrast zu ihrem tannengrünen Mantel steht, habe ich Ella noch nie blasser wahrgenommen.

Irritiert winke ich sie herein, bemühe mich, eine neutrale Miene zu wahren. Ich kenne die Bilder ihres Social Media Profils, habe das falsche Lächeln mehr als ein oder zwei Sekunden zu lange betrachtet. Aber sie nach dem gestrigen Abend, an dem ich Ella – ihr wahres Ich – kennenlernen durfte, so zu sehen, wühlt mich auf.

»Bleiben wir hier?«, fragt sie, die Hände in den Taschen ihres Mantels vergraben. »Oder gehen wir in einen Besprechungsraum?«

Ich löse mich aus meiner Schockstarre. »Ja, wir … Wir bleiben«, erwidere ich etwas unbeholfen und zeige auf den ledernen Sessel auf der anderen Seite des Schreibtisches. »Sorry, ich war noch mit Übergaben beschäftigt und habe die Zeit aus den Augen verloren. Setz dich gerne.«

Mit klackernden Absätzen betritt Lalott mein Büro, sieht sich um, während sie ihre Tasche von der Schulter nimmt. Selbst ihre Körperhaltung ist eine andere, als wäre Lalott Ellas favorisierter Cosplay-Charakter. Sie wirkt förmlich, distanziert und gleichzeitig in sich gezogen.

»Willst du etwas trinken?«, frage ich, räume ein paar Papierstapel beiseite, um mehr Arbeitsfläche zu schaffen.

»Ich gehe nicht davon aus, dass ihr Kakao habt, oder?«

Der erste Beweis, dass die Frau, die soeben in mein Büro getreten ist, dieselbe Person ist, die mir gestern ihre Schwäche für flüssige Schokolade gestanden hat, ringt mir ein Lächeln ab. Ihre Rolle scheint ihr wie auf den Leib geschneidert, und doch sehe ich, dass sie nicht passt. Als wäre sie zu eng, würde ihr die Luft abschneiden ...

Überrascht stelle ich fest, wie wütend mich das macht. Dabei stört es mich doch sonst nicht, wenn sich Menschen dazu entscheiden, für ein paar Stunden jemand anders zu sein. Ernsthaft, meine Freunde und ich bereiten unsere Cosplays für die Manga-Con, die zusammen mit der Leipziger Buchmesse stattfindet, seit *Monaten* vor. Sams Zimmer sieht aus wie das explodierte Atelier des Hutmachers aus *Alice im Wunderland*. Ich habe Regina schon vor einem Jahr darum gebeten, mich am Sonntag nicht für den Standdienst einzuplanen, damit ich mit den anderen an einem Contest teilnehmen kann. Ich sollte mich dringend in den Griff bekommen.

Nachdem ich Ella – oder Lalott – einen süßen Tee aus Haros geheimen Vorräten besorgt habe, starten wir mit der Arbeit. Wir sprechen über eine potentielle Einteilung des Buches, die Entwicklungsstufen des lyrischen Ichs und sortieren ihre Texte auf drei unterschiedliche Stapel. Einen für Rohdiamanten, die definitiv einen Platz finden werden; einen weiteren mit Gedichten, die durchaus Potential aufweisen, aber noch Hilfe benötigen; und einen für die, die so weit aus der Reihe tanzen, dass wir uns einig sind, sie nicht in die Linie zu drücken, die sich abzeichnet.

Anders als bei meinen bisherigen Projekten habe ich *vor* der Autorin das Bild des Buches derart klar vor Augen, dass es mir zunehmend schwerfällt, zu akzeptieren, dass sie es noch nicht derart deutlich sieht. Schon gestern sind wir deswegen aneinandergeraten. Ich scheue keine Diskussion, ganz im Gegenteil, ich glaube sogar daran, dass aus jedem Diskurs eine Essenz entsteht, die beide

Parteien weiterbringt. Aber mit meinem Vorschlag scheine ich einen Punkt getroffen zu haben, den Ella nicht gänzlich zulassen möchte. Dabei stammt die Idee nicht wirklich von mir, sondern aus ihren Texten. Ich bin mir nicht sicher, ob sie es vielleicht einfach nicht erkennen *will*.

»In den meisten Gedichten zeichnest du das sehr klare Bild eines Gefühls. Der Fokus liegt auf der Stimmung, gibt Raum für Interpretation, für Empathie und Reflexion. Bei diesen hier«, erkläre ich und reiche ihr einen Teil meiner Notizen, »ist das nicht der Fall. In diesen Gedichten zeichnest du eine Figur – und zwar eine ganz explizite. Du adressierst das Gefühl an jemanden.«

Zaghaft greift sie danach. Nur wenige Sekunden huschen ihre Augen darüber.

»Aaron«, flüstert sie kaum hörbar, sodass ich mir nicht sicher bin, sie verstanden zu haben. Ihr konturiertes Gesicht verliert für einen Wimpernschlag seine Kanten.

»Wie bitte?«

Sie schluckt, dann verhärtet sich ihr Blick wieder. »Was ist daran falsch?«, fragt sie scharf.

Ich runzle die Stirn. »Nichts«, antworte ich. Gebe ihr die Chance, mehr dazu zu sagen, doch sie ergreift sie nicht. »Sie fallen nur aus der Reihe.«

»Dann lassen wir sie weg«, antwortet sie, legt das Blatt auf den Stapel der Gedichte, die wir unter beiderseitigem Einverständnis aussortiert haben.

»Findest du, dass wir das tun sollten?«, frage ich irritiert darüber, dass sie sich angegriffen fühlt.

»Du hast gesagt, sie wären nicht gut.«

»Nein«, widerspreche ich deutlich und betrachte sie. »Das habe ich nicht.«

»Sondern?« Herausfordernd zieht sie eine nachgedunkelte Braue nach oben.

Was auch immer in ihr vorgeht, ich habe das Gefühl, etwas verpasst zu haben. »Ich habe gesagt, dass sie aus dem Muster fallen. Diese Texte, ebenso wie diese«, ich greife nach weiteren Zetteln aus meiner Mappe, »sind ausgezeichnet. Sie sind noch tiefer, provokanter. Auf eine besondere Art düster und sogar ehrlicher als alle auf diesem Stapel«, erkläre ich und zeige auf die Gedichte, die wir als Rohdiamanten auserkoren haben. »Wenn wir sie an den Anfang des Buches stellen, kannst du mit jeder Seite heller werden. Du müsstest nur die Perspektive ändern. Und falls du –«

»Nein!«, schneidet sie mir das Wort ab. Die Augen, in die ich starre, finster wie nie. Ich könnte schwören, Gewitterwolken darin aufziehen zu sehen.

Wir beide schweigen, starren einander an, als würden wir schon wieder darauf warten, wer von uns zuerst nachgibt. Das Ticken der Wanduhr klingt in meinen Ohren wie eine Zeitbombe. Dabei ist es Ella, die kurz davor ist, zu explodieren.

»Das ist nicht das Buch, das mein Management vermarkten will.«

Ein tiefer Seufzer bebt durch meinen Körper. Nachdem wir nach dem Exposé-Fauxpas bereits besprochen haben, dass es das auch nicht werden soll, weiß ich nicht, wo dieser Gedanke auf einmal herkommt. Gestern waren wir uns noch einig.

Nun bin ich es, der den Blickkontakt abbricht. Mir ist durchaus bewusst, dass wir das gewünschte Konzept ihres Managements mit dieser Idee ausdehnen und ihre Leser vielmehr auf eine Entwicklungsreise mitnehmen, doch darum geht es doch.

»Ich wollte dir die Gedichte gar nicht geben«, setzt sie an. »Sie müssen sich dazwischen gemogelt haben. Lass uns bei dem bleiben, was wir haben. Das sieht vielversprechend aus. Die Fans erwarten genau das«, redet sie sich um Kopf und Kragen, fällt zurück in alte Muster.

Jedes Wort klingt, als würde es aus dem Mund ihrer Agentin kommen, und ich bin mir nicht sicher, wie lange ich mir das anhören kann. Es fällt mir einfach schwer, zu begreifen, weshalb sie zulässt, dass ihr Talent derart beschnitten wird. Warum lässt sie zu, dass ihr Management sie zurückhält, wenn sie sich weiterentwickeln könnte?

Angespannt werfe ich einen Blick auf die Uhr. Unser Termin ist in ein paar Minuten um. Und dieses Mal bin ich nicht in Versuchung, ihn um jeden Preis auszudehnen.

Sobald Ella bemerkt, wohin meine Aufmerksamkeit gleitet, schlägt sie vor: »Wir könnten weitermachen. Ich habe noch Zeit. Falls es bei dir passt?«

»Das kommt drauf an«, sage ich, bevor ich es mir anders überlege.

Sie runzelt die Stirn. »Worauf?«

Ich weiß nicht warum, aber ich scheine nicht in der Lage zu sein, sie anzulügen.

»Ob ich einem Termin mit Ella oder Lalott zusage«, seufze ich, erhebe mich aus meinem Stuhl und umrunde meinen Schreibtisch. Ziellos beginne ich, die Mappen zu sortieren – nicht, dass das nötig wäre. Doch in mir scheint plötzlich alles so durcheinander, als hätte jemand sämtliche Schubladen aufgerissen und die sortierten Gefühle in die Luft geschmissen. Ich blicke einem Berg aus Chaos entgegen.

»Wie meinst du das?«

Als könnten mir die drei in meiner Hand gestapelten Hefter Halt geben, starre ich auf das oberste Deckblatt mit ihrem Pseudonym. Lalott ist nichts anderes als das: eine Fassade, die angeblich das repräsentieren soll, was sich darunter verbirgt. Dabei überschattet sie Ella, statt sie ins richtige Licht zu rücken.

»Weißt du, ich verstehe, dass es wichtig ist, die passende Außenwirkung für ein Produkt zu schaffen. Aber ... du bist weder ein Produkt noch eine Kunstfigur. Vor allem solltest du das nicht sein, wenn du bei m-«, ich breche ab, korrigiere mich selbst. »Wenn du bei uns im Verlag bist.«

»Aber das habe ich nie von mir behauptet,« verteidigt sie sich. Sie

scheint nicht zu begreifen, was sie die ganze Zeit über tut, und ich ...
Ich verliere die Geduld.

Verzweifelt schmeiße ich die Unterlagen auf meinen Schreibtisch und Ella zuckt zusammen. »Warum verhältst du dich dann so?«, verlange ich, zu wissen. »Die Klamotten, deine Haare, dein Make-up – das ist alles Teil deines Jobs, ich verstehe. Aber selbst die *Worte,* die du, seitdem du durch diese Tür gekommen bist, in den Mund genommen hast, sind nicht deine.« Ich stemme die Hände in die Seiten, nur um mir dann damit durch die Haare zu fahren. Der Stift hinter meinem Ohr fällt zu Boden und ich fluche. Weiß einfach nicht, wohin mit mir; begreife nicht, wie sie sich selbst so verleugnen kann. Und warum mir das derart zu schaffen macht.

»Ich verstehe nicht, warum du plötzlich so sauer bist«, murmelt sie vor sich hin, erhebt sich und packt ihre Sachen mit einer Ruhe in ihre Tasche, als wäre ich nicht viel zu hart zu ihr gewesen.

Schon jetzt ist mir klar, dass vieles, vielleicht sogar alles, was ich ihr an den Kopf geworfen habe, unpassend gewesen ist – vor allem im Angesicht unserer Geschäftsbeziehung. Was mir leidtun sollte, es aber nicht tut. Die Frustration über ihren fehlenden Selbstschutz ist zu laut in meinem Kopf.

Schlagartig begreife ich, dass es genau das ist. *Deswegen* lässt sie zu, dass ich – ein quasi Fremder – so mit ihr umgehe. Ihre innere Verteidigungslinie ist gänzlich unbesetzt.

Zu sehr beschäftigt, meinen Körper unter Kontrolle zu bringen, statt nach ihrer Hand zu greifen, als sie gen Tür tritt, gebe ich meinem Drang nach, als ich sage: »Du lässt nicht nur zu, dass sie dich in deiner Kreativität beschneiden, du verwehrst dir und den Lesenden auch jegliche Entwicklung.«

Ella dreht sich zu mir. Die Hände in die Taschen ihres Mantels geschoben gibt sie ein einziges Bild von Resignation ab. »Der Verlag hat ein Buch von Lalott unter Vertrag genommen, also ...«, setzt sie an, nimmt einen tiefen Atemzug.

»Lieferst du ihnen eines«, beende ich ihren Satz flüsternd und schüttle den Kopf. »Aber wer sagt, dass Lalott jemand anderes sein muss als Ella? Du lässt dich online als authentische Schriftstellerin feiern, dabei versteckst du dich.«

Lange sehen wir einander an – und das erste Mal an diesem Tag habe ich das Gefühl, die Ella zu erkennen, die mir gestern Abend am Fuße des Denkmals der beiden größten deutschen Dichter aus *Die Leiden des jungen Werther* vorgelesen hat.

»Warum vergisst du, wer du bist, Ella?« Meine Stimme ist kaum hörbar. Alles in mir ist mit Unverständnis erfüllt und der Frage, was seit gestern Abend mit ihr passiert ist. Oder ist es wirklich die Aufmachung als Lalott, die es ihr unmöglich macht, sich selbst zu sehen; zu *fühlen*?

»Irgendwann war es einfacher, zu vergessen, wer sie ist, als sie zu verstehen.«

Und mit diesen Worten dreht sie sich um; schließt die Tür hinter sich. Behutsam. Leise.

So leise, wie sie scheinbar gerne ist. Damit man sie vergisst.

Dabei sollte sie schreien. Damit ihr Name auf ewig Gedichte schreibt.

Kapitel 16

Dass Herzen brechen, ist keine bahnbrechende Erkenntnis, doch dass sie es lautlos tun – ohne Ton –, das schon. Seit so vielen Monaten warte ich auf etwas Ohrenbetäubendes, etwas, das mich lautstark erschüttert, doch alles, was ich bekomme, ist Stille. Vor allem jetzt, als ich den Brief von Aarons Rechtsanwalt in den Händen halte; die Zeilen lese, die Unterlassung und Richtigstellung fordern und von Schadensersatz sprechen. Von weiteren Schritten, die eingeleitet würden, weil ich das private und berufliche Leben seines Mandanten mit den Lügen, die ich im Internet verbreite, zerstöre. Aarons Leben.

Beinahe leblos starre ich auf den Namen der Kanzlei, der mir viel zu bekannt vorkommt. Auf die schwarzen Lettern, die vor meinen Augen immer größer werden. Sie wachsen aus dem Papier heraus, türmen sich, begraben mich darunter. Und obwohl ich weiß, dass ich unverzüglich meine Agentin anrufen müsste, halte ich mich davon ab. Stattdessen lege ich das Papier fein säuberlich auf den Schreibtisch vor mir und betrachte es etliche Momente. Warte auch jetzt auf das gnadenlose Echo meines Herzens, aber es bleibt lautlos. Wie immer. Wie seit einem halben Jahr.

Damals hätte ich nie gedacht, dass es genau das ist, was mich von innen heraus auffrisst. Vor allem, weil ich noch nie eine Person war, die Geräusche der Stille vorgezogen hat. Jetzt allerdings würde ich für das Fallen einer Stecknadel alles geben – für den Hauch von Gewissheit, dass ich noch immer ein Herz besitze. Vielleicht aber ist längst nichts mehr davon übrig. Vielleicht bricht es nicht, weil da nichts mehr ist, das weiter kaputtgehen kann.

> Kratze mich
> wie die letzte Nudel
> aus der Suppenterrine.
> Doch letzten Endes
> schmecke ich
> nichts.

Die Verse scheinen nur so in meinen Kopf zu stürmen – wenigstens etwas, das nicht gänzlich leise ist. Doch statt sie in mein Handy oder auf einen Block zu schreiben, kritzle ich sie auf den Brief vor mir. Mit einem pinken Filzstift, in Druckschrift. Einen halbwegs eckigen Rahmen in der gleichen Farbe zeichne ich darum, doch er kann die schwarzen Buchstaben darunter nicht übertrumpfen. Die Schuld, die mir zugeschrieben wird – und die ich trage. Ich kann sie nicht ignorieren.

Scheiße ...

Ich betrachte die Kunst, die ich hinterlassen habe, und würde sie am liebsten vom Papier reißen. Doch sie prangt wie eine Wunde darauf; wie eine Narbe, die ich mir nicht mehr vom Körper pflücken kann, weil sie viel zu doll darauf verwurzelt ist.

Scheiße, scheiße, scheiße!

Mit diesem Wort auf den Lippen schiebe ich meinen Stuhl nach hinten und stehe auf, nur um mich Sekunden später bäuchlings auf mein Bett fallen zu lassen. Nichts würde ich lieber tun, als in das elende Kissen zu schreien, stattdessen halte ich mehrere Augenblicke die Luft an. An manchen Tagen brauche ich das Gefühl, dass mein Körper atmen will, damit *ich* es wieder tue.

Ich rieche einen leichten Hauch meines Shampoos, höre das dumpfe Pochen meines Herzens in meinen Ohren, schmecke Reue – so roh und gewaltig. Und weil mich dieses Gefühl regelrecht aufzufressen droht, lenke ich meine Gedanken weg von dem Schreiben auf meinem Schreibtisch und hin zu den Worten desjenigen, der mich heute Mittag an den Rand des Erträglichen getrieben hat.

Jonah hat keine Ahnung. Nicht den Hauch davon, wie sehr mich jedes seiner Worte über Lalott getroffen hat. Denn ja, vielleicht passt sie nicht in jeder Hinsicht zu mir; vielleicht ist sie in manchen Belangen sogar gänzlich anders als ich – aber vor allem ist sie der Grund, weshalb ich die letzten Monate überstanden habe. Sie kommt aus mir heraus und damit *ist* sie ein Teil von mir. Auf die bitterste Art und Weise. Ich bin vielleicht nicht nur Lalott, aber Lalott ist ich. Sie ist jeder Ausdruck; jedes Wort; jede Regung in mir. Sie ist die Maske, die ich aufsetze, wenn ich mich selbst nicht ertrage. Zumindest sollte sie das sein – sie war es. Denn der Punkt, in dem ich ihm recht gebe, ist der, dass sie von der Außenwelt zu etwas gemacht wird, das diesem Sinn widerspricht. Dass da plötzlich nicht mehr nur mein Ausdruck, nicht nur meine Worte, nicht einzig *meine* Regung in ihr steckt, sondern die von tausenden von Menschen. Und dass sie dadurch plötzlich an Bedingungen geknüpft ist, denen ich nie gerecht werden wollte.

Trotzdem – vielleicht auch deswegen – bin ich noch hier. Ich bin *hier*. Und er hat kein Recht, sie mir abzusprechen. Nicht er, der dafür war, Lalott in den Verlag zu holen. Nicht, nachdem er mir das Gefühl gegeben hat, dass es sich lohnt, für einen Traum zu kämpfen.

»Verdammter Jonah«, wispere ich – und hole wieder Luft.

Mit einem sich heftig hebenden und senkenden Brustkorb drücke ich mich hoch; sehe auf Knien an die Decke, dann über meine Schulter zum Schreibtisch. Nein, Jonah kennt mich nicht. Er weiß nicht, wer und was und wie viel von allem ich bin. Aaron hingegen … Vermutlich wird mich niemals jemand derart verstehen wie er. Trotz allem, was zwischen uns steht. Und aus genau diesem Grund kann ich diesen Brief nicht einfach weiterreichen oder ignorieren. Aus genau diesem Grund rapple ich mich hoch und greife nach meinem Handy, setze mich auf den Schreibtischstuhl, während ich die noch immer gespeicherte Kurzwahltaste drücke und in der nächsten Sekunde einem Tuten lausche.

Vier Mal – vier Mal atme ich ein, ehe ich ihn den Anruf entgegennehmen höre.

Kein Hey, kein Hallo. Nur abwartende Stille, in die wir beide horchen. Und der Stein, der mir vom Herzen fällt, weil er mich nicht blockiert hat.

»Aaron?«, frage ich leise.

»Ja«, erwidert er leiser. Sein Wispern nimmt mir etwas von der Schwere auf meinen Schultern. Nur einen Bruchteil, aber genau der schenkt mir Mut.

»Ich habe das Schreiben bekommen.«

Sein Atem stockt für eine halbe Sekunde. »In Ordnung.«

»Das ist es. Es ist in Ordnung, Aaron, aber ich … Was ist passiert?«

Das lapidare Auflachen am anderen Ende der Leitung trifft mich. »Du bist passiert, Ella. Deine Texte und die Menschen, die in all dem etwas lesen, das niemals geschehen ist.«

»Ich …« Kopfschüttelnd rufe ich mich zur Ruhe. »Ich tue nichts weiter, als meinen Schmerz niederzuschreiben.«

»Und genau darin liegt das Problem. Du lässt die Welt denken, *ich* hätte dir all das angetan. Als wäre ich die grausamste Person dieses Universums.«

»Nein, es … Es ist nur mein in Worte gefasster Schmerz. Ich habe nie –«

»Dann verrat mir eines, Ella: Was ist mit *meinem* Schmerz? Mit dem, den ich *nicht* in Worte fassen kann, weil ich *kein* Poet bin. Verdient er nicht, gehört zu werden? Verdiene ich nicht, zu heilen?«

»Du verdienst all das«, erwidere ich aus vollster Überzeugung, denn genau das ist, was ich empfinde.

»Und trotzdem siehst du zu, wie online Hasskampagnen gegen mich ausgetragen werden. Wie junge Frauen, die dich vergöttern, mir vor der Kita auflauern und den Eltern meiner Schützlinge Angst machen.«

»Ich wusste all das nicht ...« Selbst nach Fees Worten habe ich daran gezweifelt, wie ernst die Lage für ihn ist. Auch jetzt kann ich nicht begreifen, dass es Realität sein könnte. »Bist du dir sicher? Ich meine, wieso sollten sie das tun?«

»Vergiss es«, würgt er mich ab. »Für mich zählt nur, dass all das endlich ein Ende findet. Dass *du* es mich finden lässt, denn scheiße, Ella, ich ertrinke hier genauso wie du.«

»Bitte, Aaron, lass es mich in Ordnung bringen. Ich spreche mit meinem Team und wir ... Wir finden eine Lösung, okay? Ich verspreche es dir. Nur ... Bitte, gib mir die Chance, dir aus diesem Ozean zu helfen, in dem du schwimmst. Ich möchte einfach ...« Mir fehlen die Worte, dabei wünsche ich mir so viel für ihn. »Ich möchte, dass du es wiederfindest: das Glück; die Freude; das Leben selbst. Ich wollte niemals etwas anderes.«

Er erwidert nichts, aber das muss er auch nicht.

»Ich schicke dir morgen im Laufe des Tages ein paar Terminvorschläge und dann setzen wir uns zusammen, um alles aus der Welt zu schaffen.«

Kein Wort des Abschieds, keine Hoffnung. Nur ein »Okay« und dann erneutes Tuten.

Wie es scheint, ist es heute mein Freund ...

* * *

»Die Bilder sind großartig geworden.« Ravi klickt durch die Fotos, die vor mir auf seinem Laptopbildschirm erscheinen, während wir im Hinterzimmer seines Ateliers sitzen.

»Hm«, pflichte ich ihm verhalten bei; kann mich selbst kaum darauf betrachten.

Dich oder Lalott?, höre ich Jonahs Stimme in meinem Kopf, den ich daraufhin schüttle.

»Wow. Nicht, dass du sonst der überschwänglichste Mensch auf Erden wärst, aber derart unbegeistert habe ich dich noch nie gesehen.«

»Sorry, ich … Heute war ein beschissener Tag.« Und ich bin froh, dass er zu Ende geht. Durch das Fenster hinter uns dringt bereits der Schein der Straßenlaternen.

»Ganz so würde ich das nicht sagen, immerhin war unser Shooting heute Morgen offensichtlich ein Erfolg. Du bist eine Schönheit, priy.«

Bei dem Kosenamen, den er für mich reserviert hat, lächle ich doch. *Liebes.*

»Ah, da ist sie wieder. Danket den Göttern der Poesie!«

»Hör auf damit«, knuffe ich ihn mit der Schulter.

»Du hast recht. Es gehört sich nicht, andere Götter anzurufen, während die Göttin der Lyrik direkt vor mir sitzt.« Er schlägt sich theatralisch auf das Herz.

»Ravi Sharma, du elender Schmeichler!«, lache ich. Und bin im selben Moment unheimlich dankbar, dass er mir das ermöglicht.

»Ich meine es ernst, Ella. Sieh dich an: Was auch immer dir heute dieses Gefühl beschert hat, vergiss es. Du bist eine wundervolle Frau.«

»Jetzt klingst du ernsthaft wie Tante Amalie.«

»Du weißt, wie sehr ich diese Frau bewundere, also ist das okay für mich.« Er zwinkert, legt dann mit etwas ernsterer Miene eine Hand auf meine. »Sag schon, was ist los? Wer hat dein Ego in den Schlamm geworfen?«

»Du bist eindeutig zu melodramatisch.«

»Und das von Miss Poesie höchstpersönlich!«

Mein Grinsen ist ehrlich und breit, ehe ich hörbar ausatme. »Ich hatte eine unschöne Unterhaltung mit meinem Lektor.« Von Aaron und dem Anwaltsschreiben möchte ich ihm nichts erzählen. Obwohl Ravi mir seitens meiner Social Media Managerin zur Seite gestellt wurde und ich ihn daher eine Weile kenne, habe ich ihm, was Aaron betrifft, immer nur das Nötigste offenbart. Und auch jetzt habe ich nicht das Bedürfnis, das zu ändern. Nicht, weil ich ihm nicht vertraue – vermutlich ist er die einzige Person, die das aktuell von sich behaupten kann –, sondern vielmehr deshalb, weil ich mir damit unendlich viel Schwäche eingestehen müsste.

Die Wahrheit ist, dass ich spätestens seit dem Gespräch mit Fee ahnte, dass etwas nicht stimmt; dass Aaron leidet. Dennoch habe ich nichts unternommen. Und nun eröffnet sich mir das Ausmaß dessen, was meine Tante mir bereits gesagt hat: *Fehler zu machen, ist okay. Sie nicht einmal zu riskieren, wird euch beiden jedoch auf jedwede Weise wehtun.*

Es ist genau das, was ich in Kauf genommen habe, weil ich trotz meines Wissens handlungslos geblieben bin. Weil ich bewusst meine über seine Bedürfnisse gestellt; nicht einmal darüber nachgedacht habe, welchen Kompromiss ich hätte finden können. Weil ich es einfach nicht *wahrhaben* wollte. Doch als ich nach unserem Telefonat vorhin die Kommentare meiner Postings durchforstet habe, bin ich auf den Ursprung der Eskalation gestoßen. Ich weiß nicht, wer damit angefangen hat, aber mehrere Accounts haben Aarons privaten Instagramaccount verlinkt und ihn den anderen zum Fraß vorgeworfen. Zwischen hunderten von Kommentaren habe ich es nicht einmal *bemerkt*. Diese Erkenntnis lastet schwer auf meinen Schultern, drückt mich auf einen Boden, der voller Reue ist.

»Deinem Lektor? Wow, was hat er getan? Deine Texte zerrissen?«

»Nicht meine Texte, sondern vielmehr mich selbst.«

Ravi wirkt, als könnte er nicht glauben, was ich gerade von mir gegeben habe.

»Sieh mich nicht so an. Es ist so, dass ... Ich glaube, er hält nicht so viel von Lalott.« Seit heute stimme ich ihm da vielleicht sogar zu, nur bin ich nicht bereit, es laut auszusprechen. Lalott ist einer der wenigen Aspekte in meinem Leben, den ich dazugewonnen statt verloren habe.

»Wie kann man von dir nicht viel halten?« Ravi ist kurz davor, aufzustehen und durch den kleinen Raum zu stampfen, ich sehe es ihm an.

»Das ist es ja: Ich bin mir sicher, es gelingt ihm einfach nicht, Lalott und mich zusammenzubringen. Und das ist okay, so ein Pseudonym kann verwirrend sein, aber ... Gott, er hat mir Dinge an den Kopf geworfen, die mich aus der Bahn geworfen haben.«

»Scheinbar haben sie dich nicht bloß aus der Bahn geworfen, sondern die Bahn vielmehr in einen See fahren lassen!«

»Ravi –«

»Nein, Ella. Was du erzählst, klingt nach einem unprofessionellen Mistkerl.«

Ein Teil von mir möchte ihm zustimmen, der andere, viel größere jedoch weiß, dass Jonah mich nicht willentlich verletzen wollte.

»So ist es nicht, Jonah ist ... Er ist ziemlich nett, eigentlich. Holt mich aus meiner Komfortzone. Aber heute ist er übers Ziel hinausgeschossen. Aus welchen Gründen auch immer, ich verstehe es nicht. Und genau das ist, was mich beschäftigt.«

»Dann frag ihn.«

Ich sehe meinen Freund an, als müsste ich eine Schraube bei ihm nachdrehen.

»Ich meine es ernst: Frag ihn, was er sich dabei gedacht hat. Wenn du tatsächlich so viel von ihm hältst – und vor allem weiterhin mit ihm arbeiten möchtest –, solltest du deine Eierstöcke in die Hand nehmen und den Elefanten im Raum ansprechen.« Er hebt belehrend seinen Zeigefinger. »Und bevor du mich böse ansiehst: Deine

Eierstöcke sind nicht das Problem!«

Innerlich lache ich auf, äußerlich starre ich ihn an wie ein Auto.

»Das ist ... Wie stellst du dir das vor? Das ist kein Gespräch fürs Telefon! Soll ich einfach zu ihm marschieren und ihn konfrontieren?«

»Die Alternative ist, mit diesem unsicheren und nachtragenden Gefühl ihm gegenüber an deinem Debüt zu arbeiten. Glaub mir, selbst wenn ich nur Fotos schieße: Als Künstler gibt es nichts Schlimmeres, als Unsicherheit der Person gegenüber zu empfinden, die einen die eigene Kunst infrage stellen lässt.«

»*Nur Fotos?*«, hake ich nach und zeige zur offenstehenden Tür, die in seine Galerie führt. »Stell dein Talent noch einmal derart unter den Scheffel und ich trete dir vors Schienbein.«

Kurz ist es ruhig, dann lacht er und zerwühlt mein Haar. »Genau diese Entschlossenheit möchte ich sehen, wenn du gleich deinen poetischen Hintern zu diesem Kerl bewegst.«

Moment mal ... »Was meinst du mit *gleich*? Es ist«, mein Blick gleitet auf mein Handy, »kurz vor neun!«

»Du meinst kurz-vor-der-perfekten-Zeit!«

»Ravi ...«

»Ella ...«

Unser Blickduell hält nicht lang, weil er viel zu gut drain ist. Stattdessen schnaufe ich, verschränke die Arme vor der Brust und lehne mich auf dem Sofa zurück. »Selbst wenn ich wollte, wüsste ich nicht einmal genau, wo er wohnt! Er hat zwar seine Straße erwähnt, aber –«

»Seine Straße, priy! Als würden wir in einer Stadt mit 65.000 Einwohnern mehr brauchen als das!«

Ich weiß nicht, was mir mehr Angst macht: das begeisterte Funkeln in Ravis dunklen Augen oder der Drang in mir, es tatsächlich durchziehen zu wollen.

Ernüchterung kroch wie eine schleimige Xaloph Made durch Nohjas Glieder, als er die Luke zum Speicher öffnete und ins Leere griff. Nicht nur waren die Antriebskapazitäten verbraucht, sondern auch sämtliche Vorräte. Obwohl die Realität ihm ins Gesicht spuckte, wollte er nicht sehen, dass er sie alle auf eine Mission geschickt hatte, die zum Scheitern verurteilt war; wollte nicht glauben, dass dies ihre Endstation sein sollte. Also dachte er über ihre Möglichkeiten nach. Ihr Batteriestatus würde nur noch sieben Antriebschübe zulassen. Wenn sie keinen davon verschwenden wollten, blieb ihnen nur eine Möglichkeit – und die würde etliche Gesetze brechen.

(...)

Kapitel 17

Ich bin ein verdammter Mistkerl. Um das einzusehen, war nicht mal der fragende Blick von Haro nötig, der unmittelbar in meiner Tür stand, nachdem Ella sie hinter sich geschlossen hatte. Ebenso wie er hoffte ich, dass außer meinem Kumpel und Büronachbarn niemand sonst im Verlag meinen übergriffigen Auftritt belauscht hat. Denn egal, wie sehr mir Ella unter die Haut geht und wie wahnsinnig es mich macht, dass sie sich selbst und ihre Kunst verleugnet, mir stand es nicht zu, sie derart anzugehen. Ich bin ihr Lektor, nicht ihr Freund. Und ich sollte das ziehende Gefühl in meiner Brust, das diese Erkenntnis in mir auslöst, dringend in den Griff bekommen.

Dank Till und Sam, die nach Feierabend vor dem Gebäude des *eda*Verlags auf mich gewartet haben, konnte ich mich vorhin immerhin davon abhalten, einfach zu der Adresse zu laufen, die in Ellas Vertrag steht, um sie um Verzeihung zu bitten. Ernsthaft, damit hätte ich alles vermutlich nur noch verschlimmert.

Mit Sam im Park von Pfütze zu Pfütze zu springen, bis unsere Hosen bis zu den Knien trieften, war definitiv die bessere Entscheidung. Auch wenn Till dafür einen bösen Blick von Mara, Sams Mutter, kassiert hat, als sie mein Patenkind abgeholt hat. In der Regel bedeutet ihr ruhiger, scharfer Ausdruck immer Gefahr. Er könnte sogar die hell scheinende Galaxie um Kotatien in ewige Finsternis stürzen. Und mit diesem bedachte sie uns, als wir uns etwas verspätet vor meinem Haus trafen.

Dabei ist Mara normalerweise diejenige, die Sam warten lässt – und das manchmal mehrere Monate. Die Rastlosigkeit von Tills Exfreundin erinnert mich oft an meine Mutter. Mit dem Unterschied, dass Letztere mich bis zu meiner Volljährigkeit auf ihre Abenteuer mitgenommen hat. Hätte ich den Wunsch nach einem Ort, an dem ich Wurzeln schlagen kann, nie geäußert, würde ich sie vielleicht bis heute begleiten. Mara hingegen entscheidet sich seit Jahren vor jedem neuen Trip bewusst dagegen, Sam mit sich zu nehmen. Weshalb mein Kumpel die ersten Wochen nach ihrer erneuten Abreise damit verbringt, das Herz meines Patenkindes wieder zusammenzuflicken. Ich bemühe mich wirklich, Mara dafür nicht zu hassen, bis Sam alt genug ist, zu entscheiden, wie sie die Beziehung zu ihrer Mutter gestalten möchte, aber es fällt mir nach jedem Aufbruch schwerer.

Dieses Mal hat Mara ihr Versprechen, eine Woche mit ihrer Tochter zu verbringen, eingehalten. Auch wenn sie nur in Weimar bleiben und Sam weiterhin in den Kindergarten geht. Wenigstens verbringen die beiden Zeit miteinander.

So läuten wir kurz darauf Tills kinderfreie Woche mit einem Spieleabend ein. Obwohl Mats, der soeben den Deckel von *Human Punishment* hebt, noch nicht weiß, dass wir trotz der Situation zwischen ihm und C3PO heute vollständig sein werden.

Die Überraschung lässt nicht lange auf sich warten. Während Till in der Küche Getränke holt, klingelt es an der Tür. Mats, der mir gegenüber auf der Couch sitzt und die Spielkarten sortiert, horcht auf. Ich kann seinen irritierten Blick förmlich auf mir spüren.

»Till, machst du bitte auf?«, rufe ich und schnappe mir die von Mats zurechtgelegten Gesinnungskarten, mit deren Hilfe wir gleich in Menschen, Maschinen und Gesetzlose eingeteilt werden.

Mats wird nicht gefallen, dass ich ihn bezüglich unserer *Männerrunde* heute Abend angelogen habe. Seinem Starren nach zu urteilen, dass ich gepflegt ignoriere, gefriert er zur Salzsäule.

Tut mir leid, mein Freund. Da musst du durch. Es wird Zeit, dass er aufhört, seinen Gefühlen aus dem Weg zu gehen.

»Erwartest du noch jemanden?«, fragt er, eine Warnung in der Stimme. Als ich nichts erwidere, stattdessen zwei Karten vor jeden der vier Plätze lege und nach den Rollenkarten greife, setzt er hinzu: »*Sie* kommt doch nicht, oder?«

Ich presse die Lippen aufeinander, als C3POs erfreutes »Hey Till« ertönt, und setze einen entschuldigenden Blick auf.

»Verräter!«, flucht Mats.

»Du kannst dich nicht ewig verstecken«, ermahne ich ihn. »Rede mit ihr!«

Lediglich ein Brummen kommt ihm über die Lippen.

Für eine Sekunde macht es den Anschein, als suche er nach einem Fluchtweg, und ich mache mich angriffsbereit, sobald sein Blick am Fenster hängen bleibt. Statt loszustürmen, krallt er die Finger so sehr in die Sitzpolster der Couch, ich bin fast sicher, er wird dort Löcher hinterlassen.

Die Karten zur Seite legend erhebe ich mich aus dem Schneidersitz, klopfe auf Mats' Schulter und gehe gen Flur. »Hey!«, begrüße ich C3PO, die soeben aus ihren Boots schlüpft, und drücke sie kurz an mich. »Geh ruhig schon durch, ich helfe Till mit den Getränken«, weise ich sie an und schiebe sie Richtung Wohnzimmer. Verharre dann einen Moment, um der angespannten Stille im Nachbarzimmer zu lauschen.

»Hi«, erklingt Mats raue Stimme, der in der Couch sicher Wurzeln geschlagen hat.

»Hi«, antwortet C3PO überrascht. Auch sie ist in dem Glauben hergekommen, dass Mats nicht erscheinen würde. Gleiches Recht für alle.

Ich öffne den Kühlschrank und drücke Till ein paar Bierflaschen in die Hand. Das dabei ertönende Klirren hallt regelrecht durch die Wohnung und bestätigt, dass die beiden ihrem Schweigen verfallen

186

sind. Till scheint es auch zu realisieren und sieht so gequält drein, dass ich fast ein bisschen lachen will. Und in dem Moment weiß ich irgendwie, dass alles gut werden wird.

Wir lassen uns Zeit. Ich krame ein Tablett aus der hintersten Ecke, das maximal zwei Mal seit seiner Entstehung zum Einsatz kam, und Till holt sogar Gläser aus dem Küchenschrank. Gläser. Dabei ist jeder von uns ein Flaschentrinker, wenn es um Bier geht. Sicher sind die beiden heilfroh, dass wir ihre Stille mit etwas Lärm füllen.

Schließlich erbarmt sich C3PO irgendwann zu einer Frage. »Alles gut?«

»Klar«, antwortet Mats prompt, als hätte sie ihn etwas vollkommen Absurdes gefragt. »Bei dir?«

Ich schüttle den Kopf. Diese Situation ist wirklich zu albern.

»*Klar*«, kontert C3PO mit einer deutlichen Herausforderung in ihrem Ton. Selten habe ich in so wenig Worten derart viel Subtext gelesen.

Till, der eine Karaffe mit Wasser füllt, sieht mich von der Seite an. »Sollte ich wissen, was genau da los ist? Sie wirken noch angespannter als nach ihren üblichen Stänkereien.«

»Wenn du geglaubt hast, wir wären erwachsen, dann bereite dich auf eine Zeitreise vor.« Mein Kumpel runzelt die Stirn und mir kommt ein Seufzen über die Lippen. Die Stimme gesenkt beuge ich mich zu ihm. »Offensichtlich ist uns entgangen, dass sich unsere Freunde ineinander *verknallt* haben.«

»Was?« Der Kopf von Till stößt unweigerlich gegen meinen, als er ihn ruckartig herumreißt. »Autsch«

»Fuck, Sorry!« Er reibt seine Stirn. »Sind sie … *zusammen?*«

Würden wir nicht absichtlich leise sein wollen, hätte ich bei seinem fast panisch ausgestoßenen Flüstern des letzten Wortes vermutlich losgeprustet. »Nein, du kennst sie doch. Das wäre viel zu einfach. Wenn es nach Mats geht, wird er sich bis ans Ende aller Tage verkriechen, um nicht mit ihr reden zu müssen. Also helfen wir …

ein wenig nach«, erkläre ich. »Spiel einfach mit.«

Als wir daraufhin ins Wohnzimmer zurückkehren, herrscht Eiszeit. Unsere Freunde sitzen am jeweils anderen Ende auf der Couch. Zwischen ihnen eine klaffende Lücke.

»Rutschst du durch?«, fordere ich meine beste Freundin auf, die Flaschen in der Hand.

»Du sitzt doch eigentlich immer da drüben«, behauptet sie, zeigt auf den Sessel gegenüber.

»Vielleicht möchte ich dir heute in die Karten gucken.« Ich zwinkere ihr zu.

Der Blick, den C3PO mir zuwirft, trifft mich wie ein Dolch, aber ich verziehe keine Miene.

»Du darfst meinen Platz selbstverständlich übernehmen, wenn du lieber woanders sitzen möchtest«, biete ich an, wohlwissend, dass sie sich niemals die Blöße geben würde, das zuzugeben.

Mats räuspert sich. »Ehm, ich kann auch –«

»Nein! Schon gut«, wendet C3PO trotzig ein, rutscht mit einem Satz so nah an Mats heran, dass sich ihre Oberschenkel berühren. Zu ihrer Linken könnten nun locker *drei* Leute Platz finden.

Mats, dem der Mund offen steht, hält sichtlich die Luft an. Hilfesuchend starrt er wieder zum Fenster, aber selbst aus dieser Höhe wird es unangenehm, die Hauswand runterzuklettern.

Herzlich willkommen in der Pubertät 2.0.

»Danke«, sage ich schlicht und lasse mich auf dem Sofa nieder, wobei ich möglichst viel von dem Platz, den C3PO freigegeben hat, einnehme.

»Da wir nun alle unsere zugewiesenen Plätze gefunden haben, können wir ja anfangen«, scherzt Till, der in der Zwischenzeit die Waffenkarten sowie den Stapel der Programmkarten in die Tischmitte gelegt hat. Jeder von uns erhält eine verdeckte Rollen- und eine Programmkarte.

Sobald sich C3PO nach vorne lehnt und nach ihren Spielkarten greift, schnellt Mats Blick hinter ihrem Rücken zu mir. In seinen Augen: Wut – getränkt mit purer Verzweiflung. Seine Wangen glühen wie ein polierter Apfel. Flehend sieht er mich an, bis sich der braune Lockenkopf unserer besten Freundin in sein Blickfeld schiebt.

»Wenn ihr wirklich denkt, ihr könntet bescheißen und meine Gesinnung herausfinden, legt ihr euch mit der Falschen an!«

Es ist zu schön, zu beobachten, dass sie Mats' Blick wie ein Magnet auf sich zieht. Während sie mit ihrer perfekten Fassade aus Gelassenheit vor ihm sitzt, starrt er sie an, als wäre sie eine seltene Sammelkarte.

»Ist was?«, fragt sie und am liebsten würde ich ihr für ihre Courage auf die Schulter klopfen.

Wieder steht Mats' Mund offen. »Ehm …«, stammelt er und ich könnte schwören, C3POs Mundwinkel zucken in die Höhe. »Nein. Ich meine ja, schon. Also … Du hast da was«, behauptet er, zeigt auf seine Wange.

C3PO sieht mit gerunzelter Stirn zu Till. »Ein Krümel oder Zuckerguss? Ich habe mir vorhin bei dir Poptarts von Sam geklaut«, sagt sie, zerrt an dem Ärmel ihrer Strickjacke und reibt sich über die Wange, auf der von meiner Position aus nicht das Geringste zu entdecken ist.

Auch ich schaue zu Till, der sie nur mit großen Augen anstarrt. Für eine Millisekunde sieht er zu Mats, doch mehr als ein unbeholfenes Schulterzucken, ist von ihm nicht zu erwarten.

Ich muss mich zusammenreißen, nicht loszuprusten, so zerstreut habe ich ihn noch nie erlebt – niemanden von meinen Freunden. Sie brauchen dringend Hilfe.

»Ist es weg?«, fragt C3PO.

»Nein«, entgegne ich lachend, denn ich werde diese Vorlage sicherlich nicht ungenutzt lassen. »Nun hilf ihr doch mal.«

Zaghaft dreht sich meine beste Freundin zu unserem Freund

herum. Auffordernd, abwartend.

Er schluckt, beugt sich ein Stück zu ihr. »Ich werde nur kurz ...« Seine Hand nähert sich zitternd ihrem Gesicht.

Ich kann C3POs Ausdruck nicht sehen, doch sie bewegt sich keinen Millimeter – ich glaube, sie hält den Atem an, während Mats ihr das unsichtbare Nichts von der Wange streicht.

Dieser Abend wird auf jeden Fall interessant. Vielleicht schaffen es die beiden sogar, meine Gedanken länger als zehn Minuten von Ella zu lösen. Denn der Ausdruck in ihren Augen, als sie am frühen Nachmittag mein Büro verlassen hat, verfolgt mich noch immer – und das Gewicht meines Smartphones liegt schwer in meiner Hosentasche.

Bevor ich es herausziehe und mit einer Nachricht an Ella den nächsten Fehler begehe, beuge ich mich nach vorn, schnappe meine Karten und stelle fest, dass ich vorerst auf der Seite der Maschinen ums Überleben kämpfe.

Ich wünschte, durch mich würden auch Kabel statt Blut fließen. Dann könnte ich einfach einen Knopf drücken, um meinen Kopf stillzulegen. Einen, der bewirkt, dass der Ella-Error wenigstens für ein paar Stunden aus meinem System verschwindet.

Kapitel 18

Bereits nach dem sechsten Haus schwebt mein Finger über der Klingel mit der Aufschrift Reed. Döllstädtstraße, so wie er gesagt hat. Wie viele Reeds in der Döllstädtstraße kann es schon geben? Doch plötzlich bin ich mir nicht mehr sicher, was ich hier eigentlich will. Stehe ich wirklich an einem Donnerstagabend vor der Haustür meines Lektors?

Wo sind deine Eierstöcke, priy?, höre ich Ravi in meinem Kopf jubeln – und würde besagte Innereien am liebsten vor seine Füße kotzen, selbst wenn das anatomisch kaum möglich ist. Gott, warum ist mir so schlecht?

Die Tür schwingt auf und ich weiche im Angesicht eines graumelierten Dutts erschrocken zurück. Eine alte Dame tritt, den Blick gesenkt und mit schlürfenden Füßen, auf die Schwelle, umfasst mit zittriger Hand den Türrahmen.

»Oh, guten Abend. Kann ich Ihnen helfen?«, frage ich reflexartig.

Dankbar streckt sie mir ihren Unterarm entgegen und lässt sich von mir die zwei Stufen vor dem Eingang des mit Stuck verzierten Mehrfamilienhauses hinunterbringen.

»Danke, Herzchen. Du möchtest sicher zu Jonah im ersten Stock? Er bekommt oft Besuch«, sagt sie und zeigt völlig selbstverständlich mit dem Finger durch die offene Tür ins Treppenhaus. »Richte ihm bitte aus, dass er sich seine Post morgen bei mir abholen kann.«

Oft Besuch? Was soll das bedeuten?

Etwas Wut im Blut täte weitaus mehr für meinen Mut, stattdessen überkommt mich Verunsicherung.

Die alte Dame wirft einen Blick in den dunklen Himmel über Weimar, dreht sich dann zu mir um. »Herzchen, könntest du mir bitte noch meinen Schirm reichen? Er steht noch drinnen neben den Briefkästen. Der Wetterbericht stimmt ja doch nie.«

Instinktiv trete ich einen Schritt in den Hausflur des Altbaus und reiche der Dame den braun gemusterten Schirm die Treppe hinab.

»Sei so gut und zieh bitte die Tür hinter dir zu. Den Leuten ist heutzutage nicht mehr zu trauen«, mahnt sie und schiebt sich auf das Törchen zu, das das Grundstück vom Bürgersteig trennt.

Wie befohlen und ziemlich automatisch gehorche ich und stelle mit dem Einrasten des Schlosses fest, dass ich tatsächlich im Haus – nur wenige Meter entfernt von der Wohnung meines Lektors – stehe. Unschlüssig und regungslos verharre ich auf der Stelle, bis das Licht im Flur mit einem Klick erlischt.

Vor ein paar Wochen hätte ich mich der Dunkelheit gefügt; wäre regungslos in ihr verharrt. Nun denke ich an Jonahs Worte – dass ich nicht darin zurückbleiben, sondern einen Weg *aus* ihr finden soll. Gott, was richtet dieser Mensch nur mit mir an?

Als hätte die Dunkelheit das Schicksal herausgefordert, ertönt in diesem Moment ein Surren aus meiner Tasche. Ich greife nach meinem Handy, während das Licht um mich herum bei der Bewegung wieder angeht, und bin beinahe sicher, dass Ravi mir eine seiner Motivationsansprachen gesendet hat. Doch als ich das Display entsperre, leuchtet mir ein anderer Name entgegen.

Es tut mir leid.

Mit klopfendem Herzen starre ich auf Jonahs Nachricht. Die App zeigt an, dass er tippt, und kurz darauf ploppt eine weitere Nachricht von ihm auf.

Es stand mir nicht zu, so mit dir zu reden.

Meine Finger schweben bereits über dem Display, doch dann wird mir bewusst, wo ich bin.

Ohne weiter darüber nachzudenken, steige ich die paar Stufen hoch, trete vor die Tür, neben der erneut ein Schild mit seinem Namen angebracht ist, und atme tief ein, ehe ich die Klingel darunter betätige.

Dumpfe Geräusche ertönen von drinnen und bevor ich bereuen kann, hier zu sein, öffnet ein verdutzter Jonah die Tür.

»Ella?«

Für Sekunden, die sich anfühlen wie Unendlichkeit, starrt er mich an. Die Augen geweitet, die Brauen so weit hochgezogen, dass sie über den Rahmen seiner Brille ragen. Hinter ihm klingen Stimmen, die mir klarmachen, dass er Besuch hat – und ich unangemeldet vor seiner Tür stehe. Immerhin weiß ich jetzt, was seine Nachbarin meinte.

»Entschuldige, ich … Ich hätte anrufen sollen«, platzt es aus mir heraus. Mein Verstand verlangt automatisch den Rückzug, doch mein verräterischer Körper bewegt sich keinen Zentimeter. »Vergiss bitte, dass ich hier war. Ich gehe und wir reden morgen, einverstanden?« Dass ich mich trotz meiner Worte noch immer nicht rühre, grenzt an eine Selbstgeißelung, die ihresgleichen sucht …

»Nein, ich … Ich bin froh, dass du hier bist«, unterbricht er meinen mehr als peinlichen Auftritt mit erhobenen Händen. »Warte kurz.« Jonah lehnt sich zurück und ruft: »Bin gleich wieder da!«

Etwas klimpert – wahrscheinlich der Haustürschlüssel, den er eilig in seine Hosentasche stopft –, bevor er über die Schwelle tritt. Dabei kommt er mir derart nah, dass ich kurz darüber nachdenke, ob es nicht doch eine gute Idee ist, mein *eda*Buch über das Luftbekommen zu schreiben.

Er merkt gar nicht, dass ich wanke, während er die Tür zuzieht.

Die Hand noch immer hinter seinem Rücken am Knauf, sieht er mich an und plötzlich stehen wir uns gegenüber. So eng, dass mir der Duft seines Aftershaves in die Nase steigt. Was auch immer es ist: Die Mischung aus frischer Minze in Kombination mit einer leicht herben Note erinnert mich an den Moment nach einem Regenguss, wenn die Natur aufatmet. Und trotzdem entgeht mir der Hauch von Lavendel nicht, der mir jedes Mal aufs Neue Verse in die Gedanken treibt.

Als mir auffällt, dass ich nicht nur einen Schritt zurücktreten, sondern ihm vor allem sagen sollte, weshalb ich unangemeldet bei ihm aufschlage, bringt sein schlichtes »Hey« das Chaos in mir augenblicklich zum Schweigen.

Es ist mehr als eine Begrüßung. Mehr als drei Buchstaben, die dahingesagt werden.

Jonahs Schultern entspannen sich, als habe er viel zu lange die Luft angehalten. Seine Stimme ist sanft und trotzdem kratzig, sodass sich die feinen Härchen auf meinem Arm aufstellen.

»Hey«, gebe ich in den viel zu kleinen Raum zwischen uns zurück.

»Ich habe dir gerade geschrieben, aber nun kann ich es dir persönlich sagen: Es tut mir wirklich leid, wie ich mich dir heute gegenüber verhalten habe.« Ich bin viel zu perplex, als etwas anderes zu tun, als zu nicken. »Angesichts unserer Geschäftsbeziehung war es nicht nur übergriffig, sondern auch falsch, und ich hoffe sehr, dass du meine Entschuldigung annimmst. Du bist eine unglaublich talentierte Schriftstellerin, Ella, und ich würde unsere Zusammenarbeit wirklich gern fortführen. Aber wenn du nach meiner Entgleisung lieber einen anderen Lektorierenden an deiner Seite hättest, verstehe ich das vollkommen.« Seine Fähigkeit, reflektierte Reue zu zeigen, ist wirklich beneidenswert, jedoch entgeht mir nicht, dass er offenlässt, ob er seine Aussage und nicht nur sein Verhalten revidieren würde.

»Also hast du nicht gemeint, was du gesagt hast?«

Er atmet schwer aus. Seine Hand löst sich vom Türgriff hinter ihm und er fährt sich durch das Haar. Durch seine Bewegung rücke ich ein Stück von ihm ab, was mir hilft, klarer zu denken.

»Ich will ehrlich zu dir sein«, setzt er an und kratzt sich über den dunklen Bartschatten am Kinn. »Das, was ich gesagt habe, war auch so gemeint, aber in meiner Position als Lektor absolut unpassend. Normalerweise habe ich meine Emotionen im Griff, aber du …« In Jonahs Augen schimmert etwas, doch er blinzelt es weg, schiebt die Brille auf seiner Nase ein Stück nach oben. »Tut mir leid, das soll jetzt nicht so klingen, als wäre es deine Schuld.« Wieder ringt er nach Worten. »Ach Mist, kann ich mich für meine absolut furchtbare Entschuldigung entschuldigen?«

Unwillentlich muss ich auflachen. »Danke für deine Ehrlichkeit und diese lausige Entschuldigung«, ziehe ich ihn auf.

Jonah schüttelt den Kopf, sieht auf seine Füße, die in knallbunt gemusterten Socken stecken und unter seiner lockeren Jeans hervorblitzen, dann wieder zu mir. »Also«, setzt er an. »Warum bist du hier, Ella?«

Wir starren einander an, völlig regungslos und viel zu lange, bis wir plötzlich nur noch Dunkelheit sehen. Und das meine ich wörtlich, denn als würde das Universum mir einen Augenblick mehr Zeit für die Beantwortung seiner Frage geben wollen, erlischt auf einmal das Licht des Hausflurs.

Wie es mein Name aus seinem Mund tut, umfängt mich auch die Finsternis wie eine schützende Decke – und obwohl ich mich nicht bewege, könnte ich schwören, sie drückt uns näher zueinander.

Mit einem Klick erhellt sich die Umgebung keine zwei Sekunden später und ich blinzle gegen das Licht an, das Jonah offenbar mit einer Bewegung seiner Hand ausgelöst hat. Sie schwebt in der Luft. Ob sie ein Ziel im Sinn hatte, weiß ich nicht, aber für einen winzigen Augenblick stelle ich mir vor, sie hätte mich berühren wollen.

Der Gedanke verschwindet, sobald Jonah den Arm sinken lässt.

»Also?«, hakt er nach.

Direkt und ehrlich, Ella, sonst funktioniert es nicht. Denk an deine Kunst! Dass sich Ravis Stimme mal derart in mir festsetzen würde, hätte ich nicht gedacht.

»Ich kann nicht mit jemandem zusammenarbeiten, der das, was ich mir aufgebaut habe, derart infrage stellt.«

Sein Blick wechselt von abwartend zu gequält innerhalb eines Moments. »Fuck, ich –«

»Nein, lass mich bitte aussprechen.« Selbst sein Nicken strahlt nach meinen Worten enorme Resignation aus. »Es ist unerlässlich, dass du mich herausforderst, um mich aus meiner Komfortzone zu holen. Du darfst Kritik äußern, jederzeit, denn du sollst meine Texte und vor allem dieses Buch zu etwas machen, das die Lesenden bereichert. Aber Jonah ...« Ich zögere die richtigen Worte hinaus, weil ich weiß, dass sie wehtun werden. Mir und ihm. Aber diese Grenze zu ziehen, ist unerlässlich. »Über mich als Person zu urteilen, steht dir nicht zu. Über Lalott zu sprechen, als wäre sie nichts als eine Lüge, werde ich nicht akzeptieren. Nach dieser kurzen Zeit kennst du weder sie noch mich noch jegliche Zusammenhänge. Wenn wir also weiterhin gemeinsam arbeiten wollen – und ich würde es mir wünschen –, darfst du diese Grenze nicht erneut überschreiten.«

Selbstachtung ist etwas, das ich mir gegenüber schon seit einer Weile nicht empfunden habe. Aber gerade, in diesem Moment, würde ich mir gerne selbst auf die Schulter klopfen. Für mich einzustehen, ist ein Schritt in eine Richtung, in die ich wirklich gehen möchte, das merke ich jetzt. Und darum werde ich alles tun, um mir das nicht mehr nehmen zu lassen.

Hundert Träume und Hoffnungen schienen verloren, doch gerade hier, in dieser Sekunde, entsteht etwas Neues. Etwas, für das ich nach langer Zeit kämpfen werde.

»Das ist ...« Er scheint nach den Worten suchen zu müssen, die ich längst in seinen Augen lese. Da ist Erleichterung, erneutes

Bedauern, aber auch ein Hauch von Stolz. »Das ist nicht nur akzeptabel, sondern absolut richtig. Und ich verspreche, dass etwas Derartiges von nun an nicht mehr zwischen uns stehen wird.«

Dankbar lächle ich ihn an; erkenne, dass seine Worte ehrlich sind. In jeder Hinsicht.

»Gut.«

»Gut.«

Wir sehen uns an, bis ich das Gefühl habe, das Licht müsste jeden Moment wieder ausgehen, sodass ich mir die offenen Haare hinter die Ohren streiche und mich räuspere. »Na dann, ich sollte wohl wieder ...«

»Musst du nicht«, unterbricht er mich. »Also ich meine, du kannst gerne bleiben.«

»Hast du nicht Besuch? Weißt du, ich bin nicht unbedingt ein Ausbund sozialer Energie.«

Er lacht. »Wir müssen nicht reingehen. Die da drin kennen meine Wohnung vermutlich besser als ich, daher kommen sie klar. Wenn du möchtest, können wir uns noch etwas auf die Treppen setzen.«

Sein Angebot bedeutet mir viel, denn es gibt mir das Gefühl, unseren heutigen Disput zu überwinden; dass ihm ebenfalls etwas daran liegt. Nicht auf die Weise, dass ich vergesse, was er gesagt und damit in mir ausgelöst hat. Aber so, dass ich es als eine Art Enjambement betrachten kann. Einen stilistischen Zeilensprung von Vers zu Vers, der ein Reimschema durchbricht, nur um es danach noch schöner klingen zu lassen.

»Weißt du«, beginnt er, während er sich auf mittlerer Höhe der Stufen zum nächsten Stock niederlässt; sich dabei sogar zurücklehnt, als würde er in die Sterne gucken wollen, und ich es ihm instinktiv gleichtue. »Vielleicht sollte ich nicht mehr so leichtfertig mit meinen privaten Daten umgehen.«

Von der Seite sehe ich ihn schmunzeln, verstehe jedoch nicht, was er meint.

»Es brauchte nicht mehr, als meine Straße in einem Nebensatz fallen zu lassen, damit du mir um halb zehn abends berechtigterweise verbal in den Hintern treten kannst. Und dann bist du sogar in dieses Haus gekommen, obwohl meine Nachbarin mit Sicherheit, nach ihrer täglichen Kontrollrunde durch die Siedlung, die Tür verschlossen hat. Glaub mir, sie ist etwas paranoid.«

Aus meinem Auflachen klingt auch ein wenig Scham, vielleicht sogar sehr viel davon, denn zweifelsohne besitze ich Tendenzen, die ich mir nicht zugetraut hätte. »Nun ich … Es tut mir wirklich leid, dass ich damit übers Ziel hinausgeschossen bin. Aber ich versichere dir, du hast nichts vor mir zu befürchten.«

»Wenn du wüsstest, Ella …«, lässt er den leisen Gedanken in der Luft hängen, der etwas in mir auslöst, das ich dringend abschütteln sollte. Doch der Schauder gleitet von ganz allein über meine Haut. Ich könnte ihn nicht einmal wegtanzen, selbst wenn ich wollte.

»Von besagter älterer Dame soll ich dir übrigens einen lieben Gruß ausrichten. Morgen kannst du deine Post von ihr abholen«, lenke ich mich von dem Kribbeln ab, das von meinem Körper Besitz ergriffen hat und nicht mehr von mir weichen will.

»Wow, du hast sogar mein persönliches Umfeld unter deine Kontrolle gebracht. Sag mir nur eines«, er dreht sich zu mir, als wolle er mir ein Geheimnis entlocken, »sind die Drei dort drin ebenfalls involviert?«

Seinem Finger folgend sehe ich zu seiner Wohnungstür und muss ehrlich grinsen. »Das wirst du früher oder später herausfinden, glaub mir.«

Sein Auflachen ist kurz, aber es trifft direkt in mein Herz. »Du solltest nach deinem Lyrikdebüt über eine Thrillerkarriere nachdenken. Etwas verrät mir, dass du darin enorm geschickt wärst.«

»Das wird keinesfalls passieren«, interveniere ich. »Ich kann mir nicht mal Tim Burtons *Nightmare Before Christmas* ansehen, ohne mich zu gruseln. Etwas Derartiges zu schreiben, wäre der direkte

Zugang zur Hölle für mich.«

»Du weißt, dass das ein Kinderfilm und kein Thriller ist?«, möchte er ehrlich skeptisch wissen.

»Die Hauptfigur ist ein Skelett, Jonah! Das kann gar kein Kinderfilm sein!«

Sein Prusten ist derart ausgelassen, dass es in dem leeren Hausflur durch alle drei Stockwerke hallt. Wenn es in die ein oder andere Wohnung dringen würde, würde es mich nicht wundern.

»Machst du dich über mich lustig?«, frage ich. Halb empört, halb amüsiert. Sein Lachen geht mir durch Mark und Bein.

Goethe steh mir bei!

»Nicht doch. Ich versuche nur, dich zu verstehen, Ella, aber immer, wenn ich denke, ich hätte eine Nuance von dir erwischt, wechselst du so schnell die Farbe, dass sich mir der Kopf dreht.«

Aus seinen Worten klingt trotz der Belustigung eine Wahrheit, die mir unter die Haut geht, weshalb ich mir Zeit nehme, etwas zu erwidern. Und als ich es tue, sind es plötzlich Verse, die meine Lippen passieren.

> »Suche mich in
> tausend Nuancen, nur um
> in meinen eigenen Farben
> schwarz zu sehen.«

Einige Momente ist es ruhig.

»Wow, also ... derart tragisch habe ich es nicht empfunden. Aber du hast irgendwie die Angewohnheit, mir regelmäßig Bretter um die Ohren zu hauen.«

Ich möchte gerade erwidern, dass vielleicht er es ist, der das in mir hervorkitzelt, als ein Klopfen uns einander mustern lässt.

»Hat gerade tatsächlich jemand von innen an deine Wohnungstür geklopft?«, frage ich verdutzt.

»Ich bin nicht sicher.« Er fährt sich mit der Hand über den Bartschatten, während sich die Tür im nächsten Moment öffnet.

»Jonah?«, ertönt eine männliche Stimme, zu der die dazugehörige Person im Anschluss ihren Kopf nach draußen steckt und uns sofort findet. Der Mann, den ich auf Anfang 30 schätze, trägt seine blonden Haare in einem Man Bun, während die hellen Iriden uns entschuldigend mustern. Ich glaube, ich erkenne ihn von Jonahs Instagramprofil wieder.

»Sorry, dass ich störe. Hi, ich bin Till«, stellt er sich vor.

»Ella«, erwidere ich mit einem unbeholfenen Lächeln. Wie verhält man sich angemessen, wenn man den Gastgeber in den Hausflur entführt hat?

»Freut mich, Ella. Ich unterbreche euch sehr ungern, aber … wollt ihr nicht reinkommen? Der Klimawandel kann einpacken gegen die Stimmungsschwankungen da drinnen. Ich könnte euch wirklich als Neutralisator gebrauchen.«

»So schlimm?«, möchte Jonah wissen, der plötzlich mehr als amüsiert und neugierig zu sein scheint.

»Entweder wird nur eine Person der beiden den Abend überleben oder sie werden … na ja … zu einer *verschmelzen*«, erklärt Till und verschränkt die Hände umständlich ineinander. »Und ich sag mal so: Ich will von keinem der beiden Szenarien Zeuge werden, von daher …« Er weist mit dem Daumen hinter sich und ich kann nicht anders, als aufzulachen.

Was, zum Teufel, geht dort drinnen vor sich?

»Wir kommen gleich«, sichert Jonah ihm zu, woraufhin Till sich zurückzieht, die Tür aber auflässt, um uns ganz deutlich zu signalisieren, wie ernst es ihm ist. Jonah mustert mich. »Es sei denn natürlich, du möchtest uns auf dem Schlachtfeld zurücklassen und den Rückzug antreten. Ich könnte es dir nicht verdenken.« Sein

Zwinkern verstärkt erneut dieses Kribbeln in meinem Körper. Und verdammt, ich wünschte, ich hätte überhaupt eine Wahl.

»Du weißt doch, dass ich guten Tragödien nicht widerstehen kann«, erwidere ich, stehe auf und betrete im Einklang von Jonahs Lachen hinter mir seine Wohnung.

Kapitel 19

Der Stilmix in Jonahs Reich – Echtholzmöbel, deren Oberflächen eine eigene Geschichte in sich tragen, dazu schlichte IKEA-Klassiker – unterstreicht das Bild seiner Persönlichkeit, das ich in den letzten Tagen gezeichnet habe, mit jedem Quadratmeter.

Während ich beim Ausziehen meiner Schuhe vom Altbauflur aus sowohl die Küche als auch einen Teil des Wohnraums in Augenschein nehme, hängt Jonah meinen Mantel an der überfüllten Garderobe auf. Er muss merken, dass ich mir etwas Zeit lasse, denn er tritt gemächlich an mir vorbei, um im offenen Durchgang zum Wohnzimmer stehen zu bleiben.

»Leute«, setzt er an und wartet, bis ich auf ihn zugehe.

Zuvor habe ich lediglich die dunkle Kommode unter dem Fernseher erspähen können und die schwedischen Bilderleisten darüber, ebenso wie eine Yukka-Palme in einem hellblauen Topf. Als ich nun zu Jonah aufschließe, erschließt sich mir auch eine graue Sofalandschaft aus einem Dreisitzer und zwei Sesseln, zwischen denen ein dunkler Tisch steht, auf dem ein Kartenspiel ausgelegt wurde. Ein ebenfalls hellblauer Teppich darunter und eine über die Couch ragende Stehlampe lassen diesen Raum absolut gemütlich wirken. Vor allem wegen der hellen Wände und des Parketts.

»Das ist Ella«, stellt Jonah mich vor. Kurz glaube ich, dass er erklären wird, woher wir uns kennen, doch er belässt es schlicht bei meinem Vornamen.

Nachdem ich es von Kaiko und Hanka gewohnt bin, nur als Lalott und mit meiner Berufsbezeichnung vorgestellt zu werden, ist es erfrischend, einfach nur Ella zu sein.

»Hi«, grüße ich etwas unbeholfen in die kleine Runde. Neben Till, der sich bereits im Flur vorgestellt hat, schauen ein junger Mann mit kurzem braunem Haar sowie seine gelockte Sitznachbarin zu mir herüber.

»Das sind Mats und Giulia«, stellt Till freundlicherweise vor, weil Jonah offenbar seine Sprache verloren hat.

Ich werfe ihm einen Seitenblick zu. Er schluckt, kratzt sich an der Stirn, wirkt verlegen.

»Du kannst mich C3PO nennen«, korrigiert Giulia und schenkt mir ein aufrichtiges Lächeln. »Kennst du *Human Punishment?*«

»Ich fürchte nicht«, antworte ich entschuldigend und wundere mich im selben Moment, dass sie meine Anwesenheit ohne Fragen oder verwunderter Blicke hinnehmen. Beinahe so, als hätte Jonah meinen Namen zuvor bereits fallen lassen.

Um in diese These nicht zu viel hineinzuinterpretieren, betrachte ich die Karten auf dem Tisch vor ihnen. Es sieht nicht nach einem Spiel aus, das mit einem Standard-Deck gespielt wird.

»Lasst euch von mir bitte nicht aufhalten. Ihr könnt ruhig weiterspielen, ich schaue gern zu«, schiebe ich hinterher.

»Du kannst mit mir zusammenspielen. Wenn du willst, erkläre ich dir alles«, bietet Jonah an.

»Lass dir nur nicht zeigen, wie man verliert«, scherzt Giulia – oder C3PO. Was hinter dem Spitznamen steckt, muss mir später dringend erklären lassen.

Ihren Kommentar ignorierend sieht Jonah mich an, und dadurch erkenne ich etwas in seinem Blick, das vorher nicht dagewesen ist. Ist er tatsächlich … nervös?

»Möchtest du etwas trinken?« Seine etwas zu leise Stimme bestärkt meinen Eindruck, weshalb sich auch in mir die Aufregung vervielfacht und ich mich abermals frage, was zum Teufel ich hier mache. »Ich habe leider keinen Kakao, aber Cider, Bier und Wasser im Angebot.«

»Cider klingt gut«, bringe ich sachte lächelnd hervor.

»Okay«, antwortet er, tritt einen Schritt zurück und ergänzt, bevor er in der Küche verschwindet: »Fühl dich ganz wie zu Hause, die anderen tun das auch. Das Badezimmer ist den Flur runter links. Falls du was brauchst, sag Bescheid.«

Mit seinem Weggang wird es eine Millisekunde ruhig, ehe Till meinen Namen ruft und auf den Sessel neben seinem deutet.

»Danke schön«, erwidere ich, sobald ich sitze, und sehe den Blicken von Mats und … C3PO entgegen.

»Du bist die Lyrik-Ella, an deren Buch Jonah gerade bei *eda* arbeitet, nicht wahr?«, möchte sie wissen.

»Lyrik-Ella?«, schmunzle ich.

»Jonah hat mir ein paar deiner Gedichte auf Social Media gezeigt, großes Kompliment dafür. Da ich dazu neige, Dinge gern zu kategorisieren, hab ich mir *Lyrik-Ella* eingeprägt.«

Ich lache auf. »Na dann, vielen Dank.«

Neben mir erhebt sich Till vom Sessel und lässt sich auf den freien Platz neben C3PO fallen, wodurch sie und Mats etwas zusammenrücken und dabei jeweils einen ehrlich verzweifelten Eindruck machen. Die beiden wirken geradezu verkrampft und ich vergewissere mich mit einem Blick zu Till, dass *das* das Schlachtfeld ist, von dem er gesprochen hat. Sein angestrengtes Stirnrunzeln, während er sein und Jonahs Kartendeck auf dem Tisch tauscht und ein paar Karten anpasst, ist Antwort genug.

In diesem Moment kommt unser Gastgeber zurück, stellt ein Glas sowie die Dose Cider vor mir ab, um im Anschluss neben mir Platz zu nehmen. Allerdings nicht, ohne seine Freunde dabei für eine Millisekunde prüfend anzusehen. »Also, wo waren wir stehengeblieben?«, fragt er dann beinahe zu beiläufig, während er sich etwas nach vorn lehnt.

»Ich war gerade dabei, dich mit dem Begleiter anzugreifen«, sagt Mats und schiebt ein »Sorry, Mann!« hinterher.

»Tu ruhig so, als würde dir das leidtun«, murmelt Jonah und deckt die rechte Karte vor sich auf. »Das ist eine meiner zwei Gesinnungskarten«, erklärt er dabei laut für mich, ehe ich das »Mensch x2« darauf lese und mich ein Stück zu ihm lehne. Abermals nehme ich seinen Duft wahr – er beruhigt und berührt mich gleichzeitig. »Sie ist einer von drei Hinweisen, welchem Team ich angehöre.«

»Und Mats ist in einem anderen ... Team?«, möchte ich wissen. Versuche, mich auf die Erklärungen statt auf seine Augen zu konzentrieren, die vorhin noch, als das Licht im Flur angesprungen ist, meine Lippen fixierten.

»Das weiß ich noch nicht, weil seine Karten noch verdeckt sind und niemand seine Zugehörigkeit verraten darf. Er könnte entweder ein Mensch, eine Maschine oder ein Gesetzloser sein. Das wird im Laufe des Spiels ersichtlich und dann muss man schnell Allianzen bilden, um im Team zu gewinnen.«

Je mehr Jonah erklärt, desto selbstsicherer wird er wieder. Und ich wünschte, seine Souveränität würde auf mich abfärben. Denn als er seine Lippen befeuchtet und mich erwartungsvoll mustert, fällt es mir schwer, einen Satz zu bilden. »Klingt ... logisch.«

Dieses Mal ist es Jonahs Blick, der meinen Mund streift, ehe er weiter zu meinen Augen wandert. Hat er bemerkt, dass ich ihn angestarrt habe?

Mats lacht; sorgt dafür, dass wir uns voneinander lösen und vor allem ich mich wieder besinne, indem ich mich der Gruppe vor mir zuwende. »Das ist es tatsächlich, aber man braucht am Anfang einen Moment.«

»Prinzipiell gilt: Man hat drei Möglichkeiten, einen Zug zu machen. Abhängig davon, ob man ein bewaffneter oder unbewaffneter Spieler ist. Bei Ersterem kann man schießen, die Waffe neu ausrichten oder sie fallen lassen. Bei Zweiterem kann man die Gesinnungskarte eines Mitspielers observieren, eine Programmkarte ziehen oder eine Waffe aufnehmen. Diese muss sofort ausgerichtet werden und richtet, je nach Art, einen anderen Schaden bei dem Mitspieler an, schießt aber erst in der Folgerunde, damit man Zeit hat, darauf zu reagieren.« Till scheint gänzlich in seinem Element zu sein.

»Klar«, gebe ich stirnrunzelnd von mir und ziehe das Wort absichtlich lang. Irgendwo zwischen Gesinnungs- und Programmkarten hat er mich verloren, aber ich frage nicht nach und hoffe, es im Laufe des Spiels zu durchschauen.

C3PO zwinkert mir zu, ehe sie sich bei Mats versichert, dass sein Zug beendet ist, und im nächsten Moment Jonahs zweite, noch zugedeckte Gesinnung zu sich zieht und so anschaut, dass niemand sonst darunter gucken kann.

»Woher kennt ihr euch eigentlich alle?«, frage ich, als sie die Karte wieder verdeckt auf ihren Ursprungsplatz legt. Durch das ersichtlich unterschiedliche Alter kann ich mir kaum vorstellen, dass sie sich aus Schulzeiten kennen.

»Durch Tills jüngeren Bruder Paul«, antwortet Jonah, der seine zwei Programmkarten regelrecht studiert.

»Sehr vage«, wirft C3PO ein.

»Na ja, aber so ist es doch«, beteuert er, wirkt dabei etwas schüchtern.

Flüchtig streift mich sein Blick; weckt meine Neugier.

C3PO zieht ihre Beine zu einem Schneidersitz heran, streift dabei die Beine ihrer Sitznachbarn, wobei sich Mats merklich versteift, bevor sie sich an mich wendet. »In Pauls Keller fanden vor ein paar Jahren die größten LAN-Partys Weimars statt – und wie der Zufall es wollte, wurden wir vier als Team ausgelost.«

»LAN-Partys?«, wiederhole ich und kann mir weder Jonah noch einen der anderen drei in einem fensterlosen Kellerraum voller

Computer vorstellen.

»Und was für welche. Das Schicksal hat uns dank ihnen zusammengeführt«, beteuert Mats und greift sich ergriffen an die Brust.

»Oder weniger dramatisch: Wir haben uns einfach auf Anhieb verstanden«, erklärt Till.

Mir entgeht der unsichere Blick nicht, mit dem Jonah mich bedenkt. Oder die Art, wie er sich bemüht, etwaige Vorurteile, die ich haben könnte, wegzuargumentieren. »Ich war neu in Weimar und wollte ein paar Leute kennenlernen, also habe ich mich zu der Party von Paul angemeldet. Er hat damals Spieler für ein professionelles Team gesucht.«

»Und spielt jemand von euch professionell?«, frage ich nicht nur, um Jonah zu zeigen, dass ich weder ihn noch irgendwen anderes für seine Hobbies oder Leidenschaft verurteile, sondern um mein ehrliches Interesse zu zeigen. Es ist lange her, dass ich in einer freundschaftlichen Runde wie dieser gesessen habe.

»Gott, nein! Wir sind grottenschlecht im Ego Shooter! Das hier«, grinst C3PO, »ist eher unser Ding. Mats und ich sind mit Paul in einer Klasse gewesen, wir waren nur zum Spaß dort. Und Till war sozusagen die *Aufsicht*.« Sie zwinkert dem hochgewachsenen Blonden zu, als sie das letzte Wort mit ihren Fingern in Anführungszeichen setzt. »Ich glaube, wir haben den vorletzten Platz gemacht, aber wir hatten den Spaß unseres Lebens.«

»Nicht gerade der Start einer glorreichen Karriere«, ergänzt Mats. »Aber immerhin ist Till hauptberuflich Spieleentwickler geworden.«

»Wow, wirklich?«

Er nickt schlicht, während sich Jonah mit den Ellbogen auf den Sessellehnen abstützt und mich unverwandt mustert. Als wäre die soziale Ella jemand, den er noch nicht kennt; als würde er herausfinden wollen, wie echt sie ist. Bisher kennt Jonah mich nur als Einzelgängerin – und ich muss ehrlich zugeben, dass ich als introvertierte Person nicht die Kommunikativste bin. Doch seine Freunde und die Atmosphäre, die hier herrscht, macht es mir leicht, nicht nur ehrliches Interesse zu empfinden, sondern es auch zu zeigen.

Die Mischung aus Verwunderung und Faszination zumindest, die ich deutlich in Jonahs Iriden lesen kann, holt das Kribbeln zurück, von dem ich dachte, es überwunden zu haben.

»Fühlen sich Spiele wie dieses dann für dich noch nach Freizeit an oder spielt der Entwickler in dir immer mit?«

»Spiele zu entwickeln, ist einfach eine berufliche Ergänzung zu dem, was mich schon immer erfüllt hat«, erklärt er mir. »Das eine könnte das andere niemals überschatten.«

Vermutlich verstehe ich seine Aussage besser als alle Anwesenden. Ich könnte das über das Schreiben ebenfalls sagen – zumindest mittlerweile. Zunächst war es mehr ein Überlebensinstinkt; ein Prozess, der mich gerettet hat. Doch durch die Agentur kam Druck auf. Wenn ich ehrlich darüber nachdenke, hat erst Jonah mir wieder das Gefühl von Freiheit diesbezüglich geschenkt. Die Texte, die ich in den letzten Tagen geschrieben habe, sind das Echteste, das ich seit langem zu Papier gebracht habe – und in dem der Schmerz nicht an erster Stelle steht.

Als würde Till bemerken, dass ich in meinen Gedanken zu versinken drohe, ergänzt er: »Aber es hilft mir dabei, den Dreien hier regelmäßig zu zeigen, wo der Hammer hängt.« Im nächsten Moment zieht er eine Karte aus seinem Deck und legt sie in die Mitte des Tisches. Feierlich liest er: »*Jederzeit spielbar. Du darfst in deinem Zug als Aktion das Höllentor ausrüsten.*«

»Alter, muss das sein!«, flucht Jonah, der seine Felle offenbar davonschwimmen sieht.

»Ist die Waffe schlimmer als die anderen?«, möchte ich wissen. Die Animation darauf zumindest zeigt zwei Pfeile, die von einem Feuerring aus zum Rand der Karte deuten.

»Ich kann mit ihr auf zwei nebeneinandersitzende Spieler

gleichzeitig zielen. Das ist durchaus von Vorteil. Außerdem greift sie nicht die Gesinnung, sondern die Rolle der Spieler an. Ziel ist es, die Gegenspieler alle Karten aufdecken zu lassen, sein Team zu finden und die Gegner dann mit Schaden zu übersäen, um sie zu eliminieren.«

Jonah neben mir zieht die Luft ein, als Till die Karte auf ihn und Mats richtet. »Du lässt mich unfassbar schlecht dastehen, ist dir das klar?«

»Als würdest du uns dafür brauchen«, murmelt Mats, woraufhin sich C3PO lachend gegen ihn lehnt.

»Der war gut, Matthias!«

Seine funkelnden Augen und die Art, wie sie ihn als Einzige beim vollen Namen nennt, bestätigen meine Vermutung, dass zwischen den beiden definitiv mehr als ein Funken glimmt. Sie scheinen sich erst durch die Berührung der Spannung zwischen ihnen wieder bewusst zu werden. Abrupt rücken sie voneinander ab und starren stoisch auf die Karten, die den Tisch zieren.

Weil ich selbst diese von Stille gefüllten und mehr als peinlich berührten Momente hasse, frage ich C3PO: »Darf ich wissen, woher der Spitzname stammt? Das ist doch eine Bezeichnung für eine Figur aus Star Wars, oder?«

»Ja, ganz genau. C3PO steht für Commercial Crew und Cargo-Program-Office – vielsagend, ich weiß«, scherzt sie. »Eigentlich heiße ich Giulietta, aber da ich mich während unserer Spieleabende und anderweitigen Ausflüge immer um die Organisation kümmere – und Star Wars mehr liebe als mein Leben – haben die Jungs mich so getauft.«

»Ein Ausdruck unserer tiefen Zuneigung«, ergänzt Till und erntet einen liebevollen Blick von seiner Freundin sowie ein ironisches »Ja ja, ihr seid einfach schlecht im Namenmerken.«

Während des Spiels, das Jonah mit wehenden Fahnen verliert, lerne ich vor allem eines darüber: *Einmal Legion, immer Legion.* Was genau das bedeutet, habe ich noch nicht ganz durchschaut, aber die Ernsthaftigkeit, mit der dieser Satz ausgesprochen wird, lässt mich zumindest vermuten, dass das die oberste Regel ist. Fakt ist nur, dass sich jede Teamzugehörigkeit stets ändern kann, nur Legion als eine Unterkategorie der Gesetzlosen bleibt offenbar bis zum Spielende Legion.

Ich weiß nicht, wann ich das letzte Mal einen derart unbeschwerten Abend genossen habe, an dem es nicht um irgendein Geschäft, die Zukunft oder Deadlines und Verträge ging. Sessel an Sessel mit Jonah, die Blicke auf das sich selbst konstruierende Spielfeld gerichtet, bekomme ich erst nach dem dritten Sieg von Till – einmal als Mensch mit Mats im Team und zwei Mal als Maschine im Alleingang – mit, dass sich die anderen zum Aufbruch bereitmachen. Und registriere zudem erst in diesem Moment, wie nah Jonah und ich einander zugewandt sitzen. Unsere Hände füllen die Luft zwischen den Polstermöbeln, doch es fehlen ein paar Zentimeter, als dass sie sich berühren könnten.

»Alles okay bei euch?«, fragt Jonah seine Freunde skeptisch, macht allerdings keinerlei Anstalten, aufzustehen.

»Wenn ich noch länger bleibe, komme ich morgen nicht im Ansatz aus dem Bett«, erklärt C3PO.

»Es ist nicht mal elf«, stellt Jonah mit einem verwirrten Blick auf die Wanduhr uns gegenüber fest. Offensichtlich nicht die Uhrzeit, an der ein Spieleabend normalerweise endet, doch seine Freunde scheinen bewusst nicht darauf zu reagieren und gehen in den Flur. Auch ich stehe instinktiv auf, folge ihnen wie Jonah ein paar Schritte, ohne mich gänzlich aus dem Wohnzimmer zu bewegen.

Vermutlich sollte ich die Gunst der Stunde nutzen, um mich ebenfalls zu verabschieden und mit den Dreien hinauszugehen, doch wie vorhin vor der Wohnungstür blockiert mein Körper sämtliche Bewegungen. Stattdessen verharre ich an Ort und Stelle; bin nicht bereit, mich jetzt von Jonah zu verabschieden. Noch nicht.

C3PO wendet sich Mats zu, der gerade seine Jacke überzieht und seine Chucks bereits trägt. »Hey, Matthias?«

Wie vom Donner gerührt hält er, einen Arm im Ärmel, den anderen in der Luft, mitten in der Bewegung inne.

»Kann ich vielleicht bei dir crashen heute Nacht?«

Seine Augen weiten sich.

»Till wird die erste Nacht ohne seine Tochter sicher *genießen*.« Wieder zeichnet sie ein Anführungszeichen in der Luft, als sie das letzte Wort ausspricht. »Und da will ich auf keinen Fall in der Nähe sein. Na ja, und Jonah …« C3PO nickt vielsagend mit dem Kopf in unsere Richtung. Während Till Empörung, mir Unsicherheit und Jonah eine fragwürdige Form von Neugier im Gesicht steht, wippt Giulia auf den Füßen, Hände ineinander gekrallt, und sieht Mats an. Die beiden sind ungefähr gleich groß, sodass nur wenige Zentimeter zwischen ihren Gesichtern liegen, nachdem C3PO einen Schritt auf ihn zumacht und leise hinzufügt: »Ich verkneife mir auch jegliche Witze über deine Couch.«

Mats schluckt, wohl eher *verschluckt* sich fast, so erstickt klingt das »Okay«, das über seine Lippen kommt. Doch C3PO scheint das nicht zu stören.

»Danke, ich hole schnell meine Tasche.«

Sein panischer Blick trifft auf den von Jonah, der jedoch einfach nur bestärkend nickt.

Unerlaubt einen heiligen Planeten anzufliegen, die Hafenmannschaft ihrer Kleider zu berauben, mit Lasertau aneinanderzuketten und zurückzulassen, war keine Tat, die ihnen Tugend oder gar die Gunst des Orakels verschaffen würde. Die Uniform kratzte fürchterlich. Aber sie sorgte dafür, dass sich das Tor zu den ewigen Stufen öffnete. Und so trat Nohja mit seinen Freunden in die Fußstapfen der anderen Wegsuchenden vor das Orakel und betete, dass es ihnen gnädig sein würde. Und dass sie es wieder herausschafften.

(...)

WRIFY

Mit zwei Tassen Tee in der Hand verharre ich im Rahmen der Flügeltür, die zum Wohnzimmer führt. Beobachte Ella fasziniert dabei, wie sie die Polaroids betrachtet, die mit Wäscheklammern an einer Kordel baumeln, die C3PO vor Jahren zwischen meine beiden Bücherregale gespannt hat. Die Fotos erzählen von den Phasen der Freundschaft unserer Clique, auch wenn auf ihnen meist nicht mehr als unsere Gesichter abgebildet sind. Ich erinnere mich an jeden einzelnen Anlass, zu dem sie aufgenommen wurden. Jeder Moment ebenso hell wie die Überbelichtung, die die alte Kamera meines Großvaters, die er mir zu Lebzeiten geschenkt hat, auf den Aufnahmen hinterlassen hat.

Ihr Interesse am Leben meiner engsten Freunde, meiner selbstgewählten Familie, trifft mich ebenso tief wie die Art, wie sie beim Spiel auf meine Lippen gestarrt hat. Es ist knapp zwei Stunden her, seit ich mich für eine Grenzüberschreitung bei ihr entschuldigt habe, und schon sehe ich mich vor der nächsten Linie stehen. Doch egal, wie leuchtend rot die Warnschilder in meinem Kopf leuchten, Ellas Strahlen zieht mich unweigerlich an.

Ich räuspere mich, um sie nicht zu erschrecken – oder viel eher zu verschrecken. Das Gefühl, ihr könnte jeden Augenblick klar werden, dass ihr Besuch in meinen vier Wänden ein Fehler ist, will mich nicht loslassen – wie vehement ich mich auch bemühe, es abzuschütteln. Oder wie sicher ich mir bin, dass sie den Sog zwischen uns ebenfalls spürt. Daher zwinge ich mich regelrecht, einen Fuß vor den anderen zu setzen.

»Achtung, der ist heiß«, warne ich sie überflüssigerweise. Auch wenn der nach Kräutern duftende Dampf des Ginkgo-Tees für sich spricht.

Dankend nimmt sie die Tasse entgegen, kommt meinen Fingern mit ihren zierlichen gefährlich nahe. »Süße Bilder«, stellt sie fest, riecht genüsslich an ihrem Getränk. »Sie wirken so ...«

»Echt?«, versuche ich es.

»Ehrlich«, korrigiert sie mich, den Blick auf meine Erinnerungen und doch in die Ferne gerichtet. »Solche Momen-, ich meine Bilder, sind selten geworden. Wirklich schön.« Sie schlürft vorsichtig an der Tasse. Irgendetwas sagt mir, dass sie damit versucht, ein Gefühl herunterspülen, vollkommen egal, ob sie sich dabei die Zunge verbrennt.

»Für Social Media vermutlich ungeeignet. Vollkommen überbelichtet«, scherze ich. »Aber ich mag sie.« Ich stelle meinen Tee auf einem freien Platz im Regal ab und greife nach der Polaroidkamera, die auf einem Stapel alter Reiseführer meiner Mutter thront. »Mein Großvater hat immer gesagt: Vor der lieben *Karu* kannst du nichts verstecken.«

»Es ist eine Sie?«, fragt Ella amüsiert. Ihre Züge wirken ehrlich gelöst. Ein Anblick, den ich viel zu selten zu Gesicht bekomme.

Vorsichtig hebe ich die Kamera vor mein Gesicht. »Karu bedeutet Auge auf Māori – und das sieht bekanntlich alles.«

»Genau genommen ist das nicht richtig«, behauptet Ella und ich lasse die Kamera ein Stück sinken. »Es glaubt, alles zu sehen, aber eigentlich sieht es nur das, was man ihr gewährt, zu erblicken.«

»Darf sie ihr Glück bei dir versuchen?«, frage ich und bin überrascht, dass Ella nickt. Sie stellt ihre Tasse auf dem Couchtisch ab und fährt sich mit der Hand durch das Haar.

Zaghaft hebe ich Karu an, kneife ein Auge zusammen, betrachte

Ellas Iriden, die mich durch das Objektiv herausfordern, und drücke ab. Es blitzt und kurz darauf spuckt die Kamera geräuschvoll ein scheinbar weißes Bild heraus.

Ella kommt auf mich zu, zieht es aus dem Schlitz und wedelt damit in der Luft, während sich langsam Konturen darauf abzeichnen.

»Fühlst du dich wohl vor der Kamera?«, möchte ich wissen.

»Das kommt auf die Person dahinter an«, antwortet sie. »Bei dir ist es so.«

Mir wird warm. Unheimlich warm.

Als würde sie nach ihren ehrlichen Worten meinen Blick meiden wollen, schlendert sie durch mein Wohnzimmer, nimmt Foto wedelnd jeden Winkel in Augenschein.

Ich wünschte, ich könnte sehen, was sie sieht. Und zu allem Übel wünsche ich mir für eine grausame Sekunde, dass sie *mich* sieht.

»Mein Freund Ravi ist Fotograf, die meiste Zeit arbeite ich mit ihm zusammen. Das macht es leichter, die Scheu abzulegen«, erklärt sie.

Faszinierend, wie zwei scheinbar unschuldig wirkende Worte einem die Luft abschnüren können. *Mein Freund.*

»Ist er ein Freund oder dein Freund?« Vermutlich sollte ich das nicht fragen – nein, ich sollte das *auf gar keinen Fall* fragen –, aber da ist diese unverkennbare Spannung zwischen uns, die es unumgänglich macht.

Ein schiefes Lächeln ziert Ellas Gesicht. »Ravi ist ein besonderer Freund und seit mein Leben sich verändert hat, wohl mein bester.« Dann sieht sie mich an. »Aber er ist nur ein Freund.«

Mein Herz, das eben noch ins Stolpern geraten ist, schlägt nun doppelt so schnell in meiner Brust. Ich stoße einen tiefen Atemzug aus; bemerke erst dadurch, dass ich ihn angehalten habe.

»Meinst du, ich kann Ravi Konkurrenz machen?« Als Ella die Brauen hebt, füge ich hinzu: »Was sagt das Foto in deiner Hand?«

Sie schüttelt den Kopf, vermutlich weil sie glaubt, sie habe meine Frage zuerst falsch interpretiert. Doch wenn ich ehrlich bin, war sie genauso zweideutig gemeint, wie ich sie gestellt habe. Ich *will* ein besonderer Mensch in Ellas Leben sein.

»Das können wir besser«, erwidert sie, tänzelt zu meinem Schreibtisch, der vor dem Fenster steht, und lehnt sich dagegen, ehe sie durch ihr weißblondes Haar streicht, ihre Hände auf die Tischplatte stützt, eines ihrer Beine leicht anwinkelt und mir ein Lächeln zuwirft, bei dem mein Mund ganz trocken wird.

Schnell – zu schnell hebe ich die Kamera vor mein Gesicht und drücke einfach ab.

Ella prustet los. »Das Bild wird auf jeden Fall einen interessanten Effekt haben.«

»Sorry«, sage ich, meine Stimme ganz rau.

Ich ziehe das Foto aus dem Schlitz und warte darauf, dass sich das verschwommene Kunstwerk zeigt. Als ich wieder zu Ella sehe, bleibt ihr Blick an der Tür zu Sams Zimmer hängen. Ein satinrot schimmernder Stoff liegt auf dem Boden und ragt wie eine Zunge durch den offenen Spalt. Dahinter herrscht das absolute Chaos, das C3PO und ich hinterlassen haben, als wir letzte Woche die Stoffmuster für unsere neuen Cosplays vorsortiert haben.

Mit drei schnellen Schritten schiebe ich mich zwischen sie und den Raum, der mich augenblicklich als einen der größten Nerds enttarnen würde, den sie je kennengelernt hat. Und ich weiß nicht, ob ich bereit dafür bin, ihr diese Seite von mir zu zeigen. Die LAN-Partys sowie die Tatsache, dass meine besten Freunde allesamt Brettspielefanatiker sind, überfordert sie vielleicht bereits.

Normalerweise schäme ich mich nicht für das Cosplay, aber der Wunsch, dass Ella mich und all meine Facetten mag, ist so laut, dass er mir Angst macht.

»Ehm, also …«, stammle ich, suche nach einer thematischen Ablenkung.

Ella mustert mich. »Hat Jonah Reed etwa ein *Spielzimmer?*«

Ich schließe beschämt die Augen. »Damit liegst du gar nicht so falsch«, gebe ich zu und Ellas Lider weiten sich. »*Nein!* Nicht so, wie du denkst«, setze ich eilig hinterher, gebe mir einen Ruck, stoße mit dem Rücken die Tür auf und betätige den Lichtschalter.

Ella blinzelt, starrt über meine Schulter hinweg den überlebensgroßen Schneemann Olaf aus *Die Eiskönigin* an.

»Mein Patenkind Sam, Tills Tochter, übernachtet hier hin und wieder. Er ist alleinerziehend, die meiste Zeit des Jahres jedenfalls, und ich helfe, wo ich kann«, erkläre ich, während ich vorsichtig zwei Schritte in den Raum hineingehe und den Stoffhaufen auf dem Boden zusammenklaube, um ihn auf das Schlafsofa zu werfen. Dann beobachte ich Ella dabei, wie sie das Zimmer inspiziert.

In Erwartung, Unglaube oder einen Anflug von Fremdscham auf ihrem Gesicht zu entdecken, wappne ich mich. Doch egal, ob ihr Blick die Stoffmuster, das Kinderspielzeug oder die fertigen Kostüme an der Kleiderstange direkt neben der Tür streift, die eindeutig zu groß für meine Patentochter sind, verzieht sie keine Miene. Einzig aufrichtige Neugier schwingt mir entgegen.

»Ist das ein *Superman Cape?*«, fragt Ella mit unerwarteter Euphorie und streicht mit den Fingern ehrfürchtig über den seidigen Stoff bis zum verstärkten Saum, der mich einen blutenden Zeige- und Ringfinger gekostet hat.

»Korrekt.« Der Umhang, den ich zur letzten *Comic Con* getragen habe, ist eine meiner ersten Solo-Arbeiten gewesen, nachdem mir C3PO versichert hat, dass die Nähmaschine nicht mein Kryptonit sei. Die Erinnerung an ihre ermutigende Rede amüsiert mich bis heute. Dass Ella ausgerechnet ihm Bewunderung schenkt, wärmt meine Wangen.

»Das sieht wirklich hochwertig aus. Und ist das ... O mein Gott!«, ruft sie aus, ist in wenigen Schritten in der Ecke, in der sich Kisten mit Sams Spielzeug stapeln. Zielsicher greift sie nach dem

Plüsch-Spider-Man, der wie auf einem Thron auf einer der Kisten sitzt, und schließt ihn in ihre Arme. »Du bist Marvel Fan«, stellt sie fest, klingt dabei sogar ein wenig begeistert.

Ich füge in Gedanken zehn weitere Universen hinzu, die ebenfalls einen Platz in meinem Herzen haben, und nicke. Meine Begeisterung für fiktive Welten gehen tief, sehr tief, doch ich will sie nicht überfordern.

Einem Reflex folgend, hebe ich erneut die Kamera und fokussiere Ella, die sich inmitten des Chaos über sämtliche Entdeckungen freut, als sei sie ein Kind in einem Spielwarenladen.

Sobald sie zu mir sieht und Karu in meinen Händen entdeckt, schürzt sie humorvoll die Lippen, streift einen Wimpernschlag später das kindliche Funkeln in ihren Augen ab und ersetzt es durch einen Ausdruck, der meine Knie weich werden lässt. Wie automatisch stellt sie sich samt Spider-Man, den sie mit ihren Armen umschlingt, in Pose. Ich drücke im selben Moment ab, in dem mich ihr intensiver Blick wie ein Blitz durchfährt.

Für ein paar endlos wirkende Sekunden umklammern meine Finger die Polaroidkamera. Erst als ich sie sinken lasse, stoße ich angestrengt die Luft aus.

Zu meinem Glück ist Ella wieder dazu übergegangen, ihre Entdeckungstour durch das Gästezimmer fortzuführen, wird jedoch unterbrochen, als ich unvermittelt fluche.

»Okay, Fuck!«, platzt es aus mir heraus, als sich langsam aber sicher das Polaroid von Ella in meinen Fingern klärt, auf dem sie mit verruchtem Blick meinen Plüsch-Spidey im Arm hält. »Das Bild killt mich«, gebe ich zu und beiße mir ertappt auf die Unterlippe.

Die Art, wie ihre großen Augen direkt in die Linse – durch sie hindurch, durch *mich* hindurch – sehen, jagt einen Blitz durch meinen Körper, bei dem ich nicht stillstehen kann.

»Wieso?«, lacht sie, während sie das Kuscheltier zurück an seinen Platz setzt und auf mich zukommt.

»Schon gut«, versuche ich, sie abzuwimmeln, lasse das Foto peinlich berührt in meiner Gesäßtasche verschwinden und hebe Hände inklusive Kamera in die Luft, als gäbe es nichts zu sehen.

»Hey!«, ermahnt Ella mich mit erhobenem Zeigefinger. »Her damit!«

Ich schüttle den Kopf, taumle rückwärts zurück ins Wohnzimmer. Meine Wangen brennen lichterloh. Ich bin ein miserabler Lügner. Keine Ahnung, wie ich aus der Nummer wieder rauskommen soll.

Sie treibt mich weiter, immer weiter, und als meine Kniekehlen gegen meine Couch stoßen, lasse ich mich rücklings darauf fallen. An meine Gesäßtasche ist so definitiv kein Herankommen.

»Das ist unfair, noch nie etwas von Fotofreigaben gehört?«, protestiert Ella.

Die Kamera mit beiden Händen fest vor meinem Oberkörper umklammert, als wäre sie ein Schutzschild, zucke ich mit den Schultern.

»Dann muss ich wohl das Equipment beschlagnahmen«, erklärt sie, beugt sich vor und nimmt mir Karu aus den Händen.

Bevor ich verstehe, was geschieht, steigt sie auf die Couch, positioniert ihre Füße rechts und links von mir und richtet die Linse von oben auf mich hinab. »Was haben Sie zu Ihrer Verteidigung zu sagen, Herr Reed?«

»Ohne mein Anwaltsteam sage ich gar nichts.«

»Soso? Die haben gegen mich nicht die geringste Chance«, kontert sie überzeugt und ich glaube, sie merkt gar nicht, wie selbstbewusst sie wirkt; wie *selbst* sie wirkt. Mit mir.

»Du weißt doch, was man sagt … Hochmut kommt vor dem Fall«, warne ich sie, greife nach ihren Fesseln und rüttle spielerisch an ihnen.

Ella schwankt, flucht und lacht zugleich. »Wage es ja nicht, Jonah!«

Der Klang meines Namens in ihrer Stimme nistet sich in mir ein.

»Ich lasse dich schon nicht fallen, Ella«, versichere ich ihr lachend und weiß im selben Augenblick mit erschreckend klarer Gewissheit, dass ich das wirklich nicht tun werde. Nicht, weil meine Hände noch immer an ihren Beinen verweilen, sondern weil sie zu berühren sich viel zu gut anfühlt. Von heute an werde ich wohl immer eine Hand nach ihr ausstrecken.

Der Blitz der alten Polaroid blendet mich und als Ella sie sinken lässt und sich unsere Blicke treffen, wünsche ich mir, dass auch sie versteht, wie ich es gemeint habe. Wenn sie es zulässt, werde ich für sie da sein.

Karu spuckt das weiße Polaroid aus, welches Ella zielsicher in der hinteren Tasche ihrer Jeans verschwinden lässt. »Jetzt sind wir quitt«, behauptet sie zufrieden, runzelt dann die Stirn. »Was gibt es da zu grinsen?«

»Ich kann nicht anders, wenn du mich so ansiehst«, antworte ich wahrheitsgemäß. Bin mir meinen Zeigefingern, die zaghaft über die Haut über dem Bund ihrer Socken fahren, plötzlich viel zu bewusst. Wann habe ich damit angefangen, sie zu streicheln?

Unter ihrem Blick, dieser unergründlichen Farbe, kann ich nicht anders, als zu erschaudern. Jede meiner Zellen kribbelt, will mehr von dem Gefühl, wenn sie mich so unverhohlen mustert. Obwohl gut anderthalb Meter zwischen unseren Gesichtern liegen, fühlt es sich an, als wären wir uns unheimlich nah, und ich will sie noch näher.

Ella lächelt verlegen, schüttelt den Kopf und wendet den Blick ab.

»Schau nicht weg«, sprudelt es aus mir heraus.

Ich richte meinen Oberkörper langsam auf, lasse meine Finger federleicht an den Seiten ihrer Beine hinauffahren, greife nach ihren Händen, die vor ihrem Bauch noch immer Karu umfassen, um sie davon zu lösen. Lade sie somit wortlos ein, um …

Ja, um was?

»Bitte«, raune ich und weiß nicht mal, um was ich bitte. Aber zwischen dem unausgesprochenen Wunsch verliere ich mich in Ellas Augen, die nun wieder auf mich gerichtet sind; in den blassen Sommersprossen darunter, die nur an hellen Tagen zu sehen sind.

Ella folgt meiner Einladung, geht tatsächlich in die Knie, setzt jeweils links und rechts von meinen ausgestreckten Beinen auf, während sich unsere Blicke nicht für eine Sekunde loslassen. Mein Herz hämmert in meiner Brust und in meinem Kopf ist nur noch sie. Ausschließlich und derart prägnant, dass ich kaum atmen kann. Meine Hände finden wie von selbst zu ihrer Taille, dirigieren sie sanft näher, bis sie rittlings auf mir sitzt.

Scheiße. Ich schlucke. Überlege, ob ich zu weit gehe; ob ich meine Finger bei mir behalten sollte. Doch ihre federleichte Berührung auf meinen Schultern, wie sie ihre Hände einfach dort ablegt, und die Art, wie sich unsere Atmung aufeinander einstellt, lässt jeglichen Gedanken verebben. Ich sehe sie. Fühle *mich* gesehen. Kann unter meinen Händen ihren schnellen Puls spüren. Genieße, wie mich ihr sanfter Geruch, der an Morgentau erinnert, einhüllt, und schaue Ella einfach nur an.

»Ich bin froh, dass du hergekommen bist,« wispere ich dann in die Spannung zwischen uns.

»Danke, dass du mich reingelassen hast.« Wie ein Echo ihrer Worte streicht sie mit dem Daumen über meine Halsbeuge und ich bekomme eine Gänsehaut. Dem zaghaften Zucken ihres Mundwinkels zu urteilen, entgeht ihr meine Reaktion nicht.

»Meine Tür steht dir jederzeit offen, egal wann, egal warum«, sage ich heiser und kann mich nicht davon abhalten, auf ihre Lippen zu starren; mich zu fragen, wie sie sich auf meinen anfühlen würden.

Ella lacht auf, aber sie klingt dabei so heiser wie ich. »Ist das ein unmoralisches Angebot?«

Ich stutze. *Was, verflucht noch mal, habe ich da gerade gesagt?* Dann schüttle ich den Kopf. »Das, ehm … Ich kann sonst wirklich gut mit Worten«, behaupte ich ein wenig verzweifelt, will ein Stück zurückweichen, doch Ellas Hände halten mich davon ab.

»Ich weiß«, erwidert sie mit einem schiefen Lächeln. Zieht meinen Blick unaufhaltsam wieder zu ihren Lippen und ich seufze vor Verzweiflung, schaue zur Seite, weil ich nicht weiß wohin mit mir – mit meinen Gefühlen, die überlaufen. Alles in mir schreit danach, sie an mich zu ziehen, sie zu küssen. Gleichzeitig weiß ich, dass, was auch immer hier passiert, zu schnell geht.

»Alles okay?«, fragt sie sowohl besorgt als auch amüsiert.

Ich erwidere das Streicheln in meinem Nacken an ihrer Taille, versuche, mich zu sammeln, bevor ich sie wieder ansehe. Doch ihre Nähe bringt mich schlicht um den Verstand.

»Ja und nein«, antworte ich, spüre wie mein Herz rast und mein Atem sich beschleunigt. »Tut mir leid, ich bin etwas durcheinander.«

Ella nickt zaghaft, lässt ihren Blick über mein Gesicht schweifen, was absolut nicht hilfreich ist.

»Ja, ich auch«, gibt sie schließlich zu.

»Perfekt«, sage ich resigniert und wir beide lachen. Sie wirkt ebenso hilflos wie ich. Keiner von uns scheint sich von dem anderen lösen zu wollen, was der Situation auf merkwürdige Art die Schwere nimmt. Aber was kann schon falsch daran sein, wenn wir uns beide miteinander leichter fühlen?

»W-wenn mir die Worte fehlen, dann greife ich gern auf eine Art ... Spiel zurück«, stammle ich vor mich hin, um irgendwie einen klaren Gedanken zu fassen. »Ein Wortspiel.«

»Wie das im Café?«, erinnert sich Ella und ich nicke, greife nach dem ersten Begriff, der mir in den Sinn kommt, der meinen gesamten verdammten Körper im Griff hält.

»Anziehung.«

Sie öffnet ihren Mund, hält einen endlosen Moment inne, in dem ich dem ich nicht fassen kann, dass ich es einfach ausgesprochen habe, und dann sagt sie: »Verlockend.«

Ich starre sie an, hauche »Gänsehaut«, als ich spüre, wie ebendiese

Besitz von mir ergreift.

»Überall«, antwortet Ella und gibt mir den Rest.

»Gott …«, stoße ich angestrengt aus. »Dieses Spiel ist gerade absolut kontraproduktiv«, gebe ich zu und lasse meine Stirn auf ihren ausgestreckten Arm sinken, während Ella lacht.

»Nichts für ungut, aber damit hast du recht.«

Wäre da nicht diese leise, aber dennoch hartnäckige Stimme in meinem Kopf, würde ich sie spätestens jetzt küssen. Doch dieses penetrante Echo weist mich darauf hin, dass ich Ellas Lektor bin und wir in den Anfängen eines Buchprojektes stecken. Ebenso wie das zwischen uns erst in den Anfängen steckt. Wir kennen uns nicht einmal zwei Wochen und das Buch ist sowohl für den Verlag als auch für Ella zu wichtig. Mir kommt es plötzlich vor, als wären wir mit Lichtgeschwindigkeit unterwegs – und obwohl ich auf die Bremse treten sollte, fleht alles in mir danach, es nicht zu tun.

»Wie steht's um deine Füße?«, fragt Ella plötzlich und ich stutze.

»Meinen … Was?«

»Die Dinger am Ende deiner Beine«, erklärt sie lachend. »Sind sie schon eingeschlafen?«

Ich blinzle, wackle mit den Zehen und bemerke erst jetzt das unangenehme Piksen darin. Unweigerlich verziehe ich das Gesicht. Verdammt. »Zu spät, um zu behaupten, es ginge ihnen gut, oder?«

Das Lächeln auf Ellas Lippen ist entwaffnend. Als sie sich regt, gebe ich ihre Taille frei, auch wenn es das Letzte ist, was ich will. Langsam erhebt sie sich, nimmt ihre Hände von meinen Schultern und ihre Wärme mit sich.

Seufzend winkle ich meine Knie an, verfluche meine kribbelnden Füße, die tatsächlich eingeschlafen sind, und drehe mich zu Ella um. Sie hat sich mir zugewandt, seitlich in die Kissen meiner Couch sinken lassen, sieht genauso aus, wie ich mich fühle. Etwas enttäuscht.

Eine Frage hängt zwischen uns in der Luft. Doch wir greifen nicht danach. Am liebsten würde ich ihre Hand nehmen, die Zweifel aus ihrer Mine vertreiben, doch sie hält ihre Finger auf ihren Oberschenkeln gebettet fest umklammert. Vermutlich ist es besser, Abstand zu wahren; einen klaren Kopf zu behalten. Dabei sehe ich überall beschlagene Scheiben und auf jeder von ihnen steht Ellas Name.

Ich zupfe imaginäre Flusen vom Stoff des Kissens zwischen uns, nur um meinen Fingern etwas zu tun zu geben.

»Der Abend war wirklich schön«, bringe ich schließlich heraus. Auch wenn es unvernünftig ist, will ich ihr nicht das Gefühl geben, dass ich die Nähe zwischen uns nicht genossen hätte; dass ich ihr nicht näher sein *will*. Denn ernsthaft, das will ich.

»Ja, das finde ich auch. Ich habe mich wohl gefühlt bei euch«, antwortet Ella. Ihr leises »Und bei dir ...«, das sie hinterher schiebt, bringt meinen Puls ins Stolpern.

Ich strecke den Arm aus und tippe über den Stoff der Sofalehne, nur wenige Zentimeter von Ella entfernt. »Wir können das gern wiederholen, wenn du willst.« Mein Herz schlägt mir bis zum Hals.

»Den Spieleabend?«, fragt Ella, eine Herausforderung in ihrer Stimme.

»Wenn du möchtest, dann auch den, ja.«

Ein honigwarmes Gefühl bahnt sich seinen Weg von meiner Brust bis in meinen Bauch. Der Wunsch, sie zu berühren, ihre Gesichtskonturen mit meinen Fingern nachzufahren, zerrt an mir, doch ich halte mich zurück. Bohre vor Verzweiflung meine Hand, die Ella so nahe ist, in den Stoff des Sofas.

Als ihr Blick genau dorthin huscht, ziehe ich den Arm ertappt zurück, räuspere mich und kratze mich am Hinterkopf.

»Ich mache mich dann mal auf den Weg«, sprudelt es plötzlich aus ihr raus.

»Ja. Okay. Gut«, stammle ich, springe ruckartig auf; bemerke erst, als ich stehe, dass meine Reaktion übereifrig war. Auch Ella musert mich etwas irritiert, doch ihre Wangen sind gerötet, vielleicht ebenso warm wie meine. »Es sei denn, du willst noch bleiben. Ich meine du musst nicht ... Soll ich dich nach Hause bringen?«

»Die frische Luft wird mir guttun, aber danke.«

Wo sie recht hat – auch ich könnte ein wenig kühle Luft vertragen. Doch ich werde mich ihr sicherlich nicht aufdrängen.

Daher begleite ich Ella in den Flur, nehme ihren Mantel von der Garderobe, während sie in ihre Schuhe schlüpft, und helfe ihr anschließend hinein. Mit dem linken Ärmel haben wir Anlaufschwierigkeiten, doch im zweiten Versuch klappt es.

Dahin ist die Leichtigkeit, sie hat ihrem fiesen Cousin Unsicherheit Platz gemacht. Denn ich habe keine Ahnung, wie ich mich von ihr verabschieden soll. Am liebsten würde ich sie küssen. Ihr Gesicht in beide Hände nehmen, sie zu mir ziehen und endlich ihre Lippen kosten. Und als sie sich zu mir umdreht, ihre Augen viel zu lang und gleichzeitig zu kurz auf meinen Mund starren, fehlt nicht viel, jegliche Zurückhaltung zu vergessen.

Reiß dich zusammen, Jonah!

Wie auf Autopilot beuge ich mich zu ihr hinunter, spiegle jede ihrer Bewegungen und schließe sie in eine sanfte Umarmung. Sie ist länger als eine übliche Verabschiedung und zärtlicher, als dass es freundschaftlich sein könnte. Und als wir uns langsamer als gut für mein Herz voneinander lösen, wünsche ich mir, sie würde einfach hierbleiben. »Melde dich, wenn du zu Hause angekommen bist, okay?«

»Mache ich.« Ella tritt in den Hausflur, löst damit den Bewegungsmelder der Beleuchtung aus, schreitet die ersten zwei Stufen hinab. Dann dreht sie sich noch einmal um.

Ihr »Gute Nacht, Jonah«, das ihr über die Lippen perlt, zieht mir meine nicht vorhanden Schuhe aus.

Erschöpft lasse ich mich gegen den Türrahmen sinken, reibe mir hilflos über die Stirn und verschränke die Arme vor der Brust, als müsste ich mich an etwas festhalten.

Ellas Grinsen verrät, dass jeglicher Versuch, mein aufgewühltes Inneres zu verbergen, kläglich scheitert. Also lache ich ergeben und sage: »Komm gut nach Hause, Ella.«

Kapitel 21

»Das kannst du nicht wirklich getan haben«, murmle ich und sauge die kühle Luft regelrecht in meine Lungen, um meinen Verstand wiederzubeleben. So beschwingt ich vor zehn Minuten noch seine Wohnung verlassen habe, so unglaublich beschämt fühle ich mich nun und würde mir am liebsten die Erinnerungen wie Seiten aus dem Körper reißen. Nicht, weil sie nicht schön sind – ganz im Gegenteil –, sondern weil ich nicht den Hauch einer Ahnung habe, wie die weitere Zusammenarbeit zwischen Jonah und mir nun aussehen wird. Wie *überhaupt* irgendetwas in mir aussieht.

Nach all dem Verlust, der sich seit Monaten in mir festgesetzt hat, dürfte ich mich doch keinesfalls so … frei fühlen, nicht wahr? Nach einer so langen Beziehung, wie ich sie mit Aaron geführt habe, dürfte ich Jonahs Berührungen doch niemals derart genießen?

Wenn ich ehrlich bin, kann ich mich kaum daran erinnern, welche Ella ich im Laufe des letzten Jahres gewesen bin, noch kann ich sagen, wer ich in dieser Sekunde sein möchte. Doch Jonah eben so nah gewesen zu sein, hat mich mich selbst nicht eine Sekunde infrage stellen lassen. Ich brauchte keinen Namen, keinen Sinn, keine Aufgabe. Da waren nur er und ich – und das Gefühl, dass das genug wäre.

Jetzt aber pumpt mein Blut nicht nur wegen der Erinnerung, sondern auch vor Angst durch meinen Körper. Denn was soeben passiert ist, ist ein Risiko. Nicht nur wegen des Verlagsvertrages, sondern vor allem eines, das meine noch nicht geheilte Seele vor den nächsten Abgrund stellen könnte. Und die Frage, wie viel ich riskieren kann, darf und soll, geistert wie ein Echo durch jede meiner Zellen.

Durch dieselben Zellen, in denen Jonah etwas zurückgelassen hat. Etwas, das warm ist und sich nach seiner Hitze sehnt. Nach seinen Fingern an meinen Fesseln, seinen Händen auf meiner Haut. Nach dem prickelnden Druck, den seine Umarmung ausgelöst hat, und diesem verfluchten Duft.

Noch ehe ich meine Haustür aufschließe und die Treppen in den dritten Stock eile, wirbeln Verse in meinem Kopf umher, die dringend niedergeschrieben werden wollen. Sie kribbeln bereits in meinen Fingerspitzen und drängen danach, in Reihenfolge gebracht zu werden. Wenn ich schon nicht Jonah berühren kann, dann wenigstens Papier …

Ich ziehe die Wohnungstür hinter mir ins Schloss, lasse meinen Mantel einfach fallen und die Schuhe an, um direkt zu meinem Schreibtisch zu eilen. Der erstbeste Bleistift, den ich greife, erinnert mich abermals an ihn. Vielleicht halte ich ihn deshalb fester, als ich müsste, während ich schreibe.

Kein Stift hat je
mit grellerer Farbe
auf meine nackte Haut
g e m a l t.
Doch mein Papier
weicht durch dich auf
und jede Begegnung
unserer Fasern
ebbt in mir nach.

Ich spüre, dass meine Haut feucht von Schweiß ist, doch ob es durch das schnelle Treppensteigen kommt oder meine Gedanken, die ich irgendwo manifestieren muss, weiß ich nicht. Es spielt auch keine Rolle, weil ich seit Ewigkeiten überhaupt eine solche Hitze zulasse. Also schreibe ich; ich schreibe und schreibe. Klaube irgendwelche Blätter zusammen, egal ob bereits etwas darauf steht oder nicht, und lasse meinen Gedanken freien lauf.

Deine Finger
auf feuchten Scheiben
und unser Atem,
der meine Haut beschlägt.
Finden uns durch
all die Tropfen
und kosten die Welle
die uns entgegenschlägt.

Noch nie sind derlei Texte meinem Inneren entsprungen, doch in diesem Moment fühle ich nichts mehr von der Scham, die mich vorhin hat taumeln lassen. Nein, gerade gebe ich mich purer Empfindung hin. Hinterfrage nicht, was zu fragen wert wäre. Denn das ist, was Jonah mir schenkt: Gegenwart. Empfindung. Und ich habe nicht vor, sie in diesem Moment zu verlieren.

* * *

Ich hasse, dass ich Angst empfinde, wenn ich an das Bevorstehende denke. Hasse, dass ich am liebsten wieder nach Hause laufen und mich in meinem Bett verkriechen würde, nur um der Situation aus dem Weg zu gehen. Beinah fühlt es sich so an, als hätte ich den

gestrigen Abend mit Alkohol statt unbändigen Gefühlen verbracht –
doch Letztere haben offenbar einen ebenso dumpfen Nachklang.

Ich spüre, wie rot mein Gesicht anläuft, und bin froh, dass mir auf
dem Gehweg gerade niemand entgegenkommt – und dass niemals
jemand von diesen … Texten erfahren wird.

Spicy Gedichte – wirklich, Ella?

Ganz eindeutig muss ich meinen Verstand verloren haben. Vielleicht liegt er noch auf Jonahs Sofa, denn da habe ich ihn gestern
offenbar zurückgelassen, als seine Finger meinen Körper auf eine
Weise berührt haben, die meinen Puls –

Nein, stopp. Hör bloß auf, daran zu denken!

Ich weiß ehrlich nicht, wie dieser Tag derart aus dem Ruder
laufen konnte. Gerade hatte ich das Gefühl, mich zu fangen und,
selbst wenn nicht auf dem richtigen Weg, zumindest nicht in die verkehrte Richtung zu laufen. Nun jedoch bin ich froh, dass ich noch
halbwegs weiß, wo Norden ist.

Dennoch würde es mich nicht wundern, wenn ich mich jede
Sekunde übergebe; wenn ich statt Worten dieses Mal wirklich meine
Cornflakes erbreche. Und meine Würde, wo wir gerade dabei sind.
Denn wenn ich mich an die Texte erinnere, die ich gestern – halb im
Schlaf, halb im Taumel – geschrieben habe, möchte ich meine
Augen wieder fest zukneifen und in den ruhelosen Schlaf zurück-
finden. Doch die Mail, die ich nach dem Aufstehen auf meinem
Handy gelesen habe, lässt das nicht zu.

Statt meinen Kopf also unter der Decke zu begraben, versuche ich
irgendwie, ihn aufrechtzuhalten, während ich die letzten hundert
Meter auf das Agenturbüro zulaufe. Jenes, in dem nicht nur Hanka
und Kaiko auf mich warten, sondern auch Aaron.

Dass Erstere derart schnell einen Termin mit ihm vereinbart
haben, sollte mich freuen, denn je eher wir Aaron entlasten, desto
besser. Trotzdem hält mich mein schlechtes Gewissen derart fest
umklammert, dass mein Herzschlag mit jedem Schritt lauter in

meinen Ohren hallt. Die Furcht, ihm nach so langer Zeit gegenüber-zusitzen, tut ihr Übriges. Noch kann ich nicht abschätzen, welche Wendung all das nehmen wird. Doch mir eingestehen, wie viel Angst ich vor den Erinnerungen habe, die die nächsten Stunden mit sich bringen können, ist unvermeidbar.

Instinktiv umklammere ich mein Handy in meiner Manteltasche; würde am liebsten die Nachricht von Hanka abermals schwarz auf weiß sehen, um mich irgendwie zu beruhigen. Doch mehr, als sie mir in Erinnerung zu rufen, kann ich gerade nicht leisten.

Mach dir keine Sorgen, Liebes. Wir haben alles unter Kontrolle und sind bestens auf das Gespräch vorbereitet. Wir sehen uns später!

Tatsächlich war etwas derart Aufbauendes nach der recht nüch-ternen Terminmail das Letzte, mit dem ich gerechnet habe, doch zur Abwechslung bin ich meiner Agentin dankbar. Und weil das alles ist, von dem ich gerade zehren kann, überbrücke ich die letzten Meter.

Ich kann es nicht genau benennen, aber irgendetwas haben die beruhigenden Worte meiner Agentin in mir ausgelöst. Vielleicht sogar der gestrige Abend. Denn zur Abwechslung vertraue ich darauf, dass ich nicht allein bin. Und dass ich Dingen gegenüber-stehe, die man tatsächlich lösen kann, selbst wenn ich noch nicht weiß wie.

Sobald ich vor dem Gebäude stehen bleibe, atme ich bewusst aus und ein. Trotz der Kälte ist der Himmel heute klar, während die Sonne direkt über dem Marktplatz steht. Ich halte ihr mein Gesicht einen letzten Moment entgegen, bis ich die Klinke der Tür umfasse, im winzigen Hausflur eine weitere nach rechts abbiege und in das ebenerdige Büro von Hanka trete.

Was ich als Erstes realisiere, ist die angespannte Atmosphäre, die mir wie ein Wall entgegenschlägt. Es wirkt, als müsste ich mich durch eine unsichtbare Mauer zwängen, um überhaupt zum

Geschehen vorzudringen. Und als ich es tue, registriere ich, dass das Meeting offenbar ohne mich begonnen hat – und das nicht erst seit eben, wenn ich von den vielen Papieren ausgehe, die sowohl vor Aaron als auch vor Hanka und Kaiko ausgebreitet liegen.

Mein Blick schnellt zur Uhr rechts von mir, die exakt zwei Minuten nach eins zeigt. Doch es scheint, dass die Anwesenden bereits deutlich länger hier sitzen.

»Wieso –«

»Ella, unpünktlich wie eh und je«, schneidet meine Agentin mir das Wort ab, woraufhin ich viel zu perplex bin, um etwas zu erwidern.

Zum Teufel, was geht hier vor sich? Ich bin mir sicher, dass in der Mail von 13 Uhr die Rede war.

»Setz dich, wir haben bereits begonnen, weil Aaron und sein Rechtsbeistand heute noch andere Dinge zu erledigen haben.«

Erst jetzt nehme ich den Mann in Augenschein, der neben Aaron sitzt – und den ich seit mehr als einem Jahrzehnt kenne. Fees Vater wirft mir über die Schulter ein höfliches, fast entschuldigendes Lächeln zu, ehe er sich wieder umdreht.

Der Hauch von Zuversicht, den ich eben noch verspürt habe, wird unter einem Geröll von Ausweglosigkeit begraben. Von Unverständnis und Überforderung. Doch irgendwie schaffe ich es, meine zitternden Knie zu bewegen und mich auf dem nächstbesten Stuhl niederzulassen. Von der Stirnseite des Tisches aus sitze ich nun also genau zwischen Aaron und Hanka – am wohl unangenehmsten Platz der Welt.

»Hieß es nicht um eins?«, stammle ich verloren, während ich meine Finger in meine Schenkel kralle.

»Um zwölf, Liebes.« Hankas Stimme klingt so falsch, dass ich nicht anders kann, als mich zu fragen, ob ich mich tatsächlich verlesen habe oder sie schlichtweg lügt. Doch als ich Aaron ansehe, ihn das erste Mal seit Ewigkeiten so nah vor mir sehe, ersterben alle

Gedanken in mir.

Er sieht fertig aus. Gut wie immer, aber auch unheimlich mitgenommen. Seine grauen Augen wirken erschreckend trüb, sein dunkelblondes Haar ist etwas zu lang. Ich sehe Augenringe, blasse Haut, eine zwar rasierte Bartpartie, auf der der Rasierer jedoch knapp unter dem linken Mundwinkel eine recht frische Wunde hinterlassen hat. Aaron sieht aus wie er und zeitgleich wie ein völlig Fremder. Aber am meisten trifft mich der Blick, mit dem er mich mustert; das, was darin steht: Resignation sowie ein Mix aus Wut und ... Ist das Vermissen?

Mein Magen dreht sich in mir und ich möchte nichts weiter, als all meine Empfindungen aus meinem Körper zu katapultieren. Es tut weh, hier zu sein. Ein Schmerz, mit dem ich hätte rechnen müssen, mich nun aber gänzlich überwältigt.

Erst als er mir zunickt, wispere ich: »Hey.«

Doch da widmet er sich bereits wieder den Unterlagen, die einen Großteil des Tisches bedecken.

Etwas in Aarons Augen lässt mich wachsam werden, als er sie anstarrt. »Das ist, was Sie anbieten?«

»Das ist, was wir anbieten. Wissen Sie, Aaron, ich bin mir sicher, dass wir alle gemeinsam etwas Positives aus dieser Sache ziehen können. Was Sie dort lesen, ist immerhin mehr als das, nicht wahr?« Sie lächelt kurz, doch ich kann nicht folgen. »Wenn Sie unterschrei-«

»Heute wird mein Mandant keinerlei Unterschrift leisten. Wir werden sämtliche Unterlagen zunächst in der Kanzlei prüfen.«

Hanka nickt auch ihm zu – mit einer Freundlichkeit im Gesicht, die mir zuwider ist. »Sie werden nach genauer Sichtung sicherlich bestätigen, dass diese außergerichtliche Einigung mehr ist, als durch einen Prozess erreicht werden könnte.«

»Tatsächlich?«, murmelt Aaron gedankenverloren und mehr zu sich selbst, bevor er mich fixiert. »Und du bist damit einverstanden? Das ist, was du möchtest? Die Klärung, die du versprochen hast?«

Mir ist peinlich, dass ich nicht die geringste Ahnung habe, worum genau es hier geht, daher blicke ich zu Kaiko, in deren Moral ich einen Funken mehr Vertrauen habe als in die meiner Agentin, und sehe sie beruhigend nicken. Erst dann schaue ich Aaron wieder an. »Mir geht es vor allem darum, dass *du* damit leben kannst. Von meiner Seite aus möchte ich alles ermöglichen, deinen Ruf zu schützen. Und es tut mir leid, dass ich das nicht schon eher getan habe.«

Er lacht auf, schluckt dann schwer.

»Enver – Herr Erbaş, meine ich«, – unsicher schiele ich zu Fees Vater –, »wird mit Sicherheit dafür sorgen, dass alles für dich wasserfest ist, und mein Team und ich dafür, dich aus der Schusslinie zu bringen. Das verspreche ich.« Dass ich es nicht versprechen kann, weil ich nicht weiß, inwiefern Derartiges in der Einigung geregelt ist, ist mir durchaus bewusst. Aber dennoch meine ich die Worte, die ich sage: Zumindest *ich* werde nicht länger in meiner Handlungslosigkeit verharren. Zu lange habe ich gewartet; viel zu lange nur zugesehen.

Meinem Instinkt folgend hebe ich die Hand und möchte sie gerade auf seine legen, als er mit dem Stuhl zurückrutscht und so aus meiner Reichweite verschwindet. »Die Zahlen hier drin sind mir egal«, beginnt er, während er aufsteht und seine Jacke schließt, die er offenbar nicht abgelegt hat. »Mir ist wichtig, dass *öffentlich* kommuniziert wird, dass ich nicht dieser dargestellte Mistkerl bin. Ich möchte in Ruhe gelassen werden – allumfassend!« Beim letzten Wort guckt er mich an und ich spüre etwas in mir reißen, von dem ich dachte, es wäre längst zertrennt.

»Aaron, Sie müssen verstehen, dass wir alles in unserer Macht stehende tun werden, Sie ins rechte Licht zu rücken. Aber Menschen, die sich bereits eine Meinung gebildet haben, überzeugt man nicht leicht vom Gegenteil. Sobald sich derartige Informationen über Social Media verbreitet haben, kann man sie nicht einfach löschen. Man kann nur Schadensbegrenzung betreiben und wir –«

»Das ist nicht das Problem meines Mandanten«, unterbricht Fees Vater sie. »Daher werden wir, wie bereits erwähnt, eine Unterzeichnung dieses außergerichtlichen Vergleichs genau abwägen. Bis dahin fordere ich Sie auf, eine erneute Kontaktierung von Herrn Fiedler an der Kanzlei vorbei zu unterlassen. Meine Kollegen und ich sind Ihre direkten Ansprechpartner.«

Sobald er die Papiere in seine Aktentasche gelegt hat, steht er auf und nickt den Frauen ihm gegenüber zu. Mir widmet er etwas mehr Zeit, hält den Blick eine Sekunde länger, ehe er mir die Hand reicht, um sich zu verabschieden. Sein Händedruck ist kurz, trotzdem drückt er für einen Moment fest zu. Dann sieht er zu Aaron und verlässt mit einem »Ich warte draußen!« das Büro.

Aaron, dessen Brust sich auffällig hebt und senkt, packt seine Unterlagen im Stehen zusammen, dreht sich dann ohne eine Verabschiedung um, nur um kurz vor der Tür einen Moment innezuhalten und zu mir zurückzublicken. »Es liegt in deiner Verantwortung, wie du mit unseren Erinnerungen umgehst. Ich möchte dir nicht vorschreiben, was du schreiben darfst und was nicht, das würde ich niemals. Aber stell sicher, dass ich aus all dem rausgehalten werde.«

»Natürlich«, erwidere ich automatisch, obwohl ich den letzten Wortwechseln kaum folgen konnte und mein Herz viel zu laut in meinen Ohren wummert.

Dann rauscht er aus dem Raum; dem Gebäude – und durch das bodentiefe Fenster sehe ich ihn in Begleitung von Enver, der eine Hand beschützend auf seinen Rücken gelegt hat, über den Markt Richtung Theater laufen. Bis er verschwindet … Dieses Mal womöglich für immer.

Hanka und Kaiko sprechen in diesen ewig wirkenden Minuten danach bereits weiter, doch ich höre nicht zu; bin zu beschäftigt damit, kontinuierlich ein- und auszuatmen.

»Ella«, rügt mich Hanka irgendwann, sodass ich mich den beiden

Frauen zuwende. »Hast du das verstanden? Keine Alleingänge, keine Äußerung auf Social Media, keinerlei Gedichte, die auf die jetzige Situation schließen lassen. Wir warten, bis wir den unterschriebenen Vergleich vor uns liegen haben, erst dann werden wir weitere Schritte in die Wege leiten.«

Ich nicke. Was soll ich auch sonst tun?

»Es ist wirklich wichtig, dass wir uns nach außen hin komplett mit der Entstehung des Buches rühmen«, ergänzt Kaiko, sieht dabei prüfend auf ihr Handy. »Sämtliche Statements bezüglich der Gerüchte werden wir, so gut es geht, hinauszögern.«

»Ich glaube nicht, dass es das ist, was Aaron möchte«, interveniere ich daraufhin, was die beiden endlich zum Schweigen bringt – und dazu, mich mehr als überrascht anzusehen.

»Was er möchte oder nicht, kann dich *alles* kosten, Ella, ist dir das bewusst?« Hanka reibt sich über die Stirn, als wäre es zu anstrengend, mit mir zu kommunizieren.

»Mein Erfolg ist an sein Leben geknüpft, ist *euch* das bewusst? Offensichtlich wird ihm vor seiner Arbeitsstelle aufgelauert und er erhält Drohnachrichten! Meint ihr im Ernst, dass mir etwas Schlimmeres passieren würde, wenn ich mich öffentlich entschuldige? Ganz ehrlich, ich würde mich bes-«

»Und *wir* würden uns besser fühlen, wenn du uns unseren Job nicht derart erschweren würdest. Kaiko und ich wissen, was das Beste in dieser Situation ist. Vertrau uns und konzentrier dich darauf, dass dieses Buch ein Erfolg wird. Denn das, wobei wir dir nicht helfen können, ist das Schreiben. Diese eine Aufgabe, Ella, hast du allein zu bewältigen. Also tu es auch.«

Ich fühle mich, als hätte sie mich geschlagen, doch damit kann ich leben. Womit ich nicht leben kann, ist die Abwertung in ihrem Blick; die Schuld, die sie mir gibt. Und es ist nicht nur Frustration, die sich in mir breitmacht, sondern vor allem Wut. Meine Hände ballen sich zu Fäusten, die ich in meine Schenkel drücke; meine Augen verengen sich.

Die Genugtuung, meine Fassung zu verlieren, werde ich ihr nicht geben, doch ich werde auch nicht auf mir sitzen lassen, was sie mir soeben vor die Füße geworfen hat.

»Du vergisst, dass ich jederzei-«

»Weißt du was, ich kann mir das gerade nicht anhören.«

Ohne mich eines Blickes zu würdigen, schiebt Hanka den Stuhl zurück und eilt aus dem Raum, als wäre Darth Vader hinter ihr her. Und ich hasse, dass ich nichts tun kann, als ihr hinterherzusehen. Stattdessen überschlägt mich die plötzliche Stille wie eine Welle, sobald die Tür ins Schloss fällt.

»Nimm es ihr nicht übel«, ergreift Kaiko nach endlosen Sekunden zurückhaltend Partei. »Wir haben uns die halbe Nacht um die Ohren geschlagen, um das hier auszuarbeiten.« Sie zeigt auf die Papiere.

Noch bin ich zu aufgebracht, um sie anzusehen; fixiere noch immer die geschlossene Tür, hinter der meine Agentin verschwunden ist.

»Bei einer Sache hat sie allerdings recht«, ergänzt Kaiko nach einem weiteren Moment. »Du hilfst uns am meisten, wenn du dieses Buch zu Ende bringst. Das ist, worauf du all deinen Fokus legen solltest.«

»Wie soll ich mich darauf fokussieren, wenn ich Aaron mit dem, was ich tue, ins Unglück stürze?« Nun drehe ich mich zu ihr um. »Glaub mir, ich würde nichts lieber tun als das, aber –«

»Also läuft es gut?«, lenkt sie ab. »Kommst du mit den Texten voran?«

Weil ich nicht glaube, dass sie überhaupt *gewillt* ist, mit mir ein vernünftiges Gespräch zu führen, lasse ich meine Gedanken unausgesprochen. Zumindest für jetzt. Doch die Gewissheit, dass eine derartige Zusammenarbeit auf Dauer nicht tragbar ist, setzt sich unwiderruflich in mir fest.

»Ich komme gut voran«, antworte ich daher schlicht.

»Ist dein Lektor mit dir zufrieden?«

»Er mag, was ich schreibe.« Eine zusammenhanglose Floskel, aber mein Bedürfnis, von hier zu verschwinden, nimmt überhand.

»Hanka hat gleich noch einen Termin mit Regina Jørgensen. Hast du neue Texte dabei? Sie könnte sie mitnehmen.«

Die Mappe aus meiner Tasche zu holen, erfordert eine Unmenge an Überwindung. Allein, dass Hanka meinen Gedichten nahekommt, löst plötzlich Zorn in mir aus. Dennoch tue ich es, ziehe die Gedichte aus der Tasche und reiche sie Kaiko. Es ist wichtig für mich und den Verlag – und nach gestern bin ich nicht in der Verfassung, sie selbst dort abzuliefern.

»Na siehst du«, erwidert sie stolz. »Wenn du so weitermachst, werden wir es unheimlich weit bringen.« Ihr Lächeln ist so breit, dass ich fast die Worte überhört hätte, die sie gewählt hat.

Wir.

Wir werden es weit bringen.

Nicht ich, nicht meine Gedichte, nicht die Botschaft in meinen Worten; die Bedeutung für meine Leserschaft.

Wir.

Wir.

Wir.

Und zum ersten Mal frage ich mich, ob es wirklich das ist, was ich will – und ob es dieses Wir, von dem sie spricht, je gegeben hat.

Der weiße Ring um den kleinen, aber bunt strahlenden Planeten und das ehrfürchtige Staunen aus Gavinas Mund bestätigten es: Galátea. Der verloren geglaubte achte Planet ihrer Galaxie. Sie hatten ihn gefunden. Doch sie waren nicht allein. Bevor der Crew klar wurde, dass sie dem Flaggschiff der todbringenden Garde des Untergangs ins Netz gegangen waren, eröffneten sie bereits das Feuer.

»Bereit?«, fragte Nohja und sah in die entschlossenen Gesichter seiner Gefährten. »Holen wir uns zurück, was nie hätte genommen werden dürfen.«

(...)

Kapitel 22

Ich bin gerade auf dem Weg zu Haros Büro, um mit ihm die Konzeptidee zu Lalotts Buch und mögliche Marketing- und Kommunikationswege diesbezüglich zu besprechen, als ich Elfies Stimme vernehme.

»Jonah?«

Ich drehe mich um; entdecke ihren mit ausladenden Locken geschmückten Kopf, der aus dem Türrahmen ihres Büros ragt.

»Hast du fünf Minuten?«

»Natürlich«, antworte ich automatisch, obwohl ich dringend mit Haro sprechen muss. Seit dem gestrigen Abend mit Ella habe ich beschlossen, einfach alles dafür zu tun, dass die Welt sehen und lesen kann, was in ihr steckt. Nachdem wir uns so nahe waren, brauche ich einfach ein Ventil, um meine überschüssige Energie loszuwerden. Und ganz nebenbei können Ella und ich uns während der gemeinsamen Arbeit besser kennenlernen. Es langsam angehen lassen. Auch wenn es schwer wird, ihr nicht zu nahe zu kommen, nachdem ich nun weiß, welche Wirkung ihre Berührung auf mich hat.

Allein bei dem Gedanken an ihre Finger in meinem Nacken bekomme ich eine Gänsehaut. Doch sowohl sie als auch der Verlag haben den Erfolg verdient, den ihr Buch bringen kann. Meine übereifrigen Gefühle werden dieser Chance nicht in die Quere kommen – und Haro wird mir dabei helfen, dieses Ziel zu erreichen.

Elfie würde meine Zeit niemals beanspruchen, wenn es nicht wichtig wäre, also mache ich auf dem Absatz kehrt und schließe die Tür hinter mir, als ich ihren etwas überladenen, aber dennoch liebevoll dekorierten Raum betrete.

Jeder Quadratzentimeter schreit *Elfie Sperling*. Von den mit Blumen bestickten Kissen auf den zwei Stühlen in der Besprechungsecke bis zu dem Regenbogen aus Stiften, die in einem erstaunlich schlichten Becher auf ihren Einsatz warten.

»Haben du und Ella Bergmann regelmäßig die Gelegenheit, miteinander zu sprechen?«, will Elfie wissen. »Oder stellt sich ihre Agentin quer, ihr Zeit für das Projekt einzuräumen? Regina wird mit ihr reden, wenn das nötig ist.«

Ich schüttle den Kopf. »Danke, aber das ist nicht nötig. Wir haben uns bereits mehrmals getroffen und ich habe ein gutes Gefühl bei dem Projekt.« *Und bei Ella,* füge ich in Gedanken hinzu. Genau genommen drückt *gut* meine Gefühle nicht im Geringsten aus.

»Ich wollte keinen unnötigen Druck aufbauen«, rudert Elfie zurück und greift nach dem Papierstapel zu ihrer Rechten.

In einer Sache muss ich Haro zustimmen: Elfie und er haben durchaus ein paar Gemeinsamkeiten. Ebenso wie er hat sie eine verblüffende und teils einschüchternde Vorliebe für Farben, die ich anhand der bunten Büroklammern ausmache, mit denen ihre Unterlagen aneinander gehaftet wurden.

»Ich war im Begriff, Regina die Spesenabrechnungen zur Freigabe zu geben, und habe mich gewundert, dass so wenig Belege von dir dabei waren. In deinem Kalender standen durchaus Termine außer Haus.«

Ich beiße mir von innen auf die Wange. Dabei beunruhigt mich nicht, dass Elfie einen Blick in meinen Kalender geworfen hat, um sicherzugehen, dass ich nicht vergessen habe, Belege einzureichen. Es ist eher die *Richtung,* in die sich die Beziehung zu Ella gerade entwickelt. Noch nie zuvor bin ich einer unserer Autorinnen so nahegekommen, habe mich ihr so nahe gefühlt, wollte sie noch näher.

Ich räuspere mich. »Du musst dir keine Sorgen machen, Ella und ich treffen uns. Es hat sich nur …«

Elfie beobachtet mich. Ihre Haltung und ihr Ausdruck sind wie immer frei von jeglichem Urteil. Für alle Mitarbeitenden im edaVerlag hat sie ein offenes Ohr. Sie gilt mit ihrer emphatischen und geduldigen Art als inoffizielle erste Anlaufstelle für sämtliche Probleme, die das Jobleben beeinflussen könnten. Mich hat sie damals darin bestärkt, Regina darum zu bitten, mir mehr Freiheiten zuzugestehen, damit ich Till mit Sam helfen kann. Also schlucke ich die Bedenken herunter und entscheide mich dafür, ehrlich zu sein.

»Es hat sich nicht richtig angefühlt, die Belege einzureichen, weil …« Schon wieder stocke ich, irgendetwas in mir warnt mich davor, es auszusprechen. Vermutlich weil es alles realer macht.

Wenn ich mit Ella zusammen bin, dann ist alles zwischen uns – jeder Blick, jede zaghafte Berührung – einfach richtig. Doch hier im Gebäude des Verlags, in dem ich arbeite und federführend verantwortlich für den Inhalt ihres Debüts bin, fühlt es sich an, als hätte ich mit jedem unprofessionellen Wort einen Fehler gemacht.

Meine schwitzigen Finger krallen sich über die mit grünem Samt bezogene Sitzfläche links und rechts von mir. Es auszusprechen, gibt dem Kribbeln in meinem Bauch einen Namen, den ich nicht zurücknehmen kann: Ich habe mich in eine meiner Autorinnen verknallt – und nicht einfach in irgendeine. Es ist die Autorin, die dem Verlag eine Genrespalte öffnen soll, an der wir seit drei Jahren arbeiten. Ich darf Ella um keinen Preis der Welt verprellen.

»Du kannst mit mir reden, Jonah«, bekräftigt mich Elfie, ihre Stimme warm wie Honig.

Die Zähne aufeinandergepresst starre ich auf die Tischplatte zwischen uns, da fällt mir der aus Kristall geschliffene Sperling auf, der im Schein der dunkelgrünen Schreibtischlampe funkelt wie frisch poliert. Haro hat ihn ihr also tatsächlich geschenkt und Elfie ihm einen Ehrenplatz auf ihrem Schreibtisch gegeben. Wenn das Fenster für Haro bei unserer elf Jahre älteren Controllerin einen Spalt offen ist, ist meine Lage vielleicht gar nicht so aussichtslos.

»Ich mag sie«, platzt es aus mir heraus und ich frage mich, ob Elfie klar ist, dass das Vögelchen von Haro dieselbe Botschaft in sich trägt. Und ob sie als Mutter zweier Teenager eine Beziehung mit einem jüngeren Mann in Erwägung zieht.

»Verstehe«, sagt sie mit funkelnden Augen. »Und beruht das auf Gegenseitigkeit?«

Ich komme mir furchtbar albern vor, rutsche auf dem Stuhl hin und her, rücke die Brille zurecht. »Wenn ich es nicht vermassle«, scherze ich etwas unbeholfen, linse immer wieder zu dem vogelförmigen Kristall. »Jedenfalls hätte es sich merkwürdig angefühlt, die Beträge für die Belege zurückzufordern, wenn wir nur die Hälfte der Zeit unserer Verabredungen mit der Arbeit verbringen.«

»Das ist wirklich löblich, Jonah, aber du kannst dir sicher sein, dass, wenn es *mir* auffällt, auch Regina stutzen wird.«

»Meinst du, sie hätte ein Problem damit? Ist das schon mal vorgekommen?« Mir ist kein vergleichbarer Fall im Verlag bekannt.

»Damit, dass du Geld sparst? Nein«, zieht sie mich auf. »Was Ella Bergmann betrifft, kommt es, schätze ich, darauf an.«

»Worauf?«, frage ich und lehne mich ein Stück vor. Ich könnte schwören, Elfies Blick schweift zu Haros Sperling zwischen uns.

»Ob ihr damit das Projekt gefährdet.«

Ich schlucke.

»Regina hat in der Vergangenheit schon einmal einen Vertrag auf Grund persönlicher … Umstände einbüßen müssen. Von der Verlagsseite aus wäre es tatsächlich ratsam, das Thema auf Eis zu legen«, schlägt Elfie sachte vor. »Zumindest so lange, bis das Buch im Druck ist.«

Ich zwinge mir ein zuversichtliches Lächeln ins Gesicht, nicke, obwohl ihr Ratschlag mich trifft. Frage mich ehrlich, wie ich bis zur fertigen Druckfahne die Gefühle in mir bändigen soll. Denn auch wenn ich beherzigen möchte, was sie sagt, bezweifle ich, dass ich dazu in der Lage bin.

Wenn ich an unser letztes Treffen denke; an die verdammt noch mal zärtlichste Umarmung meines Lebens; an Ella auf meinem Schoß – nichts an dem kurzen und intensiven Abend kommt für mich auch nur in die Nähe von *auf Eis legen*.

Mein Leben besteht aus Worten. Ich suche; finde; suche wieder. Und das ständig. Für Ella aber finde ich nichts, das ihr gerecht wird.

* * *

»Haro!«, rufe ich überrascht, als ich über die knarrenden Dielen in mein Büro zurückkehre und mir die knallrote Mütze auf dem gesenkten Haupt meines Kollegen ins Auge sticht. »Ich wollte sowieso zu dir, wurde aber aufgehalten.«

Ich wundere mich etwas darüber, dass er den Blick nicht eine Sekunde von dem Tablet hebt, das auf seinem Bein ruht, während ich an ihm vorbeigehe.

Mit zusammengezogenen Brauen sitzt er in dem Sessel, den mir meine Mutter von einer Reise in die Niederlande mitgebracht hat, und wirkt mehr als niedergeschlagen. »Dreitausend Likes und vier Kommentare«, murmelt er.

»Was?«, frage ich verdattert und halte neben dem Schreibtisch inne.

»Das Team um Lalott hat alle Postings zum *eda*Verlag abgelehnt. Einfach. Alle. Und wenn ich Postings sage, dann meine ich das ganze fucking Konzept!« Er reibt sich über die Mütze und sinkt noch tiefer in die Polsterung. »Vergiss es. Ich sollte mich einfach löschen.«

»Haro.« Er reagiert nicht, also wende ich mich ihm voll zu. »Haro, hey«, versuche ich vehementer, seine Aufmerksamkeit zu erlangen.

Vergebens. Wie gebannt starrt er auf das Tablet. »Aus welchem Grund?«

»Der Grund beginnt mit K und endet auf: Ich-kaufe-Fakefollower-und-werde-in-ewigen-Abgründen-verrotten.«

»Düster«, kommentiere ich trocken.

Haro seufzt. Lang und tief.

»Du, Haro Schürmann, Marketing und Social Media Experte, gibst ja wohl nicht schon auf?«, frage ich, vielleicht absichtlich etwas theatralisch. »Denn das würde bedeuten Kaiko gewinnt«, sinniere ich, um den verdrossenen Krieger wachzurütteln.

Für fünf Sekunden herrscht Stille.

»Nur über meine verfluchte Leiche«, brummt Haro, die Miene noch immer finster. Ein krasser Kontrast zu seiner farbenfrohen Erscheinung, die heute von Apfelrot und Beige dominiert wird. Vielleicht ist der Schriftzug auf seinem Pullover *Don't get in my way* doch ernster gemeint, als die lustige Typo vermuten lässt. Er fasst das Tablet auf seinem Bein fester, blickt auf den Screen, als stünde er seiner Erzfeindin gegenüber.

»Gut! Und da dir nun ein langes Leben bevorsteht – können wir darüber sprechen, weshalb ich zu dir wollte?«

Keine Reaktion. Irgendwas auf diesem Gerät lässt ihn nicht los. Dann tippt er, wischt mit dem Finger nach links, unten wieder rechts, energischer als sonst. Also versuche ich es mit dem Thema, das ihn bisher immer aus der Reserve gelockt hat.

»Der Sperling macht sich gut auf Elfies Schreibtisch.«

Haros Körper erstarrt. Scharf zieht er Luft durch die Nase und hebt langsam seinen Kopf. Seine Züge werden weich bei ihrem Namen.

»Er hat einen Ehrenplatz in der ersten Reihe«, sage ich beiläufig und setze mich ihm gegenüber an den Schreibtisch.

Für eine Sekunde glaube ich, etwas in Haros Augen aufblitzen zu sehen. Hoffnung?

»Ich weiß, was du da tust«, lässt er mich mit schmalem Blick wissen. »Und ich danke dir dafür«, seufzt er, wischt entnervt über das Display, legt es neben sich und rappelt sich in eine aufrechtere Position. »Was kann ich für dich tun, Jonah Reed?«

»Du, Haro Schürmann«, antworte ich feierlich, als würden wir uns in einer alles veränderten Szene befinden, »musst mir helfen, ein Buch zu verkaufen, das wir eigentlich nicht rausbringen sollten. Und es besser zu verkaufen als alle anderen Bücher zuvor.«

»Jetzt hast du meine ungeteilte Aufmerksamkeit«, antwortet er verschwörerisch und lehnt sich vor.

Ich hole tief Luft. »Es geht um Ellas Buch. Ich glaube, es könnte … *mehr* sein als das, was ihre Agentur im Sinn hat. In ihr steckt so viel, das weit über die Erwartungen ihrer Follower hinausgeht. Sie könnte facettenreicher sein, mehr von sich zeigen. Und da kommst du ins Spiel. Falls sie sich dazu entscheidet, auf ihr Herz zu hören – was ich hoffe –, dann brauche ich ein Konzept für die Vermarktung genau für dieses Buch in der Hinterhand. Einen Plan, wie ich alle davon überzeuge, dass es sich verkaufen wird. Denn unterm Strich wäre es nicht gänzlich das, was Regina von ihr erwartet, geschweige denn ihr Management.«

Haro streicht sich über die in Falten gelegte Stirn. »Ihr seid also per du? Lalott und du. Habt viel Zeit miteinander verbracht und Bücher gewälzt?«

Ich nicke. Ob sich verknallte Männer gegenseitig an der Nasenspitze erkennen?

»Und du willst, dass sie auf ihr *Herz hört?*«, zitiert mich Haro und ich schlucke trocken, kann spüren, wie sich Wärme auf meinem Gesicht ausbreitet.

»Habt ihr euch auch *auf* den Büchern gewälzt?«

Ein Ruck geht durch meinen Körper. »Alter!«

Abwehrend hebt er die Hände. »Sorry, Bro. Ich war mir sicher, Kristall-Vogel-Vibes gespürt zu haben.«

Unbedacht fahre ich mir durch die Haare und seufze resigniert, kann dem aufmerksamen Ausdruck von ihm jedoch nicht entkommen. Er scheint durch meine fragile Fassade direkt zu dem Bild in meinem Kopf hindurchzusehen. Ella, die sich auf meine Beine sinken lässt, ihre Hände in meinen Nacken legt und dann ...

»Aber du wünscht es dir.« Ein schelmisches Lächeln stiehlt sich auf seine Lippen und verdrängt die Sorgenfalten. »Du steckst knietief in der Scheiße.«

»Ja, da hast du vermutlich recht«, gebe ich zu, lege meine Brille ab und klemme mir einen Bleistift, der auf meinem Schreibtisch liegt, hinter das Ohr. Meine Gefühle für Ella zu verleugnen, ist sinnlos. Noch dazu vor meinem Kumpel. »Wenigstens lachst du nun wieder. Der düstere Haro hat mir Angst gemacht.«

»Aus der Finsternis steigen die besten Schurken empor, oder?«, witzelt mein Kollege, doch ich sehe eine Art Resignation in seinen Augen. Im Marketing kann es zugehen wie auf einem Schlachtfeld – und manchen Mitstreitenden sind keine Mittel zu schade, um zu gewinnen.

»Du bist einer von den Guten, Haro, genau das unterscheidet dich von Kaiko. Lass dich von ihr nicht dazu verleiten, vom Weg abzukommen. Ich weiß, dass du, ohne deine Werte zu verletzen, etwas auf die Beine stellen kannst, dass das Management überzeugt.«

Mein Gegenüber brummt und zuckt mit den Schultern. Selbst das Rot seiner Mütze scheint kurz zu verblassen.

»Sieh es als Herausforderung, nicht als Hindernis.«

»Ist es das, was du deinen Autorinnen und Autoren ums Maul schmierst, wenn sie in einer Schreibkrise stecken? *Sieh es als Herausforderung?*« Ihm entfährt ein amüsiertes Schnauben.

»Funktioniert es denn?«

»Vielleicht«, seufzt Haro ergeben, beugt sich nach vorn und stützt seine Ellbogen auf den Oberschenkeln ab, während er mich mustert. »Wir müssen also nicht nur diese Social-Media-Blenderin überzeugen, sondern ihrer und unserer Vorgesetzten auch noch ein Konzept verkaufen, für das keine von beiden Parteien unterschrieben hat?«

»Wenn du es so sagst, dann …«, setze ich an und beginne nun doch, zu zweifeln. Nicht an Ella oder an dem Konzept, sondern daran, ob ich in der Lage bin, allen begreiflich zu machen, was ich in Ella und ihren Texten sehe. Dass wir in eine *falsche* Richtung laufen und viel zu viel auf der Straße liegen lassen.

»Wenn ich es so sage, Jonah, klingt das nach der aussichtslosesten Herausforderung, zu der du je jemanden überreden wolltest«, greift Haro meinen Satz mit hochgezogenen Brauen auf, die fast unter seiner roten Mütze verschwinden. Doch dann verzieht er die Lippen zu einem absolut schurkenreifen Lächeln. »Ich bin dabei.«

Wenn er sich nicht schnellstmöglich von der Last des Wrackteils seines eigenen Schiffes befreien konnte, würde dieser Atemzug sein letzter gewesen sein. Doch Nohja war nicht bereit, auf diese Weise zu sterben; seinen Lebensabend stellte er sich in den Oasen der Wüste Kotatiens vor, und den würde er verflucht noch mal bekommen.

Sauerstoff, er brauchte Sauerstoff.

Etwas bewegte sich, eine Stimme rief seinen Namen und als sich das Metall über ihm plötzlich hob, blickte er in die rußverschmierten Gesichter seiner Crew.

(...)

Kapitel 23

Haro und ich brainstormten gute zwei Stunden, forsteten uns durch Social Media und gingen verschiedene Herangehensweisen durch, um Ellas Buch unter dem Arbeitstitel »*Wenn Worte klingen, atme ich*« zu vermarkten. Hin und wieder plagte mich das schlechte Gewissen, weil neben mir auch Haro Zeit in ein Projekt investierte, das so gar nicht existieren sollte. Normalerweise arbeiten sowohl mein Kumpel als auch ich sehr gewissenhaft und stets Hand in Hand mit unseren Vorgesetzten. Doch da sich Haros Vorgesetzter Maarten im Moment in Dänemark mit neuen Nachwuchsschreibenden trifft, kann er diesen Umstand etwas länger verdrängen.

Anders sieht es bei mir aus. Früher oder später werde ich Regina einen aktuellen Stand vorlegen müssen – und derart weit habe ich mich noch nie aus dem Fenster gelehnt. Helle, Hoffnung gebende Texte stellen die absolute Ausnahme auf Lalotts Profil dar. Neben den Porträts von Ella, die meist wie ihre Texte Melancholie ausstrahlen und selten Farbe, brilliert das aktuelle Konzept. Wenn wir ihre Arbeiten richtig platzieren und ihnen durch sanfte Wortwandlungen Licht einhauchen, macht das lyrische Subjekt nicht nur eine Wandlung durch, es schickt die Lesenden selbst auf eine Reise. Es wird sich kraftvoll vom Boden der dunkelsten Tiefe abstoßen und durch eigene Kraft zurück ins Leben finden; zurück ins Licht. Weit entfernt von dem Exposé, das mit düsteren Gefühlen beginnen und mit verzweifelten, zu Tode betrübten Texten enden sollte, um …

Um die Leserschaft in ein tiefes Loch zu werfen, ohne Rettungs-leine oder eine Aussicht, sich allein wieder hinauszuziehen? Ich kann mir kaum vorstellen, dass ein solches Werk in Reginas Sinn wäre.

Aus diesem Grund rufe ich mir stetig in Erinnerung, dass Letz-tere sowohl Haros als auch meinem Urteil bisher immer vertraut hat. Ich hoffe inständig, dass wir auch dieses Mal richtig liegen. Nichts läge mir ferner, als die Veröffentlichung in den Sand zu setzen.

Es ist gerade einmal fünf Minuten her, dass Haro mein Büro ver-lassen hat, da ploppt eine E-Mail von meiner Chefin mit dem Betreff *Lalott Gedichtband* auf. Sie erkundigt sich, ob sie mich in ein paar Minuten noch im Büro erwischt, um mir neue Texte von Ella in die Hand zu drücken. Der Hinweis *sent from my mobile device* verrät, dass sie vermutlich von einem externen Termin auf dem Weg zum Verlag ist.

Nach einem Blick auf die Uhr, die bereits halb sechs zeigt, schicke ich eine Antwort, in der ich ihr mitteile, dass ich gern noch auf sie warte. Die Vorfreude, heute Abend Gedichte von Ella zu durchfors-ten, überwiegt gegenüber der Sorge, meine Vorgesetzte anlügen zu müssen. Ich hoffe sehr, dass das nicht notwendig sein wird. Ich bin mir zwar sicher, dass wir Regina an Bord bekommen, wenn das Konzept so rund ist, wie wir uns es vorstellen, doch an diesem Punkt sind wir noch nicht. Und selbst wenn sie gern Risiken eingeht, weiß ich nicht, ob sie in diesem Fall konservativ entscheiden würde. Zum Wohle des Verlags.

Hoffen wir, dass Haro und ich es mit unserer Entscheidung gegen das Management von Lalott nicht aufs Spiel setzen.

* * *

Ich hinterlasse gerade einen letzten Kommentar bezüglich der neus-ten Coverentwürfe zu unserer jüngsten Romantasy Reihe in der internen Projektmanagement Software, als ich Schritte auf dem Flur vernehme. Niemand in diesem Gebäude schreitet so regelmäßig und unerschrocken in hohen Schuhen über das buckelige Parkett wie Regina.

Im nächsten Augenblick klopft es an der Zarge, bevor sie durch die offene Tür lugt. »Ihr wollt euch wohl heute alle in Fleiß übertrumpfen.«

»Du bist doch selbst noch so spät hier.« Im Gegensatz zu vielen anderen Arbeitgebern setzt der *eda*Verlag auf eine möglichst gesunde Work-Life-Balance.

Sie zuckt mit den Schultern, lehnt sich gegen das Holz und zieht mit einem breiten Lächeln eine dunkle Mappe hinter ihrem Rücken hervor. Nur Regina kann nach einem arbeitsreichen Tag aussehen wie die Frische höchstpersönlich. Diskussionen, Kompromisse finden und Verträge abschließen sind ihr Antrieb.

»Schöne Titelidee. *Wenn Worte klingen, atme ich.* Beinahe ungewohnt hell für Lalotts Arbeiten, aber sehr schön«, sagt sie, schlägt die Mappe auf und lässt den Blick für einen Moment über die Zeilen schweifen; das Grinsen wird von Sekunde zu Sekunde zufriedener. »Die hier sind zwar für dich, aber ich musste einfach in die ersten Seiten reinlesen.« Mit den Worten klappt sie die Mappe wieder zu. »Ich war zu neugierig und puh, diese Frau hat Talent.« Regina, gewohnt schick in Bleistiftrock und Bluse, tritt an meinen Schreibtisch heran. »Was hältst du von *Wenn Worte weinen, atme ich?* Es passt zu der Melancholie dessen, was ich gelesen habe.«

Ich schlucke. Ihr Vorschlag ist schön, keine Frage, und mir fällt zudem ein Stein vom Herzen, dass sie nicht die gesamten Texte durchforstet und somit unseren Konzeptwandel durchschaut hat, noch ehe ich mit ihr darüber sprechen konnte. Dennoch suggeriert ihr Titel genau die Richtung, von der wir uns bewusst abgewandt haben.

»Ich schreibe es mit auf die Liste. Noch haben wir uns nicht festgelegt«, behaupte ich. Dabei hat sich der Arbeitstitel bereits in mein Herz gebrannt. Manchmal gibt es Ideen, die passen einfach, fügen sich wie selbstverständlich in das Bild, das man im Kopf hat, und bleiben unverrückbar. Das muss doch etwas bedeuten ...

»Vielleicht bietet sich der Titel auch für eine Marketingaktion auf der Leipziger Buchmesse an«, überlegt meine Chefin laut. »Ich bespreche das morgen telefonisch mit Maarten, ihm fällt sicherlich etwas ein. Dann müssten wir uns allerdings beeilen, wenn wir es bis dahin schaffen wollen.« Sie fährt mit dem Finger über ihre Nasenspitze, schaut dann wieder in mein Gesicht. »So oder so: Ella Bergmann hat die für dich mitgegeben.« Sie schiebt mir die dunkelgraue Mappe, auf deren Deckblatt ein silbernes Ginkgoblatt schimmert, entgegen. »Was meinst du, wann ihr zwei den ersten Rohentwurf stehen habt?« Reginas Augen leuchten vor Aufregung. Sie brennt zwar für jedes Projekt, das wir herausbringen, doch ich kann spüren, dass dieses auch für sie etwas Besonderes ist.

Angespannt räuspere ich mich und tippe auf die Unterlagen. »Das kommt wohl ganz darauf an, was sich hier drin bisher angesammelt hat.« *Und ob Haro und ich es schaffen, ein Konzept auf die Beine zu stellen, das zuerst dich und dann Ellas Management überzeugt.*

»Wenn du in irgendeiner Form Unterstützung benötigst, sagst du Bescheid, okay? Ich bin mir sicher, du und Lalott werden etwas Großartiges erschaffen.«

Ich beiße mir auf die Zunge. Nur noch ein paar Tage, dann haben wir das grobe Konzept inklusive Vermarktung präsentationsreif – dann werde ich mich besser fühlen. Insofern alles gut läuft ... In jedem Fall darf ich solange nicht riskieren, dass unser Plan gestoppt wird. Nicht, wenn Ella gehört werden soll.

Auch Regina hat dieses Risiko einst in Kauf genommen. Um ihren talentierten Autorenfreundinnen, die jahrelang nach einem passenden Zuhause für ihre Bücher suchten, eine Plattform zu bieten, hat Regina gemeinsam mit ihrem Bruder Maarten alles auf eine

Karte gesetzt – oder eher alles auf ein Buch. Die beiden ließen ein erfolgreiches dänisches Manuskript aus einem Nischengenre übersetzen und landeten mit einem ausgeklügelten Marketingkonzept den ersten Bestseller des damals frisch gegründeten *eda*Verlags. Der erfolgreiche Kick-Start erlaubte es ihnen, Hidden Champions, die nicht in die breite Masse passten, zu verlegen. Das ist, wofür der Verlag seitdem steht: Chancen, Offenheit, Wandel. Und ich wünsche mir, dass auch Ella von diesen Werten profitiert. Niemand wird das besser verstehen als Regina.

Aber wer drückt bis dahin in meinem Kopfkino, das immer wieder zu dem intimen Moment zwischen Ella und mir springt, auf die Stopptaste?

»Du siehst besorgt aus. Ist wirklich alles okay?«, will Regina wissen. »Ich weiß, das Medieninteresse ist größer als sonst und die Klatschpresse laut, aber Lalotts Agentur hat alles im Griff.«

»Alles gut«, behaupte ich etwas übereilt. »Ich habe zu lange auf den Bildschirm gestarrt und werde die neuen Texte mitnehmen. Frische Luft und mein Sofa werden guttun.« Mit flinken Fingern staple ich meine Unterlagen, lasse sie in meiner Umhängetasche verschwinden. Bereit für die Flucht, anders kann man mein Verhalten wirklich nicht deuten. Ich bin nicht stolz drauf.

»Jonah?«

Ich schwinge mir die Tasche über die Schulter, greife nach meiner Jacke und blicke zu Regina, die noch immer vor meinem Schreibtisch steht. Sie kennt mich zu gut, als dass sie mein Verhalten fehlinterpretieren könnte. Ich bin nervös und Regina sieht es mir an.

»Du machst deinen Job sehr gut. Ich vertraue dir.«

Ihre Worte zerfetzen mein Gewissen in klitzekleine Stücke, die wie Asche zu Boden rieseln. Ich weiß nicht, ob zwei Geheimnisse zu viel sind. Ob ich ihr zumindest die Wahrheit über meine Gefühle statt über unseren Plan liefere. Und die Entscheidung ist getroffen, bevor ich mich davon abhalten kann. »Ich ... mag Ella.«

Reginas Augen weiten sich für einen Moment, werden noch größer, als ich hinterher schiebe: »Ich mag sie sehr, mehr, als ich es als ihr Lektor tun sollte.«

Ihre Lippen formen ein überraschtes *Oh.*

Zum ersten Mal seit meiner Karriere im Verlag breitet sich eine unangenehme Stille zwischen uns aus. Die Ruhe vor dem Sturm, wie ich befürchte. Denn Regina hält schon viel zu lange inne, als dass mir ihre Reaktion auf mein Geständnis gefallen wird. Sie ist schlagfertig, hat stets einen passenden Konter parat, doch wenn es um unangenehme Themen geht, wählt sie ihre Worte mit präziser Sorgfalt.

Bedauern legt sich auf das Antlitz meiner Vorgesetzten. »Du weißt, dass ich das nicht gerne tue und sobald die heiße Phase rum ist, wünsche ich dir alles Glück der Welt bei Ella Bergmann. Aber bitte überstürze nichts, bis das Buch im Druck ist. Ich bin mir sicher, sollte es ein weiteres Werk von Lalott bei *eda* geben, finden wir jemand anderes aus dem Team. Aber für das hier«, sie zeigt auf meine Tasche, in der Ellas Texte warten, »brauche ich dich, Jonah. Dich und dein Talent, aus Ella das beste Buch herauszuholen, das sie schreiben kann. Ich weiß, dass ihr den Weg dafür bereits geebnet habt, du musst ihn nur noch mit ihr gehen – ohne zu stolpern.« Ihr wachsamer Blick trifft mich, geht mir bis ins Mark. »Schaffst du das?«

Alles in mir wehrt sich, will sich gegen die Bedeutung meiner Antwort aufbäumen, doch mir bleibt nichts anderes zu sagen als: »Ja. Das schaffe ich.«

* * *

Heiß. Mir ist heiß. Diese Worte … diese verdammten Worte habe ich nicht erwartet. Ich ziehe an meinem Kragen, versuche irgendwie etwas Kühle an meine Haut zu lassen. In der Bewegung stoße ich gegen etwas Hartes.

Mit einem Klirren breitet sich über den Teil meines Körpers Hitze aus, der sowieso schon in Flammen steht.

»Ah, Fuck!«, fluche ich lautstark, sobald mein benebelter Verstand realisiert, dass ich mir soeben den frisch gebrühten Tee über die Hose gekippt habe. Ich springe auf, stelle die Tasse auf den Schreibtisch und reibe mir über die nasse Hose.

Als ich Ellas Mappe bei mir zu Hause aufgeklappt habe, war ich für alles offen, für alles bereit, doch *damit* habe ich nicht gerechnet. Zwischen die herzzerreißende, melancholische und vor Hoffnung schimmernde Poesie, die lose in dem hinteren Teil der Mappe gelegen hat, haben sich Texte gemischt, die … Nun, sagen wir, sie treiben meinen Puls in ungeahnte Höhen. Und Bilder in meinen Kopf. Ein sengendes Kribbeln durch –

Ich reiße mich aus diesen unangebrachten Gedanken und stattdessen einige Taschentücher vor aus der Packung auf meinem Schreibtisch. Aber wie von allein, schweife ich wieder zurück zu den Texten, während ich meine Hose trockenreibe.

Sinnlichkeit, Sehnsucht, Hitze … All das würde ich antworten, wenn mich jemand fragen würde, was sie in mir auslösen.

Als würde meine ganze Welt,
dieser gottverdammte Himmel,
auf deinen Lippen stehen.
Und ich will mir alles
u n b e d i n g t
zurückholen.

Als Lektor ist mir bewusst, wie viel Interpretationsspielraum in Texten stecken kann, gerade in Gedichten, aber das …

Die Leidenschaft darin ist so eindeutig, dass ich nicht anders kann, als unsere gemeinsamen Momente wieder und wieder zu erleben. Allein die Vorstellung, dass ihr diese Worte wegen mir – *uns* – in den Sinn gekommen sind, katapultiert mich auf einen anderen Planeten. Einen, von dem sogar Kotatien Lichtjahre entfernt liegt.

Ich drehe das Blatt um, nur um von dem nächsten, viel zu intensiven Gefühl heimgesucht zu werden.

Vielleicht sind Sterne
die Wellen des Himmels.
Tagsüber heimlich verliebt,
nachts voll von Extase;
erfüllt von unserem Rauschen.
Ja, vielleicht bist du
die Welle in mir.

Jedes Wort treibt mir die Röte in die Wangen. Und das, obwohl kein Vers zu offensiv; kein Wort zu forsch ist. Vermutlich lösen sie aus genau diesem Grund all diese Gefühle in mir aus. Weil sie Raum zur Vorstellung bieten; weil man das Ende selbst imaginieren kann. Weil ich es mir vorstellen *will*. Selbst in so kurzen Stücken wie dem auf der nächsten Seite.

Worte stürzen von Klippen;
wir ineinander.
Oh, mit dir an diesem Ort
riechen Wasserfälle nach Lavendel.
Und zwischen der Gischt
wächst Klee.

Ich lese. Lese und lese und lese. Und mit jedem Gedicht wird mir bewusster, dass Ella diese niemals für unser Projekt abgegeben haben kann. Dass sie – *wenn* sie es absichtlich getan hat – nur für mich bestimmt sind. Denn bei aller Helligkeit, die wir für die zweite Hälfte ihres Gedichtbandes geplant haben, leuchten diese hier nicht einfach nur warmweiß, sondern rötlich.

Als ich das letzte Stück dieser mehr als persönlichen Reihe entdecke, spannt meine Haut am ganzen Körper, an Stellen, wo sie es definitiv nicht tun sollte, wenn ich an Ellas Texten arbeite. Das Gefühl, beobachtet zu werden; etwas Verbotenes zu lesen, ist so stark, dass ich aufstehe. Obwohl niemand hier ist, schließe ich leise die Tür meines Wohnzimmers, dann kehre ich zurück an meinen Schreibtisch und lese erneut. Meine Finger zittern wie Laub im Wind.

Deine Finger
auf feuchten Scheiben
und unser Atem, der –

»Heilige Scheiße.« Hektisch schlage ich die Mappe zu. Versuche, die Worte darin einzufangen. Zu spät. Auch wenn ich die letzten Verse nicht gelesen habe, die restlichen Zeilen sind in meinem Kopf bereits zu Bildern geworden. Bilder, die ich nie wieder verdrängen könnte, selbst wenn ich wollte.

Doch einer Sache bin ich mir plötzlich unsicher: ob die mit Bleistift gekritzelten Zeilen tatsächlich für meine Augen bestimmt waren. Denn vor allem sind sie eines: sinnlich. Intim und auf die sanfteste Art heiß. Gerade dieser letzte Text scheint einfach aus ihren Fingern auf das Papier geflossen zu sein. Er ist roh, unperfekt und doch erreicht er mich so tief, dass ich den Atem anhalte. Weil genau diese Sehnsucht mich zu ihr ruft. Vielleicht, weil ich sie darin sehe – oder weil ich mir wünsche, *uns* darin zu sehen.

Mir ist bewusst, dass es nicht der klügste Impuls ist, und doch bin ich nicht stark genug dagegen anzukämpfen, als ich nach meinem Handy greife, den Chat mit Ella öffne und sie frage, ob sie noch heute Abend Zeit für eine Lektoratssession hat. Ich will sie sehen. Viel mehr als das: Ich will sie spüren ...

* * *

Nur eine Stunde später finde ich mich an der Theke des Irish Pubs mitten in Weimar wieder – Ella an meiner Seite, die soeben zwei kleine Guinness bestellt und einen Wust aus Zetteln vor uns auf der schmalen Theke ausgebreitet hat. Da sämtliche Tische besetzt waren und wir uns nicht weiter durch den kalten Regen kämpfen wollten, haben wir uns für die beiden freien Barhocker rechts am Tresen entschieden.

Dass ich Ella auf diese Weise näher sein kann als mit einer Tischplatte zwischen uns, ist ein angenehmer Nebeneffekt. Im Grunde ist der Austausch zwischen uns das Wichtigste – obwohl ich mir unsicher bin, wo wir beide stehen. Vor allem nach diesen Texten, die in mir noch mehr Tumult verursacht haben. Der Appell von Regina, nichts zu überstürzen und vor allem nichts zu *tun*, was das Projekt gefährdet, pocht wie ein Specht in meinem Hinterkopf. Wie, um Himmels willen, soll ich auf die Bremse treten, wenn ein paar Zeilen von ihr mich dazu bringen, jegliche Zurückhaltung über Bord zu werfen?

Nach der Intimität, die gestern zwischen uns entstanden ist, habe ich mich den kompletten Weg hierhin gefragt, wie unsere Begrüßung aussehen würde. Ellas sinnliche Gedichte haben meine Vorstellungskraft in dicke, rote Watte gepackt. Trotzdem war ich mir sicher, dass wir nicht dort fortfahren, wo wir aufgehört haben. Aber ein Beinahe-Kuss wäre wahrscheinlich angenehmer gewesen als der peinliche Kopfnuss-Umarmungs-Unfall. Seitdem ist meine Nervosität kein Stück abgeklungen. Was auch daran liegt, dass das Leuchten in Ellas Augen, sobald sie mich am Markt entdeckt hat, durch irgendetwas gedämpft wurde.

Der Barkeeper reicht Getränke über die Theke, die wir dankend annehmen und mit Bedacht am Rande der Papierstapel platzieren. Möglichst unauffällig nehme ich einen tiefen Atemzug und streiche mit dem Finger durch das Kondenswasser auf meinem Pint. Zwischen Ella und mir herrscht eine unangenehme Stille und etwas sagt mir, dass es sich dabei nicht nur um Unsicherheit handelt. Ella scheint etwas zu bedrücken, der Sturm in ihren Augen gleicht heute einem schweren Nebel, den ich nicht ignorieren kann.

»Ist alles in Ordnung? Du wirkst bedrückt«, frage ich.

»Heute war ein harter Tag, viele Meetings und Presse. Lass uns einfach direkt anfangen, okay?«, bittet sie mich halbherzig, öffnet ihre Notizen und lässt jegliche Illusion, hierbei würde es sich nicht nur um einen Geschäftstermin handeln, zerplatzen. Sie schaut mich nicht einmal an.

So gern will ich sie fragen, was es mit dem gestrigen Abend auf sich hat … Ob sie auch den ganzen Tag an die Nähe zwischen uns gedacht hat. An mich. Und ob ihr das irgendetwas bedeutet. Aber ihre Art verunsichert mich so immens, dass ich nur ermattet nicke, einen Schluck des irischen Bieres nehme und die Enttäuschung mit dem malzigen Geschmack herunterschlucke.

Kapitulierend schlage ich ebenfalls meine Unterlagen auf. Spätestens seit gestern weiß Ella, dass ich immer ein offenes Ohr für sie habe, doch wenn sie nicht darüber sprechen möchte, werde ich sie nicht dazu nötigen.

»Okay, also … Unter den neuen Gedichten sind viele tolle Ansätze dabei. Gut zehn oder elf Stück würden perfekt ins Muster passen.« Ich reiche ihr jene Schriftstücke, die ich nach der ersten Sichtung als

Rohdiamanten bezeichnen würde. Dann lege ich meine Brille ab, greife nach dem Bleistift und schiebe ihn mir hinters Ohr. »Schau gern drüber, ob du das auch so siehst.«

Ich beobachte jede ihrer Regungen ganz genau, während sie die Stücke überfliegt. Nichts verrät, ob sie vielleicht wegen der ... *eindeutigen* Gedichte besorgt sein könnte, die mit in der Mappe lagen. Etwas in mir scheint mehr und mehr davon überzeugt zu sein, dass sie nicht absichtlich dort gelandet sind. Und die leichte Enttäuschung, die sich deswegen in mir festsetzt, sorgt dafür, dass das Guinness auf meiner Zunge bitterer schmeckt, als es sollte.

Die Bitte meiner Vorgesetzten hallt durch meinen Kopf, ergänzt ein *Es ist besser so* in Reginas Tonlage, die für mich schon immer nach Weisheit geklungen hat. Warum fällt es mir dann nur so schwer, auf sie zu hören?

Um mich davon abzuhalten, Ella weiterhin anzustarren, die ihre Verse mit kritischen Blicken bedenkt, krame ich die Textzusammenstellung aus dem Stapel, bei der ich das Gefühl habe, das noch mehr zwischen den Zeilen stecken könnte. Die Gedichte, über die ich noch immer fantasiere, sortiere ich nach ganz hinten in die Mappe. Aus den Augen, aus dem Sinn.

Von wegen ...

Nach ein paar Minuten löst das eifrige Kratzen unserer Bleiminen, das zwischen den Stimmen um uns herum und der angenehmen Irish Folk-Musik im Hintergrund überraschend hörbar ist, eine innere Ruhe in mir und auch zwischen uns aus. Zumindest empfinde ich es so. Das Schweigen ist plötzlich weitaus angenehmer, weitaus bewusster und beinahe tröstlich. Dadurch entspannt sich mein nervöses Herz und das Klopfen des Gewissen-Spechts stoppt endlich.

Obwohl wir nicht reden, arbeiten wir Hand in Hand. Sobald meine Gedanken und Notizen zu einem der Gedichte aufgebraucht sind, reiche ich ihr das Blatt herüber. Und sobald Ella die

Anmerkungen eingearbeitet und eine neue Version fertiggestellt hat, findet es wieder zurück zu mir. So drehen wir unsere Kreise, sortieren Text für Text auf drei unterschiedliche Stapel: lektoriert, überarbeitet, abgelehnt.

Als ich den letzten Schluck von meinem Bier nehme und zu Ella schaue, hat sich eine tiefe Denkfalte zwischen ihren Brauen gebildet. Angestrengt reibt sie sich die Stirn, stiert auf das Gedicht, das ich eigentlich bereits auf den Lektoriert-Stapel sortiert hatte, doch offenbar ist Ella noch nicht glücklich damit.

Ich wende mich ihr zu, fordere ihre Aufmerksamkeit. »Stört dich noch etwas daran?«

Sie reagiert nicht, starrt weiterhin auf das Blatt, gräbt in den Tiefen ihrer Wortgewalt nach etwas, das meiner Meinung nach nicht fehlt.

Instinktiv greife ich nach ihrem Knie. »Schau mich an«, bitte ich und zu meiner Überraschung kommt sie der Aufforderung nach, wendet sich mir zu, sodass wir uns gänzlich gegenübersitzen. Ihre Beine zwischen meinen eingekesselt.

Vermutlich sollte ich meine Hand von ihrem Knie nehmen. Solange das Buch noch nicht in den Druck gegangen ist, ist jeglicher Körperkontakt zu viel. Doch statt von ihr abzulassen, legt sich meine andere auf ihr zweites Knie. Das Bedürfnis, sie daran zu hindern, von ihren Texten und ihrem Talent wegzulaufen, übermannt mich einfach. Vielleicht ist es auch der egoistische Wunsch, sie bei mir zu halten, weil ich das Gefühl habe, sie wie Sand zwischen meinen Fingern zu verlieren.

Also starre ich auf den dünnen schwarzen Stoff ihrer Strumpfhose, spüre das feine Gewebe unter meinen Fingerspitzen und die Sehnsucht danach, Ella nie wieder loszulassen. Sie hingegen umklammert ihren Stift so fest, dass ihre Knöchel weiß hervortreten; stranguliert ihn regelrecht.

Ich schlucke. Mein Mund ist ganz trocken und doch kommt mir

die erste Zeile des Gedichtes, auf das sie seit Minuten stiert, über die Lippen.

»*Wie Blicke, die sich nie trafen, einander immer nur verfolgten.*« Sobald sie es hört, begreift sie vielleicht, dass absolut nichts daran verändert werden muss. »*Wie Sterne, die fallen wollten, aber niemals losgelassen haben.*«

Jedes Wort trägt die Zerbrechlichkeit eines Gefühls in sich, also schaue ich zu ihr auf und ich lasse sie ohne Scham sehen, wie ihre Zeilen mich berühren.

»Fühlst du das?«

Nun ist es Ella, die sichtlich schluckt.

»Nichts daran ist falsch. Es ist perfekt.« *Genauso wie du*, schiebe ich in Gedanken hinterher. Betrachte sie, begegne dem Himmel in ihren Augen, der nun vollkommen frei und klar erscheint.

Kein drückender Nebel.

Keine Wolken.

Kein Sturm.

Nur Lichtblau.

Und ich dazwischen.

Kapitel 24

»Perfektion macht es nicht zwangsläufig richtig«, wispere ich und hoffe, dass er versteht. Dass ich nichts weiter sagen muss als das, damit er jede Angst hört, die durch meinen Kopf rauscht. Damit er sieht, dass ich nichts als schöne Worte verpackt im Chaos bringe.

Ich habe Aaron verloren. Fee. Mein Sicherheitsnetz und auch einen Teil meiner Selbstachtung, weil ich all das einfach hingenommen habe. Weil ich in meiner Verwundbarkeit zugelassen habe, dass Aaron in den Schatten, die ich werfe, untergeht.

Jonah soll nicht dasselbe passieren. Nicht ihm. Und auch nicht dem Buch, das mittlerweile alles ist, an dem ich mich festhalten kann.

»Sie macht es aber auch nicht falsch«, erwidert er.

Und sagt es mit einer solchen Überzeugung, dass ich nicht anders kann, als ihn zu fragen: »Was macht dich da so sicher?«

Ob er wie ich nicht nur von den Texten spricht, sondern auch von dem zarten Uns, das nicht erst, aber vor allem seit gestern zwischen uns keimt, weiß ich nicht. Was ich weiß, ist, dass es auch hier in der Luft dieses Pubs hängt und darauf wartet, dass einer von uns danach greift; es pflückt, damit es an anderer Stelle wachsen kann. Doch obwohl ich mir genau das wünsche, fürchte ich mich davor.

Jonah nimmt sich einen Augenblick, um über meine Frage nachzudenken, was vermutlich nicht daran liegt, dass er die Antwort nicht kennt. Vielmehr wird er nach einer Möglichkeit suchen, es mir wahrhaftig begreiflich zu machen. Schon oft hat er mir Dinge derart direkt vorgelegt, dass ich schockiert von seiner Ehrlichkeit gewesen bin. Gar gekränkt ... Niemand ist je so ungefiltert zu mir gewesen. Und ich bin mir nicht sicher, ob ich Jonah deswegen näher kommen oder mehr Abstand zwischen uns will.

Ich beobachte, wie er innerlich ringt, und frage mich, weshalb. Aber dann lässt er von mir ab und zieht einen weiteren Stapel aus seiner Mappe. Dieser ist hauchdünn, maximal acht Seiten sind mit einer goldenen Sicherheitsnadel aneinander befestigt, aber ich erkenne bereits an der Handschrift, dass es meine Texte sind. Und zwar nicht irgendwelche, sondern die ... Die von gestern Nacht!

Mit einem Ruck setze ich mich aufrecht, ziehe die Beine zwischen seinen fort und beginne hektisch, mir diese elendigen Strähnen aus dem Gesicht zu wischen. In diesem Moment kann ich sie noch weniger ertragen als sonst, weil sie zu kurz sind, um die Röte auf meinen Wangen zu verbergen, gleichzeitig aber auch nicht hinter meinen Ohren halten.

»Ich bin mir nicht sicher, ob sie mich wirklich erreichen sollten, aber –«

»Sollten sie *nicht*«, stoße ich atemlos aus.

Wie sind die Gedichte in diese gottverdammte Mappe gelangt? Aufgrund des Zeitmangels habe ich heute Morgen einige Blätter lose in den Hefter geschoben, aber ich kann doch nicht so abgelenkt gewesen sein, dass mir *das* passiert ist! Ich erinnere mich an die Aufgeregtheit, an meine Angst und die Verwirrung wegen des Treffens mit Aaron in mir. Gott, der Boden unter mir möge sich auftun und mich in das *Höllentor* ziehen.

Jonahs Freunde wären gewiss stolz, dass ich mir die Karte aus *Human Punishment* gemerkt habe. Ein kleiner Trost zwischen viel zu viel Scham, die mich zu übermannen droht.

»Perfektion kann auf verschiedene Weise empfunden werden«, übergeht mein Gegenüber meinen emotionalen Ausbruch. »Bei denen«, – er zeigt auf den jugendfreien Stapel der Gedichte, die ins Buch kommen sollen –, »ist es eine andere als bei diesen hier.« Dass er mir dabei meine nächtliche Wortklimax hinschiebt, hilft nicht dabei, ihm folgen zu können.

Bitte. Lass. Mich. Einfach. Verschwinden.

»Was du erschaffst, Ella, ist einerseits eine Emotionalität, die genau durch sich selbst eine vergleichslose Perfektion bildet. Andererseits strahlt selbst diese Rohheit in deinen Versen etwas aus, das unveränderbar scheint. Selbst wenn ein Wort nicht gänzlich ideal ist, wird es genau dadurch richtig.« Er senkt seine Stimme. »Diese Verse brechen Dämme, Ella, sie berühren die tiefsten Orte.« Jonah stößt angestrengt den Atem aus und als er mich streift, bekomme ich eine Gänsehaut. »Sie sind im wahrsten Sinne eine Berührung. Und ich bin mir sicher, dass nicht nur ich das spüre, weil du mir unter die Haut gehst, sondern dass das alle fühlen können, sobald du ihnen diese Seite zeigst.«

Dass er erneut seine Hand auf mein Bein legt, lässt pure Resignation durch mich strömen. Ein überwältigendes Bedauern, das mir die Farbe raubt, die ich zuvor so mühsam an die Wände meines Selbst gepinselt habe. Ich hätte nicht gedacht, dass Farblosigkeit derart wehtun kann … Doch hier sitze ich – vor mir die größte Chance seit Langem – und kann sie nicht ergreifen.

»Es …« Ich suche nach dem richtigen Ausdruck; nach etwas, das uns beide erdet, ohne uns ungebremst auf dem Boden aufschlagen zu lassen. Doch letzten Endes ist zu fallen das Einzige, das man tun kann, sobald man über die Klippe tritt. Also lasse ich los – und stürze. »All das hier fühlt sich weder richtig noch perfekt an, Jonah. Nicht für mich.«

Spätestens jetzt rede ich nicht mehr von meinen Texten, noch nicht mal von einzelnen Buchstaben darin, sondern von uns. Von seinen Fingern, die sich auf meinem Schenkel unweigerlich verkrampfen.

Er sieht mich an, als würde er mir dringlichst widersprechen wollen, doch er bleibt still. Und so sehr ich mich genau dafür entschuldigen will, tue ich es nicht. Dank Jonah weiß ich, dass für sich einzustehen genau das ist, was einen heilen lässt. Dass man laut sein sollte – aber ich ihn leise drehe ...

»Aktuell ist all das hier«, – ich zeige auf die Blätter vor uns, – »alles, was ich habe. Und obwohl ich von Herzen wünschte, dass da noch mehr Kapazität für ... etwas *anderes* wäre, ist sie es nicht. Genau darum kann ich nichts hiervon riskieren. Weder das Buch noch unsere Zusammenarbeit.« *Und erst recht nicht unser beider Selbst ...*

Er schweigt noch immer und mittlerweile traue ich mich nicht mehr, ihn anzusehen. Vor allem, weil ich überrascht bin, wie schwer mir jedes Wort fällt. Wie schwer *ich* bin, weil eine Last auf meine Brust drückt, die nichts mehr will, als mich am Boden zu sehen. Gott, wie konnte es passieren, dass er mir so viel bedeutet?

Manchmal glaube ich, dass ich abhängig bin – abhängig von Schmerz, denn mein Körper kann offenbar kaum etwas anderes empfinden. High von dem, was wehtut, reibe ich jedes Mal tiefer in viel zu offene Wunden.

»Bitte denk nicht, dass mir das nichts bedeutet hätte. Aber der heutige Tag hat mir gezeigt, dass ich mich an einem Punkt befinde, an dem ich sowohl Grenzen als auch Prioritäten setzen muss, und du –«

»Ich bin keine Priorität, das verstehe ich.«

»Nein«, widerspreche ich seiner monotonen Feststellung. »Gerade *weil* du dieses Projekt mit mir realisierst, bist du eine enorme Priorität. Und ich darf das nicht verlieren, verstehst du?«

Nun blicke ich ihn doch an – und die Enttäuschung, der ich begegne, lässt mich auf meinem Stuhl kleiner werden. *Vielleicht,* denke ich, *werde ich auf diese Weise irgendwann verschwinden ... Indem ich andere dazu bringe, mich zu hassen.*

»Tragischerweise verstehe ich das vollkommen«, murmelt er, lehnt sich ebenfalls zurück und nimmt die Wärme seiner Hand mit sich.

Sekundenlang starre ich sie an. Sekundenlang bebt in mir das Verlangen, selbst auf seine Finger etwas zu schreiben. Sekundenlang stelle ich mir vor, wie ich es tue und damit alles zurücknehme. Aber letztlich sind auch Sekunden nur ein Moment. Und nach meinem nächsten Atemzug ist er vergangen.

Nur die Musik und die Gespräche fremder Menschen hallen in der Kneipe wider, wir selbst schweigen, und doch scheint es, als würde ich ihn trotz all dessen ein- und ausatmen hören. Wieder und immer wieder. Und ich halte mich genau daran fest; an dem Gedanken, dass es weitergehen wird.

Wir bleiben.

Vielleicht bleibt auch der Schmerz für eine Weile, aber *wir* tun es länger. Und die Worte, die zwischen uns auf der Theke liegen, nun, wer weiß. Vielleicht bleiben sie für immer …

* * *

Der Druck hinter meinen Augen ist spürbar, doch ich werde ihm nicht nachgeben. Das habe ich nicht an dem Abend, an dem ich Jonah und mich an unsere Grenzen erinnert habe; das habe ich nicht am Tag danach oder dem danach – nicht in der gesamten Woche, die seitdem vergangen ist. Doch jedes Mal, wenn ich meinen Posteingang öffne und seine Mailadresse sehe, wird er stärker.

Ich würde gerne sagen, dass wir professionell genug wären, uns weiterhin persönlich oder zumindest am Telefon auszutauschen, aber ohne es auszusprechen, haben wir ein stilles Übereinkommen getroffen, lediglich per Mail zu kommunizieren. Und jedes Mal läuft es gleich ab: Ich sende ihm Gedichte, er kommentiert und strukturiert, ich überarbeite und füge zusammen, dann sende ich ihm einen neuen Schwung.

Es ist kein schlechtes Arbeiten, im Gegenteil. Wenn man den Verlag nicht direkt vor der Tür hätte, wäre das während eines Lektoratsprozesses vermutlich die standardisierte Vorgehensweise. Und dennoch …

Gott, du wolltest es so, Ella!

Und nach wie vor stehe ich hinter der Entscheidung, die ich getroffen habe. Nur hätte ich niemals mit dieser Art von … Stille gerechnet. Oder vielmehr damit, wie sehr sie mich auslaugt. Das einzig Gute ist, dass ich schon lange nicht mehr derart produktiv gewesen bin wie in den letzten Tagen. Und das hat weniger etwas mit meiner selbst gesetzten Deadline zu tun, dass die Rohfassung bis zur Leipziger Buchmesse in weniger als einer Woche stehen soll. Vielmehr damit, dass ich mich entschieden habe, mich eben *nicht* dieser Geräuschlosigkeit hinzugeben, sondern sie zu nutzen, um irgendwie … laut zu sein.

Ironischerweise schließe ich dafür sämtliche Menschen in dieser Zeit aus – nicht nur Jonah. Ravi ist vermutlich froh, dass ich ihm zwischendurch wenigstens geschrieben habe, dass ich am Leben bin. Ebenso wie meine Tante, deren täglichen Zuspruch ich zumindest mit Herz-Emojis beantworte. Selbst mit Hanka und Kaiko kommuniziere ich nur via WhatsApp oder ignoriere sie gänzlich. Zumindest Erstere. Seit unserem unschönen Auseinandergehen übernimmt sowieso hauptsächlich Kaiko die Kommunikation. Jene hat mir auch mitgeteilt, dass Aaron den Vergleich unterschrieben hat, von dem ich noch immer nicht weiß, was genau er beinhaltet. Hanka hat meine Bitte, ihn mir zuzusenden, schlicht übergangen. Und allein dieser Umstand lässt meine Hände schwitzig und meinen Puls rasend schnell werden. Ich habe versprochen – ihm und mir selbst –, dass ich mich für die bestmögliche Lösung einsetze. Dabei weiß ich noch nicht einmal, was *überhaupt* in diesen Paragraphen steht. Zumindest das wäre ich ihm schuldig gewesen, aber mein

Kopf ist so voll – voll von mir. Und ich hasse, dass ich genau das abermals als Ausrede verwende, anstatt bei meiner Agentin wieder und wieder nachzuhaken.

Kaiko zumindest erwähnt in jedem fünften Satz, dass ich alles richtig mache, indem ich mir Zeit für das Projekt nehme. Und dass genau das auch für Aaron das Beste sei, der sich seit unserem Meeting nicht mehr bei mir gemeldet hat. Ich muss ihr zugutehalten, sie hält die derzeitigen Captions und Gedichte, die sie über mein Profil postet, sehr neutral und löscht einige Kommentare darunter. Etwas, das mir Hoffnung schenkt, zumindest an dieser Front tatsächlich auf ein Ende zuzugehen.

Meine Maus kreist über Jonahs Namen und ich brauche ein wenig, um mich zum Klicken zu überwinden und seine Worte zu lesen; den Anhang zu sehen, den er mitgeschickt hat.

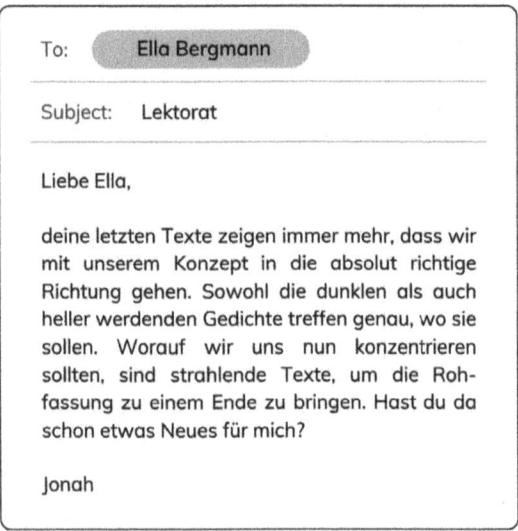

To: Ella Bergmann

Subject: Lektorat

Liebe Ella,

deine letzten Texte zeigen immer mehr, dass wir mit unserem Konzept in die absolut richtige Richtung gehen. Sowohl die dunklen als auch heller werdenden Gedichte treffen genau, wo sie sollen. Worauf wir uns nun konzentrieren sollten, sind strahlende Texte, um die Rohfassung zu einem Ende zu bringen. Hast du da schon etwas Neues für mich?

Jonah

Keines seiner Worte ist verletzend, weshalb mich der Stich in meiner Brust mehr als irritiert. Vielleicht ist es, weil nun der Part des

Projektes beginnt, vor dem ich mich am meisten fürchte: der des Glücklichseins. Vielleicht aber ist es auch das schlichte *Jonah* unter seinen Worten, das so vertraut und viel zu weit weg klingt.

Fokussier dich, Ella!, rüge ich mich innerlich und gehe dazu über, einen Blick in den Anhang zu werfen. Dabei richte ich mich ein wenig im Bett auf und schiebe den Laptop auf meinen Schenkeln zurecht. Wo er stand, ist meine Haut bereits ganz warm.

Das Dokument, das ich ihm vor zwei Tagen zugeschickt hatte, enthält fünfzehn Gedichte. An manchen steht ein Kommentar in Form eines Vorschlags oder Lobs, bei anderen hat er ein Wort ausgetauscht oder mir geraten, einen Vers umzusetzen. Bei einem jedoch hat er nichts von all dem getan, und ich frage mich, ob es etwas bedeutet.

Erst als die Sonne und du
mich zur selben Zeit küssten,
erfuhr ich, was Sommer ist.
Nun vermisse ich ihn;
nun steht Winter zwischen uns dreien
und Schnee fällt auf
Seerosen.

Es ist überwältigend, dass ich mich manchmal dabei erwische, etwas aufzuschreiben, das einfach in meinem Kopf ist. Bereits fertig und ohne den Anspruch, von mir überarbeitet zu werden. Die Bedeutung solcher Texte aber wird mir immer erst so viel später bewusst. Und in genau diesem Fall ist das verdammt gut so. Wer weiß, ob ich es sonst gewagt hätte, ihm genau das zu senden.

Statt mir die anderen Anmerkungen zu den Gedichten genauer durchzulesen, scrolle ich zurück zu meinem Posteingang, in dem eine weitere Mail von Jonah wartet. Laut Detailanzeige hat er sie gestern Abend ein paar Stunden nach der vorigen Mail hinterhergesendet. Vielleicht, weil er etwas vergessen hat, anzustreichen.

To: **Ella Bergmann**

Subject: Neue Idee

Liebe Ella,

da ich gerade noch an den beiden Gedichten sitze, die unsere Lieblingsbaustellen sind, würde ich gern etwas ausprobieren. Ich habe das Gefühl, wir brauchen etwas Abstand zu den Versen, die wir bereits mehrmals verändert haben, sich aber noch immer nicht richtig anfühlen. Du findest in deinem Briefkasten einen Umschlag mit einem recht leeren Zettel. Ich habe dort Worte notiert, deren Potenzial noch nicht ausgeschöpft sind. Vielleicht erinnerst du dich an das Wort-Reaktionsspiel – und vielleicht hilft es dir, die Gedichte aus anderer Perspektive zu betrachten.

Jonah

Unverzüglich stelle ich den Laptop auf die Matratze, sprinte zum Fenster und scanne die Schützengasse, als würde sein Schatten von gestern Abend, an dem er hier gewesen sein muss, noch irgendwo dort draußen lauern. Absurd, ich weiß, doch ich kann mich nicht davon abhalten, die Straße bis ins letzte Detail abzusuchen.

Meine Stirn sinkt gegen das kühle Glas und Enttäuschung macht sich in mir breit, was regelrecht lächerlich ist.

Innerlich fluchend über mich selbst schlüpfe ich in eine Leggins, ziehe mir einen Hoodie über und eile mit dem Schlüssel in der Hand die Stufen hinunter. Das gezackte Metall zittert vor Aufregung und als ich den Briefkasten öffne, wartet tatsächlich ein brauner DIN A6 Umschlag darin. Ich nehme ihn heraus, drücke ihn an meine Brust und traue mich erst wieder darauf zu schauen, als ich die Wohnungstür hinter mir schließe. In geschwungenen Bleistiftlinien, eindeutig Jonahs Handschrift, prangt mein Name darauf.

Mein Herz wummert und ich wünschte, ich könnte ausschließlich das Treppensteigen und meinen Mangel an Kondition dafür verantwortlich machen. Mit einem tiefen Atemzug setze ich mich in Bewegung, gehe auf meinen Schreibtisch zu und öffne die Lasche. Darin liegt ein Blatt Papier, das ich herausziehe und auseinanderfalte. In seiner Mitte ist es durch eine gezogene Linie getrennt und sowohl auf der oberen als auch auf der unteren Hälfte stehen Schlagworte der beiden Gedichte, die er in der Mail erwähnt hat. Ich weiß sofort, um welche es sich handelt. Und was ich auch weiß, ist, dass er mir eine Reaktion dazu entlocken möchte. Er schenkt mir Worte – und statt ihm dieses Mal nur einzelne zurückzugeben, forme ich Verse daraus. *Gedichte.* Es passiert so automatisch, dass ich kaum spüre, dass der Stift in meiner Hand auf das Papier trifft. Aber das muss ich auch nicht – ich muss nur fühlen. Und das lässt er mich.

Das tut er immer …

Kapitel 25

»Schick es mir einfach, wenn du dir unsicher bist.«

»Unsicher ist gar kein Ausdruck, Ravi! Ehrlich, ich glaube kaum, dass das überhaupt im Ansatz nach mir klingt.« Am anderen Ende der Leitung höre ich es Rascheln. »Bist du tatsächlich noch im Bett?«

Sein Lachen unterstreicht meinen Blick zur Uhr, die 13:11 Uhr anzeigt. »Wir fahren morgen zur Messe, da habe ich mir heute einen freien Tag gegönnt – was ich dir auch ans Herz gelegt hätte, wenn du dich nicht erst achtzehn Stunden vor Abfahrt gemeldet hättest.«

Ich übergehe seine indirekte Beschwerde über meine mentale und körperliche Abwesenheit der letzten zwei Wochen. Ebenso wie ich die Tatsache verdränge, dass hauptsächlich Jonahs Mails es waren, die mich in dieser Zeit aus dem Bett getrieben haben, und atme laut-stark aus. »Ich lese dir eins vor, in Ordnung? Und du musst ehrlich sein, wenn es eigenartig klingt.«

»Los geht's, priy. Ich habe sämtliche Ohren offen und meine Zunge sitzt locker.«

»Danke für dieses Detail«, murmle ich und ignoriere meinen erheblich schneller werdenden Puls, als ich eines der – wie hat Jonah es genannt? – *strahlenden* Gedichte ins Auge fasse.

Allein die Verse zu überfliegen, kostet mich viel. Viel mehr, als es sollte. Denn das Gefühl, etwas gewagt zu haben, ist eines, auf das ich stolz bin. Vermutlich möchte ich deshalb unbedingt, dass es gut ist.

Daher gebe ich mir einen Ruck und lese; lese einfach.

»Kein Berlin für uns,
kein Lübeck im Nebel,
keine Liebe in Köln.
Nur dieser Ort und wir
und kein Name für all das.
Vielleicht, weil wir nichts davon
b r a u c h e n.«

Eine Millisekunde ist es still, viel länger hält sich Ravi aber nicht zurück. »Gib mir noch eins«, fordert er schlicht. Und weil ich lieber ein weiteres vortrage, als bereit für seine Meinung zu sein, komme ich seiner Aufforderung nach.

»Vielleicht haben wir uns
in den Straßen Venedigs verlaufen.
Vielleicht sind wir längst in Rom.
Doch weil du mit deinen Fingern
über meine Haut tanzt,
ist, wo ich bin, genau da
wo ich sein will.«

Nun ist es doch etwas länger ruhig, was mein Herz gänzlich aus dem Rhythmus bringt. »Und?«, wage ich die Frage, die mir auf der Seele brennt.

»Und was? Wieso machst du dir Sorgen, Ella? Wie oft habe ich dir schon gesagt, was für ein Talent du besitzt – tu mir endlich den Gefallen, mein Wort für bare Münze zu nehmen.«

»Also magst du sie? Obwohl sie ... nicht schmerzhaft sind?«

Ehrlicherweise kann ich es mir nicht vorstellen. Nicht, weil ich die Texte selbst schlecht finde – im Gegenteil, ich habe mich in diese Art des Schreibens verliebt. Die Furcht, zu enttäuschen und den Erwartungen nicht gerecht zu werden, sitzt einfach tief.

»Oh, glaub mir: Deine Gabe ist, selbst in die schönsten Dinge eine Art von Schmerz zu legen, in den man sich verliebt. Und genau darum vergöttere ich diese Gedichte ebenso wie die, die mir die Seele aus dem Körper saugen, weil sie so wehtun.«

Seine Worte bringen mich tatsächlich dazu, wieder Luft zu holen – und auch aufzulachen. »Nur ein Künstler kann derart maßlos übertreiben.«

»Du musst es wissen.« Ich höre das Schmunzeln aus seiner Stimme. Höre seine Ehrlichkeit trotz der überschwänglich gewählten Worte. Und plötzlich ist es viel leichter, das Dokument zu schließen und es Jonah in den Anhang zu setzen. Die letzte Mail; der vorläufige Abschluss. Und ehrlich, es fühlt sich gut an.

Als ich vor eineinhalb Monaten in den Verlag gestolpert bin, hätte ich niemals damit gerechnet, mich mit Gedichten und einem Buch wie diesem wohlzufühlen. Ich hätte nicht einmal damit gerechnet, mich mit mir *selbst* wohlzufühlen – oder zumindest auf dem Weg dahin zu sein. Doch all das hat einen Prozess in mir freigesetzt, der mich gerade in diesem Augenblick unheimlich beflügelt.

»Danke, Ravi«, beginne ich. »Nicht nur für dein Feedback, sondern vor allem dafür, dass du morgen mit mir kommst.«

»Dir ist bewusst, dass ich von Kaiko offiziell gebucht wurde?«, möchte er mit einem Zwinkern wissen.

»Was ich auch weiß, ist, dass du genug Anfragen hast. Dass du also diese Reise für ein paar Social Media Fotos von mir auf dich nimmst, ist – gebucht oder nicht gebucht – jede Dankbarkeit wert.«

»Es wird schon werden, priy. Vertrau mir.«

Das tue ich. Ich tue es so sehr, dass ich keine zwei Minuten nach unserem Telefonat die Mail versende, meine Tasche für das kommende Wochenende packe und das Bahnticket ausdrucke.

Währenddessen kribbelt eine leise Aufregung in mir, die ich nicht einmal leugnen könnte, wenn mein Leben davon abhinge. Nicht nur, dass es meine erste Messe als Schriftstellerin sein wird, ich werde auch *ihn* wiedersehen. Jonah. Und obwohl sich nichts zwischen uns oder an meinen Ansichten geändert hat, kann ich den Funken Vorfreude darauf nicht ersticken. Genauso wenig wie die Angst, die in mir flimmert.

Ob er mit mir sprechen wird? Mehr, als wegen unserer Arbeitsbeziehung nötig? Ob wir überhaupt die Zeit finden werden, zwischen all den Terminen einen Moment für uns zu haben? Die Ungewissheit, ob er der Alte sein wird oder eine kühlere Version, macht mir schlichtweg zu schaffen. So gern würde ich wissen, wie es ihm in den letzten Wochen ergangen ist. Ob er sich zeitweise ebenso verloren gefühlt hat wie ich. Doch selbst wenn sich ein Zeitpunkt für diese Fragen ergeben sollte, bin ich mir unsicher, ob ich den Mut finde, sie tatsächlich zu stellen.

Nachdem ich den Koffer zuziehe, hole ich meinen Rucksack aus dem Schrank, ehe ich mit ihm zum Schreibtisch gehe, um meinen Laptop einzustecken. Dabei blicke ich auf die Zettel, die Jonah mir in den Tagen seit dem ersten Umschlag immer wieder in den Briefkasten geworfen hat. So viele Worte hat er mir geschenkt – so viel Inspiration. Als hätte er sie wie ein Ginkgoblatt aufgelesen und für mich gesammelt, damit ich sie zum Trocknen in mein Notizbuch legen kann.

Meine Aufmerksamkeit richtet sich nach draußen durch das Fenster, wo der Regen auf die Welt prasselt – und ich vor allem eins empfinde: Sehnsucht. Wonach, gestehe ich mir nicht ein. Doch es ist Jonah, den ich durch diese Szenerie ebenjene Worte flüstern höre.

Regen.

Sehnsucht.

Er ist es, der mich schreiben lässt.

Fülle die Leere
zwischen unseren Blicken
mit Gedichten,
die nach Salz schmecken.
Schreibe von Vermissweh und
Heimsucht.
Tausche beliebige Buchstaben,
doch selbst im Regen
wird niemand von uns
t a n z e n.

»*Noch* nicht«, flüstere ich, während ich die letzten Verse nieder-schreibe. »Aber vielleicht beginne ich nun damit.« Ja, vielleicht werde ich auf diese Weise diese Reise abschließen – oder eine neue beginnen lassen. Tanzend. *Lebendig.* Wie viele Kapitel es dafür braucht, spielt im Moment keine Rolle. Was zählt, ist die Zuversicht, die in mir keimt. Jene, die ich mit einer einzigen Person teilen möchte, weil er sie in mir hat keimen lassen. Weil er ebenjene *ist*.

Doch das »Danke«, das ich nun in die Atmosphäre vor mir flüs-tere, gilt auch mir selbst.

Der Nebel um die Gebirgsspitzen, der Geruch des azurblauen Grases, der Wind, der sich zwischen den Halmen einen Weg bahnte – all das trieb Nohja und seinen Freunden Tränen in die Augen. Nur am Rande nahm er wahr, wie Enter die Hand der Kriegerprinzessin ergriff und diese sich seiner Berührung nicht entzog. Doch er war viel zu sehr im Anblick seines verloren geglaubten Heimatplaneten gefangen, streckte die Finger nach den ineinander verschlungenen Ästen aus, die vom Boden gen Himmel ragten. In der Bewegung zur Hocke fuhr er daran herunter, bis zu den grün schimmernden Wurzeln. Es waren die seinen – dies war seine Welt.

(...)

Kapitel 26

Noch nie hat es sich so gut angefühlt, Weimar zu verlassen, wenn auch nur für eine Messewoche in Leipzig. In den letzten Tagen vor der Abreise konnte nicht einmal der kurze Überraschungsbesuch meiner Mutter meinen Kopf abschalten. Ich habe ihren Geschichten über die letzten Reisen zwar gelauscht, doch wirklich bei der Sache bin ich nicht gewesen. Und obwohl meine Mutter mich nur selten zu Gesicht bekommt, hat sie mir zum Abschied ihres dreistündigen Zwischenstopps zugeflüstert, dass ich sie jederzeit anrufen könnte, wenn ich bereit wäre, über das, was mich bedrückt, zu sprechen.

So ist es mit mir und meiner Mutter schon immer gewesen: Derart viel Freiraum, wie sie als Weltenbummlerin braucht, gibt sie auch mir. Auf der einen Seite der absolute Jackpot für das freiheitsliebende Gen, das ich von ihr geerbt habe. Doch für einen Sohn, der ich nun einmal bin, auf der anderen Seite der Grund für ein Loch in meinem Herzen.

Eigentlich habe ich mit Till, Mats und C3PO Freunde gefunden, die diese Leere in mir füllen, doch das Gefühl, das Ella in mir zurückgelassen hat, höhlt sie weiter aus.

Natürlich haben auch meine Freunde registriert, dass etwas nicht stimmt. Aber bisher scheint ihre Taktik eher aus Ablenkung zu bestehen. Wofür ich dankbar bin. Denn irgendetwas sagt mir, dass darüber zu sprechen es nur schlimmer machen würde. So haben wir viele Stunden an unseren Cosplays für den Messe-Sonntag gefeilt.

Wobei Till und ich den beiden Turteltauben dabei zusehen konnten, wie sie sich kontinuierlich näherkamen. Mats und C3PO legen dabei ein Schneckentempo an den Tag, das ihresgleichen sucht, aber immerhin gehen sie aufeinander zu.

Spätestens aber die Ankunft auf dem Messegelände am Dienstag hat meinem nicht endenden Gedankenkarussell endlich etwas Tempo genommen. Der zweitägige Aufbau unseres Standes bedurfte all meiner Aufmerksamkeit, denn neben den geläufigen Aufgaben haben wir dieses Jahr das Doppelte an Quadratmetern gebucht. Mehr Platz, mehr Ideen, mehr Aufwand. Weniger Raum für das Echo einer Stimme, bei der mir das Herz schwer wird.

Regina und Maarten haben mit dem Design des Standes eine ganz besondere Atmosphäre geschaffen. Es bietet viel Platz für unsere Bücher und große Prints der bildgewaltigsten Cover. Die hohen Messewände sind in seichtem Weiß gehalten, die Kategorien in klarer Typo und bunten Farben auf die Wände geklebt. Durch vereinzelte Vintage-Möbel, die wir aus dem Verlagshaus mitgebracht haben, verbindet das Konzept den geschichtsträchtigen Stil von Weimar mit moderner Literatur.

Neben dem Look ist auch unsere Platzierung deutlich vorteilhafter ausgefallen als in den Vorjahren. Die Besucher finden uns im vorderen Mittelteil der Halle 4 an einem halb geöffneten Eckstand. Wir sind dankbar, dass auch die Leipziger Messe überzeugt davon zu sein scheint, dass der *eda*Verlag mit den Großverlagen mithalten kann. Vielleicht ist an dem dänischen Sprichwort wirklich etwas dran, das Regina gern in Bezug auf etablierte Verlage nutzt: »Alter macht weiß, nicht weise.«

»Jonah, könntest du den Postkartenständer auffüllen? Ich habe in sechs Minuten ein Meeting und werde es schon jetzt niemals durch die Hallen schaffen.«

»Aber klar«, antworte ich Maarten, während er bereits die Hand hebt und mir beim Weggehen hektisch zuwinkt.

Neben unseren Standaufgaben haben auch die Meetings mit Druckereien, Agenturen und Schreibenden zugenommen. Früher war der Dienstplan der Standbetreuung schnell strukturiert. Die Termine unseres Teams waren selbst am Donnerstag, an dem sich die Tore für Fachbesucher öffnen, übersichtlich. Dieses Jahr gab es so vieles zu berücksichtigen, dass der Einsatzplan einem Flickenteppich gleicht. Deshalb sind wir an Besuchertagen wie dem gestrigen Freitag froh, dass uns Regina Aushilfskräfte sowie Praktikanten und Studierende aus unserer Region an die Seite gestellt hat.

Am heutigen Tag aber wird mir der Einsatz am Stand nicht nur wegen der erwarteten Besuchermassen furchtbar schwerfallen. Seitdem ich hier bin, drängen meine Gedanken nur in eine Richtung – Ella. Sie wird heute zum Messesamstag die Hauptattraktion unseres Standes sein. Es wird also schwer bis unmöglich, ihr aus dem Weg zu gehen. Gut, dass ich unter meinen Kollegen auch einen Freund an meiner Seite habe.

»Das machst du sehr gut«, verspottet mich Haro hinter seiner Handykamera, während ich den Stapel Postkarten einsortiere, den ich mir gerade aus unserem kleinen Lagerraum geschnappt habe. »Die Kamera liebt dich, also schenk mir ein Lächeln, Baby.«

Ich kann das Lachen, das mich überkommt, nicht zurückhalten, obwohl mir nicht danach ist. »Ich hab zu tun, Haro.«

»Und unsere Follower lieben es, dich bei *besonders wichtigen Aufgaben* zu beobachten.«

Im Gegensatz zu den vorherigen Messetagen habe ich heute keine Termine mit aufstrebenden Schreibenden, sondern bin dafür verantwortlich, den Standbetrieb am Laufen zu halten – und mich von Haros Witzeleien ablenken zu lassen.

Als ich ihm eine viertel Stunde später für ein Social Media Video Modell stehe und unsere Verlagsbestseller *absolut authentisch* in eines der Regale räume, schweift mein Blick jedoch immer wieder durch die Halle. Ich bin gerade dabei, mein liebstes Jugendbuch aus dem Verlag, ein Mix aus Coming of Age und Lyrik, in Szene zu setzen, als ich *sie* entdecke.

Da steht sie. Schüttelt Regina die Hand, trägt einen schlichten grau karierten Blazer, eine beige Bluse und eine Jeans, die den Ton ihrer Augen spiegelt. Und ich wünschte, ich hätte niemals hingesehen. Mein Herz stolpert. Und bleibt stehen, als ich den hochgewachsenen, adrett gekleideten Mann neben ihr entdecke. Er legt ihr eine Hand auf die Schulter, stellt sich bei meiner Verlagschefin vor und die vertraute Art zwischen Ella und ihm gibt mir den Rest.

Wie sie ihn anlächelt, voller Wärme. Wärme, nach der ich mich so sehr sehne. Mein Kopf ist vollkommen leer, dafür fühlt sich mein Herz viel zu voll an.

Obwohl ich tagelang Zeit hatte, mich auf ihren Anblick vorzubereiten, trifft mich die Realität wie ein Schlag. Alles in mir zieht sich zusammen. Haro schimpft hinter mir – vermutlich habe ich das Video versaut –, doch ich verstehe kein Wort.

Lichtblau.

Seitdem ich endlich ein Wort für die Farbe gefunden habe, die mir nun aus ihren Iriden entgegenblickt, kann ich nicht anders, als jeden Blauton meiner Umgebung mit diesem zu vergleichen. Jeden Morgen sehe ich in den Himmel und frage mich, in welcher Nuance ihre Augen wohl heute strahlen, oder ob Sorgen und Ängste sie verschleiern.

Nicht, dass ich mir diese Fragen stellen sollte.

Das letzte Mal habe ich sie vor zwei Wochen im Pub gesehen. Dazwischen endlose Tage, in denen es mir – milde gesagt – beschissen ging. Ich habe mich wirklich darum bemüht, in ihren Mails und Postings nicht nach einer versteckten Botschaft für mich zu suchen. Es gelingt mir einfach nicht, objektiv zu bleiben. Insbesondere bei dem Blick, den sie mir nun zuwirft; der meinen nur für eine Sekunde greift, ihn einfach wieder loslässt.

Wie kann es sein, dass sich einige ihrer neuen Texte so persönlich anfühlen; viel zu sehr nach dem klingen, was ich mir zwischen uns vorgestellt habe?

Ich finde keine Antwort, also starre ich sie an. Ignoriere Haro, der mir das Buch aus der Hand nimmt. Warte darauf, dass sie mich erneut ansieht, damit ich etwas finde, das *nicht* perfekt ist. So, wie wir nicht perfekt gewesen sind.

Etwas trifft mich am Hinterkopf, katapultiert mich zurück in die Realität und ich fluche. »Was zum ...«

Ich drehe mich um und blicke Haro entgegen, der mich mit hochgezogenen Brauen mustert. »Alter, hör auf zu sabbern, ich wische das nicht auf.«

»Hast du mir gerade mit dem Buch eine verpasst?«

»War aber notwendig, Bro. Dein Starren ist hart an der Creepy-Grenze.« Er stellt das Buch zurück ins Regal, streichelt sachte über das Cover und murmelt ein »Sorry«, das nicht für mich bestimmt ist.

Ich schlucke meine Empörung herunter, denn wenigstens habe ich es dadurch geschafft, mich von ihr loszueisen. Nun muss ich nur noch die restlichen acht Stunden überstehen.

Eine Kleinigkeit ...

Selbst zur Mittagszeit können weder der überfüllte Stand noch die menschenverstopften Gänge die Zeit dazu bewegen, schneller zu vergehen.

Immerhin hat sich der gut gekleidete Mann mit Kamera an Ellas Seite zwischenzeitlich als Ravi vorgestellt. Die Erinnerung daran, dass sie ihn nach dem Spieleabend als einen guten, aber nicht festen Freund beschrieben hat, hat mir zumindest ein wenig meiner Anspannung genommen. Zwangsläufig habe ich allerdings nicht nur ihm, sondern auch Ella zur Begrüßung die Hand geschüttelt.

Ich. Habe. Ihre. Hand. Geschüttelt.

Die absolut dümmste Geste, die mir einfallen konnte. Eine, bei der ihre Haut meine berührte. Hätte ich doch einfach gewunken ... Denn während Ellas Finger eiskalt zwischen meinen viel zu schwitzigen gelegen haben, hätte ihre Miene nicht steifer sein können. Nichts konnte ich in ihr lesen. Nichts.

Seitdem zieht sich jede Sekunde, in der ich die Kälte zwischen uns spüre wie ein Marsch durch die Eiswüste des *Vergessenen Meeres*. Ich wünschte, ich müsste nicht mitten durch den Sturm waten.

»Unglaublich, dass sie seit eineinhalb Stunden durchzieht!« Maarten, der neben mir abkassiert, wirft einen bewundernden Blick auf Ella, die unentwegt zur Primetime der Messe für Unterschriften und freudestrahlende Selfies an unserem Stand sorgt. Die Massen regelrecht anlockt. Wir haben ehrlich Mühe, den Ansturm im Zaum zu halten, weshalb ich dankbar für die Absperrpfosten bin, die die Menge in Reih und Glied zwingt. »Nicht zu fassen, dass das Buch selbst unveröffentlicht auf derartiges Interesse stößt.«

Etwas, bei dem ich ihm recht gebe.

Selbst wenn ihr Name nicht durch meinen Kopf geistert, liegt er mir durch die Rufe ihrer Fans wortwörtlich in den Ohren. Eine Followerzahl auf Social Media zu sehen, ist eine Sache. Aber diese Flut an Menschen, die nur für einen Augenblick mit Lalott ansteht, ist schwer zu begreifen. Ich frage mich, wie *sie* sich dabei fühlt.

»Shit, ikke igen«, flucht Maarten plötzlich auf Dänisch. »Das Kartenlesegerät gibt gleich wieder den Geist auf. Akku leer.«

»Kein Thema, im Schubfach liegt das zweite. Ich hänge das hier an den Strom.«

»Danke dir!«

Ich nehme ihm das Gerät ab und peile die rechte Seite unseres Standes an, vor dem sich die Signierschlange reiht. Kein leichtes Unterfangen. Denn durch Ellas Signierstunde in diesem Bereich gleicht der Weg dorthin einem Spießrutenlauf. Reginas Prophezeiung ist eingetreten: Lalott bringt dem *eda*Verlag die Leute – und wir den Leuten Bücher, die sie bei anderen Verlagen nicht finden.

Was die Leute Ella auch unter die Nase halten – Rucksäcke, Mäppchen, Postkarten, Bücher oder T-Shirts –, sie schwingt den Edding und lächelt in jede Kamera.

Es ist mir ein Rätsel, wie den Leuten entgehen kann, wie aufgesetzt ihr Ausdruck wirkt. Bis ich mich daran erinnere, dass sie dieses Bild genau das ist, was sie von ihr kennen. Sie wissen nicht, wie viel heller ihre Augen leuchten können. Sie haben nie gesehen, dass sich Fältchen unter ihren Augen bilden, wenn sie aus tiefstem Herzen lacht. Weil Ella sich hinter Lalott vor ihnen und dem Leben versteckt.

Neben ihren Fans hat Ella nicht mehr als einen flüchtigen Blick für mich übrig. Gut einen Meter von ihr entfernt bücke ich mich, um unter der Theke nach einer freien Steckdose zu suchen. Beim Anblick des Kabelsalats mache ich mir innerlich eine Notiz. Wir benötigen im nächsten Jahr dringend mehr Steckdosen.

Ohne zu wissen, wessen Tag ich verkompliziere, ziehe ich eines der Handyladegeräte raus und stecke das Zahlungsterminal an. Dann richte ich mich auf, höre noch, wie ein Fan darum bittet, ein Foto mit Ella machen zu dürfen, während ich im nächsten Augenblick unsanft zur Seite geschoben werde. Ein hochgewachsener Typ im Kapuzenpullover hat sich ernsthaft hinter die Theke und zwischen das Personal des Verlags geschmuggelt. Genau in diesem Moment legt er seinen Arm um die verdutzt blickende Ella; zieht sie im nächsten Moment fest an sich.

Zuerst bin ich zu perplex über die Dreistigkeit des Mannes. Suche zwischen den Menschen hinter Ella nach Kaiko oder Hanka, doch kann sie nirgends entdecken. Dabei ist es ihre *verdammte* Aufgabe, ihre Autorin vor derart übergriffigen Fans zu schützen.

Ella lehnt sich weit nach hinten. Weg von dem Kerl, der es entweder vollkommen falsch deutet oder absichtlich ignoriert. Doch als er sie abermals in die Arme schließt, stehe ich direkt neben ihnen. Ohne Zeit zu verschwenden, schiebe ich den Kerl von ihr weg.

»Hinter der Theke hat nur Personal des *eda*Verlags etwas zu suchen. Ich muss sie bitten, diesen Bereich umgehend zu verlassen!«, fordere ich ihn auf.

Meine Worte mögen höflich sein, doch der Ton, mit dem ich sie ihm an den Kopf werfe, ist alles andere als das. Ich koche vor Wut.

Kennt der keine Grenzen?

»Ich will doch nur ein Foto mit Lalott, das muss doch drin sein«, protestiert er.

Ich muss mir auf die Zunge beißen, um ihm nicht noch deutlicher zu verklickern, was genau hier gleich für ihn *drin sein wird,* wenn er nicht sofort verschwindet. Da ich aber nicht nur mich, sondern auch den Verlag vertrete, wähle ich meine nächsten Worte mit Bedacht: »Ich bitte Sie ein letztes Mal höflich, diesen Bereich zu verlassen und die Grenzen der Autorin sowie die des Verlags zu respektieren.«

Zu unser aller Glück legt der Typ den Rückwärtsgang ein, scheint es nicht darauf anzulegen.

»Mein Kollege führt Sie nach vorn«, erkläre ich, während ich Tim zu mir winke, der diesen kurz darauf durch die Leute schiebt, die eine Gasse für die beiden bilden.

Am liebsten würde ich ihn eigenhändig vom Stand schmeißen, doch ich muss sicherstellen, dass bei Ella alles in Ordnung ist.

Sobald ich sie ansehe, ist mir klar, dass es das *nicht* ist. Ihr Atem geht schnell, ebenso wie meiner. Ihr Blick ist rastlos, schweift umher, sucht nach einem Ausweg – und als er mich trifft, hält er sich an mir fest.

Ich strecke meine Hand nach ihr aus. Bemerke, wie ihre zittert. Also lege ich meine andere auf ihren Rücken, spüre, dass sie es am ganzen Leib tut.

»Was für eine Pfeife«, murmelt Tim, der wieder bei uns angelangt ist.

»Wärst du so gut, das Pausenschild aufzustellen? Ich bringe Ella kurz nach hinten.«

Sobald er nickt, führe ich Ella in den Lagerraum. Schirme sie mit meinem Körper von den Blicken der Massen ab. Die gesamte Zeit über krallen sich ihre Finger in mein Hemd, als wäre es das einzige, das ihr Halt gibt. Erst als ich die Tür zum Lager öffne, löse ich sie sanft von mir und schiebe sie in das winzige Kabuff. Schließe die Tür und zumindest einen Teil des Lärms aus, der dumpf durch die dünnen Wände dringt. Ein tiefer Atemzug bebt durch meinen Körper, als hätte ich eine Oberfläche durchbrochen und viel zu lange die Luft angehalten. Dann drehe ich mich zu Ella herum, will sie fragen, was ich tun kann, um sie zu beruhigen, doch sie kommt mir bereits entgegen.

Schneller als ich begreifen kann, ist sie bei mir. Und plötzlich umfassen ihre Hände mein Gesicht; schieben sich ihre Finger in meinen Nacken. Sie zieht mich zu ihr. Dann, im Bruchteil einer Sekunde, liegen ihre Lippen auf meinen.

Ella küsst mich.

Sie. Küsst. Mich.

Wie eine Ertrinkende presst sie sich an mich, fährt mit den Händen über meine Arme, in mein Haar, holt sich, was sie braucht. Und ich gebe es ihr. Erwidere ihre Dringlichkeit, während sie zitternd Luft holt. Beiße auf ihre Unterlippe; koste ihren Geschmack und eliminiere damit nicht nur den Hauch von Nichts zwischen uns, sondern auch die Zweifel, die Frage nach *Richtigkeit* und nach *dürfen*. Die Frage nach *allem*.

Denn das hier fühlt sich nach einer *Antwort* an.

Forschend streichen unsere Lippen erneut übereinander, öffnen sich, holen sich mit jeder Bewegung ein wenig mehr. Und mir schwirrt der Kopf vor Trunkenheit, vor *Ella*.

Ich kralle mich an ihrem Blazer fest. Will sie näher, brauche sie vollständig, will nie wieder ohne dieses Gefühl existieren. Wir taumeln, fallen, lassen einfach los. Und als sich unsere Zungen treffen, sinke ich mit ihr gegen das Metall des Schwerlastregals unmittelbar hinter mir. Irgendetwas bohrt sich in meinen Rücken, doch ich ignoriere es, schließe die Augen und löse mich in dem Gefühl von uns auf.

Jede Faser meines Seins konzentriert sich auf die Frau vor mir. Das atemlose Geräusch, das sie von sich gibt, immer wenn sie sich für Millisekunden von mir löst, fährt in all meine Zellen. Es klingt, als würde sie nach Luft schnappen, um nicht in diesem Moment zu ertrinken. Doch *ich* bin es längst.

Jetzt fühle ich, was Ella mit ihren Gedichten meinte, die mich nie hätten erreichen sollen. Fühle *unseren Atem, der meine Haut beschlägt.* Sehne mich nach der *Welle, die uns entgegenschlägt.*

Als wir unsere Stirn aneinanderlegen, einander festhalten, streiche ich ihr eine Strähne aus dem Gesicht und fahre sanft an ihrem Ohr entlang. Ella lehnt sich in die Berührung, neigt den Kopf und ich kann einfach nicht anders, als meine Lippen über ihre weiche Haut am Hals fahren zu lassen.

Ihr Stöhnen lässt mich ihr Gesicht zu mir drehen; erneut ihren Mund erobern. Dann sehen wir einander an und mir fehlen schlichtweg die Worte, um das auszudrücken, was sie schon vor diesem unbeschreiblichen Moment in mir ausgelöst hat.

Unser Herzschlag beruhigt sich – wird eins.

Und dies ist der Augenblick, in dem ich alle Worte loslasse, die beschlagene Scheibe in meinem Kopf einfach abwische, um *sie* zu sehen. Klarer als je zuvor.

Ella.

»Bist du okay?«, wispere ich, streiche ihr über die Arme, muss mich davon überzeugen, dass sie wirklich hier ist. Bei mir, so unheimlich nah bei mir.

Sie nickt zaghaft, erwidert ein gehauchtes »Ja.« Doch in ihrem Lichtblau kann ich noch immer die Aufgewühltheit erkennen, die uns in diesen Raum gebracht hat.

Fuck. Mein einsetzendes Bewusstsein, sie von einer brenzlichen

Situation in unser bekanntes Dilemma gebracht zu haben, betäubt meine Hitze.

»Ich danke dir«, bringt sie heiser hervor.

»Nicht dafür«, erwidere ich. »Diese ganze Messe, die Leute ... Das ist alles etwas viel.«

Dieser Moment zwischen uns fühlt sich zerbrechlich an. Ich will eigentlich nicht darüber nachdenken, dass außerhalb dieser vier Wände unzählige Besucher darauf warten, dass wir wieder herauskommen. Es länger hinauszuzögern, ist jedoch zwecklos. Auch Ella scheint zu bemerken, dass das vier Quadratmeter Kabuff, das bis zur Decke mit Kartons und Snacks vollgestopft ist, kein Ort ist, um sich dauerhaft zu verstecken.

Die Luft in dem winzigen Raum ist noch immer aufgeladen, meine Haut kribbelt und spannt, doch ich kämpfe dagegen an.

»So sehr ich mich dafür hasse, aber ...«, resigniere ich. »Ich fürchte, wir sollten wieder nach draußen.«

»Ja, vermutlich.«

»Fühlst du dich bereit, weiterzumachen, oder soll ich Hanka sagen, dass –«

»Nein. Du hast genug getan, Jonah.« Ihre Augen finden meine. »Danke.« Höre ich sie nochmals sagen, bevor sich ihre Lippen erneut auf meine legen. Mehr ausdrücken, als jedes Wort dieser Welt es könnte.

Wir lösen uns voneinander, atmen beide tief durch, wechseln einen letzten Blick. Wissen, dass hier weder der Ort noch die Zeit ist, darüber zu sprechen, welche Grenze wir gerade überschritten haben – und was das für uns bedeutet. Ob es *überhaupt* etwas bedeutet.

»Bis gleich«, presst Ella atemlos hervor, ehe sie die Klinke umfasst, die Tür öffnet und aus dem Lager verschwindet. So schnell, als würde sie ein Pflaster abziehen. Und ich bin ihr dankbar dafür, halte den Atem für weitere vier Sekunden an, in denen ich versuche, zu verstehen.

Um es mit Haros Worten zu sagen: Ich stecke knietief in der Scheiße.

* * *

Seitdem wir das Lager verlassen haben, hat sich die Spannung zwischen uns nicht gelöst. Stattdessen hat sie sich über die gesamte Länge des Messestandes ausgebreitet. Ich fühle mich, als wäre ich auf der Flucht, während ich gleichzeitig immer wieder absichtlich in die Falle laufe.

Egal, wo ich mich aufhalte: Ella ist in meiner Nähe. Ich rieche ihren Duft, höre ihre Stimme und spüre sogar zwei Mal, wie ihre Hand meinen Arm streift, während wir uns zu einer kurzen Besprechung mit ihrer externen Buchsetzerin zurückgezogen haben. Ich wünschte wirklich, ich würde es nicht derart genießen.

Von Irrationalität getrieben tigere ich von der einen Hälfte des Standes zur anderen, als mich ein Kostüm, das ich im Augenwinkel entdecke, innehalten lässt.

Diesen Legolas mit makelloser Flechtfrisur, die nur aus C3POs Fingern rühren kann, und den Mandalorianer, der seinen Helm unter dem Arm trägt, würde ich überall erkennen. Zielsicher steuern Till und Mats auf den Stand des *eda*Verlags zu – und mein Herz rutscht mir in die Hose.

Nein. Nein, nein, nein, nein, nein, geht es mir durch den Kopf.

Instinktiv reiße ich alles andere als unauffällig meine Arme in die Höhe und fuchtle durch die Gegend, um meinen Freunden begreiflich zu machen, dass sie abdrehen sollen. Auf keinen Fall möchte ich Ella *jetzt* offenbaren, dass wir waschechte Cosplayer sind. Ich bin froh, dass sie es nicht bereits begriffen hat, als sie einen Teil meiner Kostüme in Sams Zimmer entdeckt hat.

Diese Seite von mir ist ein sicherer Ort, ebenso wie meine Geschichte auf *Wrify*. Dort kann ich mich zurückziehen, wenn mir das reale Leben den Boden unter den Füßen wegzieht. Ich weiß nicht, was das gerade zwischen uns gewesen ist, aber ich bin nicht bereit, ihr diesen Ort zu zeigen.

Nicht, nachdem sich dieser Tag deutlich schöner entwickelt hat, als ich es noch heute Morgen erwartet habe.

Zu meiner Erleichterung bleibt Till in der Mitte des Gangs stehen, packt Mats am Arm und sagt etwas zu ihm. Die Irritation in ihren Gesichtern versetzt mir einen Stich, doch es geht nicht anders. Ich habe heute vielleicht etwas zurückgewonnen, was ich mit der vollständigen Offenlegung meiner Selbst nicht gefährden möchte.

Noch nicht.

Ein Teil in mir sagt zwar, dass Ella mich dafür nicht verurteilen wird, doch genau dieser ist sich auch sicher gewesen, dass sie vor zwei Wochen keinen Rückzieher macht. Trotzdem habe ich mich getäuscht. Mich heute so verletzlich zu machen, wenn ihre Meinung zu mir und meiner Leidenschaft gegenüber so viel Macht über mich hat, ertrage ich nicht.

Kapitel 27

Ich habe gerade den Edding weggelegt – den zweiten an diesem
frühen Nachmittag –, als Regina neben mich tritt und fragt, ob ich
eine Pause einlegen möchte. Dankend nehme ich das Angebot an,
denn der Tag hat mir sowohl körperlich als auch mental bereits einiges abverlangt. Aus dem Augenwinkel registriere ich, dass auch
Jonah seinen Posten verlassen hat. Er steht vor dem Stand, gestikuliert mit den Armen. Instinktiv schließe ich zu ihm auf – kann mit
der Erinnerung an den Kuss kaum ruhig atmen –, während Regina
die noch immer beachtliche Schlange der Signieraktion trotz ent-
täuschter Gesichter freundlich, aber bestimmt auflöst und auf
17 Uhr vertröstet.

Sobald ich hinter ihm stoppe, den Hauch seines Aftershaves
wahrnehme, erkenne ich, wie einige Meter in den Gang hinein ein
aufwendig kostümierter Legolas mit Bogen über der Schulter in die
nächste Gasse biegt. Direkt daneben folgt ihm ein im Vergleich klei-
nerer Soldat in grauer Montur mit einem Helm unter dem Arm, der
mich an die weißen Plastiktypen aus Star Wars erinnert. Wenn es
nicht zu absurd wäre, dass Jonah sie wegschickt, hätte ich vermutet,
dass es sich um Mats und Till handelt. Immerhin kenne ich das
Legolasbild von Jonahs Account und weiß um die Starwarsliebe von
C3PO sowie Mats' Angetanheit von ihr. Aber Jonah würde die
beiden nie verscheuchen.

»Für einen Moment dachte ich, es sind deine Jungs«, sage ich direkt heraus, sodass Jonah zusammenzuckt und mir einen kurzen Blick über die Schulter zuwirft.

Er wirkt nervös, reibt sich durch das bereits etwas mitgenommene Haar und winkt ab. »Wer, die Kostümierten? Nein, denke nicht.«

»Du kannst nicht leugnen, dass die beiden solche Kostüme tragen würden. Sie sahen wirklich klasse aus.«

»Ach, das war doch gar nichts!«, wendet Jonah sich wieder ab.

Er macht keine Anstalten, das Gespräch wieder aufzunehmen, aber auch keine, vor mir zu flüchten, weshalb ich beschließe, zunächst an Ort und Stelle zu verharren. Das Gefühl, ihn gänzlich überfordert zu haben, lässt mich nicht los – und ich kenne es zu gut, weil ich mich selbst in dieselbe Situation katapultiert habe. Dieser Kuss, er ... Ich hatte es nicht geplant, aber auch nichts dagegen tun können. Ihn zu küssen, glich einer Notwendigkeit, gegen die ich mich nicht wehren konnte, nicht wehren *wollte*. Wie ein Atemzug, nachdem man viel zu lange die Luft angehalten hat. Nur dass dieser Kuss mir mehr Leben eingehaucht hat als jedes Luftholen zuvor.

»Wegen vorhin –«, beginne ich, werde jedoch unterbrochen, noch ehe ich überhaupt weiß, was ich hätte sagen wollen.

»Wie sieht's aus«, höre ich Ravi hinter mir, weshalb sowohl Jonah als auch ich uns zeitgleich umdrehen. »Habt ihr beiden Standdienst oder wollen wir uns irgendwo im VIP-Bereich einen Kaffee gönnen?«

»Ehm ... Für Ella wohl eher einen Kakao«, erwidert Jonah, was mich unverzüglich mit Wärme erfüllt. Dann hält er Ravi die Hand hin. »Wir hatten vorhin nur kurz das Vergnügen, also noch mal offiziell: Ich bin Jonah, Ellas Lektor.«

»Ravi, Ellas Fotograf Slash bester Freund Slash Rettung in der Not. Wobei du mir vorhin meinen Job erleichtert hast, als dieser Dreckskerl hinter die Absperrung getreten ist.«

»Das hast du gesehen?«, frage ich.

»Kaiko hat mir ein Gespräch des Todes an die Backe gebunden, darum war ich außerhalb des Standes, und noch ehe ich überhaupt losrennen konnte, hatte Jonah hier schon alles im Griff.«

»Gar kein Thema. Bei manchen Menschen nimmt die Begeisterung wohl etwas … überhand.« Seine Worte klingen zum Ende hin gepresst; erinnern mich daran, wie spürbar seine Wut vorhin gewesen ist. Wie sich seine geballten Fäuste gelöst haben, als wir in der Standkammer –

»Also, wem von euch beiden kann ich einen Kakao spendieren?«

Ich war Ravi selten so dankbar für die Abkühlung meiner Gedanken wie jetzt, zeitgleich mache ich mich auf den Druck in meiner Brust bereit, weil Jonah mit absoluter Sicherheit ablehnen wird.

Was gut ist, rede ich mir ein.

Wieso fühlt sich das Richtige nur dermaßen verkehrt an?

»Ich bin dabei«, überrascht er mich – und wo ich in mir eben noch Schwärze erwartet habe, glimmt nun ein schwaches Licht.

»Tatsächlich?« Ich kann nicht anders, als ihn anzusehen. Wirklich anzusehen. Mit meinem Blick seine Konturen nachzufahren, die ordentlich gestutzten Bartstoppeln zu betrachten, die ich vorhin an meinen Lippen gespürt habe.

»Ich würde alles dafür tun, diesem Trubel für einen Moment zu entkommen.«

Ravis Lachen dringt nur langsam zu mir hindurch, viel zu sehr bin ich auf Jonahs Regungen fixiert, die kaum etwas preisgeben.

»Nun denn, Freunde der Nacht und der Sonne, stürzen wir uns in die Massen, um diese Halle schnellstmöglich zu verlassen.«

Als hätten sich die beiden abgesprochen, tritt Ravi vor mich, während Jonah sich hinter mir positioniert und wir uns wie im Entengang zwischen den Menschen hindurchzwängen. Und Letzteres meine ich wortwörtlich, denn schon nach den ersten zehn Metern kommen wir nur sehr langsam voran und werden durch die

Kreuzungen der Gänge immer wieder aufgehalten. Irgendwann kralle ich meine Hände in Ravis Jeansjacke vor mir, um ihn nicht zu verlieren. Doch als sich jemand zwischen uns hindurch drängt, verliere ich ihn aus dem Griff und bleibe instinktiv stehen. Eine Sekunde später presst sich ein fester Körper gegen meinen.

»Sorry«, wispert Jonah, während wir nach vorn wanken und seine Finger nach meinen Hüften greifen, um sich, mich, *uns* festzuhalten. Von hinten werden wir unaufhaltsam weitergetrieben, dabei verliert er mich nicht eine Sekunde.

Es ist eigenartig, dass man in einer derartig vollen Halle, in der jedes Geräusch zu einem dringen müsste, plötzlich kaum mehr wahrnimmt als den Atem eines einzigen Menschen. Doch ich spüre ihn; höre ihn – nur ihn. Und mein Körper scheint vollständig seine Funktionen einzustellen. Anders kann ich mir nicht erklären, wieso ich mich an ihn lehne; regelrecht zu ihm sacke.

Jonah erstarrt für einen Wimpernschlag, ehe er mich umso fester hält. »Alles okay?« Seine Stimme klingt erstickt und jagt mir einen Schauder über die Haut, während nur eine Frage durch mich klingt: Kann man sich in jemandes Wärme wickeln? Denn das ist alles, was ich gerade möchte; vielleicht tue ich es sogar. Zumindest fühlt sich all das hier genau danach an.

Ich nicke, wohl wissend, dass meine gehetzte Stimme all meine Gefühle offenbaren würde. Wenn meine Hand, die sich an meinem Bauch über seine legt, es nicht längst getan hat.

»Keine Sorge, ich halte dich.«

Und das tut er.

Er tut es, während er mich weiter Richtung Ausgang dirigiert. Während ich mich in seine Berührung fallen lasse. Während wir längst den engsten Knotenpunkt hinter uns gelassen haben. Und selbst als wir aus der Traube ausbrechen und Ravi auf der von Glas umrahmten Brücke zur Eingangshalle sehen, nimmt er meine Hand. Zieht mich mit sich. Vielleicht möchte er die Berührung genauso

wenig verlieren wie ich. Vielleicht will ich deshalb stehen bleiben ...
damit wir auf kein Ende zugehen.

»Immer wieder erschreckend, wie wenig Rücksicht manche Menschen nehmen. Es geht immerhin nur um Bücher, nicht um das Heilmittel für den Zombievirus bei *The Walking Dead*.« Ravi sieht nur kurz auf unsere verschränkten Finger und wirkt weder überrascht noch urteilend. Ich weiß, dass er sich die Fragen für später aufhebt, und liebe ihn ein bisschen mehr dafür.

»Unterschätze niemals Bücherwürmer, die auf der Suche nach Sonderausgaben sind.« Obwohl Jonah versucht, seiner Stimme eine Prise respektvoller Ernsthaftigkeit zu verleihen, höre ich die Aufregung heraus, die auch in mir nachhallt.

»Verzeih meine Unwissenheit«, lacht mein bester Freund und dreht sich dann um, nur um uns über die Schulter zu sagen: »Durch diesen Kampf brauche ich zwei Moccas, um den Stress abzubauen.«

Ich kann nicht einmal mit einem Grinsen darauf reagieren, weil Jonah auch jetzt meine Hand nicht loslässt, während wir Ravi folgen; immer mehr Leute unsere Innigkeit sehen könnten. Mir immer deutlicher wird, wie es sein könnte, Jonahs Finger zu nehmen, wann immer mir danach ist. Das Einzige, das in mir präsent ist, ist der Wunsch, mehr als hundert Meter zu dem VIP-Café zu brauchen, damit ich genau diesen Moment länger spüren kann.

Viel, viel länger ...

* * *

Als sich die Glastüren vor mir zu beiden Seiten aufschieben und mich der typische Geruch von sauberem Teppich und einem blumigen Dufterfrischer in der Lobby meines Hotels begrüßt, ist es bereits 22:10 Uhr. Mein Körper ist derart gerädert, dass ich unverzüglich den Fahrstuhl ansteuere. Doch all die Eindrücke des heutigen Tages, die mich kaum mehr als Müdigkeit fühlen lassen dürften, haben einen Adrenalinpegel in mir ausgelöst, der mich nicht in »Etage 6«, sondern zur Skybar treibt.

Ein Weißwein, mehr nicht. Spätestens der dürfte mich runterbringen und in einen mehr als festen Schlaf fallen lassen.

Wie immer, wenn ich in Fahrstühlen stehe, bewundere ich die Schnelligkeit, mit der sie mich an mein Ziel bringen. Es bleibt nicht viel Zeit, um in der verspiegelten Innenverkleidung meine offenen Haare zu einem Knoten zu binden und den Pony zur Seite zu streifen. Da ich vor dem Abendessen mit Hanka, Kaiko und zwei Medienvertretern vom öffentlichen Rundfunk mein Make-up aufgefrischt habe, sehe ich tatsächlich wesentlich frischer aus, als ich mich fühle. Den Rest hat das eben im Taxi aufgetragene Deodorant erledigt.

Ich komme nicht umhin, in meine eigenen Iriden zu starren, die mir bewusst machen, dass meine Erinnerungen an den heutigen Tag keine Lüge sind. Die Sehnsucht darin lässt keinen anderen Schluss zu. Ebenso wenig wie das Bedauern.

Wir saßen keine zehn Minuten an dem Tisch des Messecafés, als Jonahs Handy klingelte und Regina ihn um Unterstützung bat. Einer der Praktikanten hatte durch die Massen wohl eine Art Panikattacke, weshalb Jonah seinen Posten übernehmen musste, damit er aus der Halle und ins Hotel gebracht werden konnte. Ihn gehen zu sehen, tat mehr weh als erwartet, obwohl ich vollstes Verständnis dafür hatte. Doch seine Nähe, die ich nicht mehr fühlte, hinterließ ein Loch, das auch Ravis Witze nicht füllen konnten.

Zum Glück wäre Ravi nicht Ravi, wenn er nicht dennoch unermüdlich versucht hätte, diesen Umstand zu ändern. Bis zum Ende der Messe, selbst während meines *Meet & Greets,* ist er mir nicht mehr von der Seite gewichen. Er hat sogar angeboten, mich zu dem Termin der Agentur zu begleiten, doch das konnte ich ihm wirklich nicht antun. Ganz zu schweigen davon, dass Hanka vermutlich einen Tobsuchtsanfall bekommen hätte. Sie hasst es, wenn man sich nicht an ihre Pläne hält, und Ravi war kein Teil davon.

Jonah habe ich erst kurz vor Schließung der Messe wiedergesehen, als er mit Regina gesprochen hat. Da Kaiko mich bereits vom Stand führte und betonte, wie knapp wir dran sind, habe ich ihm lediglich zugewunken, ehe wir aufgebrochen sind.

Sein zaghaftes Zurückwinken war das Einzige, das mich den trockenen Termin mit der versammelten Belegschaft von *LitA Bromberg* und zahlreichen Presseleuten eben hat überstehen lassen …

Noch während ich mich wieder zum Ausgang drehe, hält der Fahrstuhl am höchsten Punkt des Gebäudes mit einem *Pling*, ehe sich die Türen öffnen und ich in die komplett verglaste Bar trete. Alles wirkt nobel, aber modern und schlicht. Beige Ledersessel, niedrige Glastische, dunkler Teppich. Am schönsten jedoch ist die floral bedruckte Tapete, an der neben warmweiß gedimmten Wandlampen mehrere Grünpflanzen auf Regalen stehen oder in Hängetöpfen ein unheimlich gemütliches Klima erzeugen. Ebenso wie die durch Glasscheiben abgetrennten Nischen Privatsphäre bieten. An den zwei gegenüberliegenden bodentiefen Fensterfronten führen Türen auf die umliegende Dachterrasse.

»Willkommen in der Skylounge«, begrüßt mich eine junge Frau, die kaum älter als ich zu sein scheint. Ihr Lächeln ist ansteckend. »Sie können sich gerne einen Tisch aussuchen. Auf der Terrasse liegen Decken bereit, falls Sie die frische Luft bevorzugen.«

»Vielen Dank, aber ich denke, ich werde mich nur kurz an die Bar setzen«, erwidere ich und steuere mein Ziel an, das inmitten des Raumes steht und zu allen vier Seiten Sitzmöglichkeiten bietet.

Noch während ich mich auf dem erstbesten Hocker niederlasse, denke ich an den Abend, an dem ich das letzte Mal an einem Tresen gesessen habe; wie Jonahs Finger auf meinen Knien gelegen haben, ehe er sie, von meinen Worten verletzt, von mir gezogen hat – und würde am liebsten direkt wieder aufstehen. Die Erinnerung an die gleichen Finger, die mich heute leidenschaftlich gepackt und später schützend durch die überfüllte Messe geführt haben, wirbelt so viel mehr in mir auf als nur meinen Puls. Zum Glück werde ich im selben Moment aufgefordert, meine Bestellung und die Zimmernummer für die Rechnung aufzugeben.

Keine Minute später steht ein gekühltes Glas Weißwein vor mir, das ich erst einen Augenblick in der Hand haltend betrachte, ehe ich einen Schluck nehme.

Verdammt, das tut gut.

Fast wünschte ich, ich hätte ein Buch in meiner Tasche, die ich neben dem Hocker abgestellt habe. Doch selbst Werther habe ich heute Morgen auf dem Zimmer gelassen, damit ich mich nicht zu Tode schleppe. Und da mir Kaiko für das gesamte Wochenende Accessoire- und Outfitempfehlungen geschickt hat, blieb mir kaum die Wahl, eine größere Handtasche – geschweige denn einen Rucksack – mit der mir ausdrücklich ans Herz gelegten Kleidung zu kombinieren. Manchmal ist es erschreckend, wie gut sie meinen Kleiderschrank kennt.

Ich hebe meinen Blick, betrachte die nach unten geneigten Gläser, die über der Bar in einer atmosphärisch beleuchteten Aufhängung auf ihren Einsatz warten, der ebenfalls mit Hängepflanzen dekoriert ist. Lasse ihn weiter über die penibel geputzte Theke gleiten, nur um knapp auf der gegenüberliegenden Seite plötzlich in Augen zu blicken, die ich kenne.

Das kann nicht …

»Jonah?«, murmle ich, was er unmöglich hören kann. Doch er muss seinen Namen von meinen Lippen lesen, denn er prostet mir aus einer der Sitznischen mit einem ebenso überforderten Ausdruck im Gesicht zu.

Dass ich automatisch zurückproste und einen Schluck von dem Wein nehme, ist mir noch peinlicher, als ihn wie ein verschrecktes Reh angesehen zu haben. Aus irgendeinem Grund benehme ich mich in seiner Gegenwart heute wie eine unsichere Teenagerin.

Was mich jedoch am meisten aus der Fassung bringt, ist das gelbe Buch, das vor ihm auf dem Tisch liegt. Ich erkenne das Reclamheft sofort, das statt dem Gefühl von Heimat plötzlich etwas ganz anderes in mir hervorruft. Befangenheit. Hitze. Letzteres könnte jedoch auch an Jonahs Blick liegen, der mich nicht loslässt und in dem ich eine stille Aufforderung lese, zu ihm zu gehen.

Aus diesem Grund stehe ich auf und greife sowohl nach meiner Tasche als auch nach dem Glas. Atme durch, während ich die Bar umrunde, um mich auf der anderen Seite des Raumes zu ihm zu setzen.

Zu Jonah, meinen Lektor, weise ich mich gedanklich zurecht.

Ich habe heute bereits Grenzen überschritten, die ich eher noch deutlicher hätte ziehen sollen. Eine Farce, dass ich mich noch immer daran festhalte. Am liebsten würde ich über mich selbst lachen. Doch dieser Moment gerade, in dem sich unsere Augen nicht voneinander lösen können, ist zu überwältigend.

Ebenso überwältigend wie dieser gesamte Tag. Nur ist nun kein Ravi hier, der wie eine Anstandsdame an meiner Seite wacht.

»Dasselbe Hotel, hm?«, stellt Jonah fest, als ich mich auf dem beigen Leder ihm gegenüber niederlasse, und sieht so aus, als hätte er beinahe aufgelacht aufgrund dieser Absurdität. Und Gott, ich fühle jedes Detail daran.

»Hanka hat es gebucht.« Es klingt wie eine Rechtfertigung – vielleicht ist es auch eine. Vor allem nach meinem … Überfall vorhin soll er nicht denken, dass ich ihm irgendwie auflauern würde.

»Dann muss sie sich wohl mit Regina abgesprochen haben.«

»Möglicherweise«, murmle ich – und stelle im Anschluss eine Frage, die mir einfach so über die Lippen schlüpft: »Ist das ein … Problem?«

Jonah schweigt für einen Moment, sieht auf seinen Gin-Tonic hinab, ehe er antwortet: »Wohl nur, wenn wir eines daraus machen.«

Alles in mir schreit danach, dass wir das bereits getan haben. Dass das Problem wie ein unsichtbarer Dritter bei uns Platz genommen und sich selbst in unsere Drinks gekippt; sich in unser Herz gestohlen hat. Und dass dieses Problem meine Worte waren, die ihm an einer anderen Theke das Lächeln geraubt haben.

Ich entscheide mich dafür, nicht darauf zu antworten und stattdessen Schluck für Schluck an meinem Wein zu nippen. Und offenbar entscheidet er sich für dasselbe, bis ich nach dem sicheren Ufer greife, das vor uns liegt. In gelben Einband geschlagen, schwarze Lettern darauf.

»An welcher Stelle bist du?«, frage ich ihn und blättere durch die Seiten. Zu meiner Überraschung hat auch er einige Stellen markiert. Nicht so viel wie ich, aber die Post-its heben sich deutlich von dem Buchschnitt ab.

»Ich war bereits an jeder Stelle«, erwidert er. »Und habe daraufhin noch mal von vorn begonnen.«

Mit gehobenen Brauen sehe ich zu ihm auf, versuche zu verbergen, wie viel mir das bedeutet, blicke zurück ins Buch und lese die vor mir markierten Zeilen vor: »*Ich weiß weder, ob Tag noch Nacht ist, und die ganze Welt verliert sich um mich her.*«

Meine Stimme klingt brüchig, weshalb ich schlucke, ehe ich mir abermals bewusst werde, wie eindringlich Jonah mich betrachtet. Alles gerade bringt uns erneut in diese gefährliche Sphäre von heute Nachmittag, in der es wehtut, einander *nicht* zu berühren.

Daher lege ich das Buch wieder vor ihn, tippe zwei Mal mit meinem Zeigefinger darauf, ehe mir ein einziges Wort wie eine Aufforderung über die Lippen rutscht: »Leiden.«

Jonah versteht es sofort, was mich nicht wundert, nachdem *derart* viele Papierbögen in meinem Briefkasten gelandet sind, und antwortet: »Werther.«

»Dichtkunst.«

»Seele.«

»Ende.«

Jonah stockt eine Millisekunde, ehe »Entscheidung« über seine Lippen schlüpft. Uns damit beiden verdeutlicht, dass es genau *das* ist – für Werther im Buch, der am Ende auf tragischste Weise für sich selbst einsteht. Und für mich, als ich für uns beide im Pub diese Entscheidung getroffen habe. *Unsere* Tragödie.

»Meinst du, Entscheidungen können rückgängig gemacht werden?«

»Vermutlich wurde keine je umsonst getroffen«, beginnt er. »Aber jede führt zu neuen Entscheidungen. Diese sind es, die wir beeinflussen können.«

Seine Worte lösen zwei Dinge in mir aus: Zuversicht ist das stärkste davon, weil ich das Gefühl habe, dass auch er mir eine weitere Entscheidung einräumt. Aber auch die Furcht kehrt zurück; erinnert mich daran, weshalb ich überhaupt zu diesem Punkt gelangt bin.

Zum ersten Mal überkommt mich das Bedürfnis, ihm von Aaron zu erzählen. Von dem Verlust, der mich seit letztem Herbst verschlingt. Von dem Druck, der mit dem ersten Traum seit Langem in mir gereift ist. Ich möchte ihm genauso gern davon erzählen, wie ich mich über den Tisch lehnen und ihn erneut küssen möchte. Doch Jonah kommt mir zuvor, in dem er meine damaligen Worte aufgreift.

»*Perfektion macht Dinge nicht zwangsläufig richtig,* bedeutsame Entscheidungen sind nicht immer perfekt. Manche erfordern Opfer – sie sind weitreichender als andere. Dann genügt nicht nur *eine* Entscheidung, sie wiedergutzumachen. Es braucht viele. Von *allen* Seiten.«

Ich verstehe, was er damit sagen will; begreife, dass nicht nur ich es sein kann, die über eine Zukunft bestimmt, in der wir beide eine Rolle spielen.

»Vielleicht hätten wir dieses Gespräch eher führen sollen«, lasse ich ihn an meinen Gedanken teilhaben.

»Vielleicht.«

Hoffnung. Resignation. Kapitulation. Diesen Gefühlsverlauf sehe ich in seinen Zügen, ehe er den Arm hebt, um den Kellner ranzuwinken und ihn zu bitten, die gesamte Rechnung auf seine Zimmernummer umzuschreiben.

»Rechnest du es dieses Mal als Spesen ab?« Die Frage soll locker klingen, doch in mir herrscht Chaos.

»Alkohol macht sich darauf nicht so gut.«

Wir starren einander an, ehe er den letzten Schluck seines Longdrinks trinkt und ich sein Verhalten spiegle. Mit dem Klirren der auf dem Tisch landenden Gläser erhebt sich Jonah und nickt zum Fahrstuhl.

Ich kann die stille Ausweglosigkeit zwischen uns nicht ertragen, während ich aufstehe und meine Tasche greife. Daher frage ich: »Hast du morgen Standdienst, wenn ich das letzte *Meet & Greet* habe?«

»Tatsächlich bin ich morgen nicht beruflich auf der Messe. Elfie löst mich ab, weshalb ich den Tag nur als Besucher in den Hallen unterwegs sein werde.«

Das »Oh«, das mir entfleucht, klingt bedauernd. Bedauernder, als ich will – und Jonah wäre nicht er, wenn er es nicht bemerken würde. Doch mehr, als mich entschuldigend anzusehen, tut er nicht. Stattdessen wünschen wir den Mitarbeitenden der Bar eine gute Nacht und warten schweigend, bis der Fahrstuhl die Ebene erreicht und sich für uns öffnet.

»Wohin musst du?«, fragt er, woraufhin ich mich zu ihm lehne und den runden Knopf mit der Sechs drücke. Dabei komme ich ihm so nah, dass mein Arm seinen Brustkorb streift. Und selbst wenn ich mir einrede, dass die Bewegung unbewusst war, könnte sie es ebenso nicht sein.

Ohne zurückzuweichen, drückt er auf die Drei. Etwas, das die stoische Dynamik zwischen uns aufzulösen scheint, weil wir uns dadurch abermals berühren; in unsere Augen sehen. Es tut fast weh, die paar Zentimeter zwischen uns wieder mit Sauerstoff zu füllen. Besonders, weil unsere Blicke unsere Lippen finden.

Wo eben Berührung in der Luft lag, ist es nun der Wille, ihr zu widerstehen. Wo eben Stille war, rauscht nun unser Blut um die Wette. Wo gerade noch Kontrolle herrschte, kämpfen wir jetzt darum, sie nicht zu verlieren, während der Fahrstuhl uns Etage für Etage unserer Rettung entgegenbringt.

»Danke für heute«, sind die einzigen Worte, die ich über die Lippen bringe.

»Wofür genau?«

Gott, meine Knie fühlen sich so weich an, dass ich befürchte, sie würden jede Sekunde unter mir wegsacken.

»Für …« Meine Stimme bricht und ich kann mich nicht entscheiden, was für eine Antwort die richtige ist.

Für die Rettung.

Für die Nähe.

Für den Kuss.

Für die Hoffnung.

Am Ende entscheide ich mich für: »Dafür, dass du mich nicht von dir gestoßen hast.«

Das *Pling* des Fahrstuhls und die sich öffnenden Türen sind Zeichen genug, dass ich auf meiner Etage angelangt bin, doch ich rühre mich nicht. Registriere stattdessen, wie Jonah näherkommt. So langsam, dass ich den Atem anhalte.

Er hingegen stößt seinen aus – direkt neben meinem Ohr.

»Lichtblau«, flüstert er.

Und zum ersten Mal kann ich nichts auf ein Wort von ihm erwidern.

Als sich die Türen zu schließen beginnen, tritt Jonah zurück und hält sie mit seinem Arm auf. Doch erst sein ersticktes »Gute Nacht« lässt mich mich in Bewegung setzen – und alles daran ist Überwindung.

Wie in Zeitlupe trete ich auf den Flur hinaus; halte seinen Blick dabei unentwegt. Bleibe so lange stehen, bis er seine Hand sinken lässt, einen Mundwinkel gehoben, und die Türen dieses Bild von ihm letztlich verschließen.

Anders als in den Büchern, die ich so gerne lese, endet dieser Abend nicht mit einem Fahrstuhlkuss. Nein, er endet vielmehr mit Fahrstuhlsehnsucht, denn am liebsten würde ich auf den Knopf hämmern, um ihn wieder auf diese Etage zu rufen; um ihn zu stürmen. Ebenso wie Jonahs Herz.

Doch dass das Leben kein Buch mit Happy End ist, hat es mir höchstpersönlich beigebracht. Aus diesem Grund wanke ich mit unsicheren Schritten eine Minute später in mein Zimmer. Darauf hoffend, dass mich der Schlaf zumindest für eine Weile von all diesen Gefühlen befreit. Ebenso wie der Dreizeiler, den ich noch vor dem Einschlafen in meiner Story bei Instagram poste.

Manche Menschen können wir unendlich oft von uns stoßen, am Ende jedoch finden wir einander wieder und wieder. Uns der Entscheidung bewusst, erneut verletzt werden zu können.

Fehl am Platz, verlassen, rastlos. Nohja hatte in seinem Leben schon alles davon empfunden. Nichts davon jedoch konnte ihn darauf vorbereiten, was die Crew und ihn erwartete, als sie nach Kotatien zurückkehrten.

Bis zu den ersten Ausläufern des violetten Sandes jubelten ihnen Hände, Hufe und Tentakel zu, als sie mit dem geklauten Schiff auf dem letzten verbliebenen Platz in der Meute landeten. Die stickige Luft schlug ihnen ins Gesicht, sobald sich das Deck öffnete und die mächtige Herrscherin Emperia mit ausgebreiteten Armen auf sie zutrat. (...)

Kapitel 28

Gut gelaunt und mit Lockenwicklern in den Haaren öffnet mir C3PO in aller Herrgottsfrühe die Tür zu ihrem Airbnb.

»Wo findet ihr immer diese Unterkünfte?«, frage ich meine beste Freundin und betrachte die verzierten Ornamente über dem Eingang des Altbaugemäuers.

»Ich bin eben eine waschechte Schatzsucherin«, behauptet sie zufrieden. »Was bringen sie als Sold, Lord Nohja?«

Ich recke die Tüte mit frischgebackenen Brötchen in die Höhe.

Zufrieden atmet C3PO den Geruch des warmen Gebäcks in meiner Hand ein, lässt mich eintreten und führt mich durch den Raum, der von außen wie ein Ladenlokal mit riesiger Milchglasscheibe aussieht und sich als eine Art Esszimmer mit einem großen Holztisch entpuppt. An dessen Ende führen vier Stufen hinauf in die eigentliche Wohnung, die mit einem Schlafzimmer zwar klein, aber sehr modern eingerichtet ist.

»Was würden die Jungs nur ohne dich tun?«, scherze ich theatralisch und begrüße Mats und Till, die beide mit winzigen Augen und zerzausten Haaren an der Granitarbeitsplatte der Küche lehnen und an ihrem Kaffee nippen.

Da es einige Stunden dauert, uns alle in die Charaktere zu verwandeln, die wir heute darstellen werden, startet der Morgen eines Cosplayers früh – unverschämt früh. Doch seit gut einem Jahr arbeiten wir genau auf diesen Tag hin. Wir bastelten, nähten und tüftelten an unserem Auftreten, um die heutige Convention auf der Leipziger Buchmesse maximal auskosten zu können. Diese Comic Con wird für mich eine ganz besondere – und ich könnte nicht glücklicher sein über das Geschenk, das mir meine Freunde damit machen. Der heutige Tag gehört nur uns. Kein Verlagsbusiness, keine sich um eine Autorin kreisenden Gedanken. Okay, vielleicht ein paar davon. Aber heute werde ich mich bemühen, das Ella-Thema so gut es geht ruhen zu lassen und ganz bei meinen Freunden zu sein. Den Kopf kann ich mir auch ab morgen wieder zerbrechen.

»Ohne mich würdet ihr vermutlich auf dem Parkplatz in eurem Auto pennen,« scherzt C3PO und verschwindet im Wohnzimmer.

»Wenn wir uns vor drei Jahren den Camper gekauft hätten, wäre das tatsächlich eine Option«, murmelt Till. Aufgrund seiner rauen Stimme vermute ich, sind es die ersten Worte, die er heute herausbekommt.

»Das Ding war uralt und total gammelig«, ertönt Giulias Stimme über den Flur zu uns.

»So wie Mats' Couch?«, frage ich scherzhaft und ernte einen mahnenden Blick des noch immer schweigenden Couchbesitzers. Seinen Augenringen nach zu urteilen, hat er nicht viel Schlaf bekommen.

»Wir können die Nacht ruhig tauschen, falls ihr im Bett statt auf dem Wohnzimmersofa pennen wollt«, schlägt Till vor, als hätten wir dieselbe Beobachtung gemacht.

Doch dann stutze ich. *Ihr?*

Mit hochgezogenen Augenbrauen schaue ich erst zu C3PO, die soeben aus dem Wohnzimmer zurück in den Flur tritt, und dann zu Mats, der wie auf Knopfdruck rot anläuft.

»Nein, schon gut«, nuschelt er in seinen Kaffeebecher, aus dem er einen so großen Schluck nimmt, dass ich mich frage, ob er die Tasse je wieder absetzen wird.

»Aber die Couch ist nicht zum Ausziehen und mit Sicherheit unbequem«, insistiert Till.

Ich hätte ihm seine scheinbare Sorge um die Schlafqualität der beiden nicht einmal dann abgekauft, wenn es sich nicht um einen offensichtlichen Verkupplungsversuch handeln würde.

Einen Blick durch den Flur in die Stube werfend, betrachte die Eckcouch, registriere die plattgelegenen Stellen, die zerknüllten Decken und Kissen. Die beiden müssen Kopf an Kopf auf der Couch geschlafen haben.

»Till schnarcht«, wirft Mats plötzlich in die Runde.

»Inwieweit ist das eine relevante Information?«, will Besagter wissen.

»Na ja, es ist besser, wenn du das hinter einer *geschlossenen* Tür tust.«

»Dir ist klar, dass, wenn *du* dort drin bist und *ich* hier draußen«, – er zeigt erst Richtung Schlafzimmer, dann auf die Couch –, »noch immer eine Tür zwischen uns liegt?«

Mit Mühe halte ich mich davon ab, laut loszuprusten. Mats Ausrede hinkt und das wird ihm ebenfalls bewusst. Verzweifelt fährt er sich über das Gesicht, wohingegen meine beste Freundin alles andere als abgeneigt von der Idee zu sein scheint.

»Stimmt wir können die Nacht auch einfach tauschen. Wäre nett, zur Abwechslung mal wieder auf einer richtigen Matratze zu schlafen. Danke Till.«

»Gern geschehen«, antwortet Till. Sein zufriedenes Grinsen, als Mats noch tiefer in seinen Stuhl rutscht, entgeht mir nicht.

Scheint so, als würde nicht nur der heutige Tag, sondern auch die kommende Nacht spannend werden.

* * *

Wenn ich als Cosplayer ein Messegelände betrete, fühlt es sich an, als würde ich die Tore zu einer anderen Welt aufstoßen. Selbst der seichte Frühlingswind, der sich durch mein zur Hälfte rot gesprühtes und streng nach hinten gegeltes Haar kämpft, scheint uns zu begrüßen. Er trägt den Geruch der Kirschblütenbäume mit sich, die am Rande des Parkplatzes stehen.

Es ist nicht nur das Kostüm, das heute einen anderen Menschen aus mir macht. Es ist auch das Gefühl in mir; meine Haltung; mein Ausdruck, mit dem ich den anderen Cosplayern aus unterschiedlichsten Universen begegne. An einem Tag wie heute spielt das Leben, das wir sonst führen, keine Rolle. An einem Tag wie heute steht die Welt, wie wir sie kennen, still – und die Welt unserer Träume, voller Ideen und schier endlosen Möglichkeiten, steht weit offen.

Als Indifinit stelle ich Kreatur #1803 der Galaxie dar, die nicht eindeutig einem Volk oder einer Herkunft zuzuordnen ist. Lord Nohja, der Protagonist aus meiner Science Fiction Serie, ist, seit er denken kann, auf der Suche nach seiner wahren Heimat. Bis auf seine Crew vertraut er niemandem, weshalb ich einen kühlen, abschätzigen Blick aufsetze, sobald wir den Parkplatz vor der Leipziger Messe hinter uns lassen.

»Lasst uns direkt zur Requisitenkontrolle gehen«, schlägt Mats vor. »Die Schlange dort wird mit Sicherheit endlos sein.«

Und er hat recht. Wie jedes Jahr werden vor dem Eingang zur Messe in einem Zelt Kostüme sowie Waffennachbildungen vom Messepersonal überprüft.

»Ihr seht unglaublich aus! Kann ich ein Foto mit euch machen?«, bittet uns die junge Frau hinter uns. Sie und ihre schüchterne Freundin tragen aufwendige Anime Cosplays und ich bin mir sicher, allein die Perücken waren kostspieliger als manche Gesamtoutfits.

»Aber natürlich«, antwortet C3PO voller Vorfreude, die heute Morgen drei Schichten blutroter Farbe auf jede freie Stelle ihrer Haut geschmiert hat. Die schwarzen Konturen in ihrem Gesicht, die auch meine linke Gesichtshälfte zieren, geben ihr einen bösen Look, der im starken Kontrast zu ihrem fröhlichen Gemüt steht. Der Haarreif auf ihrem Kopf aus rotem und schwarzem Lederimitat hingegen, von dem aus ein spitzer Zulauf in die Stirn ragt, verleiht ihr einen hoheitsvollen Ausdruck. Zuletzt zeichnet die mit Schulterpolstern versehene Jacke das perfekte Bild einer absolut tödlichen Kriegerprinzessin. Beim ersten Anblick ihrer Shorts hat sich Mats sogar an seinem Brötchen verschluckt.

»Gavina Avolan von Galátea«, stellt sie sich nach dem Foto wie selbstverständlich vor, greift in ihre Jacke und reicht den beiden eine Postkarte. »Wenn ihr mehr über uns wissen wollt, folgt dem QR-Code.«

»Moment, was ist das?«, frage ich, falle für einen Moment vollkommen ungeplant aus meiner Rolle und beuge mich über C3POs Schulter.

Stolz reckt sie mir die Karte entgegen. »Überraschung!«

Auf dem steifen Papier ist nicht nur eine unfassbar geniale Illustration der Helden aus meiner Geschichte abgebildet, sondern auch ein QR-Code, der offensichtlich zu meinem *WriFy* Profil und somit der frei zugänglichen Plattform führt, auf der ich seit Jahren meine Stories veröffentliche.

Mir klappt der Mund auf.

»Matthias hat die Illustration angefertigt, Till die Karten entworfen und, na ja, von mir kam immerhin die Grundidee. Wir werden sie auf der Messe verteilen. Die Abenteuer von Lord Nohja müssen gelesen werden – und wo findest du mehr Lesende als hier?«, ruft C3PO aufgeregt und streckt die Hände so weit in die Höhe, wie es ihr Kostüm erlaubt.

Mit großen Augen drehe ich mich zu meinen Kumpels um. Sehe in Tills Gesicht, das mit schwarzen Ornamenten bemalt ist, die die Geschichte des Mondgeborenen Lord Thaelos erzählt; betrachte das aufwendig geflochtene Haar, die gold gegerbte Uniform. Ein Kotatier, wie ich ihn mir immer vorgestellt habe. Daneben Mats, der als Agame so viele geschuppte Elemente auf sein Gesicht geklebt hat, dass er eigentlich gar nicht imstande dazu sein sollte, zu lächeln. Er tut es trotzdem. Als Echsenmensch namens Enter trägt er mit Abstand das aufwendigste Kostüm von uns. Nicht nur haben die drei ein Jahr Mühe in die Kostüme der Figuren gesteckt, die ich erfunden habe, sie sind nun auch noch hier, um dafür zu sorgen, dass mehr Menschen von ihnen lesen.

»Leute, das ist …« Der Kloß in meinem Hals ist so groß, dass mir Tränen in die Augen schießen.

»Nicht weinen!«, ermahnt mich C3PO. »Du wirst nicht nur dein Make-up, sondern das von uns allen versauen. Drei Stunden Arbeit! Also reiß dich zusammen!« Sie drückt mir ein paar Postkarten in die Hand und fächert sich selbst Luft zu. »Hier, wedle damit.«

Sogar Till tut es ihr nach, obwohl er nicht nah am Wasser gebaut ist.

»Gut so«, lobt C3PO und blinzelt den glänzenden Schimmer aus ihren Augen. »Da wir uns jetzt alle beruhigt haben, kann es losgehen.« Sie nimmt einen tiefen Atemzug, sieht uns einen nach dem anderen an und zitiert dann aus der *Ersten Ära der Xaloph Wüste*: »Holen wir uns zurück, was nie hätte genommen werden dürfen.«

* * *

Nach nur drei Stunden haben wir kaum noch Postkarten über. Als Team der Planetensucher kommen wir derart gut bei den Besuchenden der Messe an, dass ich aufgehört habe, zu zählen, wie viele Menschen uns um ein Foto gebeten haben. Und erneut steht eines fest: An keinem Tag im Jahr treffe ich so viele freundliche, glückliche und vor Begeisterung übersprudelnde Menschen wie auf der Leipziger Comic Con.

Die vor Aufregung vibrierende Atmosphäre ist ansteckend. Jede Zelle meines Körpers ist erfüllt von Endorphinen, als wir uns auf dem Hof zwischen Halle 1 und 3 vor eine Imbissbude stellen. Mein

Cosplay verleiht mir Selbstsicherheit. Und die Anwesenheit meiner Freunde und der anderen Kostümierten wirkt wie eine unsichtbare Schutzblase. Es fühlt sich an, als wären wir in unserer eigenen kleinen Welt.

Eine als Gamora verkleidete junge Frau zieht meine Aufmerksamkeit auf sich, als sie mir aus der Ferne mit ihrem Handy zuwinkt.

»*Enterina*«, ruft sie mir zu – und ich brauche einen Moment, um zu begreifen, dass sie meinen Figuren Enter und Gavina einen Shippingname verpasst hat. Offenbar ist sie tatsächlich gerade dabei, meine Geschichte zu lesen.

Meine.

Dankbar lächle ich ihr zu, zeige den Daumen nach oben.

Natürlich ist das nicht die erste Reaktion, die ich zu der Serie erhalte, aber sie persönlich zu hören, aus dem Mund einer vollkommen Fremden … Das fühlt sich seltsam gut an. Ebenso wie die Komplimente zu unseren Cosplays. Besonders C3PO als Kriegerprinzessin und Mats als Echsenmensch sind ein absoluter Eyecatcher. Ich glaube, dass die Leute vor allem von der Chemie zwischen ihnen beeindruckt sind. Doch nur wir wissen, dass, wenn sie ihre Rollen ablegen, die Gefühle bleiben. Fragt sich, wann *sie* es schaffen, sich dies einzugestehen.

Unwillkürlich wandern meine Gedanken zu Ella – ein Thema, das ich seit dem Aufstehen kontinuierlich aus meinem Kosmos verdränge. Und als Lord Nohja, der sich ausschließlich nach seiner verlorenen Heimat sehnt, hat das recht gut funktioniert. Doch von einem Moment auf den anderen bin ich wieder ich: Jonah, der sich nicht nach Heimat, sondern nach einer Person sehnt, die sich wie eine solche anfühlt.

Till, der meinen Gemütsumschwung zu bemerken scheint, stupst mich mit der Schulter an. »Was die können, können wir schon lange«, fordert er mich auf und weist auf unsere beiden Freunde, die für ein Selfie posieren.

»Nun denn, mein Lord«, lasse ich die Ablenkung zu und ziehe mein Handy aus der Innentasche meiner Jacke.

Kurz darauf üben wir uns in albernen Posen, blicken mit erhobener Braue und kotatischem Duckface in die Frontkamera, ehe wir in Gelächter ausbrechen. Plötzlich ploppt eine Benachrichtigung auf meinem Display auf.

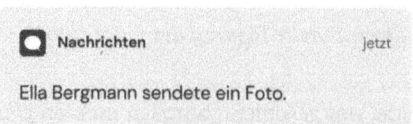

Nachrichten   jetzt

Ella Bergmann sendete ein Foto.

»Du und Ella habt wieder Kontakt?«, fragt Till überrascht.

In meiner Ella-Abstinenz habe ich vermieden, den Dreien von gestern zu erzählen. Von dem Kuss, den Berührungen, dem alles aufwühlenden Treffen in der Skybar.

Ich lasse das Handy, dessen Frontkamera ich gerade noch auf uns ausgerichtet hatte, sinken. »Irgendwie schon«, gestehe ich. Nicht wissend wohin mit meinen Gefühlen.

Vielleicht hätte ich den Morgen doch dazu nutzen sollen, sie einzuweihen. Dann wären mein flatterndes Herz und ich vielleicht besser auf dieses Szenario vorbereitet gewesen. Jedoch hätten sie mir wahrscheinlich Mut zugesprochen, wo besser Vorsicht herrschen sollte. Denn an unserer Situation hat sich nichts verändert. Ella hat vor zwei Wochen deutlich geäußert, dass sie noch nicht bereit ist, sich auf jemanden einzulassen. Und das Debüt von Lalott ist noch immer nicht im Druck; meine Pflichten als Lektor noch immer von enormer Wichtigkeit für den Verlag. Daran ändert auch gestern nichts.

Trotzdem überwältigt mich die Nervosität, als ich mit dem Daumen über ihrer Nachricht schwebe.

»Und was schickt sie dir?«, fragt Till beinahe ebenso aufgeregt.

Ich öffne den Chat, tippe auf das Foto. Sobald es heruntergeladen ist, erhasche ich einen Blick auf eine rote Kriegerprinzessin, die neben einem Echsenmenschen Rücken an Rücken posiert. Unmittelbar neben ihnen ein Indifinit und ein Lord, die albern in eine Kamera lächeln. Mir wird heiß und kalt. Dann erscheint Ellas Nachricht zu dem Bild.

Das sind mit Abstand die coolsten Kostüme, die ich heute entdeckt habe. Sind das abgewandelte Figuren der Guardians?

Bevor ich begreife, was geschieht, höre ich meinen Namen.

»Jonah?« Ella steht nur gute fünf Meter von uns entfernt, einen To-Go-Becher in der einen, das Smartphone in der anderen Hand. Schock, Überraschung, Unglaube. So viel steht in ihrem Blick, als sie mich von oben bis unten mustert.

C3PO aka Gavina reagiert, bevor ich es kann. »Ella!«

Mein Kopf ist leer, vollkommen leer. Die Selbstsicherheit des Indifiniten Nohja in der Xaloph Wüste von Kotatien verschwunden. Plötzlich fühle ich mich, trotz des mehrschichtigen Kostüms, vollkommen entblößt.

»Hi«, höre ich Ella etwas überrascht sagen, ihr Blick noch immer mit meinem verankert. Bis Till mir auf den Rücken klopft und mir ein »Geh schon!« zuraunt.

Wo ich mir gestern Abend unheimliche Kontrolle aufgezwungen habe, gelingt es mir nun nicht einmal, meine Füße halbwegs sicher voranzutreiben. Die Boots wiegen schlagartig zehn Kilo mehr.

Mir wird schlecht.

Mehrmals habe ich mich dagegen entschieden, ihr diesen Teil von mir zu zeigen, und heute laufe ich ihr im Cosplay des Protagonisten meiner eigenen Geschichte über den Weg.

C3PO scheint meine Verzweiflung zu riechen, denn sie ist zur Stelle und hält Ella eine der letzten Postkarten direkt unter die Nase.

»Wow, die Illustration sieht toll aus«, höre ich sie sagen. Ihr Blick jedoch schweift immer wieder irritiert zu mir. Ihre Reaktion ist trotzdem ehrlich, das spüre ich.

»Mats hat sie gezeichnet. Neben dem Architekturstudium sind Graphic Novels seine Leidenschaft. Wenn du dem QR-Code folgst, kannst du die Geschichten von Jonah zu unseren Figuren lesen«, erklärt C3PO stolz und schließt uns mit einer Geste ein.

Ellas Augen verharren auf der Postkarte.

»Rea D. Kurtis«, liest sie laut vor.

Ich räuspere mich, kann mich gerade noch davon abhalten, mir durch das gegelte Haar zu fahren. »Mein Pseudonym«, gebe ich mit rauer Stimme zu und schlucke.

»Das hast du mir nicht erzählt«, stellt Ella fest.

Ich höre Enttäuschung in ihrer Stimme. Weil sie begreift, dass ich mich bewusst dagegen entschieden habe. Jedes Mal, wenn wir darüber gesprochen haben, was uns das Schreiben bedeutet. Sie hat mich erst gestern geküsst, mir all ihre Verzweiflung auf meine Lippen gepresst, mir in diesem Moment so viel offenbart. Ich hingegen habe diese Seite vor ihr verheimlicht.

Anders als die Tatsache, dass ich ihr weisgemacht habe, das gestern wären nicht Mats und Till gewesen, war *das* zumindest keine direkte Lüge.

»Ich habe vermutet, dass ihr Cosplayer seid, aber da du selbst im Anbetracht deiner Kostüme bei dir zu Hause nichts dergleichen gesagt hast ...« Sie presst die Lippen aufeinander. Offenkundig verletzt.

Für C3PO ist es das Stichwort, sich die anderen zu schnappen und sie ein paar Schritte von uns wegzuführen, um uns Privatsphäre zu geben.

Ich weiß nicht, was ich erwarte, als Ella mich erneut scannt; als sie an der Nummer #1803 auf meiner Jacke hängen bleibt, doch mit dem Schmerz, der ihr Lichtblau dimmt, habe ich nicht gerechnet.

»Wenn ich nach Rea D. Kurtis suche, was finde ich dann?« Ihr

Ton trägt plötzlich eine Bitterkeit, die mich verunsichert.

»Verschiedenes«, gebe ich zu und schmecke den seifigen Geschmack der Schminke, sobald ich mir mit der Zunge über die Unterlippe fahre.

Ella mustert mich, noch immer den QR-Code in der Hand; scheint zu warten, ob ich weiterhin schweigen oder ihr erklären möchte, wer hier vor ihr steht.

Ich wähle Zweiteres. Es ist Zeit, ins kalte Wasser zu springen – ich stehe sowieso bereits knietief darin. Wenn ich allerdings reinen Tisch mache, dann richtig – und da gibt es Dinge, die selbst meine besten Freunde nicht wissen. Deshalb senke ich meine Stimme.

»Bei ein paar Projekten habe ich als Co-Autor mitgewirkt und dasselbe Pseudonym verwendet. Du wirst also nicht nur die Science Fiction Serie *Die Erste Ära der Xaloph Wüste* auf *Wrify* finden. Wenn du außerhalb dieser Plattform googelst, führt dich die Suche zu einem Thriller und zwei zeitgenössischen Romanen.«

»Du bist veröffentlichter Autor.« Wieder eine Feststellung, in der etwas mitklingt, das ich nicht fassen kann. Ist es Enttäuschung? Wut? Beides könnte ich verstehen. Ich hatte mehrmals die Gelegenheit dazu, ihr davon zu erzählen, und trotzdem habe ich es nicht getan. Habe sie stattdessen gedrängt, sich *mir* zu öffnen.

»Inoffiziell, ja.«

»Was bedeutet das?«, will sie wissen.

Ich trete ein wenig näher, werfe einen Blick über die Schulter. »Meine Freunde wissen von meinen Geschichten aus Kotatien –«

»Kotatien?«, wiederholt sie fragend.

»Der Planet, von dem wir stammen – also meine Figuren. Die, als die wir heute verkleidet sind. Ist an Kroatien angelehnt, das erste Land, in das wir gemeinsam gereist sind«, erkläre ich viel zu hastig und schüttle den Kopf. »Von den anderen Veröffentlichungen wissen meine Freunde nichts. Also wäre es super, wenn du es für dich behältst.«

Ella runzelt die Stirn. »Wieso? Sie unterstützen dich doch mit Herz und Seele. Immerhin sind sie als deine Figuren verkleidet und verteilen deine Flyer.«

»Eben«, platzt es etwas zu energisch aus mir heraus. »Ich stehe nicht gern im Mittelpunkt. Das liegt mir einfach nicht. Solche Veranstaltungen sind die absolute Ausnahme, danach ist mein Pensum ausgeschöpft. Ich rücke lieber andere ins Rampenlicht, konzentriere mich auf den Prozess der Geschichte und bleibe selbst am Rand. Dort, wo es nicht so blendet. Wenn ich schreibe, dann tue ich das für mich, nicht für andere.«

Der letzte Satz und das leicht verzweifelt klingende Lachen meinerseits sind ein Versuch, diesem Moment ein wenig seiner Schwere zu nehmen, doch Ellas Schultern wirken nicht so, als hätte ich ihr Gewicht abgenommen. Merkwürdigerweise fühlt sich das Gesagte an, als wäre irgendetwas daran nicht wahr. Doch ich kann keinen Finger darauf legen.

»Du kannst besser als alle anderen nachvollziehen, dass Licht auch Schatten mit sich bringt. Ich habe mich dafür entschieden, es gar nicht erst einzuschalten. Mir genügt es, dass diese Geschichten, an denen ich mitgeschrieben habe, irgendwo dort draußen sind und ein paar Menschen erreichen.«

»Dein Kostüm sagt aber etwas anderes,« widerspricht Ella, kitzelt etwas in mir, doch ich schiebe es beiseite.

»Im Cosplay kannst du für einen Tag sein, wer du willst. Dein richtiges Ich einfach hinter dir lassen, Ängste in Stärken wandeln und deine Komfortzone erweitern. Auch wenn wir heute diese Postkarten verteilen, bin ich als Nohja und nicht als Rea D. Kurtis hier. Und heute Abend, nachdem ich mir eine Stunde lang die Farbe aus dem Gesicht gewaschen habe, werde ich wieder Jonah sein.« Ich atme tief durch. »Und der flüchtet nach Kotatien, wenn die reale Welt ihm nicht genügend Platz zum Atmen bietet. Das ist mein Safespace.«

Dass mein letzter Satz sie trifft, sehe ich in ihren Augen, die sie erst weitet, dann schließt und schließlich von mir nimmt. Heute habe ich Kotatien auf die LBM geholt und sie *bewusst* nicht eingeladen; aus meinem Safespace ausgesperrt. Etwas, das ich eigentlich gar nicht wollte, ich hatte nur …

»Ich habe –«, beginnt sie, bricht aber ab. »Dass ich dir offenbar deine Luft genommen habe, tut mir leid, Jonah.«

»Scheiße, Ella, nein …« Mir fehlen die Worte und gleichzeitig würde ich die gesagten gern zurücknehmen. Ich will sie nicht aussperren. Ich will sie *näher*. Will sie verflucht noch mal überall, und gleichzeitig fürchte ich mich davor.

Meine Hand greift nach ihrer, obwohl ich nicht weiß, an welchem Punkt wir uns gerade befinden. Doch bevor ich mich davon abhalten kann, stehe ich ebenso nah bei ihr wie gestern im Fahrstuhl.

»Ich bin einfach unsicher, okay? Das alles hier: die Messe, Rea D. Kurtis, du … Nichts davon kann ich aktuell einordnen.«

Wie sie mir gedankt hat, dass ich sie nicht von mir gestoßen habe, kommt mir in den Sinn. Als wäre ich überhaupt imstande dazu! Ich schaffe es ja nicht mal, Abstand zu ihr zu wahren.

»Deine Worte im Pub hallen noch zu laut in mir nach, sie fühlen sich viel zu frisch an, als dass ich sie vergessen könnte. Ich kann mich nicht fallen lassen, wenn ich nicht weiß, ob da Boden unter meinen Füßen ist.«

Ihr Daumen streicht zart über meine Hand, stoppt dann sofort, als wäre ihr aufgefallen, was sie da tut. Was wir hier tun. *Erneut.* Dann blicken ihre großen Augen direkt in meine. Und irgendwas darin wirkt wie loslassen.

Die Frage ist, *was* sie loslässt.

»Seit diesem Abend im Pub habe auch ich das Gefühl, als würde ich kontinuierlich die Luft anhalten.«

»Und wie … Wie ist es jetzt?« Ich kann kaum atmen vor Angst, auch nur eine Regung zu verpassen. »Wie ist es in genau diesem

Moment?«

Zwar sieht sie nun zu Boden, doch ihre Antwort ist so überdeutlich, dass ich nicht anders kann, als echte Hoffnung zu empfinden.

Ihr Daumen nimmt die Bewegung wieder auf. Zieht Kreise über meine Haut. Zieht Linien über beschlagene Scheiben. »Besser.«

Wer Schwerter fürchtete, aber Worte belächelte, der hatte noch nie am eigenen Leib erfahren, wie schnell eine Schlagzeile eine Freundschaft in Fetzen reißen konnte. Aber als Nohja auf der Anzeigetafel an der Ecke zum Bastards Welcome über sein eigenes Bild stolperte, traf es ihn wie ein Schlag: »Der Held der Planetennationen – die letzte Chance auf Rettung der Galáteani?«

Er hatte gar nicht bemerkt, wann er seine Waffe gezogen und sie auf das Gesicht auf der Anzeigetafel gerichtet hatte. Sein Gesicht. Das eine Sekunde später zersprang.
(...)

Kapitel 29

»Ella kommt doch, oder?«, fragt C3PO bereits zum dritten Mal.

Langsam bezweifle ich ebenfalls, ob Ella der spontanen Einladung meiner Freundin nachkommt. Sie hat gestern auf der Messe ein wenig überrumpelt gewirkt, als Giulia keine andere Antwort als *Ja* geduldet hat. Wer kann die Frage »Du kommst doch zu meiner Geburtstagsfeier morgen, nicht wahr?« schon ablehnen?

Ellas erhobenen Brauen nach zu urteilen, ist sie genauso überrascht wie ich über ihr »Aber klar!« gewesen – und über die überglückliche Kriegerprinzessin, die ihr in der nächsten Sekunde um den Hals gefallen ist.

»Sie wird es nicht vergessen haben«, beruhige ich sie, bin aber kurz davor, Ella zu schreiben, dass sie sich nicht stressen soll, wenn sie doch nicht kommen kann. Immerhin feiert meine beste Freundin an einem Montag in ihren siebenundzwanzigsten Geburtstag hinein – und das am selben Tag unserer Rückkehr aus Leipzig.

Man könnte annehmen, dass es eine ruhige Veranstaltung wird. An einem Abend im C.Keller, der Musikbar unseres Vertrauens, ist jedoch alles möglich.

Deshalb hat Mats seine Mitstudierenden gebeten, ihm die Notizen der Vorlesungen zu schicken, die er morgen definitiv verpassen wird. Selbst Till hat, so wie ich, einen Tag Urlaub eingereicht und Sam bei seiner Mutter nächtigen lassen. Auch er ist noch nicht hier, wird aber vermutlich jeden Augenblick auftauchen.

»Alter, das Bier kann auch nichts dafür«, ermahnt mich Mats und richtet die Flasche in meiner Hand wieder auf. Während ich mich nach Ella umgesehen habe, ist sie offenbar in eine gefährliche Schräglage geraten.

Ich habe noch nicht einen Schluck getrunken, bin viel zu nervös, vor allem nach dem, was auf der LBM passiert ist.

Wir hatten uns nach der kurzen Begegnung auf dem Innenhof zwischen den Hallen verabschiedet – denn im Gegensatz zu mir ist Ella nicht als Besucherin vor Ort gewesen –, und sind uns im Hotel auch nicht mehr über den Weg gelaufen. Trotzdem wirbeln sämtliche gemeinsame Momente von der Messe beinahe stetig in meinem Kopf – und vermutlich auch in ihrem.

»Wieso sind wir eigentlich immer zu früh?« Mats ist kein ungeduldiger Mensch, aber zwanzig Minuten zu warten, weil C3PO uns angetrieben hat wie eine Maschine, sind auch für ihn eine Qual.

Ungeduldig starre ich auf die Stadtnachbildung, die knappe fünf Meter vom Eingang des C.Kellers entfernt liegt und nicht nur Touristen hilft, sich einen Überblick über die hiesigen Straßen zu verschaffen. Vor allem wurde sie als Tastmodell für sehbehinderte Menschen konzipiert. So können Entfernungen, Höhenunterschiede und die Anordnung des Straßen- und Gassennetzes der Innenstadt mit Fingerkuppen erforscht werden.

Ich nehme einen großen Schluck Bier, um das sinnlose Infodumping in meinem Kopf zu stoppen, und wünsche mir, dass Ella gerade durch eine dieser Gassen läuft.

»Da sind sie ja!«, quietscht C3PO plötzlich und stürmt im nächsten Moment los.

Ich drehe mich um und kann die Erleichterung nicht eine Sekunde zurückhalten, denn neben unserem hochgewachsenen Kumpel Till läuft Ella auf uns zu, die just von meiner besten Freundin in die Arme geschlossen wird. Mir scheint, als habe C3PO sie nicht nur fast von den Füßen, sondern auch aus einem tiefen

Gespräch gerissen. Der Ausdruck der beiden wirkte im ersten Augenblick ernst. So wie der Blick, mit dem Till mich bedenkt, bevor wir uns zu einem Handschlag treffen.

»Alles okay?«, frage ich.

Mein Kumpel nickt, doch mir entgeht nicht, dass er mich dabei nicht ansieht. Worüber haben die beiden gesprochen?

»Hi«, begrüßt mich Ella mit samtiger Stimme und jeder andere Gedanke verfliegt. Da ist nur noch sie, die hier ist, um den Abend mit meinen Freunden und mir zu verbringen.

»Hey«, antworte ich, beuge mich ein Stück zu ihr hinunter und umarme sie. Am liebsten würde ich es weit in die Länge ziehen, doch die neugierigen Blicke meiner Freunde machen mich derart nervös, dass ich es bei einem kurzen, aber festem Drücker belasse.

»Na dann«, eröffnet C3PO den Abend. »Lasst uns endlich loslegen!«

Sobald wir das Gebäude betreten, schaut Ella sich mit großen Augen in dem verwinkelten Gemäuer um, das von außen kaum verrät, welch kulturelles Spektakel es birgt. Sie hat gestern zugegeben, dass sie noch nie hier gewesen ist, was einem Verbrechen gleicht, wenn man in Weimar lebt. Während im Keller des Gebäudes eine Bar mit wild gemischtem Mobiliar verschiedensten Bands und DJs eine Bühne bietet, befindet sich im ersten Geschoss sowohl ein Restaurant als auch eine Ausstellung. Ein Ort, der Kunst jeglicher Art und Herkunft miteinander vereint. Vielleicht kann ich es genau deshalb kaum erwarten, ihn ihr zu zeigen. Neben all den geschichtsträchtigen Spots, die Ella an Weimar liebt, hat sie keine Ahnung, was sie hier erwartet.

Oben angekommen lege ich automatisch eine Hand auf ihren Rücken und führe sie den Flur entlang, der auf die Galerie zuläuft. Obwohl das Ziel der Gastraum zur Linken ist, wundert es mich nicht, dass Ella von den Ausstellungsstücken magisch angezogen wird. Im Türrahmen bleibt sie andächtig stehen.

Der ungefähr zwanzig Quadratmeter große Raum mit dem alten Parkett bildet den perfekten Kontrast zu den abstrakten Fotografien, die aktuell an den schiefen Wänden hängen. Das Gebäude trägt ebenso viel Geschichte in sich wie die Bilder der Künstlerin.

»Du kannst ruhig reingehen«, ermutige ich sie.

Gespannt beobachte ich, wie Ella die kostenfreie Ausstellung betritt. Im zweiten länglichen Raum, der an den ersten anschließt, entdeckt sie weitere Exponate, betrachtet sie mit Ehrfurcht und Neugier. Die Art, wie Kunstschaffende Kunst betrachten, ist immer etwas Besonderes. Als dürstete es kreativen Menschen nach Eindrücken und Denkanstößen, nach gleichgesinnten Seelen, die die Welt aus anderen Winkeln sehen.

»Und das ist der C.Keller?«, vermutet sie, woraufhin passenderweise, aber völlig unabhängig von Ellas Frage C3POs Lachen von nebenan ertönt. Sie hat sich mit Till und Mats bereits einen Tisch am Fenster gesichert und imitiert mit tiefer Stimme ihren Vater. Sicher hat er wie jedes Jahr verzweifelt versucht, einen Tipp für ein sinnvolles Geburtstagsgeschenk aus seiner Tochter herauszuquetschen. Ein unmögliches Unterfangen.

»Nein, der ist wortwörtlich im Keller dieses Gebäudes. Das ganze Haus befindet sich in den Händen eines Vereins, wovon der C.Keller ein Teil ist. Es ist ein Zusammenschluss aus Menschen, die sich für die Weimarer Kulturszene einsetzen. Das LAURA ADAMA, in dem wir uns jetzt mit dem besten Soul Food überhaupt verwöhnen werden, teilt sich diese Etage hier zum Beispiel mit der Galerie.«

Mein Blick wandert zu Ellas Mundwinkeln, die sich für eine Millisekunde heben; bleibt an dem beerigen Ton ihres Lippenstifts hängen. Ich schlucke, richte den Blick auf meine Sneaker, weil ich sie keine Sekunde länger betrachten kann, ohne sie zu küssen.

Ich räuspere mich, versuche, den Gedanken aus meinem Kopf zu verbannen, und sage: »Wenn du heute lang genug durchhältst, wirst du alle Seiten dieses Gebäudes kennenlernen – auf allen Ebenen.«

Dann mache ich den Fehler, sie wieder anzusehen.

In Ellas Augen funkelt eine Herausforderung, die einen Schauder über meinen Körper jagt, ehe sie antwortet: »Solange du sie mir zeigst.«

Mein Mund öffnet sich und –

»Jonah! Wenn wir nicht gleich bestellen, verhungere ich«, ruft C3PO, die mit stampfenden Schritten in die Galerie platzt und hinzufügt: »Jetzt kommt, ihr Turteltauben. Anschmachten könnt ihr euch später noch!«

Ich werfe meiner besten Freundin einen mahnenden Blick zu.

»Wie du mir, so ich dir, Reed«, kontert diese lapidar und dreht sich wieder um.

Als ich mich mit erhitztem Gesicht Ella zuwende, sagt sie mit einem verschmitzten Lächeln, das an meiner Selbstbeherrschung zerrt: »Sie hat nicht ganz unrecht, weißt du?«

* * *

Um keine der Westafrikanischen Köstlichkeiten zu verpassen, bestellen wir ein Sammelsurium aus Vor- und Hauptspeisen und stellen sie zum Teilen in die Mitte; essen uns lachend und scherzend durch die mit Herz gekochten Gerichte. Ich liebe dieses Restaurant. Nicht nur die lockere Atmosphäre, die sich durch den Mix von Stühlen und Sofas fast nach Zuhause anfühlt, sondern auch das herausragende Essen.

»Das ist mit Abstand das Beste, das ich seit langem gekostet habe«, schwärmt Ella und schiebt sich eine gehäufte Gabel des fluffigen Couscous' in den Mund. »Ich hätte niemals gedacht, dass mir das Gericht mit Essig am besten schmecken würde.«

»Das ist auch Jonahs Favorit«, betont meine beste Freundin schalkhaft. Wenn wir nicht in ihren Geburtstag hineinfeiern würden, würde ich unter dem Tisch gegen ihr Schienbein treten.

Aber das Schicksal hat mir andere Möglichkeiten aufgezeigt.

»Mats? Hast du eigentlich ein neues Sofa?«, frage ich beiläufig.

Mein Kumpel, der Ella gegenübersitzt, hält mit der Gabel in der Luft inne und runzelt die Stirn. »Ehm, ne. Wieso?«

»Weil C3PO schon derart lange bei dir übernachtet, ohne sich zu beschweren – das kann nur an einem neuen Sofa liegen. Oder an deinem *Charme*.« Wir alle wissen, dass sich Mats' Flirtkünste auf wenige Momente beschränken, in denen ihm nicht bewusst ist, dass er es tut. Vor allem, wenn es um C3PO geht.

Für einen Wimpernschlag herrscht Stille. Ich habe etwas Verbotenes getan und den Elefanten im Raum einfach angesprochen.

»Mats, der Charmeur!« Till kann nicht mehr an sich halten; lacht lauthals, ehe er sich dabei verschluckt, woraufhin auch ich dem Lachkrampf nachgebe, während Mats unserem Kumpel auf den Rücken haut.

Dieser kann sich aber offenbar nicht entscheiden, ob er husten oder lachen soll. Fest steht, dass mit Tills Damm auch die Schüchternheit zwischen unseren Turteltauben gebrochen scheint. Während wir einander beinahe ununterbrochen aufziehen, rutschen die beiden immer näher zusammen. Aus verstohlenen Blicken werden tiefe, und irgendwann hören wir damit auf, die Spannung zwischen den beiden zu kommentieren.

»Das schreit nach einer finalen Runde Makeni Mules!« C3PO ordert einen der Signature Cocktails des Restaurants mit Ingwersaft und Karakara für uns alle, der uns kurze Zeit später von innen wärmt.

Das Prickeln in meinem Bauch aber hat eine ganz andere Ursache. Ella und ihre beiläufigen Berührungen steigern es bis ins Unerträgliche. Ihr Knie streift meines unter dem Tisch; sie stupst mich mit der Schulter im Gespräch an und diese Augen ... Immer wieder diese Augen. Sie sind zu viel und gleichzeitig kann ich nicht genug davon bekommen. Daher bleibe ich, nachdem ich von der

Toilette und dem heimlichen Bezahlvorgang an der Theke zurückkehre, den C3PO niemals zugelassen hätte, hinter Ella stehen.

»Wie sieht es aus, sollen wir nach unten gehen?« Meine Finger
streichen wie beiläufig über Ellas Rücken. Und ich bilde mir ein, eine
Gänsehaut auf ihrem freien Unterarm zu entdecken.

Mats und C3PO, die sich in die weichen Kissen des Sofas auf der
gegenüberliegenden Seite des Tisches gelehnt haben, machen nicht
den Eindruck, als würden sie so schnell wieder hochkommen. Erst
recht nicht, wenn wir ihnen mehr Zeit geben, darin – oder ineinander – zu versinken. Zwischen die beiden passt kaum ein Blatt Papier.

Ich schmunzle in mich hinein.

Till schnippt gegen sein leeres Glas. »Ich wäre soweit. Für die
beiden brauchen wir vielleicht einen Kran«, fügt er hinzu und weist
mit dem Daumen neben sich.

Die zwei sind so vertieft in ihr Gespräch und in die Augen des
jeweils anderen, dass sie unsere Aufbruchstimmung gar nicht wahrnehmen. Ich bin mir sicher, dass spätestens Leipzig etwas zwischen
ihnen verändert hat. Ebenso wie sich dort etwas zwischen Ella und
mir verändert hat – was auch immer. Zwischen uns liegt trotz allem
eine Vorsicht in der Luft, die unsere gesetzten Grenzen lauter
schreien lässt. Nur schreien wir dieses Mal irgendwie zurück, statt
klein beizugeben.

»Hey Geburtstagskind!«, rufe ich meiner besten Freundin zu. »In
zehn Minuten schmeißen uns Laura oder Mo aus dem Laden.«

»Erzähl meinen Gästen nicht so einen Quatsch, Jonah«, ermahnt
mich die Namensgeberin des Restaurants, die gerade in den Gastraum tritt. Neben ihr taucht ebenso überraschend der Betreiber und
ihr Vater, besser bekannt als Mister Mo, auf.

»War alles in Ordnung bei euch?«, möchte er wissen.

»Alles war einfach großartig! Danke«, erwidert Ella, lehnt sich
nach hinten und dadurch – bewusst oder unbewusst – gegen meine
immer noch währende Berührung.

»Wir gehen noch nach unten in meinen Geburtstag reinfeiern. Wie sind eure Pläne für heute Abend?«, richtet C3PO ihre Frage an Laura, die ihre Braids nach hinten streift, um die Teller einzusammeln, ihr Vater übernimmt die Gläser, während wir unsere Jacken zusammenklauben.

»Wir machen hier erst mal klar Schiff, dann lassen wir den Abend hinten ausklingen. Wenn es euch unten zu voll wird, wisst ihr ja, wo sich der Insider-Aufgang befindet.«, antwortet sie verschwörerisch.

»Das tun wir«, lacht Till, ehe wir uns auf den Weg nach unten begeben.

Als wir die letzten unregelmäßigen Stufen des Kellers erreichen, biete ich Ella meine Hand an. Die Selbstverständlichkeit, mit der sie sie nimmt, katapultiert mein Selbstbewusstsein und mein Herz in eine andere Sphäre, von der ich mir sicher bin, dass sie mir heute Abend zum Verhängnis werden könnte.

Der fensterlose Raum und die von rustikalen Bierbänken gerahmte Tanzfläche mag nicht jedermanns Vorstellung einer Bar entsprechen. Doch Ella verzieht keine Miene, als wir uns auf die wackeligen Hocker um den bekritzelten Rundtisch setzen.

Es dauert nur wenige Sekunden, bis meine beste Freundin sich theatralisch Luft zufächelt. »Hier ist es furchtbar stickig. Jonah, kannst du etwas dagegen tun?«

»Selbstverständlich!«, antworte ich und salutiere vor der Kriegerprinzessin.

An Tagen wie heute sehe ich mehr Gavina Avolan in ihr denn je. Viel zu selten macht C3PO ihre Wünsche wirklich zu ihrer Priorität. Ihr Couchsurferin-Dasein mag den Anschein erwecken, dass sie stets tut, wonach ihr der Sinn steht, doch hinter der lockeren Fassade steckt eine Frau, die sich mehr als jeder meiner Freunde nach Beständigkeit sehnt – und zeitgleich unheimliche Angst davor hat.

Ich beuge mich zu Ella, die neben mir Platz genommen hat. »Willst du auch Luft holen?«

»Wir sind doch gerade erst gekommen«, entgegnet sie leicht irritiert.

Ihre Verwunderung ist wirklich süß, doch sie versteht nicht, was meine eigentliche Mission ist. Ich beuge mich näher zu ihr, bringe meine Lippen an ihr Ohr. »Eigentlich geht es lediglich um eine Runde *Berliner Luft*. Aber wenn du wirklich mal hier raus musst, sag Bescheid.«

Ihre Lippen formen ein »Oh!«

»Es ist okay, wenn du keinen Schnaps möchtest, immerhin ist Montag und –«

Ella unterbricht mich, dreht ihren Kopf und hält so nahe vor meinem Gesicht inne, dass ich ihre Worte nicht nur hören, sondern beinahe schmecken kann. »Ich nehme gern einen.«

Ihr Lichtblau sieht praktisch in mich hinein, als sie ein »Danke« ergänzt, und irgendwie fühlt es sich nicht so an, als würde sie sich nur für den Drink bedanken …

Nachdem ich mich mit aller Kraft von Ella losgerissen und das Plateau erklommen habe, auf dem sich die Bar befindet, hole ich uns noch vier weitere Male ein Pinnchen Luft. Dabei fällt jeder Gang zur Bar schwerer, denn die Erhöhung, die ungefähr drei Treppenstufen in einer entspricht, ist unter Alkoholeinfluss nur bedingt unfallfrei zu überwinden.

»Erinnerst ihr euch noch daran, wie Paul damals auf die Tanzfläche gestürzt ist?«, ruft Till über den Lärm hinweg, als ich schwankend am Tisch ankomme.

»Die Bar ist noch nie so mucksmäuschenstill gewesen. Ich dachte wirklich, dein Bruder hat sich den Hals gebrochen.«

Als wären Mats' Worte die witzigsten des Abends, lacht Till laut auf und kriegt sich kaum wieder ein. Und Ella, nun, sie strahlt bei seinem Anblick und stimmt mit ein. Es tut unheimlich gut, zu sehen, wie großartig sich die beiden verstehen.

Die Jazz Band treibt indes die Stimmung und die Temperatur im

C.Keller auf den Höhepunkt. Der Raum ist erfüllt von tanzenden und lachenden Menschen, ebenso wie mein Herz.

Der Geburtstag meiner besten Freundin rückt immer näher, weshalb ich um kurz vor zwölf die Pause zwischen zwei Songs nutze und die Band frage, ob sie ein improvisiertes Geburtstagsständchen spielen könnten. Ich erhalte zwar nur ein verhaltenes Nicken, doch ich hoffe auf das Beste.

Die Uhrzeit auf meinem Handy im Auge behaltend, sauge ich den Moment mit meinen Freunden, die ausgelassene Stimmung und alles, was die letzten Tage passiert ist, in mich auf. Obwohl mir viele der Gefühle, die mich erfüllen, Angst machen, bade ich regelrecht in ihnen. Fühle mich trotz aller Risiken und einem Herz, das ich zu verlieren habe, lebendig. Und wenn ich mir Ella so ansehe, wie sie mit meiner besten Freundin zwischen den Kritzeleien des Tisches scherzhaft nach Antworten auf die wichtigsten Fragen der Menschheit sucht, dann glaube ich, dass sie sich auch so fühlt. Vielleicht schaffen wir es gemeinsam, der Furcht und den Hürden zwischen uns die Stirn zu bieten.

»Zehn«, ruft Till plötzlich und springt auf. »Neun, acht, sieben ...«

Immer mehr Menschen stimmen mit ein, obwohl wir nur einen Bruchteil der Leute hier kennen, und nach der »Eins« springen wir alle auf, stimmen mit der Band zusammen ein furchtbar schiefes *Happy Birthday* an.

Erst als das Lied endet, lösen wir unseren Kreis, den wir um das peinlich berührte Geburtstagskind gebildet haben, und säuseln ihr Nettigkeiten ins Ohr, die sie erröten lassen.

»Danke für alles, Giulia. Ich hoffe, das nächste Lebensjahr wird dir alles Glück der Welt bringen.«

C3PO sieht mich mit Tränen in den Augen an, dann trete ich beiseite und registriere, dass nur noch Mats in der Reihe der Gratulanten übrig geblieben ist.

Obwohl wir uns alle bemühen, geschäftig zu tun, kann ich mich nicht davon abhalten, ihn dabei zu beobachten, wie er schüchtern auf C3PO zutritt und etwas Zerknittertes aus seiner Hosentasche zieht. Zögerlich überreicht er es meiner besten Freundin, die sowohl überfordert als auch gerührt nach dem Zettel greift. Die Hände in seiner Gesäßtasche verschwindend wippt er auf den Füßen vor und zurück, während er irgendetwas zu erklären scheint. Vermutlich versucht er, seine Hände davon abzuhalten, etwas Dummes zu tun. Und als C3PO zu ihm aufblickt, sehe ich Unglaube in ihrem Gesicht. Sie sucht nach etwas in ihrem Gegenüber – und findet es.

Ich könnte schwören, die Zeit steht still.

Eine Sekunde. Zwei. Drei vergehen, bis C3PO einen entschlossenen Schritt auf ihn zugeht.

Ich halte den Atem an.

Niemand bewegt sich, erst recht nicht Mats, als Giulia die letzten Zentimeter überbrückt und ihn küsst.

Meine beste Freundin *küsst* meinen besten Freund auf der Tanzfläche des C.Kellers.

Ich kann mich nicht davon abhalten, zu jubeln, während sich die Hände von Mats vollkommen erschrocken aus seinen Gesäßtaschen heben und für fünf unendliche Sekunden in der Luft schweben. Erst als C3PO wieder einen Schritt zurückmacht, scheint er zu begreifen, was gerade passiert ist. Ich befürchte schon, er könnte alles versauen, doch da überbrückt er die Distanz seinerseits, umfasst C3POs Gesicht und drückt seine Lippen auf ihre.

Nun lässt auch Till einen Pfiff ertönen und Ella, die ebenso gebannt zu den beiden herübersieht, klatscht in die Hände.

Der C.Keller bebt. Der Beginn einer unvergesslichen Nacht. Vier tiefe alkoholisierte Atemzüge später ist die Bar von so viel Qualm erfüllt, dass man kaum noch bis zur Theke sehen kann. Der perfekte Zeitpunkt, an dem das Geburtstagskind beschließt, Ella zu zeigen, wo man den besten Absacker der Stadt bekommt.

Wir folgen C3PO zu einer versteckten Wendeltreppe. Sie führt uns direkt in den rechten Flügel und den Barbereich des LAURA ADAMA, wo uns die Namensgeberin mit offenen Armen empfängt. Gemeinsam mit ihren Freunden, dem Personal des um diese Uhrzeit bereits geschlossenen Restaurants und ihrem Vater stoßen wir nur wenige Minuten später auf den Geburtstag von C3PO an.

»Ist es okay, dass wir hier sind?«, will Ella wissen.

»Da C3PO und Laura gemeinsam zur Schule gegangen sind, macht sie für ihre ehemalige Klassenkameradin hin und wieder eine Ausnahme«, erkläre ich.

»Das ist verrückt«, sprudelt es aus Ella heraus, nachdem wir so viele Stühle herangeschleppt haben, dass alle um den großen Tisch vor der Terrasse Platz finden. Überall entwickeln sich ausgelassene Gespräche. »Alle sind so offen und interessiert. Was ist das hier nur für ein Ort?«

»Weimar«, antworte ich schlicht und kann mich nur schwer davon abhalten, Ella ihr Lächeln von den Lippen zu stehlen.

Dass Laura sie kurz darauf in ein Gespräch verwickelt, ist meine Rettung. Gebannt lausche ich den beiden, wie sie vom Verein, der das Geschehen auf allen Etagen miteinander vereint, über Lyrik bis hin zur Musik finden. Der Respekt füreinander und die Kunst der jeweils anderen ist so fesselnd, dass ich ihnen einfach gern zuhöre.

Wieder beobachte ich Ella dabei, wie sie die Kreativität einer anderen Künstlerin in sich aufsaugt, während Laura ihr kürzlich erschienenes Lied *Weimar* vorspielt. Die Konversation zwischen zwei Frauen, die ihr Herz und ihre Seele in ihrer individuellen Kunst teilen, ist so spannend, dass ich mein Handy verfluche, als es in meiner Hosentasche vibriert und mich unsanft aus dem Moment reißt. Ich will nur einen beiläufigen Blick darauf werfen, doch als ich die Ausrufezeichen hinter Haros kurzer Nachricht entdecke, stocke ich.

Wenn er sich derart spät meldet, muss es dringend sein, daher öffne ich den Link, den er mir gesendet hat, und erstarre.

DAS GEHEIMNIS HINTER
LALOTTS GEDICHTEN

Was zum Teufel?

Ich starre den Artikel an, der scheinbar vor Stunden online gegangen ist, und mir dreht sich schon nach den ersten Zeilen der Magen um. Die Behauptungen, die bereits zu Beginn aufgestellt werden, sind haarsträubend. Doch vor allem der letzte Part des Artikels ist es, den ich doppelt und dreifach lese.

Weiterhin veröffentlicht die Weimarerin Gedichte, die den jungen Mann, mit dem sie von 2017 bis 2023 eine Beziehung führte, in ein derart falsches Licht rücken, dass er nicht nur seinen Job verloren hat, sondern sich vor allem vor ihren gewaltbereiten Fans fürchten muss. Jegliche Gesprächsversuche mit Lalott verliefen im Nichts. Dem Geschädigten wurde mit einem Vergleich von Seiten der Autorin sogar Schweigegeld angeboten, um die Auswirkungen ihrer Texte unter den Tisch zu kehren.

Auch nach einem Schreiben seines Anwalts scheint die Lyrikerin die Grenzen ihres Expartners zu missachten: Während der Leipziger Buchmesse erschien ein neuer Post, durch den sie ihre Community dazu antrieb, Aaron Fiedler aufzulauern. Zwei Fans nahmen dies ernst und fügten dem 26-Jährigen eine Platzwunde zu. Alles im Namen einer jungen Frau, die laut vergangenen Medienauftritten mit ihren Gedichten anderen Menschen in schweren Stunden helfen will. Durch die jüngsten Vorkommnisse wird dies jedoch insbesondere von Fiedler-Sympathisanten hinterfragt. Ein Kommentar unter einem Lalott-Post lautet: »Fügst du anderen Leid zu, damit du dein eigenes vergessen kannst?«

Auf ein Statement lässt die junge Poetin warten.

»Ella?«, sage ich, kann nicht anders, als ihr mein Smartphone vor die Nase zu halten. »Sieh dir das an.«

Sie greift nach dem Telefon, überfliegt die Headline mit geweiteten Augen. Ellas Instagramprofil muss explodieren, doch ich habe sie heute nicht auf ihr Handy schauen sehen. Bin mir nicht sicher, ob sie es überhaupt dabeihat. Denn nicht einmal jetzt, wo sie die Zeilen liest, die sie als zur Gewalt anstachelnden Person darstellen, holt sie es hervor. Sie starrt nur; starrt vor sich hin.

»Wir sollten Haro anrufen, der Verlag und deine Agentur müssen umgehend dafür sorgen, dass diese Lügen aus dem Netz verschwinden.«

»Ist alles in Ordnung?«, höre ich erst Laura fragen, dann meine Freunde. Einer nach dem anderen sagt unsere Namen. Doch ich weiß nicht, was ich erwidern soll. Ella scheint zu Eis gefroren und auch in meinen Adern hat sich Kälte festgesetzt.

Das ist nicht gut. Das ist absolut beschissen. Dieser Artikel wird das Projekt torpedieren, die Presse wird sich auf sie stürzen – und auf den Verlag.

Ohne weiter darüber nachzudenken, nehme ich das Handy wieder an mich und Ella an der Hand; helfe ihr auf die zittrig wirkenden Beine. »Keine Sorge, wir bekommen das hin. Wir rufen erst mal Haro an.«

Ich geleite sie durch den dunklen Flur, der zum Gastraum führt. Till ruft uns etwas hinterher, doch in meinem Kopf rauscht es so laut, dass ich seine Worte nicht greifen kann.

»Wir müssen gehen, tut mir leid!« ist alles, was ich herausbekomme, ziehe Ella die Treppe Richtung Ausgang hinunter. Ihre Hand bebt und auch mein Atem geht schnell. Wir sind schon fast draußen, da hält Ella plötzlich inne.

»Jonah, warte.«

Doch ich dirigiere sie weiter; bleibe erst stehen, als wir die Tür aufgestoßen und ein paar Raucher passiert haben, ebenso wie die bronzene Stadtnachbildung. Dann drehe mich zu ihr um; verstehe nicht, worauf sie warten will, weil wir vermutlich bereits viel zu spät sind, um schwerwiegende Imageschäden zu verhindern. Ihre Agentin muss augenblicklich Schadensbegrenzung betreiben.

Mein Daumen entsperrt das Display, schwebt kurz darauf bereits über Haros Nummer.

»Jonah –«

»Haro wird wissen, was zu tun ist. Vertrau mir, wenn ich dir sage, dass niemand Besseres in dieser Situation an unserer Seite stehen könnte.« Ich bin entschlossen, ihr in dieser Sache beizustehen. Sie dazu anzutreiben, für sich einzustehen.

Als hätte er meine Worte vernommen, leuchtet Haros Kontakt auf meinem Handy auf und ich will den Anruf gerade entgegennehmen, als mich ihr »Jonah, stopp!« aufsehen lässt. Sie *ansehen* lässt. Und die Schuld, die mir wie ein Sturm entgegenschlägt, sorgt dafür, dass ich ihre Hand los- und das Telefon sinken lasse.

Nur eine Frage stürmt meinen Kopf: »Was ist hier los?«

Kapitel 30

Seine Frage hallt ebenso laut in mir wider wie die Worte des Artikels, die mich als genau die schäbige Person darstellen, die ich durch mein Nichtstun geworden bin.

Kaiko hatte doch behauptet, alles im Griff zu haben. Sie und Hanka haben sich doch darum gekümmert. Wie konnte die Situation derart eskalieren? Allein die Vorstellung, was Aaron zugestoßen ist … Es schnürt mir dermaßen die Kehle zu, dass ich nicht atmen kann.

Er wurde angegriffen. *Angegriffen.* Wegen eines Postings auf *meinem* Profil.

Meine Social Media Accounts sind derart explodiert über die Messetage, dass ich keinen Überblick habe. Ich kenne nicht einmal die Posts, die über das Wochenende rausgegangen sind – lediglich die Story gestern habe ich selbst verfasst, um den Rest hat Kaiko sich gekümmert, weil ich auf der Messe andere Prioritäten hatte. Und die Angst, mein Handy aus meiner Tasche zu fischen, ist derart riesig, dass mir schlecht wird und ich es einfach nicht tun kann.

Mir ist heiß und kalt. Ich zittere am ganzen Körper.

»Ella, was ist hier los?«, wiederholt Jonah, doch seine Worte kommen kaum bei mir an. Zu viel geht in mir vor; zu viel Schuld drückt mich gen Erdkern.

Unter diesen Umständen kann ich Aaron nicht einmal verübeln, auf die Redaktion zugegangen zu sein, selbst wenn nicht jedes Wort des Artikels stimmt. Ich werde allerdings nicht so kleinlich sein, ihn Lügen zu strafen, wenn der Kern der Aussagen wahr ist: Ich habe nach Aarons Versuch, die Dinge zu klären, nichts unternommen. Habe die Verantwortung dessen meiner Agentur überlassen – trotz allem, was ich versprochen habe.

»Ich ... weiß es nicht«, stammle ich. »Aaron und meine Beziehung war ... Wir haben so viel verloren. *Das* ist der Schmerz in meinen Gedichten. Alles lief aus dem Ruder. Ich habe es zuerst gar nicht mitbekommen, aber Hanka und Kaiko waren da und wollten ... Wir hatten doch alles im Griff!«

Ich habe das Gefühl, dass keines meiner Worte Sinn macht und Jonah viel zu wenig weiß, um mir nur annähernd folgen zu können. Das verrät auch sein Gesichtsausdruck, während er einen Schritt nach hinten tritt.

Nach Hilfe suchend blicke ich auf den spärlich beleuchteten Marktplatz Weimars; hoffe, dass ich etwas finde, das mir Halt gibt, doch das Zittern meiner Beine ist endlos.

»Ich brauche mehr«, fordert Jonah bloß.

Dieses Mal bin ich diejenige, die nach seiner Hand greift, doch sie liegt starr in meiner, sodass ich von der Berührung ablasse. »Wir haben uns zusammengesetzt und ich dachte, es wäre alles ... in Ordnung. Du musst mir glauben, ich wollte ihn niemals in eine solche Lage bringen, sondern einzig und allein meinen Schmerz ausdrücken. Ebenso wie meine Angst, meine Wut, diese verdammte Ungerechtigkeit, die ich in mir getragen habe.«

Jonah schüttelt vollkommen fassungslos den Kopf. »Also ist es wahr? Du wusstest, dass er bedroht wird?«

»Zuerst nicht ... Es war alles zu viel!«, rede ich mich um Kopf und Kragen. »Ich dachte, es wären nur vereinzelte Kommentare, nur eine Handvoll Menschen, die Aaron die Schuld an meinem Schmerz geben. Dabei war Aaron niemals toxisch, wir haben uns schlichtweg nicht mehr gutgetan; bestanden nur noch aus Schmerz. Aber durch meine Gedichte wurden ihm Dinge ... unterstellt. Ich habe es gar nicht mitbekommen, aber dann kam dieser Brief ...«

»Das Schreiben des Anwalts, von dem im Artikel die Rede ist?«

Ich nicke nur.

»Und du hast nicht geglaubt, dass der Verlag davon hätte wissen sollen? Dass *ich* davon hätte erfahren sollen?«

»Hanka und Kaiko haben gesagt, dass sie sich darum kümmern und sämtliche Statements warten soll-«

»Also hast du es in Kauf genommen. Du hast weggesehen, während einem Menschen Schaden zugefügt wird, damit du deinen *verarbeiten* kannst, wie du sagst? Und dann habt ihr ihm Schweigegeld angeboten, damit er den Mund hält?«

Ich zucke zurück. Vielleicht, weil er recht hat, und ich nicht wollte, dass er diesen Teil von mir kennenlernt. Vielleicht habe ich ihn deswegen von mir fernhalten wollen; damit er mich *nicht* sieht. Obwohl genau das doch alles war, was ich mir die letzten Wochen gewünscht habe. Ich wollte gesehen werden, und nun, da er es tut; ein Teil meines dunkelsten Selbst an die Oberfläche gelangt ist, erkenne ich, dass er am liebsten niemals hingesehen hätte.

»Weshalb?«, fragt Jonah und seine Stimme verliert ihre Schärfe, als habe er nicht einmal mehr Kraft dafür. »Wegen dieses beschissenen Buches oder deinem gefakten Social Media Auftritt?«

»Nein, so ist es ni-«

»Dann sag mir, wieso!« Er macht einen Schritt vor, als könnte er sich nicht entscheiden, ob er Nähe oder Abstand will.

Ich bin mir nicht sicher, ob es Frust ist, der sich über seine Züge legt, weil ich schweige. Er kann nicht wissen, dass mir Sprechen unmöglich ist, denn meine Kehle ist zugeschnürt. Ist voll mit Bitten und Erinnerungen. Jonah hat mich noch nie so angesehen und ich habe nie gewollt, dass es dazu kommt. Am liebsten würde ich laufen. Vor ihm und was er für mich ist, davonrennen.

Als seine Schultern hinabsinken, weiß ich, dass etwas kaputt geht.

Ich kenne Brüche zu gut, um sie zu verkennen, wenn sie direkt vor mir ihre Spuren hinterlassen.

»Sag mir eins, Ella: Was muss noch passieren, bis du aufwachst?«

Ich schließe die Lider, weil nicht nur seine Worte wehtun, sondern auch, ihn anzusehen. »Ich wollte niemals, dass es so weit kommt.«

Sein ungläubiges Auflachen lässt mich den Blick wieder auf ihn richten. »Wolltest du nicht, dass es passiert, oder dass es rauskommt? Hätte dir auch nur ein Funken daran gelegen, hättest du all das mit einem Fingerschnippen auflösen und erklären können, statt mit deinen Gedichten sein Leben zu zerstören und es dann auch noch unter den Teppich zu kehren.«

Er zielt mitten in mein Herz, ohne zu merken, dass es nicht länger in meiner Brust schlägt, sondern zwischen uns auf dem Fußweg liegt; um Vergebung bittet.

»Was auch immer du am Wochenende gepostet hast, war nur der Gipfel eines Eisbergs, auf den du freiwillig zugesteuert bist. Und ich kann …« Seine Stimme bricht. »Ich kann einfach nicht begreifen, wie du mich *küssen* konntest, während du deine Follower dazu angestiftet hast … Was zu tun, Ella? Sich für dich zu rächen? Deinen Ex dafür zu bestrafen, dass er dich verlassen hat? Dich betrogen hat? Was hat er getan, dass du meinst, er würde das verdienen?.«

»Er hat *nichts* dergleichen getan und ich habe nie jemanden angestiftet! Ich weiß nicht, was der Artikel damit meint. Ich habe nichts gepo–«

»Nein, keine Lügen mehr. Ich möchte nur wissen, wie es dazu kommen konnte.«

Ich wünschte, er würde mich aussprechen lassen. Denn genau dieser Part der Berichterstattung ist das, was mir die größten Sorgen bereitet. War mit dem Post der Dreizeiler von Samstagabend gemeint? Konnte er derart missinterpretiert werden?

Weil er mich noch immer ungehalten ansieht, behalte ich die

Überlegungen für mich und antworte stattdessen auf seine Frage. »Die Gedichte von Lalott haben den Menschen etwas bedeutet – und mir. Sie haben etwas ausgelöst, an das ich mich geklammert habe.«

»Hör endlich auf, dich hinter ihr zu verstecken, Ella! Von ihr wurde überhaupt nichts erwartet, weil sie nicht existiert. Aber von *dir* wurde etwas gefordert: emotionale und echte Worte, keine, die zerstören. Worüber haben wir uns während all der letzten Wochen unterhalten? Warum genau hast du an all dem festgehalten? Wir wissen beide, welche Bandbreite an Texten du formulieren kannst, und dennoch hast du dich dafür entschieden, genauso weiterzumachen wie zuvor.«

»Aber meine Agentur –«

»*Du* hast den Stift in der Hand, also führst *du* das Messer!«

Ich kann kaum fassen, dass er das gerade gesagt hat. Jonah muss doch wissen, dass es nie meine Absicht war, zu verletzen. Seine Worte hingegen zielen genau darauf ab, mich dort zu treffen, wo es am meisten schmerzt. Und zum ersten Mal in den letzten Minuten spüre ich noch etwas anderes als Schuld in mir aufkommen.

Wut.

Denn ich bin nicht die Einzige, die sich versteckt.

Meine Hände balle ich zu Fäusten, gehe einen Schritt auf ihn zu. »Gerade *du* solltest verstehen, dass ich Lalott gebraucht habe.«

»Wie bitte?« Er klingt regelrecht ungläubig.

»Rea D. Kurtis, Lord Nohja und all die anderen Rollen, die du erfindest. Warum sind deine alternativen Egos etwas anderes als Lalott für mich? Warum ist es dir erlaubt, in Situationen, in denen Jonah Reed nicht genügt, jemand anderes zu sein? Mir solltest du dasselbe zugestehen.«

»Das ist –«

»Etwas vollkommen anderes? Bist du dir da sicher, Jonah?« Ich habe keine Ahnung, woher dieser Zorn in mir kommt, doch seine Quelle scheint keinen Boden zu haben. »Oder misst du mit zweierlei

Maß, um dir selbst nicht einzugestehen, dass die Welt keinesfalls so einfach ist, wie du sie dir wünschst?«

»Niemand leidet unter Rea D. Kurtis oder Nohja. Du vergleichst Äpfel mit Birnen«, wendet er ein.

»Weißt du das sicher? Du nimmst dich ihrer Identität an, wenn es dir gerade passt! Während du, Jonah, in deinem eigenen Schatten stehst. Dass selbst Schatten Schatten besitzen, scheinst du in all deinen Gedanken allerdings vollkommen auszublenden!«

»So wie du, dass Aaron *dein* Schatten ist? Gib einfach zu, dass du ihn wie etwas Wertloses hinter dir hergeschliffen hast, damit du einen besseren Weg einschlagen konntest.«

Mir ist bewusst, dass wir beide kaum denken, während wir sprechen. Dass wir einander gezielt verletzen wollen; dadurch Dinge verzerren – und verflucht, das tun wir. Auf einer Ebene, die weder fair noch gerecht ist.

»Dass es Aaron derart schlecht ging, weiß ich erst seit Kurzem, und ich dachte, dass unsere Vereinbarung alles in die richtigen Bahnen gelenkt hätte.« Noch immer versuche ich, das Bild in seinem Kopf zu richten, das er sich von mir gemacht hat. Obwohl es nur noch am seidenen Faden hängt. Bemühe mich darum, dieses Mal ruhiger zu sprechen, die Wogen irgendwie zu glätten. Doch Jonah schlägt weiter Wellen.

»Du meinst die Vereinbarung, in der ihm Geld geboten wurde, damit er schweigt und du öffentlich keine Stellung beziehen musst?«

Was zum … Nein, so ist das nicht gewesen! Der Vergleich, er … Sein Anwalt, Fees Vater, hat ihn doch geprüft. Aaron hat doch zugestimmt! »Es war eine Entschädigung, kein Schweigegeld.«

Das war es doch, oder?

Mir kommt ein fürchterlicher Verdacht. Mein Zuspätkommen beim Termin; die Tatsache, dass Hanka mir die unterzeichneten Papiere nie gezeigt hat; der verdammte Post, von dem im Artikel die Rede ist … Ist das Absicht gewesen? Hat mein Management mich willentlich in diese Situation gebracht? Aber wieso sollten sie das tun; riskieren, was wir aufgebaut haben?

»Ich fasse nicht, dass ich mich derart in dir täuschen konnte.« Jonah zuckt bei seinen Worten ebenso zusammen wie ich. »Ich habe wirklich daran geglaubt, dass du mit deinen Worten etwas Positives in den Menschen hinterlassen kannst. Aber all das, Ella, ist einfach nur schwach.«

Schwach.

Wenn die Tatsache, dass ich heute hier stehe, für eine Sache ein Beweis ist, dann dafür, dass ich *nicht* schwach bin. Nicht nach allem, was ich durchgemacht habe. »Du hast nicht den Hauch einer Ahnung, wie stark oder schwach ich bin, Jonah. Denn wie all meine Follower siehst du nur das, was man dich sehen lässt. Hör also verdammt noch mal auf, über mich zu urteilen, obwohl du nur die halbe Geschichte kennst.«

»Dafür, dass es nur die halbe Geschichte ist, hast du eben ganz schön schuldig ausgesehen. Und eins hoffe ich, Ella: Dass du durch das hier wenigstens begreifst, dass niemand außer dir die Verantwortung für deine Worte trägt.«

Zu flüchten ist alles, woran ich denken kann; alles, was ich tue, als die letzten Worte Jonahs Mund verlassen. Ich lasse seinen Anblick verblassen, drehe mich um und laufe. Denn da ist nichts mehr, das zu sagen oder zu tun ist. Nichts, das all das auflösen könnte. Zurück bleibt das Gefühl, das ich dachte, zumindest im Ansatz hinter mir gelassen zu haben: Einsamkeit. Doch in diesem Moment packt sie mich mit all der Wucht, mit der sie seit letztem Jahr kontinuierlich auf mich eintritt.

Das Letzte, woran ich denke, ehe ich in der plötzlich viel zu kalten Nacht Weimars verschwinde, ist der alles entscheidende Satz Werthers: »*Ich habe so viel, und die Empfindung an ihr verschlingt alles; ich habe so viel, und ohne sie wird mir alles zu nichts.*«

Nohja war fertig mit diesem Ort. Er hatte die bedeutungslosen Schulterklopfer und vor Ehrfurcht erstarrten Gesichter satt, die ihn allein als Retter von Galátea feierten. Nur ihn – nicht seine Crew. Weshalb er sich, obwohl er seinen Heimatplaneten gefunden hatte, einsamer fühlte als je zuvor. Die Lügen der Weltraumpresse hatten sie auseinandergetrieben. Jene, die Schweiß und Blut füreinander vergossen hatten. Doch wer hoch flog, prallte umso härter auf. Besonders hier in der Xaloph Wüste, deren violetter Sand scharfkantig wie eine Klinge war. Noahja hatte das am eigenen Leib erfahren – und er hatte genug davon.
(...)

Kapitel 31

Atmen. Seit Minuten starre ich das Wort auf der beschlagenen Scheibe an, die ich mir in Gedanken immer wieder schaffe. Doch mir will einfach nichts einfallen. Seit einer Woche arbeitet mein Gehirn gegen mich. Es spuckt mir immer wieder diesen einen Namen aus, den ich nicht sehen, nicht hören, nicht fühlen will.

Ich blinzle und die beschlagene Scheibe wird zu einer weißen Wand neben meinem Gästezimmer – Sams Zimmertür. Irgendwo zwischen dem Riss, der sich von der rechten Ecke des Rahmens gen Fenster erstreckt, und dem Buch auf dem Tisch vor mir bin ich abgedriftet.

Wenn ich das Gefühl habe, in einer Sackgasse zu stehen, ziehe ich mich zurück an den Ort in mir, der mir Ruhe gibt. Erinnere mich an die sachte Hand meines Großvaters auf meiner Schulter, der mir zuspricht, dass die Zeit Antworten bringen wird.

Ich stelle mir vor, wie ich gegen die dünne Glasscheibe zur Veranda meiner Großeltern hauche, meinen Finger darüber gleiten lasse. Meinen Gedanken Raum gebe, auch wenn mir die Person, zu der sie mich immer wieder führen, nicht gefällt. Denn hinter jedem Wort finde ich sie.

Ella, wie sie mich aus verzweifelten Augen ansieht, bevor sie davonläuft. Ella, wie sie zwischen den Zeilen um Vergebung bittet, die ich ihr nicht zugestehe. Sie ist überall – in meinem Kopf, in dem kümmerlichen Rest meines Herzens und in Form ihres Manuskripts sogar unter meinen Händen.

Als die Spitze meines Bleistifts unter dem Druck meiner Hand heute zum vierten Mal bricht, pfeffere ich ihn quer durchs Zimmer.

»Scheiße!«, fluche ich und bin froh, dass ich weder im Café noch im Verlag geblieben bin.

Normalerweise hilft mir die Anwesenheit anderer Menschen dabei, meine Inspiration anzukurbeln. Heute aber hätte jeder Blick, jedes Wort zu einem Moment geführt, in dem ich die Beherrschung verliere. Dabei weiß ich genau, dass der Ursprung meiner Frustration nicht in dem Verhalten meiner Mitmenschen begründet liegt, sondern in mir und dem Manuskript, das seit Anfang der Woche auf meine Freigabe für die Buchsetzerin wartet. Doch nach dem, was am Montag geschehen ist, trifft mich jeder Buchstabe darin; schürt die Wut auf Ella, mich selbst und die ganze Welt.

Schon im Krisenmeeting am Dienstag mit dem Team habe ich kein Wort mit ihr gesprochen. Habe gar jeden Blickkontakt vermieden. Und dies hält bis heute an. Etwas anderes hätte ich auch nicht ertragen, obwohl mir ihre Erklärungen vom besagten Abend nicht annähernd ausreichen. Ich hätte mehr Worte von ihr gebraucht, mehr Zugeständnisse, mehr Einsicht, mehr Ella und weniger Lalott. Vielleicht fällt es mir deshalb so schwer, die Texte von ihr ein letztes Mal durchzugehen.

Das Cover steht, Regina hat es abgesegnet, *LitA Bromberg* sowie sie selbst das Go für das Buch »Wenn Worte klingen, weine ich« gegeben. Das Buch, das ihr Management von Anfang an verlangt hat. Nicht das, was wir ausgearbeitet haben. Ella hat alle helleren Gedichte gegen eine Düsternis ausgetauscht, die sich in mir spiegelt. Und ich frage mich, ob ich ihr je wieder entfliehen kann.

Nun fehlt nur noch mein Siegel unter allem.

Haros resignierter Blick, als er am Dienstagmorgen in meinem Büro auf mich gewartet hat, hat meine Stimmung nicht gerade erhellt. Noch in der Nacht habe ich alles abgeblasen. Habe Haro per

Textnachricht mitgeteilt, dass unser Konzept hinfällig ist. Meine Entschuldigung, dass er nur wegen meiner Naivität so viel Energie in den Sand gesetzt hat, wollte er nicht annehmen. Doch ich werde ihm seinen Einsatz sicherlich nicht vergessen. Irgendwann bekomme ich eine Gelegenheit, ihm sein Engagement zurückzuzahlen. Allerdings werde von nun an vorsichtiger sein in der Auswahl meiner Projekte. So schnell lehne ich meinen Kopf nicht mehr aus dem Fenster.

In der Krisenrunde waren sich alle schnell einig, dass wir Sturm mit Sturm bekämpfen würden. Zwar mussten wir mit dem Grad dessen und unserer Wortwahl aufpassen, da wir uns mit der Zeitung im Rechtsstreit befanden, aber tatenlos blieben wir nicht. Die Pressemitteilung des Verlags ging noch am selben Tag raus und Ella hat mit einem Video auf Social Media Stellung bezogen, das von ihrem Team eins zu eins diktiert wurde.

Phrasen wie »Gewalt ist keine Lösung« und »Der Name Lalott stehe für Empathie« sind gefallen. Ich habe es nur zur Hälfte sehen müssen, um zu begreifen, dass kein Wort davon aus ihrer Feder stammte. Es war schlimmer als das Exposé damals. Nicht mit einer Silbe hat sie sich Schuld am Geschehen eingestanden oder sich gar entschuldigt, das hat Haro mir später bestätigt.

Doch zu Ellas Glück bekräftigte sich die Wahrheit hinter dem typischen Satz »Auch schlechte Publicity ist Publicity« in endlosen Vorbestellungen. Die eine Hälfte der Käufer scheint daran interessiert zu sein, auf welche Weise man jemand anderen in Gedichten denunzieren kann; die andere fest entschlossen, Aarons Worte Lügen zu strafen.

Es sollte eine Erleichterung sein, heute Abend die letzte Mail zu diesem Projekt erledigt zu wissen. Danach kann ich das Ella-, oder vielmehr Lalott-Kapitel endlich abschließen. Kann die vergangenen Monate hinter mir lassen, nach vorne schauen, mich in neue Projekte stürzen. Mit Schreibenden arbeiten, die Bücher veröffentlichen, hinter denen sie und ich zu einhundert Prozent stehen. Und vielleicht sogar mehr Zeit in *Die Erste Ära der Xaloph Wüste* stecken, denn seit der Leipziger Buchmesse explodiert die Kommentarsektion unter meinen Blogposts auf *Wrify*. Die Flyer meiner Freunde und unser gemeinsamer Auftritt als die Helden meiner Science Fiction Serie hat den Leuten offensichtlich gefallen. Und die, die es auf mein Profil geschafft haben, fordern in Dutzenden Kommentaren eine schnelle Fortsetzung der Abenteuer auf Kotatien.

Ich habe mich nie in der Autorenrolle gesehen, doch im Moment fühlt sie sich deutlich besser an als die des Lektoren. Ich bestimme als Rea D. Kurtis, wohin die Geschichte sich entwickelt und was sie bewirken soll. Im Gegensatz zu anderen weiß ich genau das zu würdigen.

Vielleicht liegt aber in genau dieser Sache das Problem, denn tief in uns wissen sowohl Ella als auch ich, dass das hier nicht das Buch ist, das sie schreiben wollte. Tatsächlich ist es das erste Mal, dass ich ein Projekt in diesem unvollendeten Status abgebe, weil mir nichts anderes übrigbleibt.

Ich sehe zur Uhr, stelle mit einem Seufzen fest, dass ich den halben Tag damit verbracht habe, mich durch die erste Hälfte des Buches zu quälen. Dabei sind die Gedichte keinesfalls schlecht. In ihrer bodenlosen Dunkelheit wirken die Zeilen so ehrlich, dass ich mich immer wieder dabei erwische, wie ich Ella in Schutz nehmen will. Ich verstehe nicht, wie ein Mensch, der seine Verletzlichkeit so offen teilt, in der Lage sein kann, jemand anderen derart zu schikanieren. Gar Profit daraus zu schlagen.

»Wahrheit ist immer obdachlos«, zitierte Regina in einem gestrigen Gespräch ein dänisches Sprichwort. Nun fühle ich mehr denn je, was sie damit meint.

Mein Smartphone, das ich vorhin achtlos auf einen der Sessel geworfen habe, vibriert. Erneut. Ich bin mir sicher, dass es weitere Nachrichten von C3PO sind. Obwohl sie mir versichert hat, dass zu einer legendären Geburtstagsparty etwas Drama gehört und sie mir den plötzlichen Abgang nicht übelnimmt, ist ihr nicht entgangen, dass ich seither in der Lethargie gefangen bin. Zumal niemand an den Artikeln der letzten Tage vorbeigekommen ist.

Während Mats mir den Freiraum gewährt, den ich benötige, ist es zudem vor allem Till, der mir immer wieder ans Herz legt, mit Ella zu sprechen. Der sicher ist, dass es eine Erklärung für all das gibt. Doch er hat nicht in die Schuld geblickt, die in ihren Augen stand – und die alles verriet, was ich wissen musste.

»Jonah?«, ertönt es plötzlich dumpf hinter der Wohnungstür aus dem Hausflur. Kurz darauf klingelt es. »Jonah, bist du da?«, vernehme ich die Stimme meiner besten Freundin.

Ich weiß nicht warum, aber aus irgendeinem Grund schaffe ich es nicht, mich aufzurappeln, um ihr die Tür zu öffnen. Ich kann mich nicht einmal dazu durchringen, ihr zuzurufen, sie solle wieder gehen.

»Jonah!«, brüllt C3PO nun mit deutlich mehr Elan. »Wenn du die Tür nicht aufmachst, werde ich mich selbst hereinlassen, um sicherzugehen, dass du noch lebst! Da du keine Nachrichten beantwortest, nicht im Verlag warst und auch nicht ans Telefon gehst, muss ich andernfalls eine Vermisstenanzeige aufgeben!«

»Um Himmels willen«, murmle ich, hieve mich auf meine schweren Beine und trotte zur Tür, während meine beste Freundin sich dahinter weiter in Rage redet. Zu gern würde ich die hölzerne Barriere aufrechterhalten, ziehe die Tür jedoch mit einem Seufzen auf.

Vor mir kniend hält C3PO inne, sieht zu mir nach oben wie ich zu ihr hinab. Auf meiner Fußmatte hat sie den gesamten Inhalt ihrer Handtasche ausgebreitet. Vermutlich, um nach ihrem Schlüssel für meine Wohnung zu suchen.

»Du lebst. Gott sei Dank!« Ein erleichterter Atemzug kommt ihr über die Lippen, während sie sich die Hand auf die Brust legt. »Ich dachte schon, ich muss bei der Feuerwehr anrufen, damit sie deine Tür aufbrechen. Oder die Polizei, damit sie dein Handy tracken.«

»Du hast zu viele Thriller gesehen, Giulietta.«

Ihre Brauen schießen in die Höhe, ebenso wie sie, als sie den letzten Kuli einsammelt. »Giulietta … Wow, dir muss es wirklich schlecht gehen.«

»Willst du was trinken?«, frage ich resigniert. Denn wenn mir eine Sache bewusst ist, dann, dass sie so schnell nicht wieder gehen wird. Wenigstens nicht, bis sie sich vergewissert hat, dass der Föhn weit genug von meiner Dusche entfernt liegt. Sie neigt dazu, zu übertreiben. Je eher ich sie davon überzeuge, dass ich klarkomme, desto schneller bin ich wieder allein.

»Eigentlich sollte ich *dich* das fragen. Dir einen Tee kochen oder so«, versucht C3PO zu intervenieren.

»Es ist alles in Ordnung. Ich komme zurecht.« Ich drehe mich um und der Boden knarrt unter meinen Schritten, übertönt meine Lüge.

»Wie wäre es mit einer Suppe?« Die Wohnungstür schließt sich und ihre Tasche landet mit einem *Rumms* auf dem Fußboden im Flur. Dass sich nicht erneut ihr Inhalt leert, kann nur Glück sein. »Ich könnte dir was kochen. Wann hast du das letzte Mal etwas gegessen?«

Ich ignoriere ihre Frage, trete in die Küche, öffne eine der Schranktüren und hole die Kiste mit Teesorten heraus. Kaum habe ich sie geöffnet, bereue ich es. Die kleinen Etiketten, auf denen ein Ginkgoblatt zu sehen ist, scheinen mich zu verhöhnen. Es ist nicht nur das Wahrzeichen Weimars, es ist auch Ellas Lieblingsbaum. Was erzählte sie damals vor der Statue? Jedes Mal, wenn sie einen dieser Bäume passiert und ein Blatt auf dem Boden entdeckt, presst sie es zwischen den Seiten des Buches, das sie bei sich trägt.

Sie ist einfach überall.

Ruckartig klappe ich den metallischen Deckel wieder zu, ohne Tee herausgenommen zu haben, und schiebe ihn C3PO zu, die gerade dabei ist, den kargen Inhalt meines Kühlschranks zu inspizieren. »Such dir was aus.« Dann befülle ich den Wasserkocher und stelle ihn an.

»Wie wäre es, wenn du heute mit mir und Matthias ins *Eigenheim* kommst, dort ist zurzeit eine Ausstellung über Grenzen und Grenzüberschreitungen in der Kunst.«

Das Wasser im Kocher beginnt, zu rauschen. »Ich werde sicherlich nicht das dritte Rad am Wagen bei eurem Date sein. Erst recht nicht, wenn ihr den Gutschein einlöst, den Mats dir zum Geburtstag geschenkt hat.«

Die Lippen meiner besten Freundin verziehen sich zu einem Strich, dabei weiß ich ihr Angebot zu schätzen. Trotzdem gehört dieser Tag nur den beiden. Denn eins muss ich Mats lassen: Sie an den Ort einzuladen, an dem alles begonnen hat, ist romantischer, als ich es ihm zugetraut hätte.

Ich fixiere den Wasserkocher, lausche, wie das Blubbern immer lauter wird, und erinnere mich daran, wie Mats mir vor ein paar Wochen von ihrem Besuch in der winzigen Galerie im Weimarhallenpark erzählt hat; von dem Moment, in dem C3PO seine Hand ergriffen hat. Er ist so überfordert gewesen. Fast muss ich lachen, wenn ich daran denke, wie er mithilfe seiner Hände ihre Berührung imitiert hat. Sein Blick dabei … Jetzt kann er C3POs Hand nehmen, wann immer er es möchte. Ohne Angst oder Unsicherheit.

Und ich hasse, dass ich ihn darum beneide.

Der Wasserkocher klickt und das Blubbern nimmt ab. Ich krame die Yoda- und die Darth Vader-Tasse aus dem Hängeregal und befülle sie mit heißem Wasser, während C3PO jeweils einen Teebeutel reinhängt. Sie hat sich für die Ginkgo-Sorte entschieden. Natürlich …

Ich betrachte den Dampf, der von der Tasse aufsteigt, während ich den Blick meiner besten Freundin auf mir spüre.

»Jonah, was kann ich tun?«, fragt sie – dieses Mal deutlich ernster als zuvor. »Trübsal blasen ist okay, zu trauern auch, aber so kenne ich dich nicht. Antriebslos und düster … Du ziehst dich zurück und lässt niemanden an dich heran, das macht mir Angst.«

Ich starre in das Schwarz meiner Tasse, beobachte, wie die Hitze an dem Keramik Tropfen hinterlässt, und antworte: »Ja, mir auch.«

Ihre zierliche Hand legt sich auf meinen Unterarm, drückt sanft zu. »Sie hatte wirklich dein Herz, was?«

»Das hat sie noch immer«, gebe ich zu und könnte schreien, weil es die Wahrheit ist; weil ich es einfach nicht schaffe, die Leere, die sie hinterlassen hat, zu füllen. »Und ihr verdammtes Buch liegt genau jetzt da drüben auf meinem Tisch.«

»Wie lange musst du noch daran arbeiten?«

»Nur noch heute. Gesetzt den Fall, ich bin dazu imstande, es zu beenden, ohne es an die Wand zu schmettern.« Ich bin schon mehrere Male kurz davor gewesen.

»Würde es helfen, wenn ich bleibe?«

»Nein, schon gut, du triffst dich doch mit Mats.«

C3PO wirft einen Blick auf die Uhr. »Erst in zwei Stunden – und die Galerie ist direkt um die Ecke, wie du weißt. Ich kann mich dort mit ihm treffen. Also komm, Darth Vader, nimm deinen Tee und bringen wir es hinter uns. Es wartet mehr als die dunkle Seite auf dich. Versprochen.«

Kapitel 32

Ich weiß nicht, wie oft ich diese Woche versucht habe, Aaron zu erreichen, sodass mir das Herz nun in die Hose rutscht, als Fees Name auf meinem Display aufleuchtet.

»Felicitas? Geht es ihm gut?« Ich mache mir nicht mal die Mühe, mich zurückzuhalten.

»Mir geht es gut«, antwortet Aaron an ihrer statt – und lässt mich augenblicklich in meiner Bewegung gefrieren. Da ich nicht in der Lage bin, etwas zu erwidern, ist er es, der weiterspricht. »Ich habe mein Handy erst heute von der Polizei wiederbekommen und deine verpassten Anrufe gesehen, aber die Hörmuschel ist kaputt, darum melde ich mich über Fee.«

»Okay«, wispere ich. »Bist du auch wirklich in Ordnung?« Seit den Worten *Polizei* und *kaputt* klingeln sämtliche Alarmglocken in mir. Doch ich bin überrascht, wie sanft er mit mir spricht. Die Wut von unserem letzten Treffen scheint er abgelegt zu haben. Dabei ist alles noch schlimmer als zuvor.

»So okay ich sein kann«, versichert er mir. »Aber Ella, dieser Artikel –«

»Nein, alles gut. Ich verstehe, wieso du das getan hast. Gott, wenn ich gewusst hätte, was in diesem Vergleich stand, hätte ich alles daran gesetzt, dir auf andere Weise zu helfen.« Es ist sinnlos, die Tränen zu unterdrücken, die mir seit Montagnacht in den Augen brennen und es nun endlich an die Oberfläche schaffen. »Ich wollte niemals, dass du verletzt wirst. Auch wenn wir nicht mehr *wir* sind, bist du … Du bist Familie für mich, denn du hast mir das größte Geschenk bereitet, das ich je erfahren durfte. Ich möchte nur –«

»Ella, all das kam nicht von mir.«

Erneut halte ich inne, höre sogar kurz auf, zu atmen.

»Ich hatte niemals vor, dich öffentlich zu schädigen. Ich wollte dir zu verstehen geben, was du mit deinen Worten anrichtest – und genau das zu überdenken. Aber in keiner Welt hätte ich dir das angetan. Ich habe mit niemanden von der Presse gesprochen, nicht einmal nach dem Post vom Messewochenende.«

Wut, die ich in den letzten Tagen derart unter Kontrolle hatte, wallt plötzlich in mir auf. Doch sie richtet sich keinesfalls gegen ihn.

»Der Beitrag stammte nicht von mir.«

Ich höre lediglich Aarons Atem. Er scheint abzuwarten.

»Ich schreibe Gedichte, Aaron. Das ist, was ich immer getan habe. Und in 90% der Fälle bin ich es auch, die aus dem Pool meines Geschriebenen etwas postet. An Tagen aber, an denen ich anderen Prioritäten nachkommen muss, übernimmt meine Social Media Managerin das für mich.«

Ich habe hin und her überlegt, den Beitrag noch Montagnacht gesucht, von dem im Artikel die Rede war, doch da hatte ihn bereits jemand von meinem Profil gelöscht. Lediglich durch etwaige Screenshots, die auf Instagram geteilt wurden, habe ich gelesen, was ich angeblich verfasst habe. Kurioserweise beharrt Kaiko darauf, dass der Artikel lügt und niemals etwas Derartiges gepostet wurde; dass die kursierenden Fotos Fake sind und Aaron mich durch die Verbreitung nur weiter diffamieren möchte. Aber ich nehme ihr kein Wort ab – nicht eine Silbe davon. Und der einzige Grund, weshalb ich noch nicht meine Taschen gepackt und die Agentur verlassen habe, ist der, dass ich nicht ohne den größtmöglichen Knall gehen werde. Dieses Mal übernehme ich Verantwortung – und ich will, dass *sie* es auch tun.

»Weißt du was, es wundert mich nicht einmal, dass du nichts mit dem Artikel zu tun hattest. Diese Tatsache fügt sich zu gut ins Bild.«

»Aber wer ... Wer war es dann?« Es ist Fees Stimme, die ich aus dem Hintergrund wahrnehme.

Mir entfährt ein bitteres Lachen. »*LitA Bromberg.*«

Sie zieht scharf Luft ein. »Wieso sollte deine Agentur das tun?«

»Weil sie echt viel Geld damit verdienen.« Die Wahrheit, die mir wie ein wildgewordener Hund entgegenspringt, lässt mich kurz die Augen schließen. Wie naiv ich all die Zeit über gewesen bin, will nicht in meinen Kopf. Wie konnte ich das übersehen? Doch die Verkaufszahlen und Kaikos viel zu gelassenes Gesicht, als ich sie auf den Angriff auf Aaron angesprochen habe, sprachen Bände. Sie ist viel zu schnell dazu übergegangen, meinen Fokus davon ablenken zu wollen. Hat die umsorgende Managerin gespielt, die mich entlasten möchte, damit ich mich auf das konzentrieren kann, was ich am besten kann. Dabei muss sie diesen Clou schon lange Zeit vorbereitet haben, damit meine Community darauf anspringt.

»Und kannst du das irgendwie beweisen?« Aaron klingt, als würde er bereits einen Schlachtplan ausarbeiten wollen.

»Zumindest kenne ich jemanden, der mir dabei behilflich sein könnte«, erwidere ich.

»Gib uns Bescheid, wenn wir dir auf irgendeine Weise helfen können. Und sei es nur durch eine Stellungnahme. Ich hoffe du weißt, dass Fee und ich dich niemals verletzen wollten.«

Zwischen seinen Worten klingt nicht nur *eine* Wahrheit heraus. Da ist nicht nur das Offensichtliche, das er meint, dafür kenne ich ihn zu gut.

»Fee und du«, beginne ich und wundere mich, dass es auszusprechen nicht wehtut. »Seid ihr ...«

Schweigen ist, was ich am anderen Ende der Leitung vernehme, bis es raschelt und plötzlich wieder Fees Stimme zu mir spricht. »Wir haben es nicht provoziert, das musst du mir glauben. Es ist einfach passiert und dadurch wurde es so schwer, den Kontakt zwischen uns beiden wiederaufleben zu lassen. Es tut mir unheimlich leid, Ella.«

»Nein«, widerspreche ich. Und horche in mich hinein – kann kaum glauben, dass die nächsten Worte vollkommen der Wahrheit entsprechen. »Ihr habt euch beide verdient – und das meine ich auf die bestmögliche Weise. Ich wünsche euch nichts als das größte Glück, Fee. Glaub mir.«

Kurz herrscht Stille. »Das tue ich«, wispert sie, woraufhin ihr Aaron das Handy wieder aus der Hand zu nehmen scheint.

»Ella, ich –«

»Ich meinte bei unserem letzten Gespräch ernst, was ich gesagt habe, Aaron: Du verdienst alles, vor allem das Leben selbst. Was wir verloren haben, ist etwas, das wir zuvor gewonnen haben – und ich bereue keine Sekunde davon. Du hast schon immer das Beste aus anderen Menschen herausgeholt. Auch aus mir. «

»Unterschätz dich nicht, Ella. Du bist der empathischste Mensch, den ich kenne – und nur weil dich die Dunkelheit eine Zeit lang in ihren Klauen gehalten hat, bedeutet das nicht, dass du nicht mehr strahlen kannst.«

Seine Worte bewegen etwas in mir; bewegen *mich*. Und in diesem Moment erinnere ich mich, dass Aaron einst vor allem ein Freund gewesen ist. Einer, der mir mehr als alles andere gefehlt hat.

»Danke«, erwidere ich – und meine es von Herzen. »Auch für euer Hilfsangebot. Aber diese Schlacht werde ich allein schlagen. Denn du hast recht, Aaron: Ich leuchte noch.«

Vielleicht gerade heller als zuvor.

* * *

»In Ordnung«, sagt er steif, während er sich vor mir auf dem zweiten und letzten Stuhl des Schokolädchens niederlässt. »Was kann ich für dich tun, das deine eigene Social Media Beraterin nicht tun kann?«

»Sie entlarven«, antworte ich Haro schlicht, der überrascht seine Brauen hebt.

»So sehr mir diese Vorstellung Genugtuung durch Mark und Bein jagt, so wenig verstehe ich es.«

»Aaron hat nichts mit dem Artikel zu tun«, erkläre ich. »Wir haben heute Vormittag miteinander gesprochen und er hat mir glaubhaft versichert, dass er keine Schlammschlacht möchte und niemals mit einem Reporter in Kontakt stand. Im Gegenteil – er hat sogar angeboten, das öffentlich zu bestätigen.«

Haro sieht aus, als hätte ich ihm einen Zehneuroschein hingeworfen, bei dem er sich nicht sicher ist, ob er ihn aufheben sollte. »Und darum vermutest du … wen genau?«

Ich lehne mich auf meinem Stuhl zurück; verschränke die Arme vor der Brust. »Findest du es nicht auch komisch, dass der Beitrag bei Instagram, in dem ich Aaron mehr als je zuvor einer Gefahr ausgesetzt habe, an einem Wochenende rausging, an dem die Presse mehr als an jedem anderen Tag im Jahr Interesse an der Buchbranche zeigt?«, möchte ich wissen, lasse ihn jedoch nicht reagieren, weil ich noch lange nicht fertig bin. »Und dass er am selben Tag gelöscht wird, als der Artikel publik gemacht wurde? Ausgerechnet?«

Haro sieht aus, als würde er gleichzeitig alles und nichts sagen wollen, und entscheidet sich für Letzteres, was ich ihm hoch anrechne. Die Eigenschaft, zuerst zu überlegen und dann zu urteilen, weiß ich mittlerweile mehr als zu schätzen.

»Der Vergleichsvertrag, der Aaron und seinem Anwalt vorgelegt wurde – neben ihnen und mir wussten nur zwei Personen überhaupt von dessen Existenz. Hanka und –«

»Kaiko«, beendet er meine Gedanken. »Aber das wäre …«

Ich warte, bis er selbst auf die Schlussfolgerung kommt.

»Das wäre ein verdammt cleverer, aber ungeheuerlicher Werbeclue.«

»Ganz genau.« Mit seltsamer Zufriedenheit in mir lehne ich mich zurück. »Schau dir die Vorverkaufszahlen an, die letzten Aufrufe meiner Postings, die mediale Berichterstattung.«

»Kostenfreies Advertisement mit unheimlich viel Output«, überlegt er laut, sieht jedoch noch immer unheimlich schockiert aus.

»Und ein Management, das mich offenbar gezielt den Wölfen zum Fraß vorwirft. Zumindest, wenn ich es beweisen kann.« Ich suche seinen Blick. »Und an dieser Stelle kommst du ins Spiel.«

Sein Auflachen ist rau und kurz, aber keineswegs ablehnend. »Ich bin Social Media Experte, nicht Sherlock Holmes.« Er zeigt an seinem Outfit rauf und runter. Die marineblaue Mütze passt perfekt zu den Socken mit Karomuster, die aus seiner beigen Chino Hose blitzen.

»Vor allem aber bist du laut Jonah jemand, der Kaiko kennt und weiß, wie sie vorgeht. Du bist jemand, der Krisen löst, statt sie loszutreten. Und ein Mensch, dem man vertrauen kann.«

Dass Jonah in der Nacht an C3POs Geburtstag Haro derart oft erwähnt hat, hat automatisch Vertrauen entstehen lassen, obwohl ich den *eda*-Mitarbeiter bis auf ein paar Eindrücke von etwaigen Meetings kaum kenne. Doch die Zuversicht, die Jonah ausgestrahlt hat, hat sich in mir festgesetzt und ist der Grund dafür, dass ich mich an Haro gewandt habe.

»Nun«, erwidert jener und seine Wangen werden etwas rosig. »Da hat er mich offenbar in ungeahnte Höhen gelobt – apropos, was sagt er zu deiner These?«

»Nichts«, murmle ich und fühle mich plötzlich nicht mehr so mutig und selbstbewusst. »Und es wäre vermutlich das Beste, wenn es zunächst so bleibt.«

Haro sieht mich an, als würde er meinen Verstand infrage stellen. »Meinst du nicht, gerade bei ihm solltest du all das klarstellen?«

Ich habe lange darüber nachgedacht, trotzdem fällt es mir schwer, ihm meinen Entschluss zu begründen. Das Letzte, was ich möchte, ist, Jonah zu hintergehen. »Es spielt keine Rolle, wer den Artikel angestoßen hat. Selbst wenn ich es ihm erkläre, würde es nichts an dem ändern, was er von mir denkt – und damit hat er nicht gänzlich unrecht. Denn ich habe zugelassen, dass das mit Aaron geschieht. Ich habe weggesehen. Nicht willentlich, sondern zunächst aus Unwissenheit. Doch auch als ich die Wahrheit kannte, habe ich mich lieber auf andere verlassen, als selbst aktiv zu werden. Etwas, das ich mir kaum verzeihen kann. Wieso also sollte er es?«

»Eine Frage, auf die auch ich dir keine Antwort geben kann. Und genau deshalb solltest du mit ihm reden. Auch darüber, dass besagter Instagrambeitrag nicht deiner Feder entsprungen ist. Ich weiß aus Erfahrung, dass Ungesagtes Türen verschließt, die noch im Prozess des Zufallens sind.«

Ich lächle leicht, um ihm zu signalisieren, wie viel mir seine Worte bedeuten.

»Eine Sache jedoch musst du mir verraten: Weshalb dieses aufgesetzte Statement? Wieso hast du dir erneut Worte von Hanka und Kaiko in den Mund legen lassen?«

Dieses Mal würde ich lügen, wenn ich von Überforderung spräche. Zwar ging es mir in dem Moment, in dem ich mich vor die Kamera setzen musste, mental alles andere als gut, aber ich war zurechnungsfähig. Zu einhundert Prozent. Weshalb ich las, was mir aufgetragen wurde, war einzig und allein Berechnung.

»Mir ist egal, ob ich untergehe, Haro. Das Buch wurde aufgrund des Trubels bereits derart oft vorbestellt, dass der Verlag meine Geißelung überstehen wird. Ich hätte es nicht ertragen, den Verlag da mit reinzuziehen. Jeder von euch macht einen hervorragenden Job. Ihr habt das nicht verdient. Was ich *nicht* hinnehmen werde, ist, alleine den Wellen zu erliegen. Hanka und Kaiko werde ich mit mir zerren – und wenn es das Letzte ist, das ich tue. Sie wollen Publicity? Sie sollen sie haben. Ich brauche nur noch ein bisschen Zeit. Und einen Komplizen, der mir den Rücken stärkt.«

Sein Ausdruck wechselt von Unglaube zu Verständnis. Dann nimmt er einen sanften Ausdruck an. »Ich sage Jonah nichts. Zumindest solange wir nichts Stichhaltiges vorweisen können. Sieh mir nach, dass ich ab einem gewissen Punkt das Schweigen brechen muss, obwohl ich mich ungern in die Geheimnisse anderer einmische – außer natürlich es betrifft Rivalen ersten Grades.«

Dass ich bei seiner Umschreibung auflachen muss, tut derart gut, dass ich mich beinahe verschwörerisch über den Tisch lehne, als ich ihm sage: »Hol Zettel und Stift, ich besorge uns die beste heiße Schokolade der Stadt. Und dann, Haro, rücken wir ein paar Dinge in dieser Welt wieder gerade.«

Im Angesicht des Aufgebots der tapfersten Weltenentdecker Kotatiens, die sich am Fuße seiner Starburst III als unverrückbare Einheit sammelten, hielt Nohja inne. Ihren entschlossenen Blicken und den verschränkten Armen nach zu urteilen, trugen sie keine Worte des Abschieds mit sich. Er konnte kaum fassen, dass sie vor ihm standen. Und als Gavina vortrat, die Hand nach ihm ausgestreckt, da begriff er, dass Heimat weder einen Planeten noch einen schattigen Krater in der Xaloph Wüste betitelte. Es stand einzig für den Ort, an dem er an der Seite seiner Freunde – seiner Familie – leben würde.

(...)

WRIFY

Kapitel 33

»Ich hab sie an den Eierstöcken!«

Müde schiebe ich meine Brille in meine Haare, kneife die Augen zusammen und reibe mir über die Lider. Ich kann seit Tagen nicht richtig schlafen, frage mich Nacht für Nacht, wie lange dieser Zustand noch anhalten wird und flüchte so oft ich kann in die Xaloph Wüste Kotatiens.

»Wovon sprichst du, Haro?« Ich fühle mich ebenso blass, wie mir Elfies Blick heute Morgen in der Verlagsküche bestätigt hat. Ich wäre ein Schatten meiner selbst, hat sie gesagt, und so fühle ich mich auch.

»Über den Abgrund der Menschheit«, höre ich meinen Kollegen durch das Telefon fluchen. Seiner Atmung und den Umgebungsgeräuschen nach, scheint er unterwegs zu sein. Der Wind pfeift und Stoff raschelt, ich nehme an, er trägt eine Kapuze, denn es regnet seit Tagen. Passend zu meiner Laune.

Mein Schweigen ist Haro wohl Hinweis genug, dass ich keine Ahnung habe, wovon er spricht, weshalb er ergänzt: »Kaiko Ich-ziehe-meine-eigene-Autorin-für-Reichweite-in-den-Dreck!«

»Was hat sie dieses Mal getan?«

Um ehrlich zu sein, dachte ich, das Kapitel abgeschlossen zu haben. Nach der mehr als zähen Abgabe habe ich nur da Laut gegeben, wo ich als Lektor noch Laut geben musste. Was sich in Grenzen hielt. Daher bin ich nicht erpicht darauf, weiterhin Infos aus dem Lalott-Universum zu erhalten.

»Wir sollten uns eher fragen, was sie *nicht* getan hat«, setzt Haro an, spricht nun lauter, nachdem ein erneuter Windstoß durch den Hörer rauscht. »Die ist vollkommen durchgeknallt. Ich habe mich heute mit der alten *Social Gang* aus dem Studium getroffen. Dreimal darfst du raten, wer sich, noch bevor Aaron Fiedler den Shitstorm seines Lebens kassiert hat, bei den anderen über Bloggende informiert hat. Sie hat sich explizit nach Leuten erkundigt, die gern in privaten Details von Schreibenden wühlen.«

Ich seufze. »Worauf genau spielst du an?«

»Kaiko Ich-verfluche-sie Anela war offensichtlich auf der Suche nach den Shitstormschmieden von Booktok und Bookstagram. Ich habe eine Liste mit zehn Bloggenden erhalten – und neun davon posten seit Monaten regelmäßig Videos, in denen es um die Person hinter Lalotts Leid geht. Sie alle exposen Aaron Fiedler in etwaigen Beiträgen und Kommentaren – nur tun sie das anhand von unzureichenden und vor allem falschen Informationen. Aber das ist noch nicht die Spitze des Eisbergs: Der Artikel, der Ella als den berechnendsten Menschen der Welt darstellt, ist *ihr* Werk, Jonah. Nichts davon kam von Aaron Fiedler, sondern von Kaiko.«

Ich umklammere das Handy an meinem Ohr fester. »W-was?«

»Kaiko selbst ist die Quelle, nicht Aaron. PASS DOCH AUF, DU KAMIKAZEFAHRER«, flucht Haro am Ende seiner Ausführung, bei der er offenbar beinahe überfahren wurde. Ein Auto hupt, dann fährt mein Kollege fort. »Meine ehemalige Kommilitonin wohnt in einer WG mit dem zuständigen Reporter der Online-Redaktion, die diesen Schmutz veröffentlicht hat. Nachdem ich in unserem Chat berichtet habe, dass Aaron bestätigt, nicht an dem Artikel beteiligt gewesen zu sein, war sie mehr als bereit, mir den Typen zu liefern. Vor allem nach der Nummer mit den Bloggenden. Die Dreistigkeit von Ellas Agentur ist kaum in Worte zu fassen. Die denken, sie seien unbesiegbar. Aber die Rechnung haben sie ohne mich gemacht! Ich bin vielleicht nicht Sherlock Holmes, aber ich bin Haro fucking Watson.«

»Erklär mir das bitte genauer«, fordere ich. »Hast du mit Aaron gesprochen oder wieso bist du dir derart sicher, dass er rein gar nichts damit zu tun hat?« Einige Male habe ich selbst darüber nachgedacht, mit ihm Kontakt aufzunehmen, um Klarheit zu erlangen, doch bisher fehlte mir der Mut dazu. Mein Bild von Ella hat bereits einen Knacks, ich weiß nicht, ob ich es ertrage, es mit voller Wucht gegen die Wand zu schmettern. Zumal es mich vermutlich gar nichts angeht.

»Auf der Liste, die Kaiko bekommen hat, standen zehn Personen drauf. Nur neun haben Videos geteilt. Was bedeutet, eine von ihnen hat abgelehnt – und genau diese hat gerade mit mir telefoniert und mir die Screenshots der unmoralischen Anfrage geschickt. Ich konnte den Account Kaikos ehemaliger Studenten-Mailadresse zuordnen«, höre ich ihn sagen, dann verfällt mein Kumpel in Schweigen. Nur das Rauschen des Windes verrät, dass er noch dran; irgendwo stehen geblieben ist.

»Okay, und weiter?«

»Verflucht!«

»Was ist los?«

»Fünfter Stock.«

»Haaaro!«, ermahne ich meinen Kumpel. Manchmal fällt es ihm schwer, bei der Sache zu bleiben.

»Ich stehe vor dem Haus des Redakteurs und laut der Klingel befindet sich die WG im fünften Stock. Und Alter ...« Ein entnervtes Stöhnen erklingt. »Das Haus sieht nicht danach aus, als hätte es einen Aufzug.«

Ich reibe mir angestrengt über die Stirn. »Bleib bei der Sache: Was willst du ihm sagen? Screenshots einer Bloggerin werden ihn nicht gerade beeindrucken.«

»Nein, die sind eher für Ellas Agentur und meine persönliche

Sammlung. Vielleicht halte ich sie Kaiko einfach unter die Nase. Das müsste dann definitiv jemand filmen. Vielleicht könnte ich Ravi fragen, der Kerl hat auf der Messe echt abgeliefert. Er hat ein Auge für –«

»Haro, bitte. Ich will verstehen, was hier los ist.«

»Klar, sorry! Also: Die Screenshots sind nur ein Beispiel dafür, dass es *genügend* Menschen gibt, die allzu gern bezeugen, wie unglaubwürdig der Artikel ist – und dass ihnen Geld geboten wurde, um Aaron Fiedler in den Dreck zu ziehen. Sollte der Redakteur ebenfalls gekauft worden sein, hat er gegen den Pressekodex verstoßen und seine Journalisten-Karriere könnte mit einer Verleumdungsklage enden. Da Aaron beteuert, mit niemandem gesprochen zu haben, darf er auch nicht zitiert werden. Das Magazin muss mitziehen, wenn es weiterhin für Journalismus stehen will. Heißt, wir bekommen eine Richtigstellung, ob mit oder ohne ihn. Wenn er also klug ist, wird er zugeben, dass er niemals mit Aaron gesprochen hat, und uns helfen, alle Stränge zusammenzuführen. Egal ob Kaiko ihn bezahlt oder getäuscht hat, er hat einen groben Fehler begangen und kein Journalist wird gern verarscht, glaub mir.«

»Aber woher weißt du, dass Aaron nicht doch in all dem mit drinhängt? Stell dir vor, er tritt vor die Kamera und verleumdet *dich*.«

Er zögert. »Weil Ella es mir erzählt hat.«

Für einen Augenblick schweigen wir beide, nur das Rauschen des Windes dringt durch den Hörer.

»Und sie hat die Info direkt von Aaron. Er ist bereit, die Sache richtigzustellen«, ergänzt er.

In meinem Kopf wird es plötzlich still, während am anderen Ende der Leitung das stetige Plätschern von Regen einsetzt. »Sie hat mich vor ein paar Tagen angerufen und mich um Hilfe gebeten. Regina und ich sind seitdem an der Sache dran. Alle Verträge werden aktuell durch Herrn Erbaş, anwaltlich geprüft. Bis auf Weiteres habe ich Ellas Kommunikationskanäle übernommen.« Sein Ton klingt ungewohnt professionell. Er räuspert sich, wird vom Social Media Manager im Katastrophenmodus wieder zu meinem Kumpel. »Es tut mir leid, Mann. Sie hat mich gebeten, zunächst nicht mit dir zu sprechen, bis wir genügend Beweise in der Hand haben. Und da ich stark davon ausgehe, dass es gleich soweit ist … Ich habe dich so früh eingeweiht, wie es ging.«

Ich schlucke trocken. »Verstehe.«

»Jonah, ich weiß, Ella hat nicht gewollt, dass ich mit dir spreche, aber ich glaube, sie braucht jetzt jemanden. Als ich ihr eben die Lage geschildert habe, klang sie so … Keine Ahnung, leer? Obwohl diese Beweise alles sind, was sie wollte und braucht, um ihre Agentur dem Boden gleichzumachen, wirkte sie nicht glücklich. Wie kann sie das auch sein, wo sie nun buchstäblich nichts mehr hat, an das sie sich klammern kann. Ich weiß nicht, wer ihr nach dieser Sache noch bleibt, also …«

Plötzlich ertönt ein Surren. Es klickt und dann hallt Haros Stimme, als er sagt: »Ich gehe jetzt rein und schlage der Schlange den Kopf ab.«

»Okay«, antworte ich ein wenig überfordert. »Viel Erfolg«, füge ich hinzu.

»Dito, Mann.« Ehe Haro auflegt, flucht er inbrünstig. »Verfickte Scheiße. Kein Fahrstuhl.«

* * *

Ich habe zwanzig Minuten gebraucht, um mich dazu zu bringen, Ellas Nummer zu wählen. Und dann geht sie nicht mal ran. Das letzte Mal bei WhatsApp online war sie vor vier Stunden. Auch auf ihren Social Media Kanälen ist keinerlei Aktivität erkennbar. Lediglich ihre Stellungnahme zu dem Eklat wurde offenbar entfernt – ebenso wie über die Hälfte ihrer Gedichte. Ein Statement seinesgleichen.

Ohne weiter darüber nachzudenken, klappe ich meinen Laptop zu, greife Tasche und Jacke und eile aus meinem Büro. Ich nehme zwei Stufen auf einmal, rausche an Tim vorbei, der am Empfang sitzt, und trete nach draußen auf die verregneten Straßen von Weimar.

Schon nach wenigen Schritten verfluche ich mich selbst. Ich hätte einen Schirm mitnehmen sollen. Um mich halbwegs vor der Nässe zu schützen, klappe ich den Kragen meines Mantels hoch und halte ihn mit einer Hand zusammen.

Gedanklich gehe ich mögliche Anlaufstellen durch, an denen ich nach Ella suchen könnte, falls sie nicht zu Hause sein sollte. Das Schokolädchen oder die Herzogin-Anna-Amalia-Bibliothek kommen mir in den Sinn, ich überlege, ob es sie vielleicht sogar ins LAURA ADAMA verschlagen haben könnte. Doch ich fürchte, dass das Restaurant trotz der gemütlichen Couch am Fenster seit unserem katastrophalen Abend für sie negativ behaftet ist.

Ich könnte mir eine Ohrfeige verpassen. Warum habe ich nicht zugehört, als ich es hätte tun sollen? Richtig hingesehen. Wieso habe ich sie danach nicht wenigstens nochmals mit all dem konfrontiert? *LitA Bromberg* ist dafür bekannt, der weiße Hai im Haifischbecken zu sein. Es ist kein Wunder, dass sie es geschafft haben, Ella zu übergehen. Sie haben sie kaltgestellt und ihr weisgemacht, alles im Griff zu haben.

Mein schlechtes Gewissen frisst sich unaufhaltsam durch jede Ecke meines Verstandes. Denn wenn dieser ganze Shitstorm von ihrem Management inszeniert wurde, wie viel des Artikels entspricht dann wirklich der Wahrheit?

Du hast nicht den Hauch einer Ahnung, wie stark oder schwach ich bin, Jonah. Denn wie all meine Follower siehst du nur das, was man dich sehen lässt.

Ihre Worte klingen plötzlich so viel eindringlicher als noch vor zehn Tagen – und ich hasse, dass sie mir nun so ganz anders vorkommen. So echt.

Ich passiere das Denkmal von Goethe und Schiller und könnte schwören, dass die Blicke der Herren sich in meinen Rücken bohren – plötzlich beschleicht mich das Gefühl, dass sie ganz in der Nähe sein könnte. Wenn ich muss, werde ich die ganze Stadt durchkämmen, bis ich sie gefunden habe.

Ich biege in die Schillerstraße ein, laufe durch die Allee vorbei an dem Eiskaffee, habe fast meine Buchhandlung des Vertrauens erreicht, da entdecke ich eine Person, die mitten im Regen auf einer Bank sitzt. Aus der Ferne scheint die junge Frau fast wie eine Statue, doch je näher ich komme, desto sicherer bin ich mir.

»Ella.«

Mein Flüstern verliert sich zwischen den Tropfen. Ich habe sie gefunden. Sie starrt geradeaus, scheint keine Notiz von mir zu nehmen, auch nicht, als ich nur wenige Meter vor ihr stehen bleibe. Zu ihren Füßen hat sich eine kleine Pfütze gebildet. Als weine der Himmel an ihrer statt, denn ich bin sicher, die Spuren auf ihren Wangen stammen nicht von Tränen. Obwohl sie aussieht, als wäre ihr zum Weinen zumute.

Zwei Passanten mit Schirm werfen uns Blicke zu. Zwei Menschen, die mitten im Regen verweilen – wir müssen ein bizarres Bild abgeben. Doch das ist mir egal, das Bedürfnis, sie in diesem Zustand vor fremden Augen zu schützen, setzt mich in Bewegung.

Ich trete in ihr Sichtfeld, gehe vorsichtig in die Knie. Irgendetwas muss passiert sein. Warum sitzt sie hier im eifrigsten Regenschauer, der Weimar in den letzten Wochen ereilt hat?

»Ella?«, wiederhole ich und nun blinzelt sie, schaut auf und doch einfach durch mich hindurch. Die Ringe unter ihren Augen sind ebenso düster wie die Wolken über der Stadt, ihr Blick trüb wie die Pfützen, die sich am Fuße des jungen Ginkgobaums neben der Bank bilden. Nichts, das ich tue, scheint etwas zu bewirken, denn Ella erträgt den Regen nicht einfach, sie *ist* der Regen.

Selbst als ich mit meinen Fingern nach ihren taste, zeigt sie keine Reaktion. Prüfend betrachte ich ihr Gesicht; die Haare, die ihr an den Schläfen kleben. Sie muss schon lange hier sitzen.

Ich hebe die Hand, will sie nach ihrer Wange ausstrecken, sie darum bitten, mit mir zu sprechen, doch Ellas Iriden, die mich plötzlich fixieren, halten mich davon ab. Sie erinnert mich an die Porzellanpuppen meiner Großmutter, die sie in einer Vitrine vor mir und dem Rest der Welt weggeschlossen hat. Zu zerbrechlich, zu dünnhäutig, als dass ich sie jemals hätte berühren dürfen. Vielleicht würde auch Ella endgültig auseinanderfallen, wenn ich ihr jetzt zu nahe käme.

Schweren Herzens lasse ich die Hand auf halbem Weg wieder sinken und greife stattdessen sacht nach ihrer, warte ab. Bemühe mich, die nasse Kälte auszusperren und das Zittern meiner Glieder zu unterdrücken. Doch die Nässe frisst sich durch den Stoff meiner Kleidung; so eisig, dass ich den Kampf gegen meinen Körper verliere.

Auch Ella bleibt das nicht verborgen.

»Geh nach Hause, Jonah.« Ihre Stimme klingt fremd, monoton, beinahe … leblos. Vorsichtig gleitet mein Blick zu ihr, in der Hoffnung, endlich eine Regung zu entdecken. Doch das Einzige, was sich bewegt, sind die Regentropfen, die sich an ihre Haut schmiegen, über die Wölbung ihrer Wangenknochen stürzen und sich mit den Tränen vermischen, die sich nun doch ein Weg ins Freie kämpfen. Aus ihrem Regenblau.

Kapitel 34

Eine Vermutung zu haben, ist etwas anderes, als es schwarz auf weiß vor sich zu sehen – oder von einem Haro zu hören, der nicht mal drei Tage gebraucht hat, um etwas zu verstehen, für das ich seit letztem Jahr zu naiv gewesen bin. Während jenes Gedicht damals viral gegangen ist, ist mein Verstand zugrunde gegangen.

Seit einer Stunde analysiere ich sämtliche Gespräche, die ich jemals mit meinem sogenannten *Team* geführt habe; versuche, meine Schuld an all dem zu ermessen, die ich ohne Zweifel trage. Denn auch wenn ich derart hintergangen wurde, spricht mich das noch lange nicht von Fehlern frei. Es hilft mir vielleicht, mir selbst irgendwann zu verzeihen, doch es zeigt mir ebenso detailreich, wie sehr ich mich an dem Tag verloren habe, als ich mein Kind und Aaron aufgeben musste. Und wie sehr ich mich danach geweigert habe, aus ebendiesem Abgrund aufzusehen.

Stattdessen habe ich mich tragen lassen. Von einem Leben, das ich niemals auf diese Art führen wollte. Und von den Personen darin, die mich immer mehr in die verkehrte Richtung gezogen haben.

Ich war so unheimlich lang passiv, und im Moment glaube ich, dass mir genau diese Passivität den letzten Rest von Ella geraubt hat. Nicht einmal hier im Regen weiß ich, wer ich bin und was überhaupt noch von mir übrig ist – dabei war er schon immer mein engster Freund.

Nur Jonahs Gesicht – sein viel zu nasses Gesicht, das ich am liebsten von all dem Wasser befreien würde, lässt mich wieder etwas anderes fühlen, selbst wenn es nur die Sorge um ihn ist. Sein Zittern ist spürbar. Das Letzte, das ich will, ist, dass er sich hier draußen den Tod holt.

Also nutze ich ihn – diesen Funken, den mir der Mensch vor mir schenkt. Und ein Schaudern packt meinen Körper, als ich zulasse, ihn wieder zu spüren; seine Hand mit meiner fest zu umfassen, mit der letzten Kraft, die ich aufbringen kann. Wortlos ziehe ich Jonah auf die Beine, ehe ich einige Meter mit ihm durch den Regen eile, um uns vor der örtlichen Sparkasse unter dem geräumigen Betonvorbau unterzustellen.

»Was tust du nur?«, frage ich, während ich ihm mit meinen steifen Gliedern über die Arme reibe. Zwar bin ich immer noch nicht ganz bei mir, aber Jonah ist in diesem Moment wie ein Fokus.

»Das müsste ich *dich* fragen«, erwidert er, ein leichtes Bibbern in der Stimme. »Du holst dir n-noch den Tod!«

Entgegen aller Logik fühlt sich mein Körper lediglich taub an, vielleicht weil er sich der Temperatur meines Inneren angepasst hat. Eine Braue erhoben sehe ich ihn an – und er versteht. Nicht ich bin es, die friert, zumindest nicht äußerlich. Innerlich bin ich längst erfroren.

»Ich meine es d-dennoch ernst«, wiederholt er ein paar Augenblicke später. »Warum sitzt du im strömenden Regen, Ella?«

»Weil ich … Es hat mich geerdet und meine Gedanken geklärt. Regen lässt einen spüren, dass man noch da ist.« Auch wenn das bis gerade noch nicht der Fall gewesen ist. Erst Jonah hat Gefühl in mir geweckt. Tut es noch jetzt, weil er mich ansieht, mit Sorge und Zuneigung, die ich nicht verdient habe. Deshalb füge ich hinzu: »Dass man selbst da ist, nicht das Pseudonym, hinter dem man sich versteckt hat.«

Meine Worte scheinen ihn zu treffen; aufzuwühlen, aber er

wartet, bis ich weiterspreche.

»Es tut mir leid, dass ich das nicht eher gesehen habe. Und obwohl ich die Lalott, die ich zuletzt gewesen bin, nicht mehr sein möchte, würde ich dir gerne die ganze Wahrheit über sie erzählen – und warum sie mich gerettet hat, bevor ich sie mit mir in den Abgrund gerissen habe.«

»Haro hat mir erzählt, was los ist. Du musst nicht –«

»Haro kennt vielleicht die Wahrheit von heute, aber nicht die vom letzten Jahr. Doch ich möchte, dass *du* sie kennst, damit du verstehst, weshalb ich zu dieser Ella hier geworden bin.«

»Du weißt, ich mag diese Ella, nicht wahr?«

Ich schlucke. »Tatsächlich? Denn in den meisten Momenten habe ich mich nicht einmal selbst gemocht.«

Dass ich aufgehört habe, ihn durch meine stetige Berührung zu wärmen, merke ich daran, dass er nun wieder nach meinen Fingern greift. Der finale Impuls, der mich endlich die Wahrheit aussprechen lässt.

»Letzten Herbst, bevor mein Gedicht viral gegangen ist, habe ich nicht nur Aaron verloren, sondern auch unser Kind.« Ich halte mich an Jonah fest, weil die Worte mich wanken lassen. »Elf Wochen durfte es in mir wachsen, ehe wir Abschied nehmen mussten – von ihm und voneinander. Weil wir uns in jeder Sekunde danach an diesen Schmerz erinnert haben. Manche Menschen kommen zusammen darüber hinweg, wir hingegen …« Ich lasse meinen Blick kurz in mich wandern. In die Ferne, die eine Zukunft mit sich nahm. Dann sehe ich wieder Jonahs warme Augen. »Wir haben zu viel Schmerz geteilt; zu viel und zu wenig zur selben Zeit, bis kaum etwas mehr da war außer Erinnerung. Und ab einem bestimmten Punkt lohnt es sich nicht mehr, ihr hinterherzujagen.«

Sein Blick ist gezeichnet von ehrlichem Mitgefühl, aber auch von Schock und Verständnis.

»Viele der Gedichte, die im Hinblick auf Aaron interpretiert wurden, haben nicht auf unsere kaputte Beziehung hingedeutet, sondern vor allem auf unseren Verlust. Und auf meine Beziehung zu mir selbst, nur ist mir das erst jetzt bewusst geworden. Till hat mich mit der Nase darauf gestoßen.«

»Till?«, fragt er mich.

»Als wir uns auf dem Weg zu C3POs Geburtstag über den Weg gelaufen sind, hat er mir von seiner Tochter erzählt. Und wie er dabei gelächelt hat, hat mich ihm von meiner erzählen lassen. Davon, wie viele Gedichte durch sie entstanden sind.«

>»Als du von Sehnsucht sprachst,
schwieg ich,
nur der Regen um uns schrie.
Vielleicht weil er weiß,
wie weh es tut,
wenn man die Sonne nicht findet.
Vielleicht aber auch,
weil Regen es einfach so tut.«

Ihn die Verse sprechen zu hören, die mein Leben im letzten Jahr verändert haben, während der Regen um uns herum tatsächlich ganz Weimar mit seinem Rauschen erfüllt, lässt mich erschaudern. Mich an eine Zeit zurückdenken; an ein Gefühl. Und zum ersten Mal bin ich – trotz allem, was es nach sich gezogen hat – dankbar dafür, dass ich dieses Gedicht in die Welt getragen habe. Für manche Worte ist in einem gebrochenen Herzen einfach nicht genug Platz. Sie schaffen es durch die Risse in die Freiheit. Worte, die für etwas stehen, das nur mir und Aaron gehört hat.

Jonah sieht nicht so aus, als wüsste er, was er sagen sollte, aber das muss er auch nicht. Niemand von uns muss es, weil sowohl unser

Schweigen als auch der Regen genug erzählen. Und obwohl ich nicht verstehe, was genau es ist, fühlt es sich heilsam an.

»Danke«, wispert er irgendwann.

»Ich möchte dir auch danken«, erwidere ich und ehe ich es realisiere, huscht ein Lächeln über mein Gesicht. Ein bittersüßes. Sein fragender Blick lässt mich weitersprechen. »Für das Verstehen, das du in mir ausgelöst hast. Für die Träume und Wünsche, die sich endlich wieder in mir einnisten. Selbst für dein Unverständnis, das mich in mancher Hinsicht immerhin zur Reflexion eingeladen hat.«

Sein Auflachen ist ungläubig und dennoch ehrlich – und meins ist es ebenso, als er sagt: »Letzteres kann ich nur hundertfach zurückgeben.« Doch es erstirbt, als er hinterhersetzt: »Und allein dafür hat sich all das hier gelohnt, Ella. *Du* hast dich gelohnt. Ich hoffe sehr, dass du das eines Tages genauso empfindest.«

O ja, das hoffe ich auch …

»Aber jetzt, Ella – was willst du jetzt tun?«

»Außer meinem Management die Kündigung auf den Tisch legen, nachdem *ich* diejenige sein werde, die nun an die Öffentlichkeit tritt?« Das Gefühl der Überlegenheit lasse ich zum ersten Mal zu – und es tut gut. Tut gut zu wissen, dass die Menschen, denen ich zu einem großen Teil meine derartige Reichweite verdanke, genau daran zugrunde gehen werden. »Ganz ehrlich, Jonah, ich weiß es nicht. Plötzlich stehe ich an einem Punkt, an dem seit Langem ich selbst entscheiden kann, welchen Weg ich einschlage. Auf einmal bin ich von echten Möglichkeiten umgeben, nur bin ich mir unsicher, welche davon zu mir selbst führen werden.«

Das Lächeln, das er mir schenkt, erreicht jede Zelle in mir. Und die Ehrlichkeit darin ist so überwältigend, dass sie mir nicht den Atem raubt, sondern ihn mir schenkt.

»Jeder wird es tun«, verspricht er dann. »Solange du entscheidest, wird jeder Weg das Ziel sein, selbst wenn einer verzweigter ist als der andere.«

»Aber was, wenn ich auf diesem Weg etwas verliere, das mir …
eigentlich zu wichtig ist?«

»Ich werde nicht anfangen, dieses Sprichwort von dem Vogel und
der Freiheit zu zitieren, das bereits auf zu viele Körper dieser Welt
tätowiert wurde. Aber es gibt jemanden, den du unheimlich schätzt,
der einst sagte: *Wie gern hätte ich mein Menschsein drum gegeben,
mit jenem Sturmwinde die Wolken zu zerreißen, die Fluten zu
fassen!*«

»Du weißt, dass das eine der tragischsten Stellen des Buches ist,
nicht wahr?«, gehe ich auf Nummer sicher. »Werther sinniert davon,
sich in den Abgrund zu stürzen, und fasst kurze Zeit später den Entschluss, sein Leben zu beenden.«

»Ganz genau«, erwidert er. »Nur ist dein Sturm ein anderer, Ella.
Es ist nicht der am Grunde des Abgrunds, es ist der, der dich an
einen anderen Ort deines Selbst bringen wird. Der, der dich begreifen lässt, wie wunderschön dieses Leben ist – und wie wertvoll jede
Erinnerung.« Jonah streicht mir meine nassen Strähnen aus dem
Gesicht; verharrt mit seiner Hand an meiner Wange. »Denn du bist
nicht nur Sturm, Ella. Du bist auch Drang. Vielleicht hast du das
noch nicht verstanden, aber mir … Mir war es in der ersten Sekunde
bewusst, selbst wenn du in diesem Moment buchstäblich vor der
Welt geflohen bist.«

»Rea D. Kurtis«, wispere ich mit Tränen in den Augen. »Haben
Sie schon einmal überlegt, Romance zu schreiben?«

Sein Grinsen steht ihm so gut, dass ich es mir einpräge. Jedes Fältchen in seinem Gesicht, jede Rundung seiner Lippen. Vor allem
diese Augen, die mich plötzlich wissen lassen, was zu tun ist. Die mir
zu verstehen geben, wie einfach es manchmal ist – und wie nötig.

»Man soll niemals nie sagen, nicht wahr?«

»Das sollte man nicht.« Das sollte man niemals. Besonders nicht
zu einem Menschen wie Jonah.

Hundert Verse wirbeln in meinem Kopf, brauchen einen

Moment, ehe ich ein paar von ihnen fassen und zu etwas Neuem gestalten kann. Etwas, das einzig für ihn ist.

»Tapeziere mein Leben mit
Gedichten über Sehnsucht,
mit Versen voll Abendsonne,
Regentränen und leichter Apathie.
Lenk mich ab von der Qual,
nie das perfekte Wort für uns zu finden.
Und warte, bis eines von dir
in mein mit Gedichten tapeziertes
Leben flattert.«

Erneut schweigt er; erneut sieht er nicht durch mich, nicht zu mir, nicht in mich – sondern *mit* mir. Und ich erkenne die Frage, die er mir nur eine Sekunde später erneut stellt.

»Was hast du jetzt vor, Ella?«

Und dieses Mal kenne ich die Antwort.

Kennst du die Antwort auch?
Dann entscheide!

Lies Kapitel 35.1. auf Seite 381, wenn Ella antwortet:
»Ich lasse Ella und Lalott endlich eins werden.«

Lies Kapitel 35.2. auf Seite 389, wenn Ella antwortet:
»Ich entscheide mich für Ella.«

Um Abenteuer zu bestreiten, braucht es mehr als einen Helden – und um von ihren glorreichen Taten zu erzählen, mehr als eine Geschichte.

Kapitel 35.1

Allein die Willenskraft von Regina Jørgensen ist dazu imstande, sechzig Menschen im LAURA ADAMA unterzubekommen. Jeder Quadratzentimeter des knarrenden Parketts im Gast- sowie Ausstellungsraum ist maximal ausgereizt. Selbst der Flur ist gefüllt. Die Inhaber der örtlichen Buchhandlungen stehen so nah hinter Ella, dass sie während ihrer Vorlesung bequem über ihre Schulter hinweg mitlesen können. Und die Masse der Leute, die zur Veröffentlichung von »*Wenn Worte klingen, atme ich*« gekommen sind, wiegt sich zu den musikalischen Beiträgen der Künstlerin *Adama* wie eine dicht bewachsene Wildblumenwiese im Wind.

Das Zusammenspiel der Weimarer Musik und Poesie verbindet nicht nur zwei Kunstformen zu einem einzigartigen Erlebnis, sondern scheint das Publikum in eine tranceartige Stimmung zu versetzen. Denn neben Haro, der die Fülle des Raumes schamlos ausnutzt, um sich an Elfies Schulter zu lehnen, scheint die Wärme auch sonst niemanden etwas auszumachen. Wenn ich Elfies Gesichtsausdruck richtig deute, rühren ihre geröteten Wangen nicht nur von Hitze.

Die von der Sonne aufgeladene Luft, die vom Kopfsteinpflaster des Marktes durch die geöffneten Fenster dringt, bietet an einem Septembertag wie heute nur wenig Abkühlung. Trotzdem ist die Aufmerksamkeit der Anwesenden ungeteilt auf Ella und ihre Poesie gerichtet. Abgesehen von Haros natürlich.

Noch vor ein paar Monaten hätte dieser Tag vermutlich in einer der größten Buchhandlungen oder gar einer Tagungshalle mit übermäßigem Presseaufgebot stattgefunden. Doch nachdem Ella sich von *LitA Bromberg* getrennt und ihrer Community ihr wahres Ich gezeigt hat, stand zunächst nicht fest, ob es überhaupt ein Buch geben würde. Schlussendlich hat nicht nur Ella sich für sich entschieden, sondern auch der Verlag. Jeder einzelne von uns hat sich für ihr Buch entschieden – und etwas Besseres hätte nicht passieren können.

Regina zu überzeugen, hat allerdings nicht nur meinen und Ellas, sondern auch Haros vollen Einsatz gekostet. Dass wir beide hinter ihrem Rücken ein Konzept erarbeitet hatten, mit dem sie uns nie beauftragt hat, stellte durchaus ein Problem dar. Unserer verständnisvollen Verlagsleitung sei Dank konnten wir das in einem offenen Gespräch allerdings untereinander klären. Die größte Herausforderung bestand darin, das Gesicht des Verlags und der Autorin zu bewahren. Dadurch ist Regina fast froh darüber gewesen, dass Haro einiges aus unserem Konzept verwenden und direkt umsetzen konnte. Es hat viel Zeit, Telefonate und Mühe gekostet, aus dem Skandal, der Ella ereilt hat, für alle Beteiligten eine Lösung zu finden. Bisher ist für Regina Jørgensen jedoch keine Hürde zu hoch gewesen – wie der heutige Tag beweist.

Vielleicht wächst Lalotts Debüt ohne die manipulativen Mittel ihres Managements nicht zu dem Zugpferd heran, das der *eda*Verlag sich erhofft hatte, aber ein solches Ziel auf Kosten eines anderen Menschen zu erreichen, ist für uns ohnehin unvertretbar – und wird es immer bleiben.

Die zuvor ausgelösten Vorbestellungen zu einem Buch, das es letztlich nicht gegeben hat, mussten aufgelöst und die Titelmeldung im VLB – dem Verzeichnis lieferbarer Bücher – angepasst werden. Aber Ellas Community sorgte auf wundervolle Weise für positive Presse. Wir haben das Buch vorab derart oft an Bloggende versendet, dass es einen regelrechten Poesie-Hype ausgelöst hat. Und dadurch standen plötzlich wieder Worte statt Urteile im Vordergrund.

Ich lehne im Türrahmen zum Flur neben einem eifrig klatschenden älteren Ehepaar, das stetig mit Tränen kämpft und vermutlich zu Ellas Familie gehört. Diese setzt gerade dazu an, sich bei allen Mitarbeitenden des Verlags zu bedanken. Die darauffolgenden Minuten sind gefüllt von Beifall, Lob, Liebe und lautem Gelächter. Spätestens als Haro wie zur Verlags-Weihnachtsfeier dazu übergeht, immer wieder Namen und Schlagworte aufzugreifen, diese laut in die Menge zu brüllen und die Gäste zu animieren, dazu zu klatschen, gibt es kein Halten mehr. Elfies Gesichtsfarbe hat sich vor Lachen von einem zarten Rosa in Tomatenrot gewandelt. Was Haro zur Höchstleistung anspornt.

Er brüllt »Lyrik!«, klatscht und jubelt und die Gäste stimmen ein.

Ich ziehe mich unauffällig zurück, gehe die Treppe nach unten, als ein lautes »Goethe!« von Haro und ein noch viel lauteres Auflachen der Masse über mir ertönt, ehe ich schmunzelnd durch den schmalen Flur laufe. Mich erinnere, wie ich noch vor ein paar Monaten mit Ella hier gewesen bin. Das Handy in der Hand, darauf die Schlagzeile des Artikels über die Lyrikerin, die ihren Erfolg auf dem Rücken ihres Ex-Freundes aufgebaut hat.

Das Entsetzen in ihrem Gesicht, weil sie diese Behauptung mir gegenüber nicht vollends verneinen konnte, bekomme ich bis heute nicht aus dem Kopf. Genauso wenig wie ihre Enttäuschung, als sie realisierte, dass ich keinerlei Erklärung diesbezüglich hören wollte.

Sobald ich auf den Marktplatz trete, wärmen die letzten Sonnenstrahlen des Tages mein Gesicht, was mich innehalten lässt. Für einen Moment schließe ich die Augen und atme den Geruch des Spätsommers ein. Bilde mir ein, den frischen Duft des gemähten Rasens vor der Herzogin-Anna-Amalia-Bibliothek, einige hundert Meter entfernt, zu riechen. Darunter mischt sich etwas, das sich sowohl vertraut als auch fremd anfühlt. Ich bin unsicher, ob es die bald verwelkenden Blüten des Sommers sind oder die ersten verfärbten Blätter der Ginkgobäume, die ich auf dem Weg zur Veranstaltung entdeckt habe. Doch der Herbst und seine Schwere werden nicht mehr lange auf sich warten lassen.

Fest steht, dass ich kaum mehr Gewicht tragen kann. Die letzten Monate hielten genügend Turbulenzen für ein gesamtes Leben bereit, sodass ich mich mehr denn je nach Beständigkeit und Ruhe sehne.

Mein heimlicher Abgang von der Releaseparty zu Ellas Buch fühlt sich an wie eine Flucht, und doch kann ich nicht bleiben. Keine Buchveröffentlichung hat mich je so viel gekostet. Ich habe bereits in der Vergangenheit für Projekte gekämpft; für Schreibende und ihre Geschichten meine Hand ins Feuer gelegt, doch noch nie habe ich mich dabei so verbrannt wie bei Lalott. Noch nie habe ich mein Herz mitten in die Flammen geworfen, ohne zu wissen, wie viel davon am Ende übrig bleibt.

Aus Reflex lege ich die Hand auf meine Brust, reibe über das klamme Shirt, das von der Hitze im prall gefüllten LAURA ADAMA an meiner Haut klebt, und fühle meinen Herzschlag. Ich weiß, dass es weder langsamer noch weniger laut schlägt als zu Beginn des Jahres, und doch ergreift mich immer wieder das Gefühl, als hätte es an Kraft verloren.

»Gehst du schon?«

Obwohl ich es mir momentan anders wünsche, verrät mein schneller werdender Puls, was allein der Klang von Ellas Stimme mit mir anstellt.

Ich öffne die Lider, drehe mich um und vermisse im selben Moment, in dem ich mich von der Sonne abwende, ihre beruhigende Wärme auf meinem Gesicht. Stattdessen blicke ich in das Lichtblau, das mir entgegenblickt und trotz des besonderen Tages noch immer eine gewisse Kälte ausstrahlt. Und ich frage mich, ob ich ihr und meinen Gefühlen für sie im Moment gewachsen bin.

Als ich Ella im Frühling verlor, fand ich etwas gänzlich anderes. Obwohl ich dachte, das Autorenleben würde mir nicht stehen, mir nicht passen wie ein zu großes Jackett, hat mir die Zeit nach der Leipziger Buchmesse gezeigt, dass das vielleicht nicht stimmt. Vielleicht hatte ich einen falschen Blickwinkel. Vielleicht habe ich dieses Jackett nie anprobiert und stelle nun fest, dass es passen könnte, wenn ich mich nur traue, es zu tragen. Rea D. Kurtis hat mir eine Seite von mir gezeigt, die ich nicht kannte. Die Kommentare, die vielen Leser, die seither auf *Wrify* jedes Wort, das ich ihnen schenke, feiern, die Figuren so lieben, wie ich es tue – sie haben etwas in mir geweckt. Einen Wunsch, der plötzlich unglaublich laut ist. Vor allem, seitdem ich ihn wieder vernachlässige – für Ella.

»Laura und die Band wollen mit dem Team noch einen Absacker auf den gelungenen Tag trinken«, sagt Ella und weist mit der Hand über ihre Schulter.

»Klingt nach einer guten Idee, ihr habt alle abgeliefert.« Das Lächeln, das sich auf meine Lippen legt, ist ehrlich, wenn auch ein wenig müde.

Ich freue mich für sie, bin stolz darauf, dass sie gewagt hat, sich von ihrem Management und ihrem Image zu lösen, um das zu schreiben, was für sie das Beste ist. Dennoch überkommt mich seit Tagen das Gefühl, dass ich nicht länger ein Teil davon sein kann. Dass ich das, was ich ihr vor Monaten ans Herz gelegt habe, nicht selbst versäumen darf.

Sie betrachtet mich abschätzend, als sie feststellt: »Du kommst nicht noch einmal mit nach oben, nicht wahr?«

Ich verziehe den Mund zu einem Strich, halte mich davon ab, ihr zuliebe einzuknicken. Dann aber schüttle ich den Kopf. »Tut mir leid«, schiebe ich hinterher.

Es ist schon spät. Ich bin müde. Die letzten Tage waren lang. All das stiehlt sich fast über meine Lippen, doch über den Punkt, an dem wir auf Notlügen zurückgreifen, sind Ella und ich längst hinaus.

Absolute Ehrlichkeit, darüber waren wir uns einig, als wir unsere Zusammenarbeit wieder aufgenommen haben. Ebenso wie über die Tatsache, dass sowohl Ella als auch ich es Regina schuldig sind, uns an ihren Wunsch zu halten, das Projekt durch persönliche Befangenheiten nicht weiter zu gefährden. Wir haben der Anziehung zwischen uns nicht mehr nachgegeben, den Fokus auf ein gemeinsames Ziel gesetzt, dem Verlag und dem Buch zuliebe. Und nach allem, was passiert ist, weiß auch ich, dass ich diese Zeit gebraucht habe – sie vielleicht noch immer benötige. Deshalb schlucke ich die falschen Ausreden herunter.

»Aber ich wünsche euch noch einen großartigen Abend. Die Leute werden das Buch lieben. Du kannst stolz auf dich sein.«

Ich reiße mich von dem aufkommenden Sturm in ihren Augen los und setze einen Schritt zurück.

Mit Ella, die in drei Schritten bei mir sein und mich am Arm packen würde, haben ich und mein Herz allerdings nicht gerechnet. Nicht nur ich, sondern auch jede meiner Zellen hält die Luft an, während ihre Hand auf meinem Arm wie Feuer brennt.

»Warte, ich … Ich wollte mich noch bei dir bedanken.«

»Das hast du bereits«, wende ich ein, umfasse ihre Hand und löse sie von mir.

Es tut weh. Es tut noch immer weh, mich von ihr zu entfernen, aber ich habe einfach das Gefühl, dass ich noch nicht bereit bin. Dass ich mich zuerst sortieren und meine Wünsche verstehen muss, um wieder mit ihr sein zu können. »Es ist nicht notwendig, dass –«

»Doch, das ist es«, widerspricht sie mir und umfasst meine Finger nun mit beiden Händen, als würde sie mich davon abhalten wollen, davonzulaufen.

Das Licht des Sonnenuntergangs fällt auf ihr Gesicht, legt einen Schimmer auf ihre seit kurzem kupfernen Haare und bringt ihre zarten Sommersprossen zum Vorschein. Obwohl der Schleier der Vergangenheit an manchen Tagen noch immer an ihr haftet, ist sie deutlicher als je zuvor die Ella, an die ich mein Herz verloren habe. Allerdings fühlt es sich auch so an, als hätte ich auf diesem Weg ein Stück von *mir* verloren. Wenn ich mich auf Ella konzentriere, entgleite ich mir. Und ich muss erst lernen, ich zu sein, bis aus *uns* ein *wir* werden kann.

»Es ist nicht nur deine unglaubliche Arbeit als Lektor, für die ich mich bedanken will, Jonah. Du hast mich in meiner dunkelsten Zeit gesehen, in einer Zeit, in der …«

»Ella –«, setze ich an, doch sie lässt mich nicht zu Wort kommen.

»Du hast mich gesehen, während ich es nicht konnte, und es tut mir leid, dass ich nicht bereit war, das zwischen uns zuzulassen; dich wirklich an mich ranzulassen, aber jetzt …« Sie verschränkt ihre Finger mit meinen und ich lasse es zu; bringe es nicht fertig, mich von ihr zu lösen. Wünschte, dass es so einfach wäre, wie sie es klingen lässt, aber zerrissenen Stoff flickt man nicht mit ein paar Stichen. »*Jetzt* bin ich es. Dank dir sehe ich mich wieder, Jonah, und ich sehe mich mit dir.«

Mir schnürt es die Kehle zu.

Ihre Worte, ihre Berührung, das Versprechen dahinter ist alles, was ich mir, seitdem wir uns im *eda*Verlag zum ersten Mal gegenüberstanden, gewünscht habe. Ich wollte mehr von ihr wissen, wollte zu ihr durchdringen, sie kennenlernen. Und sobald ich auch nur eine Kostprobe davon bekommen habe, konnte ich nicht mehr aufhören. Aber jetzt, nachdem ich mich auf dem Weg hierher vollkommen aufgebraucht habe, brauche ich nur eines: Zeit. Nur etwas Zeit, um mich wieder aufzuladen. Um das, was sich in mir verändert hat, einzuordnen. Denn wenn ich Ella in diesem Moment anschaue, sehe ich nur sie, ausschließlich sie.

Ihr erwartungsvoller Blick liegt auf mir, das kann ich spüren – ich und mein geschundenes Herz. Ich schäme mich dafür, dass ich es erst schaffe, sie anzusehen, nachdem die Gedanken meinen Mund verlassen haben. »Ich kann nicht in Worte fassen, wie sehr ich mir das hier, *uns,* wünsche, Ella.«

»Aber?«, fragt sie, ihre Stimme sanft und voller Bereitschaft, jeglichen Zweifel aus dem Weg zu schaffen.

»Ich sehe *mich* nicht mehr«, bringe ich schließlich hervor, hebe den Kopf. Spüre, dass ich meine Gefühle nicht mehr zurückhalten kann. Sie überkommen mich, brechen wie eine Welle über mir zusammen, die sich seit Monaten aufgetürmt hat.

Ich betrachte durch den Schleier meiner Tränen, wie der letzte Sonnenstrahl aus Ellas Gesicht verschwindet. Und ihre Hoffnung, als ich die Wahrheit ausspreche: »Ich sehe nur dich.«

Ihr Griff um meine Finger verstärkt sich. »Wenn ich nicht ich wäre, würde ich gerne sagen, dass *ich* dich sehe – und mir wünschen, dass das reicht. Aber, das ändert nichts, richtig?«

Alles, was ich kann, ist, müde, aber dankbar zu lächeln.

»Erinnerst du dich, dass ich einmal gesagt habe, dass es leichter war, mich zu vergessen, als mich mir selbst zu stellen?«

Wie könnte ich auch nur eine Sekunde mit ihr vergessen ...

»Lass nicht zu, dass dir das passiert, Jonah. Finde, was auch immer du suchst, auch wenn der Weg dich von mir wegführt, vielleicht sogar aus Weimar. Doch wenn du bereit bist, dann komm zurück. Zurück in die Welt des Geschriebenen und, wenn du möchtest, zurück zu mir. Ich werde bleiben, Jonah, und wenn du wiederkommst, die Stadt mit den schönsten Gedichten pflastern.«

Ihr Lächeln ist, was einen ersten Teil von mir heilt; nur einen winzigen. Aber vor allem ist es ein Anfang, den sie mir schenkt. Einer, der zwar ein Ende hat, aber nicht das Ende *ist.*

»Weißt du, manchmal ist es der richtige Mensch, aber nicht die richtige Zeit. Und selbst wenn beides richtig ist, kann man selbst der Fehler in dieser Gleichung sein. Und das ist okay.«

Epilog ab Seite: 396

»Um Abenteuer zu bestreiten, braucht es mehr als einen Helden – und um von ihren glorreichen Taten zu erzählen, mehr als eine Geschichte.«

In dem Moment, als Jonah auf dem Podest sein Buch zuklappt, brandet Applaus durch die recht kleine Buchhandlung – was vor allem an seinen Freunden in der ersten Reihe liegt, die sogar aufspringen und ihm zujubeln. Doch nicht nur: Jonah war schon immer in der Lage, Menschen mit sich zu reißen. Es ist nicht nur seine Art, zu schreiben oder Dinge auszusprechen, es ist einfach … er. Seine Eindringlichkeit, die Wichtigkeit, die jedes seiner Worte vermittelt – seien sie noch so fantastisch.

Hätte Haro mir nicht geschrieben, wäre Jonahs Veröffentlichung vermutlich an mir vorbeigegangen. Nicht, weil er mir in den vergangenen Monaten egal geworden wäre, sondern weil ich sämtliche Social Media Kanäle vorerst gelöscht habe und mich sowohl von Buchhandlungen als auch den Regionalzeitschriften Weimars fernhalte. Etwas, das mir unheimlich viel Raum zum Nachdenken gegeben hat. Nun hierzustehen, Jonahs Lächeln nach all der Zeit wieder zu betrachten, schafft jedoch ebendiese Nähe, die mir in den letzten Monaten gefehlt hat. Denn ich bin mir sicher, sein Stolz spiegelt sich hundertfach in meinen Augen – ebenso wie die Spätsommersonne, die durch die Schaufenster fällt und ihn blenden muss. Ich bin mir sicher, andernfalls hätte er mich längst entdeckt.

Ravi stößt mich von der Seite an, sodass mir auffällt, dass ich die einzige Person in diesem Raum bin, die keinen Beifall klatscht. Offenbar war ich zu sehr damit beschäftigt, Jonah anzusehen, der gerade von Regina in den Arm genommen wird, ehe er sich zu dem Signiertisch am Rand begibt. Darauf stapeln sich einige Ausgaben von *#1803 – Letzte Ära der Xaloph Wüste.*

Plötzlich fühlt es sich an, als würden meine Beine Tonnen wiegen. Und obwohl ich bis eben keinerlei Furcht empfunden habe, ihm gegenüberzutreten, bin ich nun froh, dass Ravi und ich uns ganz ans Ende der Signierschlange reihen, damit ich mich sammeln kann. Ravis Haare sind während unserer gemeinsamen Reisezeit so gewachsen, dass Jonah uns vielleicht umso später erkennt.

»Schaffst du es, deinen Gesichtsausdruck für ein Foto halbwegs unter Kontrolle zu kriegen?«, möchte mein bester Freund von mir wissen. »Selbst wenn wir heute nicht auf Goethes Spuren durch Italien wandern, sollte der heutige Tag Teil unseres Blogs sein.«

Das sollte er. Und wie er das sollte. Denn nach jeder Reise gibt es eine Wiederkehr – und obwohl ich mir nicht sicher bin, ob dies meine ist oder nur ein weiterer Stopp meiner Selbstfindung, ist das hier vielleicht der wichtigste Spot der vergangenen Monate.

»Ich werde nicht posen, verstanden?«

»Als würdest du das jemals …«, nuschelt er in seinen mittlerweile vorhandenen Bart und holt seine Kamera aus der Tasche. Als wäre er auf der Lauer, entfernt er sich und verschwindet zwischen den Leuten, um Bilder zu schießen. So wie ich ihn kenne, wird er aus einer dunklen Ecke auch mich anvisieren.

Unbeeindruckt lasse ich meinen Blick wieder zu Jonah wandern, der ein Buch nach dem nächsten signiert, sogar in Selfiekameras lächelt und unheimlich … erfüllt aussieht. Obwohl er vor einigen Monaten noch gesagt hat, dass er nicht für die Öffentlichkeit gemacht ist, wirkt er nun, als gehöre er genau dorthin. Im Gegensatz zu mir. Denn er wirkt dabei so natürlich, wie ich mich nur auf Ravis

Bildern während unserer Italienreise gefühlt habe. Und vielleicht, ganz vielleicht, wirkt er dadurch noch anziehender als am Tag des Regenschauers.

Denke ich daran zurück, zieht sich mein Magen zu einer Kugel zusammen, die einerseits ein Kribbeln durch meinen Körper jagt, andererseits aber auch schwer wiegt. Nachdem ich ihm sagte, dass ich erst Ella finden muss, um Lalott wieder einen Platz in meinem Leben zu geben, hat er gelächelt, obwohl unser beider Herz im selben Moment gebrochen ist. Ich konnte es regelrecht hören – klar und deutlich klang es im Rauschen des Regens nach. Und dennoch habe ich seitdem nie sein geflüstertes »Das ist perfekt!« vergessen.

Noch am selben Abend habe ich Haros Aufzeichnungen per Mail bekommen, an eine Journalistin seines Vertrauens weitergeleitet und kurz darauf meine Reichweite bei Social Media genutzt, um ein echtes Statementvideo zu posten. Eines, das die beiden Menschen, denen ich ebenjene Community zu verdanken hatte, öffentlich mit der Wahrheit konfrontierte. Meine Agenturvertragskündigung warf ich am nächsten Morgen frankiert in den Briefkasten, loggte mich aus sämtlichen Accounts aus, bei denen ich zuvor die Passwörter änderte, und brach nach Leipzig zum Flughafen auf. Meine Familie rief ich erst an, als ich bereits auf dem Weg dorthin war. Ebenso wie Ravi, der sich mir allerdings keinen Monat später anschloss. Etwas, das ich ihm nie vergessen werde.

Und selbst wenn sowohl meine Tante als auch meine Eltern all das unheimlich überstürzt fanden, überwiesen mir Letztere noch am selben Tag eine beträchtliche Summe. Ich hatte geplant, während der Reise kleinere Jobs anzunehmen, um mich über Wasser zu halten, doch meine Eltern wollten vor allem eines: dass ich die Zeit wirklich nutze, wenn ich dafür schon vorerst alles hinter mir ließ. Sie besuchten mich sogar im Juni in Bologna – und ich habe die Zeit mit ihnen selten so genossen.

Die Schlange vor mir bewegt sich, weshalb ich aufschließe. Am liebsten würde ich sogar die Sekunden zählen, doch je mehr es werden, desto doller steigt die Aufregung in mir. Es ist unheimlich, was dieser Mensch noch immer in mir auslöst – trotz keinerlei Kontakt.

Es ist nicht so, als hätte ich Letzteres nicht aufrechterhalten wollen, aber als ich entschied, diesen Schritt zu wagen, musste ich es allein tun. Wer wissen wollte, wohin es mich Tag für Tag verschlagen hat, konnte es anhand unseres Reiseblogs nachvollziehen, den mein bester Freund liebevoll »Von Goethe zu Lalott« genannt hat. Denn was ich seit April tue, ist so simpel wie wunderschön: Ich rekonstruiere Goethes Italienische Reise, wandere sowohl auf seinen, als auch auf meinen Spuren. Und die Gedichte, die bisher dabei entstanden sind, sind so anders; so besonders, dass ich das Gefühl habe, die absolut richtige Entscheidung getroffen zu haben. So wie die Entscheidung richtig war, diese Reise für einen Menschen zu unterbrechen, der in vielen meiner Zeilen Einzug findet.

Haro ist der Erste, der mich entdeckt – und ich kann mich nur darüber wundern, dass ihm die Augen nicht rausfallen, so weit, wie er die Lider aufreißt.

Ich grinse und deute mit meinem Finger vor den Lippen an, er solle Jonah noch nicht auf mich aufmerksam machen, woraufhin er nickt, Regina und Elfie anstupst und beide offenbar unter einem Vorwand von Jonah wegführt. Letztere hält er dabei sogar an der Hand – und wie sie ihn daraufhin anlächelt, erinnert mich an die heimlichen Blicke, die C3PO und Mats damals ausgetauscht haben. Ich hoffe, auch diese beiden haben den Absprung in eine neue Phase gemeistert.

Nur noch vier Personen. Drei. Zwei. Eine. Und plötzlich sieht Jonah von seinem Stuhl zu mir auf – und sein Lächeln friert ein. Bröckelt. Bis Ungläubigkeit in seinen Augen steht.

»Rae D. Kurtis, richtig? Ich habe gehofft, eine signierte Erstausgabe zu erhalten. Immerhin sagt man, Sie seien *der* aufstrebende SciFi-Autor am Himmel des deutschen Buchmarktes.«

»Sagt man das?«, möchte er wissen. Seine Atemlosigkeit dabei lässt mich schmunzeln, während ich versuche, meinen eigenen Puls zu kontrollieren.

»Zumindest habe ich große Hoffnung, dass es genau so geschehen wird. Die Welt hat es verdient, Ihr Talent zu entdecken.«

Er sieht mich an und die Momente scheinen kaum zu vergehen, bis er irgendwann wispert: »Du bist tatsächlich hier.«

»*Du* bist tatsächlich hier«, korrigiere ich ihn. »Und du glaubst gar nicht, wie stolz ich auf dich bin.«

Er lächelt ein wenig, ehe er sich umdreht und nach seinem Verlagsteam Ausschau hält, die er nicht lange suchen muss, denn sie stehen kaum sechs Meter von uns entfernt und beobachten mit Argusaugen unser Gespräch. Ebenso wie Till, Mats und C3PO, neben der ein kleines Mädchen steht, das vermutlich Sam ist. Jonahs beste Freundin sieht so aus, als würde sie mir am liebsten entgegenlaufen und mich in die Arme schließen, doch Mats Arm um ihre Hüfte hält sie zurück. Eine Geste, die mich wirklich glücklich macht.

Jonah sieht von seinem Team prüfend hinter mich, doch ich bin die Letzte in der Schlange, weshalb er fragt: »Wollen wir kurz raus?«

Ich nicke und folge ihm, sobald er sich erhebt und mich mit sich durch den Hinterausgang führt, sodass wir in einem winzigen Hof landen. Die Wände der Nachbarhäuser sind mit Weinreben bewachsen, die dank der Jahreszeit sogar Früchte tragen. Dass Weimar mich an diesem Ort an Italien erinnert, muss Schicksal sein.

»Wie ...«, beginnt Jonah. »Woher wusstest du davon? Wart ihr nicht vor zwei Tagen noch in Catania?«

Dass er offenbar unseren Blog verfolgt, lässt mein Herz schneller schlagen.

»Du hast nicht nur ein großartiges Buch geschrieben, sondern auch echt großartige Freunde. Sowohl Haro als auch Till haben mir Bescheid gegeben. Daher haben Ravi und ich diese *kleine*

Abzweigung der Route sehr gerne in Kauf genommen.«

»Er ist auch hier? Ich habe ihn gar nicht gesehen.«

»Vermutlich fotografiert er dein Buch gerade aus allen nur erdenklichen Perspektiven.«

Jonah lacht auf und mir wird bewusst, wie sehr mir das gefehlt hat. »Und wie … Wie lange bleibt ihr?«

Es ist die Frage, die ich mir stelle, seit ich vor einer Stunde die kleine Buchhandlung betreten habe. »Unser Flug zurück geht übermorgen.« Meine Stimme klingt bei diesen Worten etwas leiser, ebenso wie sein Lächeln etwas schwächer wird.

»Also bist du nur zu Besuch.« Keine Frage, eine Feststellung. Eine, die auch mich trifft, als ich realisiere, dass er recht hat.

»Ich …« Mein Blick sucht den seinen. »Ich schreibe wieder. Aber dieses Mal sind die Gedichte andere. Sie handeln nicht von mir, sondern von meinem Blick auf die Welt. Sie machen Dinge durch meine Augen erlebbar, ohne Schaden anzurichten. Und es fühlt sich richtig an, genau das zu tun.«

Zu meiner Überraschung ist sein Lächeln aufrichtig. Und auch meines ist es, als er erwidert: »Das macht mich wirklich glücklich.«

»Mich auch«, reflektiere ich ehrlich – und weiß, dass dieser Besuch heute ein unabdingbarer Punkt meiner Reiseroute gewesen ist, aber noch nicht das Ende von ihr einläutet. »Ich sehe mich endlich wieder, Jonah. Nicht an allen Tagen, aber an den meisten. Und es tut so gut.«

Er greift nach meinen Händen, verwebt seine Finger nach so langer Zeit wieder mit meinen. Und Gott, ich wusste nicht, wie sehr mir das gefehlt hat. Ebenso wie seine Stimme, die erwidert: »Wenn ich nicht ich wäre, würde ich gerne sagen, dass *ich* dich auch sehe – und mir wünschen, dass das reicht. Aber, nun, wir haben zu viel durchgemacht, richtig?«

Alles, was ich kann, ist, müde, aber dankbar zu lächeln.

»Ich erinnere mich, dass du einmal gesagt hast, dass es leichter war, dich zu vergessen, als dich dir selbst zu stellen.«

Gott, wie sehr diese Ella damals gelitten hat …

»Lass nicht mehr zu, dass dir das passiert, Ella. Geh und finde, was auch immer du suchst, und wenn du bereit bist, dann komm zurück. Zurück nach Weimar, zurück in die Welt des Geschriebenen und, wenn du möchtest, zurück zu mir. Ich werde bleiben, und wenn du wiederkommst, die Stadt mit den fantastischsten Geschichten aus Kotatien pflastern. Oder mit unseren eigenen.«

Sein Lächeln ist, was einen weiteren Teil von mir heilt. Es ist nur ein kleiner Part, aber vor allem ein Anfang, den er mir schenkt. Einer, der zwar ein erneutes Ende, aber nicht *das* Ende ist. Doch es sind seine letzten Worte, die es mir ermöglichen, seine Hände zu drücken, ehe ich mich umdrehe und mich auf den Weg zurück zu mir selbst mache. Worte, die bis in die Ewigkeit in mir nachhallen werden: »Weißt du, manchmal ist es der richtige Mensch, aber nicht die richtige Zeit. Und selbst wenn beides richtig ist, kann man selbst der Fehler in dieser Gleichung sein. Und das ist okay.«

Epilog

Sekunden vergehen, in denen meine Gedanken über mich hinwegrauschen. Minuten, in denen sie mich wie die Wellen eines Meeres willkommen heißen. Stunden, die sich wie Tage anfühlen; wie ein Anfang.

Und das ist es – oder könnte es sein. Er wird es, wenn die Türklingel des Cafés das nächste Mal schellt und mir die Person entgegenkommt, die ich im letzten Jahr nicht einen Tag vergessen habe, obwohl unser beider Leben sich weiterentwickelt haben. Manche würden sagen voneinander weg, ich aber glaube, dass diese Zeit uns letztlich aufeinander zubewegt hat. Zumindest hoffe ich genau das.

Darum sitze ich hier, starre auf die Buchstaben vor mir, die sich derart richtig anfühlen, dass ich keinen Namen dafür brauche. So viele Worte sind geschrieben, aber noch so viel in mir drin; für so viel mehr noch Platz. Und was damals nicht gereicht hat, tut es nun auf jedwede Weise – zumindest für mich.

Ich weiß nicht, wie dieses Treffen gleich verlaufen wird; ob wir beide auf dieselbe Weise empfinden, aber ich bin bereit, dieses Mal alles zu riskieren. Nicht nur die richtige Zeit und der richtige Ort zu sein, sondern vor allem die richtige Person – für uns beide.

Vielleicht funktioniert es, vielleicht nicht. Vielleicht wird es auch erst den Anschein machen, als könnten wir alles schaffen und alles sein, nur um am Ende festzustellen, dass sich unsere Wege erneut trennen. Doch was bedeuten schon Enden, wenn die Minuten bis dahin immer und immer wieder neue Anfänge sein können. Denn an eines glaube ich mittlerweile: Jeder Tag ist eine Entscheidung – für oder gegen mich selbst. Für oder gegen die Personen, die mich umgeben. Für oder gegen Träume. Und heute – hier und jetzt – sehe ich alles so klar vor mir, dass ich selbst durch eine beschlagene Scheibe jede von Jonahs Konturen wahrnehmen könnte. Heute entscheide ich mich nicht nur für mich, sondern auch für ihn. Für Weimar. Und für das Lächeln, das sich auf meine Lippen schleicht, als es an der Scheibe neben mir klopft und ich in Jonahs Gesicht blicke. Ihn dabei beobachte, wie er gegen das Glas haucht, die Finger darüber gleiten lässt und in spiegelverkehrter Schrift schreibt: *Lyrik*.

Ich kann es nicht anders sagen, aber ich strahle, als mir nicht nur *ein* Wort dazu einfällt.

Heilung. Neuanfänge. Geduld.

Und *er*.

Immer wieder er.

Danksagung

So wird aus einer Sprachnachricht ein Buch!

Wie einzigartig und emotional eine solche gemeinsame Reise jedoch ist, war uns 2022 nicht bewusst. Da war nur die Idee in Jennys Kopf – und Marie, die sofort dafür brannte. Und plötzlich befanden wir uns mit unseren Männern und dem dritten Herz unseres Trios, Anna Konelli, in Weimar. Bereit, uns nicht nur in die Stadt, sondern auch in unsere Figuren und die Handlungsorte zu verlieben. Wir hoffen inständig, dass man genau das in »Wie Worte auf beschlagenen Scheiben« gespürt hat.

Daher danke, Weimar. Ohne deine Atmosphäre und die Menschen, die wir treffen durften, wäre die Geschichte von Ella und Jonah nur halb so lebendig geworden. Danke an das gesamte Team von LAURA ADAMA, dem C.Keller, der Herzogin-Anna-Amalia-Bibliothek, dem Schokolädchen – wir hatten eine unvergessliche Zeit bei euch. Vor allem an dem Abend, als wir die »geheime« Treppe vom C.Keller hinaufgeführt wurden. Die Offenheit, mit der wir fünf völlig Fremde von Laura, Mo und allen Anwesenden empfangen wurden, werden wir niemals vergessen.

Es ist erstaunlich, wie viel von uns selbst in diesem Buch steckt; dass einige Menschen aus unserem Leben einen besonderen Platz gefunden haben. Danke an jeden, der ein Stück von sich in den Figuren wiederfindet. Ihr seid es, die unser Leben mehr als nur bereichern. Fühlt euch fest gedrückt!

So schön die Arbeit zu zweit auch war, ohne unsere Anna wären wir nur zwei Drittel vom Ganzen. Schon als die Geschichte noch in ihren Anfängen steckte, stand fest, dass wir sie in talentierte Lektoratshände geben wollen – nun, das ist uns definitiv gelungen. Immerhin umfasst dieses Buch nun 20.000 Worte mehr, als eigentlich angedacht. Aber *Tension* war das Zauberwort, und wir hoffen, wir sind deinen Anforderungen gerecht geworden. Danke, dass du unsere Geschichte mit so viel Liebe behandelt; dass du unsere Figuren derart ins Herz geschlossen hast. Und vor allem für die besondere *Found Family,* die wir in den letzten Jahren mit dir gründen durften.

Ein herzlichstes Dankeschön geht auch an unsere Covermagierin Sarah Scheumer. Du hast unsere Vision real werden lassen – auf die bestmögliche Weise. Wie einfach jedes Mal!

Wer sich fragt, wie Jonah so eine Maus werden konnte, der darf sich bei unseren fantastischen Männern bedanken. Lesley, Eric: Ihr zwei seid der Grund, warum wir an Goodguys glauben. Euer Support, eure Empathie und eure Liebe spiegeln sich in Jonah. Danke, dass ihr zwei wandelnde Green Flags seid!

Liebe Marie, danke, dass du nicht eine Sekunde gezögert hast, aus einer fixen Idee, die mir nicht aus dem Kopf ging, ein gemeinsames Projekt zu stricken. Irgendwie stolpern wir in die besten Dinge einfach hinein – und ich bin so dankbar dafür, dass sich das mit einfach so leicht anfühlt. Ich feiere jeden gemeinsamen Schritt. Daher Danke! Danke für deine besondere Freundschaft, in der ich mich absolut zu Hause fühle, und für dein immer offenes Herz. Danke, dass du Ella dein sprachgewaltiges Talent geliehen hast.

Liebe Jenny, ich hab nur ein paar Tränen in den Augen, nachdem ich deine Danksagung gerade in den Buchsatz tippen durfte! :D Daher danke ich dir zunächst genau dafür – und dann für die riesige

Bereicherung, die du in meinem Leben bist. Für die allumfassende Unterstützung, die du mir in jeder Sekunde entgegenbringst. Dafür, dass sich 500 Kilometer Entfernung nicht danach anfühlen, weil man jede Sekunde von Herzen gern in Kauf nimmt, um einander zu sehen. Dein Vertrauen, mich für dieses Projekt mit an Bord zu holen, werde ich niemals vergessen. Allein schon, weil unsere Reise bis hierhin einfach so besonders war. Ich kann es kaum erwarten, sie ein Leben lang fortzuführen.

Am Ende richten wir das Wort an euch, liebe Lesende. Tausend Dank, dass ihr uns bereits vor dem Release mit derartiger Liebe und Vorfreude überschüttet habt. Tausend Dank für die zahlreichen Vorverkäufe, die für Selfpublisher*innen alles andere als selbstverständlich sind. Den Traum, den wir leben, verdanken wir nicht nur einander, sondern auch euch.

Und weil Marie nicht ohne ihre typischen Worte am Ende leben kann, geben wir euch eines von Herzen mit:

Worte allein können vielleicht nicht die Welt verändern, aber du kannst es. Also stehe nicht, wenn du rennen solltest. Stocke nicht, wenn du handeln kannst. Und schweige nicht, wenn du die Chance hast, das Wort zu ergreifen.

Denn ein Wort hat die Gabe der Vernunft, die Kraft eines Glaubens und die Macht über Leben. Sei der Moment, in dem das Leben beginnt. Sei dein Ort dieser Welt – und hinterlass die schönsten Worte selbst auf beschlagenen Scheiben.

Danke für alles

Jenny & Marie

Du möchtest Ellas und Jonahs Geschichte unterstützen?

Dann würden wir uns unheimlich freuen, wenn du dir die Zeit nimmst, eine Rezension auf einer Plattform deiner Wahl zu hinterlassen, damit »Wie Worte auf beschlagenen Scheiben« von so vielen Menschen gelesen wird wie möglich.

Quellenangabe

Goethe, Johann Wolfgang: Die Leiden des jungen Werther. Reclam Universal-Bibliothek Nr. 67, Nördlingen 2020.

Goethe, Johann Wolfgang: Die Leiden des jungen Werther. Anaconda Verlag GmbH. Köln 2005.

Um den Lesefluss zu wahren, haben wir die Zitate aus »Die Leiden des jungen Werther« nach aktueller Rechtschreibreform abgedruckt. Daher kann es im Vergleich zur Originalquelle zu leichten Abweichungen in der Schreibweise, jedoch nie zu inhaltlichen Veränderungen kommen.

Informationen zu kommenden Veröffentlichungen
und viele weitere Gedichte findet ihr auf

Instagram: @write_in_pieces
TikTok: @writeinpieces
Web: www.writeinpieces.com

Instagram: @writedownastory
TikTok: @writedownastory
Web: www.writedownastory.de

Coming of Age von Marie Döling

Tabus treffen auf erschütternde Wahrheiten

Kein Ort dieser Welt

»Manchmal glaube ich, dass jeder Mensch, dem ich begegne,
ein Wort in mir hinterlässt.«

Seit vier Jahren sieht Fiona zu. Dabei, wie ihr Vater ihre Familie verließ. Wie sich ihr bester Freund von ihr lossagte. Und dabei, wie sie selbst zerbricht. Das Einzige, das sie daran hindert, in dieser Traurigkeit unterzugehen, sind die Gedichte, die sie heimlich in ihr Notizbuch schreibt. Worte, die ihr Trost spenden, während sie zu Hause kaum mehr als eine Fremde ist und in der Schule Opfer dreier Mitschülerinnen, die ihren Alltag zur Hölle machen.

Als sie jedoch Zeugin wird, wie eines dieser Mädchen auf einer Party sexuell belästigt wird, realisiert sie, dass kein Ort dieser Welt frei von Schatten ist. Und dass es Menschen gibt, die keine Worte, sondern Tragödien hinterlassen.

Endzeitliebe von Jennifer Ebbinghaus
Dystopie trifft auf New Adult

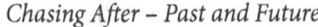

Chasing After – Past and Future

Fünf Jahre nachdem alle Staatssysteme wie ein Kartenhaus in sich zusammengefallen sind, hat sich die Welt verändert. Und auch die Menschen, die in ihr leben.

»Es heißt, Irrlichter führen dich zu deinem Schicksal ...«

Mein Name ist Alessandria, aber nennt mich Alex. Nachdem die Welt kollabierte, flüchtete ich mit dem einzigen Menschen, der mir etwas bedeutete, in eine Kolonie der Hoffnung - eine Kolonie des Friedens. Bis er meinen Weg kreuzt. Nur wenige Berührungen von ihm, und die Sicherheit, die ich dachte, um mich erbaut zu haben, droht einzustürzen. Eine Begegnung, die alles verändert. Vor allem die

Antwort auf die Frage, ob ich der Sicherheit der Vergangenheit oder einer unbekannten Zukunft vertrauen soll.

Dystopie von Anna Konelli
Einzigartig. Episch. Ehrlich.

Lovely Faces – How blue. How beautiful.

London 2099: Die Welt hat sich verändert. Kriege sind Vergangenheit und die Makellosen schufen ein Leben voller Frieden, der mit allen Mitteln gewahrt wird. Doch eine Tragödie bringt die perfekte Fassade zum Einsturz und die Grenze zwischen richtig und falsch verschwimmt.

Jadelyn Lovelace ist das Gesicht der Makellosen, die 2099 frei von Religionen im Londoner Zentrum leben. Doch ein tragisches Ereignis macht sie zu einer Abtrünnigen und zwingt sie mitten in die Fänge ihrer Feinde. Und in die von William D'Lain, der nichts mehr will als Rache.

Als Sergeant der Viertel und Mitglied einer Geheimorganisation kämpft er für Gerechtigkeit – was es auch kostet. Aber mit dem Auftauchen von Jadelyn, die alles symbolisiert, was er ablehnt, beginnt, ein Damoklesschwert auf ihn herabzustürzen.

Contentwarnung

Um euch das beste Leseerlebnis zu ermöglichen, möchten und müssen wir darauf hinweisen, dass in »Wie Worte auf beschlagenen Scheiben« ein Thema aufgegriffen und behandelt wird, das negative Empfindungen sowie traumatische Erinnerungen auslösen kann.

Der Verlust eines Kindes während der Schwangerschaft, egal in welchem Stadium, ist etwas, das viel zu sehr von der Gesellschaft tabuisiert wird. Weil etwas, das »nie da war«, doch nicht derart fehlen kann, sobald es fort ist. Die Wahrheit aber ist, dass es schmerzt. Dass es dich nicht nur taumeln und fallen lässt, sondern zu Boden drückt. Und der Abdruck, den all das auf und in dir hinterlässt, ist einer, der bleibt.

Unser Herz schlägt für all jene, die einen solchen Verlust erlitten haben. Für die Mütter und Väter, die Großeltern, Onkel und Tanten, die plötzlich keine mehr sein durften. Ihr seid nicht allein, denn wann immer Sonne euer Gesicht berührt und Regen auf eure Haut fällt, wenn euch der Wind durch die Haare weht, denken wir an jene Wunder, die nie vergessen werden.

Nicht eine Sekunde.

Bitte seid euch beim und vor dem Lesen eurer eigenen Verantwortung bewusst und legt in dem entsprechenden Kapitel Lesepausen ein, wenn es euer Gemüt verlangt. Mehr Informationen zu dem Thema und eine persönliche Anlaufstelle findet ihr unter:

Telefon-Seelsorge: 0800-1110111
Initiative Regenbogen: 05565-9119113
Sternenkindfamilie: kontakt@sternenkindfamilie.de